KB106068

기氣의 본질과 그 능력

박진규

오랜 기간의 공직생활 은퇴 후 사회생활을 끝냈다. 다른 사람들이 걷는 길을 따라서 이제는 자신에게도 봉사하면서 살고 싶어 하는 평범한 생활인이다.

평범한 진리 안에서 자신의 정체성을 찾아보고자 하는 과정 중, '살아 있음'의 근원인 생명 에너지와 정보에 관한 '기의 본질과 그 능력'에 관심을 가지게 되었다.

이 기록은 당초 개인적인 필요 때문에 정리했으나 주변 분들의 권유가 있었기에 책으로 엮어 공개한다.

기(氣)의 본질과 그 능력

발행일	2019년 10월 18일

지은이	박진규		
펴낸이	손형국		
펴낸곳	(주)북랩		
편집인	선일영	편집	오경진, 강대건, 최예은, 최승헌, 김경무
디자인	이현수, 김민하, 한수희, 김윤주, 허지혜	제작	박기성, 황동현, 구성우, 장홍석
마케팅	김회란, 박진관, 조하라, 장은별		
출판등록	2004. 12. 1(제2012-000051호)		
주소	서울시 금천구 가산디지털 1로 168, 우림라이온스밸리 B동 B113, 114호		
홈페이지	www.book.co.kr		
전화번호	(02)2026-5777	팩스	(02)2026-5747

ISBN	979-11-6299-916-5 03110 (종이책)		979-11-6299-917-2 05110 (전자책)

잘못된 책은 구입한 곳에서 교환해드립니다.

이 책은 저작권법에 따라 보호받는 저작물이므로 무단 전재와 복제를 금합니다.

이 도서의 국립중앙도서관 출판예정도서목록(CIP)은 서지정보유통지원시스템 홈페이지(http://seoji.nl.go.kr)와 국가자료공동목록시스템(http://www.nl.go.kr/kolisnet)에서 이용하실 수 있습니다. (CIP제어번호: CIP2019041292)

(주)북랩 성공출판의 파트너

북랩 홈페이지와 패밀리 사이트에서 다양한 출판 솔루션을 만나 보세요!

홈페이지 book.co.kr · **블로그** blog.naver.com/essaybook · **원고모집** book@book.co.kr

나 자신과 세상을 변화케 하는 힘

Ki, the Wave of Energy and Information

기氣의 본질과 그 능력

박진규 지음

북랩 book Lab

에너지와 정보가 모여 있는 그 '무언가'가 신에 의하여 창조되어 그동안 조화롭게 서로 작용하면서 지금의 이 세상을 만들어 나가고 있습니다. 그 '무언가'를 우리는 기(氣)라고 불러왔습니다. 파동 형태의 이 에너지와 정보가 조화롭게 움직이고 있는 세계가 바로 기의 세계입니다. 과학 분야나 종교 분야의 전문가 입장이 아닌, 평범한 생활인의 입장에서 이 보이지 않는 기의 세계를 탐구해 보고자 합니다.

기 탐구 여행은 먼저 기의 본질, 그 성질과 인식 방법에서 시작합니다. 다음으로는 여러 가지 기본적인 기들이 어떻게 서로 작용하여 그 능력들이 우리 생활 속에서 어떤 형태로 나타나고 있는지를 살펴보는 것으로 끝을 맺고자 합니다.

글을 쓰게 된 동기는 현재의 내 생각을 나의 후손들에 전하기 위함입니다. 이 글을 읽을 나의 후손들이 '어느 선조 할아버지가 가졌던 생각'을 이해하기를 바라면서 내용을 정리한 것입니다. 나의 두 딸이 지금 영국인과 미국인이 되어 있어 나의 후손은 모두 영국인이나 미국인이 되어 있을 것입니다. 따라서 이 글들은 내가 죽기 전에 영어로 번역해 두어야 합니다.

참고로, 이 글을 접하여 읽고 계시는 분들 중에 글 내용에 대하여 심리적으로 거부감이나 불편한 마음이 생기는 분들은 바로 책장을 덮으셨다가 때를 기다려 주시면 감사하겠습니다. 간혹 기 파동이 서로 맞지 않는 경우가 있을 수 있습니다.

2019년 10월
박진규 올림

| 차례 |

(전체적 맥락) 기의 본질에서 기의 성질이 나타나며, 상호작용하는 성질에서 기의 능력이 나타난다. 나타나는 기의 능력을 통하여 우리는 기를 인식한다. 이 모든 것은 일체적 과정이다.

기독교에서 사용하고 있는 성경책에는 인류창조를 언급하고 있는 구절이 있다. 이 구절에서는 기(氣)라는 단어도 사용하고 있다. 사람에게 생기(生氣)를 불어넣어 생령(生靈)이 되게 하였다는 인류창조에 관한 성경(창세기 2장 7절) 구절 이야기다. 여기서 말하는 '생기'는 무엇이고 또 '생령'은 무엇을 말하는 것인가? 사람이 동식물 등의 다른 생물체와 다른, 사람다움을 나타나게 해주는 그 무엇인 것 같다. 여기서 쓰인 생기의 뜻은 (영원한) 생명(生命)의 기(氣)를 의미한다. 생기라는 말은 우리의 일상

생활에서도 '살아 있는 기'라는 의미로 많이 쓰이는 단어이다. 도대체 기(氣)라고 불리는 것의 실체가 무엇인지도 무척 궁금하다. 살펴보면, 기(氣)라는 단어가 들어간 수많은 복합어가 이미 우리 생활 속에 녹아들어 와 있음을 알게 된다.

기분, 인기, 원기, 정기, 기운, 혈기, 기개, 호기, 천기(天氣), 지기(地氣), 기진맥진, 허기, 사기, 탁기, 용기, 기풍, 활기, 기골, 노기, 화기, 한기, 냉기, 심기, 기급(氣急), 양기, 음기, 객기, 오기, 병기, 독기, 노기, 기가 막힌다, 기특하다 등의 생활 용어와 기타 명사로 공기, 절기, 향기, 일기 등에서 볼 수 있듯 기(氣)라고 하는 용어는 이미 우리 생활에 깊숙이 들어와 있는 것이다. 긍정적인 사랑의 말 표현은 상대방의 기분(氣分, 기의 정도)에 큰 영향을 미친다.

그러면 기(氣)라는 것이 도대체 무엇인가? 단순히 '기는 에너지다'라는 사전적인 정의에 만족하고 그냥 넘어갈 만큼 단순한 것인가? 기는 단순히 에너지만을 의미한다면, 이미 에너지를 가지고 있었을 '사람'에게 또 다시 에너지(생기)를 추가로 불어넣어 생령인 사람을 만들었다는 말이 된다. 따라서 성경에서 말하는 기는 단순한 에너지 이상의 '그 무엇'이 있음을 암시한다고 본다. 이것은 어떤 물체가 특정한 성질을 가진 바로 그 물체가 되도록 하고, 사람이 다른 동물들과 구별되어 만물의 영장이 될 수 있도록 만드는 것이 될 것이다.

예시에서 본대로, 우리가 무의식중에 사용하는 기(氣) 용어들은 생령인 사람만이 가지고 있는 생명의 기(영기) 내용과는 완전히 다른 기들도 존재한다는 것을 말하고 있다. 그러면 어떤 내용의 기들이 이 물질계에 존재하며 그 본질은 무엇이며 그 원천이 어디에 있는지가 궁금하다. 도대체 기(氣)라는 것이 무엇이며 그것이 존재한다는 것을 우리는 어떻게 알며, 어디에 존재하며 어떤 능력으로 어떻게 작용하고 있는지도 무척 궁금하다.

이제, 기에 관한 본질적인 의문들을 풀어 보기 위해서 어려운 탐구 여행길에 나서 보기로 한다. 먼저 ① 보이지 않고(視), 들리지 않고(聽), 만져지지 않는(觸) 기를 인식하는 문제에 대하여, 그다음에는 ② 물질계에만 존재하는 기에 대하여, 마지막으로는 ③ 상호작용하는 기와 나타나는 기의 능력 등에 관하여 알아보면서 여행을 시작한다. 기의 상호작용은 이 글의 나머지 부분 전체에서 언급될 만큼, '삶'이라고 하는 우리 현실 생활과 밀접하게 관련이 되는 중요한 요소가 된다.

1) 보이지 않고(視), 들리지 않고(聽), 만져지지 않는(觸) 기(氣)

눈에서 제일 가까이 있는 속눈썹도 보지 못하는 우리는, 보이는 것만이 세상의 모두가 아니라는 사실을 이미 잘 알고 있다. 이 세상은 물질적인 요소와 비물질적인 요소로 구성되어 있으며, 물질 또한 물체(Body)와 물질의 성질을 나타내는 비물체적인 요소로 구성되어 있기 때문에 엄연히 존재하는 것들도 우리 육체의 눈으로 보고, 손으로 만질 수가 없는 것이다. 기의 입장에서 보면, 물질 중에 속하는 물체는 '체기'와 비물체적인 요소인 '정기'로 구성되어 있다. 사랑과 같은 비물체적인 요소들과 정기와 같은 비물체적인 요소들은 우리 눈으로 볼 수가 없으며, 우리 귀로도 들을 수도 없으며, 우리 손으로도 만질 수가 없는 무형의 것들이다. 나의 속눈썹은 다른 사람의 눈으로 볼 수가 있지만 이러한 무형의 존재들은 어떤 사람의 눈으로도 볼 수가 없다.

주변을 살펴보면, 명예나 사랑(자비)과 같은 눈에 보이지 않는 가치를 추구하는 사람들을 만나 볼 수가 있다. 눈에 보이는 물질적 가치보다 눈에 보이지 않는 비물질적인 가치를 우선순위에 두고 살아온 대부분의 사람들이 누리는 은퇴생활이 그 반대의 경우들보다 더욱 편안해 보인다. 명예를 추구하는 과정에서 물질적인 부(富)는 부수적으로 따라온 것이다. 보이지 않는 것들이 보이는 것들보다 높은 가치를 가지고 있는 것으로 보이는 대목이다. 앞서 열거한 기분, 인기, 원기, 정기, 기운, 혈기 등과 같이 기(氣) 자가 들어간 단어들은 전부 비물체에 해당한다. 눈에 보이지 않는 대상을 표현하는 추상명사에 해당한다. 이 세상은 우리 눈에 보이지 않는 그 무엇이 모여서 작용하고 있으며, 우리는 생활 속에서 보이지 않게 작용하는 기(氣)의 존재에 대해서 잠재의식을 통하여 어렴풋이 인식하고 있는 것이다.

지금까지는, 철학이나 종교에서 다루고 있는 '보이지 않는 분야'와 과학이 대상으로 하는 '보이는 분야'는 확연히 다르다고 알고 있었다. 그러나 금세기 들어와서 상대성 이론이나 양자 이론과 같은 기념비적인 물리 이론이 나타나면서 그 경계는 조금씩 모호해지고 있는 측면이 있다. 이 양대 이론에 의하여 물질세계에 대한 새로운 모형이 만들어지고 있으며, 이에 따라 존재관에 대한 혁명적인 사고가 과학계에서 나타나고 있는 것이다. 비물체계에 속하는 물질과 비물질의 존재를 규명하고(비록 그것이 '무엇'이라고 증명은 못하지만), 물질계와 통합적인 시각으로 접근하는 통합주의적 방법론이 그 예가 된다. 제한적이지만 보이지 않는 분야에 대해서도 과학적 접근이 시도되고 있는 것이다.

　어느 곳도 아닌 곳(Nowhere)에서 갑자기 튀어나온 소립자의 발견은 우주가 스스로 창조되었음을 과학적으로 설명할 수 있는 근거를 제공하였다. 그동안 종교적 논의 과제에 머물러 왔던 우주창조라는 과제와 해법에 과학과 물리학이 어느 정도 접근하게 된 것이다. 어쩌면 신에 접근하는 길을 제시해 주고 있는지도 모른다. 창조된 우주연구를 통해서 우주 공간의 유한성 안에 있는 무한한 속성들도 찾아내고 있다. 우주에는 가장자리, 표면 또는 중앙이 없다는 것과 그 속성이 가지는 무한성을 밝혀내고 있는 것이다. 천국과 지옥의 물리적 위치성을 주장하던 고대의 종교적 견해는 이러한 물리학 이론의 발전으로 수정된 지가 오래되었다.

　신의 존재에 관한 논의에 있어서도 진일보한 견해들이 많이 있다. 즉, 하나의 우주의식, 유일신으로서의 창조주, 초자연적인 하나님의 존재까지 과학의 범주에서 인정한다는 것은 어려운 일이며 아직은 시기상조이다. 그러나 자연계의 존재이며 높은 수준의 의식체로 인식되는 물리적인 우주는 그 (신神의) 의식을 표현하는 매개체가 될 수가 있다고 설명한다. 신을 '자연적인 하나님'으로는 인정하고 있는 것이다. 어찌되었든, 과학이 신의 존재를 설명하는 데까지 와 있는 것이다. 눈에 보이고 손에 잡히는 물질계만 상대하던 과학이 눈에 보이지 않는 신과 우주의 속성과 생명의 정의까지 그 관심 분야를 넓히고 있다.

그러나 현대 물리학이 대단한 성공을 이루어 내고 있다고는 하지만, 신의 존재와 영적인 분야의 과제들(例 영혼과 삼위일체 등)에 대한 해답은 얻을 수 없을 것이다. 완전히 다른 영역이기 때문이며 현재 진행되고 있는 상호 접근, 또는 통합적 방식의 접근도 서로 다른 주제를 다루는 과정에서 일정 부분의 접점을 발견한 것이기 때문이다. 또한 과학계의 이론도 절대적인 것이 아니고 발전하는 과정에서 가변성이 있기 때문에 앞으로 그 접점이 얼마나 넓어질지는 아무도 모른다. 보이지 않는 비물질계, 비물체계에 대한 이해의 폭이 넓어지고, 그 작용 원리를 발견하고 적용하는 노력은 앞으로도 계속될 것으로 본다. 인간의 호기심은 정말 끝이 없다.

이상에서 보이지 않는 물질계의 어떤 존재와 그 중요성, 이로부터 파급된 종교와 과학계의 논의 과제에 대하여 살펴보았다. 이러한 보이지 않는 물질계의 존재들을 포함한 우주 속의 모든 물질에는 '의식'이 존재한다. 따라서 창조된 모든 물질(입자)에는 의식기가 존재한다. (의식과 의식기에 관해서는 따로 설명할 기회가 있을 것이다.) 그러므로 의식기라고 부르기로 한 이 기(氣) 자체는 눈에 보이지는 않지만 모든 물질, 즉 눈에 보이는 유형의 물질, 눈에 보이지 않는 무형의 물질 모두에게 있는 것이다(나의 책상에도 기가 있으며 내 마음속 사랑에도 기가 존재한다). 이제는 기의 측면에서 보이지 않는 그것이 '무엇'인지를 알아보기로 한다.

"물질계 만물은 입자임과 동시에 파동이기 때문에 입자를 보고자 하면 입자를 볼 것이요, 파동을 보고자 하면 파동을 볼 것이다". 이 말은 프랑스의 이론 물리학자인 루이 드 브로이가 파동의 개념으로 물질을 정의한 내용이다. 이 말은 그의 「양자론의 연구」 논문의 핵심 요약이며 그 공로로 노벨상을 받게 되었다. 그동안 물질을 입자적 관점에서만 관찰하여 왔던 과학계가 1923년에 와서야 파동적 관점에서 물질을 관찰하게 되었다. 그 후 양자역학의 발전과 함께 이러한 물리 이론을 바탕으로 레이저나 트랜지스터 등을 만들게 된다. 그러나 입자와 파동은 관찰자(과학자)의 입장에 따라 별개의 것으로 관찰되지만, 파동을 입자의 속성으로 보아 그 둘이 동일체라고 보지 말란 법도 없다. 보이는 것만 보지 말고 2개의 요소가 통합된 일체라고 상상할 필요가 있다고 본다.

먼저 물질 입자 단위인 원자의 구성을 보면, 원자핵과 전자가 있으며, 원자핵 안에는 양성자와 중성자가 있으며, 양성자와 중성자는 쿼크라고 하는 더 이상 분리될 수 없는 최소 입자의 조합(업쿼크 2개 + 다운쿼크 1개)으로 되어 있다. 여기까지가 우리 눈으로 관찰할 수 있는 한계이다. 이와 같이 구성된 입자들은 각기 에너지와 운동량과 물리량을 가지고 있는 바, 이 물리량은 더 이상 쪼갤 수 없는 최소단위가 존재하며 이 최소단위의 양(量, Quanta)을 양자라고 하여 주로 에너지가 전달되는 양을 표기할 때 많이 사용되어 왔다. 이 양자(量子)는 양성자의 양자(陽子)와 구분된다.

양자역학(量子力學)의 중심을 이루고 있는 이 양자 개념은 '불확정성의 원리'를 도출해 내어 운명론이나 사전결정론을 부정하면서 신이 주신 '자유의지'를 인정하는 데까지 기여하고 있다. 우주는 물리학적 견지에서 볼 때 '양자의 장'이 된다. 우주의 에너지 양자(빛)를 우리는 광양자 또는 광자(Photon)라고 부른다. 이 광자는 순수 우리말로 '빛알'이라고 하며, 생체 에너지의 발생 과정에서 빛알(생체광양자, Biophoton)이 작용하고 있다는 사실이 확인되었다. 물질의 상태를 밝히기 위한 양자역학의 이론 체계에서 양대 산맥을 이루고 있는 것은 슈레딩거 방정식과 파동함수이다.

이제 우리는 파동이라는 물질의 상태에서 기(氣)가 '무엇'인지를 알아볼 수가 있는 것이다. 1923년에 루이 드 브로이가 입자와 파동에 관하여 정립한 이론은 오늘날 양자물리학에서는 선택이론, 불확정성의 원리, 슈레딩거 방정식과 파동함수이론까지 발전하게 된 시발점이 된다. 종합하면, **파동은 입자의 속성이며 기(氣)의 성질이 된다.**

특정한 영상이 TV 스크린에 나타나는 과정을 보자. 영상들이 연결되어 드라마도 되고 뉴스도 되는 것이다. 즉, 그 영상에는 정보가 담겨져 있다. 스크린에 영상이 나오기까지는 다음과 같은 과정이 있다. 먼저 방송국에서 송출된 전파가 TV수신기에 잡힌다. 그 전파는 TV 세트 뒤에 설치된 전자총을 통하여 발사되는 전자가 되며, 이 전자들이 형광스크린을 때릴 때 생기는 빛의 순간 파동(Pulse)이 영상으로 나타난다. 이 말은 빛의 파동 안에는 우리 눈으로 볼 수 있게 하는 '에너지'와 특정 영상의 내용에 관한 '정보'가 동시에 들어 있다는 해석이 된다. 하드웨어인 입자 성질에서 에너지가 발생하여 전달되었고, 소프트웨어 측면의 양자파동에서 정보가 발생하여 내용으로 나타난 것이다.

눈으로 볼 수도 없고 귀로 들을 수도 없으며 손으로 만질 수도 없지만 분명히 존재하는 이 에너지는 어떻게 그 입자파동 안에서 생겨났을까를 푸는 것이 파동이론의 핵심이다. 그 힘의 원천을 거슬러 가 보자면, 우주창조 시에 발생한 최초의 입자 중에는 중력, 전자기력, 강한 핵력, 약한 핵력이라는 네 가지의 힘이 있었고 이 네 가지의 힘은 서로 당기고 밀며, 합치고 흩어지고자 하는 상호작용 가운데 진폭과 파장을 지닌 파동이 만들어지게 된다. 이 파동은 이 네 가지의 힘의 조합에 따라 방향성을 가지고 나아가는 '에너지'를 가지게 된다. 즉, 파동 안에 에너지가 내재되어 있는 것이다.

파동의 방향성은 입자의 스핀에 의하여 결정된다. 골프공이 날아가는 거리는 힘(에너지)에 의하여 결정되지만 방향은 그 공이 날아가면서 도는 스핀에 따라 혹 또는 슬라이스가 나는 것에 비유할 수가 있다. 또한 바다에서 일어나는 파도의 크기와 파도가 치는 방향을 상상하면 된다. 이 파도에 내재된 에너지가 파력발전기를 돌리면서 전기에너지로 변환될 수도 있는 것이다. 원자 구조 속의 전자가 원자핵 주변을 분주히 돌고 있는 것은 바로 이 전자 입자의 파동성에서 나온 에너지가 있기 때문이다. 눈에 보이지 않는 이 에너지를 우리는 '기 에너지'라고 부르기로 한다. 모든 물질에는 기 에너지가 있으며, 기 에너지는 기를 형성하는 한 부분이다.

원자핵 속에는 쿼크라고 하는 최소 입자의 조합으로 이루어진 양성자와 중성자가 있다. 이 양성자와 중성자는 회전(스핀)하는 파동 형태를 가지고 있다. 이 회전 스핀으로 핵이 스핀하게 되며, 원자핵의 스핀은 앞서 말한 전자들의 스핀파동과 합쳐져서 원자의 물리적 스핀을 가능케 하는 것이다. 이 세 가지의 스핀의 모양은 단순한 회전이 아닌 나선형의 스핀이 된다. 각 원자들의 스핀이 모여 물질 전체의 나선형의 스핀파동이 만들어지면서 일정 공간에서 장(場, Field) 형태로 나타난다. 토션 이론에서는 이것을 토션장(Thorson Field)이라고 부른다. 토션 장에서 나오는 토션파는 빛보다 빠른 것으로 관측되었으며, 토선장과 토션파는 에너지를 운반하지 않고 '회전과 배열 상태로 나타나는 정보'를 저장하며, 우주에너지의 도움을 받아 전달되는 것으로 밝혀졌다(따라서 우리가 엘로드를 통해서 인식되는 정보는 이 토션파 정보이다).

원자 구조 안에서 일어나는 정보 저장 능력과 그 전파 능력을 인정하는 가운데, 이렇게 저장된 정보를 우리는 기 정보라고 부르기로 한다. 모든 기에는 기 에너지와 함께 기 정보가 포함된다. 이 스핀 형태의 기 정보 파동인 토션파는 볼 수도 없고 너무 미약하여 현대 과학의 어떤 장치로써도 측정이 불가능하다. 엘로드를 통하여 수맥파를 감지하고, 사람의 생체건강 상태를 진단할 수가 있는 것은 이 토션파의 정보 전달 기능 덕분인 것으로 볼 수가 있는 것이다. 그러나 토션파의 정보 전달 능력과 이를 수신할 수 있는 사람의 능력은 별개의 작용 원리에 따른다. 따라서 모든 사람들에게 동일한 크기로 허용된 능력은 아닌 것이다.

이상에서 살펴본 대로 기(氣)는 에너지와 정보이며, 모든 물질계 존재들에게는 기 에너지와 기 정보가 있기 때문에 '의식체'가 된다. 물질 의식은 보이지 않는 정(精)과 보이는 체(體)로 구성되어 있다. 각각의 기, 즉 정기와 체기는 물체의식의 구성 요소이며 물질계의 기초기가 된다. 체(Body)는 눈에 보이는 반면, 물체의 기나 사람의 생체기는 보고 만질 수가 없다. 그리고 물질의 정기와 체기에는 모두 기 에너지와 기 정보가 있어 이 것을 측정할 수가 있다. 따라서 사람의 몸에 있는 정기와 생체기의 (에너지) 크기를 측정하여 알 수가 있으며, 별도로 각 기가 가진 기 에너지와 기 정보 수준을 측정하여 그 내용을 파악할 수가 있다. 체(體)가 없는 비물체적인 물질들에는 정기만 존재하므로 그 정기의 크기와 그 내용 정보를 측정할 수가 있다. 따라서 사람이 가지고 있는 마음속 사랑의 크기도 엘로드를 이용하면 측정이 가능하다. 모든 상황이나 상태에 관한 수치를 알 수 있다면 대상을 변화케 할 수도 있을 것이다.

이상에서 보이지 않고(視), 들리지 않고(聽), 만져지지 않는(觸) 기가 '무엇인지'를 살펴보았다. 우리의 시각, 청각, 체감각으로는 알아차릴 수는 없는 기이지만 분명히 물질계에 존재하는 기의 본질에 관하여 어렴풋이나마 알게 되었다.

2) 물질계에만 존재하는 기

기(氣)란 것이 도대체 무엇인가(What)에 대한 설명에 이어, '기는 오직 물질계에서만 존재한다'는 진실을 설명하면서 누가, 어떤 존재(Who)가 어디에서(Where) 어떤 목적으로(Why) 이러한 진실을 성립시켰는지에 관하여 알아보기로 한다. 이 설명 과제들은 물질계의 창조론과 진화론, 생명창조 문제, 신의 존재론, 영적인 영역에 관한 논제들, 더 나아가서 신의 창조섭리와 우주적 질서와 관련되는 어려운 문제들이 내포되어 있기 때문에 아주 난해하며, 지난 오랜 세월 동안 종교계와 과학계에서 심한 논쟁거리로 삼아 온 과제들이기도 하다. 논쟁의 중심에 있는 이러한 기(氣)는 물질계 형이하(形而下)의 영역에 속한다는 사실을 900년 전 송나라의 철학자 주자(朱子)는 이미 밝히고 있었다.

氣聚即生 氣散即死, 理也者 形而上之道 生物之本, **氣也者 形而下之器 生物之具也**

(1) 의식과 의식기

기는 물질계에 속하면서, 의식이 물질화한 것이라고 말한다.

이는 모든 물질에는 '의식(意識)'이 있다는 것을 전제할 때 성립되는 말이다. 모든 물질의 범주 안에는 생물체와 무생물체는 물론, 체(體)가 없는 물질인 비물체까지 포함한다. 이 모든 물질에는 의식이 존재하고 기가 있다는 말이다. 의식이란 사물에 대하여 인식하고 반응하는 작용이라고 본다면, 생명이 있는 생물체는 물론 무생물체까지 포함한 모든 물질에 인식, 반응하는 작용기능이 있다는 뜻이 된다. 무생물체에도 이러한 의식이 있다는 것은 무슨 말인가. 돌이나 바람과 같은 무생물체도 사람의 의식과 똑같은 의식을 가지고 있다는 말인가? 그러하지는 않다. 인식의 과정과 반응의 내용이 다르기 때문에 의식하는 내용이 다르다. 다르지만 그 자체도 의식인 것이다.

무생물체가 외부 사물을 인식하는 과정에서는 생물체가 가지고 있는 판단, 예측, 생각 등의 기능 과정은 없으면서 물체의 원자핵에 내재된 기 정보에 따라 외부의 대상과 상호작용을 한다. 상호작용관계가 성립이 되면 자체 정보에 따라 이에 상응하는 반응을 자동적으로 한다. 물이 100도 이상의 열과 만나서 기체화하는 것과 반대로 0도 이하의 냉을 만나면 고체화하는 과정은 물이 가진 의식이 다른 것과 상호작용하여 반응하는 의식의 작용으로 보며, 이 의식작용의 바탕에는 기 에너지와 기 정보의 활약이 있는 것이다.

형상(體)이 없는 추상적인 명사 '사랑'이라는 것도 눈에 보이지는 않지만 분명 이 세상에 존재하는 것이며 존재하도록 창조된 비물체적 물질이라고 본다. 비물체적 물질에는 정기만 있고 체기는 당연히 없다. 그러나 정기의 기 에너지와 기 정보에는 그 사랑의 정도(크기)와 내용이 들어 있어, 사랑을 가지고 있는 사람들의 마음속에서 의식작용을 하고 있는 것이다. 즉, 마음속에 깃든 사랑의 의식은 사람의 의식과 상호작용을 하여 이를 외부에 표현하게 하는 것이다. 사랑의 의식이 가득 차 있는 사람은 사랑스러운 사람이 되고, 동시에 사랑을 받는 사람이 된다. 우리의 일상생활에서 항상 경험하는 물질계의 의식과 의식기, 그리고 그 작용들에 있는 신비로움이다. 이러한 신비로움을 알게 되는 과정은 즐겁다.[1]

(2) 영계의 의식

이원론적 존재론을 적용하지 않더라도, 우리는 물질계와 반대되는 쪽에는 영계가 있다는 것을 본능적으로 알고 있다. 기(氣)라고 하는 것이 물질계에서만 존재하고 있다는 의미는 영

---

1 이러한 비물체적 물질에 대한 개념은 영기치유의 과정에서 유용하게 활용된다. 고질병요소들이 가지고 있는 불활성, 잠재성과 섬유성의 제거치유가 필요한 경우 등이다.

계에는 기가 존재하지 않는다는 뜻이 된다. 영계의 존재를 과학적 방법으로 증명할 수는 없다. 물질계 너머에 있는 다른 차원 영역의 것은 '영적인 눈'으로 만이 경험하여 알 수가 있는 것이기 때문이다. 다행히 영적인 안목을 가지고 있는(있었던) 영적 선각자들이 먼저 깨달아 세상에 알려준 사실들이 많이 있다. 또한 이 영계에 관한 문제는 구태여 개인적인 신앙과 종교적 견해와 연결하여 해석하고 받아들일 필요는 없다고 본다.

이들 영적 선각자들에 의하면, 영계와 현존이신 유일신(하나님)은 존재하며, 통치 영역은 천국과 지옥이 있으며, 천국에는 영인(천사)들이, 지옥에는 악령과 악귀 등이 있다고 한다. 영적인 존재인 신의 뜻은 천국 영인들의 영(靈)을 통해서 현실 물질계에 전달된다고 한다. 즉, 성령의 메시지는 우주의 의식기장(초양자장)에서 사람에게 전달된다. 이를 다시 설명한다면, 현존유일신의 뜻은 영인의 영을 통하여 '간접적'으로 전달된다. 그리고 물질화된 기 정보 형태인 '성령의 기'로서도 우리에게 전달된다. 지옥 악귀들의 영(악령이라고 함)들이 이 세상에 전달하고자 하는 부정적인 메시지도 '악령의 기' 형태로 전달된다.

물질계가 아닌 영계에는 기가 존재하지 않으며, 또한 기는 물질계(형이하)의 영역에 속하므로 기의 세계는 종교의 영역이 될 수가 없다. 그러므로 기의 세계는 종교계에서 경원시되어야 하는 대상도 아니다. 반대로 (그 자체에 신비감을 불어 넣어) 기를 종교화의 대상으로 삼는다면 정말 어리석은 일이 된다. 기의 세계는 물질계, 형이하학의 영역에 속하므로 과학적 접근이 가능하지만, 우주영기를 통하여 간접적으로 영계와 연결된다는 점에서는 종교적인 접근과 해석도 가능하기도 하다. 종교인으로서 기의 세계를 이해한다는 것은 신의 창조 섭리와 물질계 작용 질서에 관하여 좀 더 구체적으로 '앎'으로써 신앙(믿음)의 수준을 올릴 수가 있는 계기가 되기 때문이다. 그러나 기 그 자체를 종교화하거나 신앙의 대상으로 삼을 수는 없다. 기에 관한 얄팍한 지식을 도구로 사이비 유사 종교를 만든다면 이것은 시중의 무속 신앙과 다를 바 없게 된다. 물질계 기(氣)가 가지고 있는 능력을 물질계를 넘어서는 다른 차원의 초자연적 초능력이라고 말하고 선전하는 사람들이 있다면 그들은 경계의 대상이 되어야 한다.

3차원의 우주 물질계에 속하고 있는 기는 4차원의 세계와는 무관하다. 4차원의 세계는 시간의 무한함이 있는 영계의 세계이다. 물질계 세계가 4차원이 될 수 없다는 것은 1977년 이후에 물리학계에 나타난 '끈 이론'에서도 주장되고 있다. 창세 이후 현재까지 진행된 물질계의 진화적 창조 과정을 설명하고 있는 끈 이론은 이 (기)파동의 상호작용을 통하여 기본 입자(양자)가 성립하기까지를 물리학 이론으로 정립한 것이다. 이 이론에서 증명한 바로는 이 우주가 4차원에 가까운 상태가 되기 위한 조건은 우주온도가 창세 전의 $10^{32}K$까지 상승할 때라고 말한다. 창세 이전의 영의 세계를 말하는 것이다. 그러나 기의 세계를 신비의 세계로 올려놓고자 노력하는 사람들은 기를 4차원의 세계에 속하는 것으로 말하고 있음을 본다. 그들은 과거 정보와 미래 예측 정보를 기의 형태로 받을 수 있기 때문에 바로 기가 4차원에 속하는 것이라고 한다.

하지만 우리가 받는 과거 정보는 현재의 우주기 정보장에 저장된 과거 정보이므로 과거로 거슬러 올라가서 받는 4차원적인 정보가 아니라 현재의 정보이다. 이것은 우리가 가지고 있는 과거의 기억이 현재의 우리 뇌에서 재생되는 것과 같은 이치이다. 미래 예측 정보라는 예지 정보도 현재 시점에서 볼 수 있는 현재의 미래 정보이다. 그렇기 때문에 예지 정보의 정확성은 100%가 될 수 없다. 예지 내용의 변경가능성은 정해진 미래가 없다는 뜻이다. 오늘 보는 미래는 내일 보는 미래가 아닐 수도 있다는 점이다. 이렇게 예측과 결과가 변할 수 있는 것은 인간에게 주어진 자유의지로 인하여 누구에게나 상황 선택의 가능성이 무한하게 주어지기 때문이다. 올바른 기의 작용을 통하여 과거나 미래의 정보를 안다는 것은 우리의 의식체가 과거나 미래로 옮겨가서 보고 들은 정보를 아는 것과는 다르다. 변환된 의식 상태(예 죽은 자의 영이 들어와서 변환된 무당의 의식)나 유체이탈의 상태를 만드는 능력은 보통 어둠의 영역에 속하는 영들의 것으로 본다. 올바른 기의 작용에 해당하지 않기 때문에 피해야 하는 것들이다.

기(氣)라는 것이 의식이 물질화된 것이라면, 영계의 존재들에게는 의식이 없다는 말인가? 그렇지는 않다. 기가 없을 뿐이지 의식은 존재한다. 현존 유일신(하나님)도 섭리(뜻)를 가지신 큰 의식체이며 천국의 영인이나 지옥의 악령들도 의식이 있어 의도가 있는 메시지를 기 정보 형태로 사람들에게 전달한다. 성경에서도 의식체로서의 하나님을, 의식의 영역에 있는 마음을 가지신 존재로 표현하고 있음을 본다. "(하나님께서) 땅 위에 사람 지으셨음을 한탄하사 마음에 근심하시고"라고 적혀 있는 창세기 6장 6절의 말씀이 바로 의식체로서의 하나님을 의미한다고 본다.

다만 영계의 존재들은 의식을 가지고 있으나 (물질화되지 않았기 때문에) 의식기가 없으며, 우주의식기장에서 물질화가 될 때부터 성령기(영기)로서 물질계에 존재하게 되는 것이다. 영계에는 기가 존재하지 않는다는 또 다른 의미는 영계와 물질계는 엄격히 구분되는 경계선이 있다는 것이다. 삶과 죽음 사이에 엄격한 경계선이 있는 것과 같다. 죽은 사람에게는 기가 측정되지 않는다. 신이 영으로 존재한다는 것은 기가 측정되지 않는 영적 의식체라는 뜻이다. 물질계 밖에 있는 영계의 영과 육체에서 분리된 사람의 영은 의식은 있지만 이 세상 존재물(物)이 아니기 때문에 기는 없다.

(3) 우주의식과 기

기가 존재한다는 물질계는 어디에서 어떻게 생겨났는가 하는 문제는 물질계 우주의 발생 과정에 관한 논의이며, 논의의 핵심은 진화론과 창조론으로 좁혀진다. 다윈 진화론의 기본 성격은 우연성에 있다. '이 자연계는 어떤 존재로부터 어떤 목적을 가지고 창조된 것이 아니다. 돌연변이와 자연도태를 통하여 생물학적 질서가 성립되었고, 물리계에서는 어떤 체계라도 스스로 복잡한 구조로 조직화할 수가 있다. 이 우주도 극히 우연한 상황에서 진화 발전한 것이다'라고 진화론자들이 주장하고 있다.

그러나 열역학 제2법칙이 알려지면서, 현대 물리학계 일부에서 과학적 뒷받침이 있는 창조론을 주장하는 사람들이 나타나게 되었다. 우주의 무질서가 계속 증가하고 있다는 사실 자체가 우주의 시작 시점에는 고도로 질서 잡힌 상태에서 '창조'되었음을 암시하고 있다고 한다. 부분적인 질서가 자력으로 생겨 난다고 할지라도 그 힘의 원천은 다른 데 있다는 것이다. 정교한 시계가 질서 있게 움직여서 정확한 시간을 알려 주지만, 그 시계를 움직일 수 있도록 하는 기술과 초자연적인 솜씨를 지닌 시계 설계자는 따로 존재한다는 것이다. 물질계 우주는 신에 의하여 창조되었으며, 그의 정교한 섭리에 따라 물질계 질서가 움직이며, 그 섭리와 질서에 따라서 진화적 창조가 계속되고 있는 것이다. 이 물질계는 창조되었으며 따라서 우리는 '물질계를 만드신 주체'를 조물주(造物主)라고 부른다.

신의 속성인 그의 완전(대칭)성을 자발적 의식으로 붕괴(영의 자발적 대칭붕괴라고 한다)함으로 발생한 빛과 (특이점에서 발생한) 이 빛의 충돌로 최초의 입자(우주의 씨)가 발생할 때까지의 과정에는 현존하는 어떠한 물리 법칙도 적용되지 않는다. 따라서 빅뱅 이전의 이 순간 100분의 1초를 '허수시간'이라고 한다. 빅뱅 이전의 초기 우주에 대한 부분은 현대 이론 물리학에서도 미개척된 분야이다. 빛의 충돌로 생긴 우주의 씨앗, 최초의 입자의 발생 시점과 시공간 상태 등에 관한 발전된 연구가 향후 진행될 것으로 본다. 밝혀지지 아니한 이 부분은 도리어 창조주와 우주의 창조 과정에 관한 새로운 관점을 제공하고 있는 것도 사실이다.

빅뱅 이전의 1단계 창세 과정을 거치면서 현대 물리학 원칙이 적용될 수 있는 입자와 반입자의 생성과 충돌(빅뱅), 충돌 과정에서의 거대한 에너지 발생, 입자와 반입자 10억 개당 1개씩 남은 입자, 이 남은 입자가 물질계의 원자재가 되었다는 것이 우주 창조론의 핵심이다. 빅뱅 이론은 1965년 배경열 복사(Background Heat Radiation)가 발견됨으로써 입증되었다. 이 논리에 의하면 당초 빅뱅으로 창조된 우주의 크기는 남은 입자로 형성된 현존 물질계의 10억 배가 된다. 현재 관찰 가능한 우주의 크기도 우리의 상상력을 뛰어넘는 10의 27제곱 입방광년이기 때문에 창조된 우주의 무한함을 알 수가 있는 것이다. 현재까지 인류가 우주에 관하여 알고 있는 부분은 겨우 4%밖에 안 된다. 우주 공간 속 최초 입자와 남은 입자에 있는 4가지의 힘에 의하여 기 에너지와 기 정보가 포함된 의식기가 생겨났으며, 이 최초 의식기는 빅뱅을 거쳐 현재의 우주의식기, 즉 우주가 탄생된 것이다. 여러 번의 초신성 폭발로 인하여 원소의 다양성이 확보되었다. 따라서 은하계와 태양 등을 포함하여 다양한 물질이 생성되었고, 생명의 탄생과 인류의 탄생 과정이 진행되어 오늘날에 이르게 된 것이다. 이 모든 과정이 에너지와 정보를 가진 우주의식기의 작용과 섭리에 따른 기의 상호작용 그리고 기의 배분 질서로 설명될 수가 있다.

(4) 물질계의 질서와 기

과학자들은, 하늘에서 빛나는 은하계는 물론 원자와 몸 세포에 이르기까지, 모든 물질계 내부에서 일정한 규칙성을 가지고 작용하고 있는 복잡한 구조를 만난다. 질서 정연하게 배열되어 있을 뿐만 아니라 우연의 지배를 받지 않는 일정한 법칙에 따라 체계적으로 움직이고 있음을 본다. 이 규칙성과 법칙성을 발견하는 것이 그들의 일이지만, 그들 역시 이러한 우주적 질서 앞에서는 놀라움과 경외감을 가지고 있다고 한다. 창조주가 이 세상을 만들 때 아무렇게나 만들지 않고 정확한 치수, 길이, 무게를 지켰다고 보기 때문에, 이 창조주의 작업을 가장 잘 알 수 있는 방법도 숫자, 무게 치수를 통한 것이라고 어느 과학자가 실토할 정도이다. 태양계에서 일어나는 것과 똑같은 종류의 수학적 규칙성이 하나의 원자 속에서도 존재한다는 것도 밝혀내고 있다.

또한 이 규칙적 질서가 강력한 대칭성 원리에 의하여 지배를 받고 있다는 사실은 물질계 질서가 대칭적 완전성이라는 신의 속성과 상통하는 것이라고 보여지기도 한다. 물질계의 이러한 질서와 규칙성은 물질 의식기들이 서로 상호작용하는 과정에서 발현되는 기 에너지와 기 정보의 상호 균형력에서 나오는 것으로 본다. 중력과 전자기장의 균형을 향한 상호작용, 태양과 우주기, 우주기와 사람기와의 균형 상태, 건강한 사람들이 가지는 생체 내부 기관 각각의 기 수준이 보여 주는 균형 상태 등을 통해서 우주 물질계 질서와 균형은 기의 상호작용에서 나온다는 사실을 짐작할 수가 있게 된다.

이러한 의미에서, 영기치유란 우리 생체의 이상 상태를 정상 상태로 돌려놓음으로써 '균형'과 '질서'를 다시 회복시키기 위한, '영기'의 치유 능력이 작용하는 것이라는 해석이 가능해진다. 이것은 기의 능력 중 균형 유지 능력 작용의 일종이다. 즉, 영기치유를, 우주 물질계의 질서를 유지시키는 기의 작용에 포함하는 방법으로, 그 개념을 확대 적용할 수도 있는 것이다. 확대된 개념으로 영기치유 과정을 대할 때는 그 의미가 더욱 크게 다가온다. 국가 간, 또는 사회집단 사이에서 일어나는 갈등을 해소해 가는 방향도 힘과 논리의 균형을 유지하고자 하는 보이지 않는 집단 의식기의 작동 원리가 작용하고 있는 것이다. 즉, 집단적으로 모인 기들 사이에도 대칭과 균형의 원리가 작동되고 있는 것이다.

(5) 생명의 원천이 되는 기

생명에 관한 주제들도 그 발생 원천과 관련하여 진화론과 창조론이 그 주류를 이루고 있다. 지구의 생명체가 외계에서 왔다는 외계진입설도 있으며, 진화론은 긴 시간을 두고 생명진화가 이루어졌다는 진화발생설과 수프 상태의 무생물에서 생명이 갑자기 발생되었다는 순간발생설이 있다. 외계생명체가 지구에 진입했다는 것도 그 외계에서의 발생 원천을 따져야 하므로 생명의 원천 논의에서는 제외될 수가 있다. 생명창조론은 생명체가 신의 활약에 의하여 직접 창조된 것임을 분명히 하고 있다. 어찌 되었든 35억 년 전에 발생한 원핵세포 박테리아가 진핵세포로, 다세포 생물에서 녹색조류, 육상식물, 육상동물로 진화적 창조를 해 온 것은 사실이며, 육상동물 중 원숭이가 사람과 닮아 있다는 것도 사실이다.

진화생물학에서는 최초의 생명체인 짚신벌레처럼 생긴 원핵세포 박테리아가 그냥 '출현'했다고만 표현할 뿐 그 생명의 발생 출처에 대하여는 입을 다물고 있다. 짚신벌레로부터 오늘날의 인류에 이르기까지의 모든 생물체는 '진화를 계속하는 미생물'이 교묘하게 조직화한 정교한 집합체라고 규정하고 있는 것이 진화생물학이다. 여기에서는 '진화를 계속하고 있는 미생물'이 가지고 있는 생명의 원천에 관한 설명은 찾아볼 수가 없다. 이들은 생물의 몸체를 구성하고 있는 중요 요소 중의 하나가 환원탄소화합물이라는 데 착안하여 생명의 탄생 원인을 이 탄소원자로 보고 있다. 즉, 탄소원자와 수소원자들이 적당한 환경하에서 다른 원소들과 유연하게 결합하는 특성이 있음을 말하며, 이들의 결합 결과 달라진 분자 구성으로 생명체가 탄생한 것으로 본다. 탄생 이후의 생명체는 공생과 연합을 통하여 진화 과정을 거친다고 한다. 그러나 현재까지 어떤 과학자도 시험관 내에서 인위적으로 (생명이 있는) 세포 한 조각도 만들어 내지 못하고 있다.

생명의 진화발생설 이외에, 600만 년 전에 생겨난 원생 인류 (사람을 닮은 원숭이: 類人猿)가 20만 년 전에 나타난 현생 인류의 조상이라는 인류의 원숭이 조상설이 또 다른 진화론의 핵심이다. 이 내용을 오늘날 학교 교실에서 인류 진화론이라고 하며 가르치고 있는 것이다. 원숭이의 DNA가 아무리 사람들의 그것과 유사하다고 해도 같지는 아니하며, 사람을 닮은 원숭이는 원숭이일 뿐 사람은 아닌 것이다. 들판에 놀고 있던 원숭이가 어떻게 영(靈)을 가진 사람으로 갑자기 '진화'할 수가 있는 것일까? 생명을 가졌던 최초의 박테리아 탄생과 영을 가지고 새로 생겨난 신생인류의 탄생에 관하여는 현재의 진화생물학이 다루기에는 조금 벅찬 과제일지도 모른다.

생명이 없는 무생물 원소들을 집합시켜 쌓아간다고 해서 거기에 어떻게 '생명'이 생길 수가 있는 것일까? 원숭이 한 마리의 DNA가 어떻게 사람이 가지고 있는 DNA로 갑자기 변하면서 영과 혼이 들어가서 사람으로 변하면서 최초의 인류가 될 수가 있겠는가? 이 두 개의 원천적 의문 해소를 위하여 우리의 논의 주제인 기(氣)의 역할은 없었는지, 역할이 있었다면 그 기가 어떠한 기이며 어디로부터 온 것인지를 살펴볼 필요가 있다고 본다. 이러한 기의 입장에서 본 견해는 고대로부터 내려온 종교적 교리로서의 생명 활력론이나 생기론과는 별도로 분리하여 생각하여도 무방하다. 기의 원리로 보면 종교와 과학의 중간 영역의 입장에서 문제가 보이고 해법이 보이기 때문이다. 기의 관점에서 보는 이러한 견해는, 모든 우주의식기의 원천이 초자연적인 신(神)에게 있다는 확고한 입장과 모든 기는 형이하학 영역인 물질계에 속한다는 사실과 밝혀진 현대 물리학의 파동 원리 때문에 설득력을 가지게 된다.

창조론의 핵심인 최초 생명과 최초 사람의 탄생을 기의 입장에서 논의하기 위한 첫 단추는 혼과 영의 존재에 있다. 존재하지 않는 영혼을 논의한다는 것은 의미가 없기 때문에 그 존재 여부에 관한 논의는 필요가 없겠다. 영적인 영역에 속하면서 '생명'을 의미하는 혼과 영은 물질세계에서는 혼기와 영기로 물질화되어, 기(氣)로서 이 세상에 입장한 것이 바로 생명 탄생과 사람 탄생의 단초가 되는 것이다. 혼기와 영기는 각각 육체적 생명 탄생과 영적인 생명 탄생을 위한 신의 메신저로 활약한 것이다. 혼과 영을 기(氣)로 변환시켜 이 세상에 입장시킨 주체, 장본인은 초자연적인 존재인 현존 유일신―하나님인 것이다. 그의 속성인 '사랑'이라는 섭리를 우주 창조와 함께 생명 창조, 사람 창조에까지 적용함으로써 창조의 궁극적인 목적(사랑)을 달성하고자 함이었다고 보는 것이다.

생명이 없는 무생물부터 살펴보자. 우리가 보통 물건이나 물체(Body)라고 부르는 것들이다. 창조된 물질들이 각종 원소들의 결합 활동을 통하여 물체들로 되기까지는 오랜 세월이 걸렸다. 물질 원자 속의 원자핵과 분자들의 작용에 따라 생긴 기의 조합으로 각각 다른 물질들이 생겨난 기의 상호작용이 오랜 기간에 걸쳐 일어난 것이다. 각 물질의 의식은 그 정기 안에 들어 있고 정기의 기 정보에 따라 그 물질의 성질이 결정된다. 과학적 용어로 설명하면 전자 활동에 의하여 발생하는 '에너지'와 원자핵 내부에 양성자와 중성자의 스핀 형태로 내장된 '정보'에 따라 모든 물질이 결정되는 것이다. 물건이 가진 의식의 범위는 물질정기 안에 잠재되어 있는 정보들이다. 물체에는 사람의 의식체계로 말하면 '잠재의식'에 해당하는 기초의식만 존재하고 있다.

이러한 물건의 의식체계가 확대되어 변화된 사건이 바로 생명이 추가되는 사건이다. 영과는 다른 성질을 가진 혼이 우주

의식기장을 거쳐 혼기로 물질화되어, 이것이 최초의 박테리아 분자구조와 결합하면서 살아 있는 박테리아, 즉 최초의 생명체가 생기게 된 것이다. 물건의 의식체계에서는 오직 (정보가) 잠재된 의식만 있었지만 생물체의 의식체계가 되면서 두 개의 의식 영역이 추가되었다. 본래의 '잠재의식 영역' 이외에 생명의 근원인 '영혼 영역'과 두뇌 활동으로 생겨난 '표면의식 영역'이 추가되었다. 식물과 동물 그리고 척추를 가진 고등동물에 이르기까지에는 아주 긴 시간에 걸친 진화적인 창조 발전과정이 존재한다.

기의 입장에서 본다면, 영의 영역에서 온 혼기에 의하여 '생명의 창조'라는 이벤트가 발생했다고 확신하며, 따라서 자연적으로, 우연적으로 생명이 일어난 것이라는 '생명의 진화적 발생론'은 받아들이기가 어려운 것이다. 사람들이 인위적으로 만든 어떠한 생명 발생 조건에서도 세포 생명 한 조각도 만들 수 없는 이유가 바로 생명 창조에는 영적인 의미가 내포되어 있기 때문이다. 우리 인류는 이러한 사실을 이미 알고 있었다. 왜냐하면 이 지구상의 어떤 민족이건, 어떤 나라이건, 거의 모든 지역에서 어떤 특정한 동식물에 신령한 혼이 있다고 믿으면서 신성시하고 있는 풍속이나 습관을 찾아볼 수 있기 때문이다. 넓은 지역에서 보편화된 이러한 현상을 단순히 미신이라고 치부

할 수만은 없다. 사람에게만 특별히 부여된 영적인 (분별)능력, 혹은 영감을 통하여 이러한 사실—영(靈)의 기(氣)가 생명의 원천이라는 진실—을 알게 된 것이다.

사람이 아니면서 사람의 모양과 유사한 원숭이에서 시작하여 세월이 지나면서 그 원숭이가 현생 인류로 진화되었다면, 사람은 사람이 아닌 원숭이 과의 한 동물이라는 말인가? 다가오는 새로운 세상(來世)에서 가지게 될 새 생명에 대하여 원숭이가 어떻게 생각할 수가 있겠는가? 창조주를 우러러 믿는 마음[信仰心]을 가질 수 있는 원숭이과의 한 동물이 인간이란 말인가? 그러나 동물인 원숭이가 내세를 생각하고 신앙을 가지고 종교생활을 할 수 있다고는 도저히 상상을 할 수가 없다. 그러면 생물체 원숭이와 생물체 인간의 차이점은 어디에서 나오는 것일까 하는 의문이 생기며, 그 해답 속에는 신이 사람을 탄생시킨 목적이 내포되어 있음을 본다.

혼과 영이 다른 점은 이상의 설명과 같이 혼기는 '이 세상'에서의 물질계 동식물에 부여된 '생명'의 원천으로 본다. 그러나 영계의 영이 물질화된 '영기'가 (신에 의하여) 불어넣어짐으로써 동물과 다른 '사람'이 되게 된다. 사람에게만 영기가 있으므로 오직 사람만이 '저 세상'에서도 '새 생명'을 부여받을 수 있는 존재가 된다. 이로써 20만 년 전에 현생 인류가 '창조'된 것이다.

이러한 해석은, 당초 생명이 없던 원소들(성경에서는 흙으로 표현됨)에서 시작하여 (생명이 부여된 원숭이의 일부 종의 DNA를 사람답게 만들고), 여기에 생기(즉, 영기)를 불어넣어 생명이 있는 영(생령)으로 만들었다는 인류창조론 측면에 바탕을 두고 있다. 실제로 우리는 동식물에는 없는 사람의 영기(靈氣) 수준을 측정할 수가 있다. 기는 생명의 원천이다. 사람을 기준으로 볼 때, 혼기는 현생에서 가지는 생명의 원천이며, 영기는 사후 세계에서 가지는 새 생명의 원천이 되는 것이다. 우리가 이 세상에 살고 있는 동안에도 역할을 하고 있는 영기의 대해서는 아직도 연구할 부분이 많이 남아 있다.

(6) 사람에게 있는 4대 기본 기(氣)

이상의 설명과 같이 사람에게는 물질계 **기초기**인 **생체기**와 **정기**, **생명기**인 **혼기**와 **영기**가 있다. 기초기의 정기와 생명기의 혼기가 상호작용하여 사람의 **의식기**가 되며, 생명기의 영기와 혼기가 상호작용하여 **영혼기**가 된다. 기초기는 우리의 몸의 영역에서, 의식기는 우리의 마음 영역에서, 영혼기는 우리의 영혼 영역에서 작용한다, 이 또한 상호작용하면서 몸과 마음과 영혼을 가진 나의 정체성을 만들어 내고 있는 것이다. 이 상호작용을 통하여 의식 수준을 만들어 낸다. 또한 정기와 영혼기(생명기-신기)가 상호작용하여 **정신기**가 된다.

결국 사람에게는 **생체기, 정기, 혼기, 영기**라는 4개의 기본기가 있어 이 기들이 상호작용하는 가운데서 살아가고 있는 것이다. 이 4대 기가 빛의 영역에서 온전히 유지되고 있을 때 온전한 정상적인 삶을 유지할 수가 있다. 대부분의 사람은 태어날 때 정상적이고 온전한 상태의 4대 기를 가지고 태어난다. 그러나 살아가면서 이 기들은 외부 환경에 의하여 상처받고 약해지기도 하고 반대로 강하게 유지될 수도 있다. 외부 환경 중에서는 어둠의 영역에서 오는 나쁜 영들과 나쁜 영의 기가 있다. 이 어둠의 세력들이 이 세상을 장악하는 힘은 아주 크기 때문에 이것들의 영향을 받지 않고 살고 있는 사람들을 찾아보기가 어려울 정도이다. (인류의 98%가 어둠의 세력에 의하여 크고 작은 영향을 받고 있는 것으로 측정되고 있다.)

사탄, 마귀와 귀신, 그리고 악령과 같은 나쁜 영과 혼들과 그들의 나쁜 기(사기와 악령기)가 우리 몸에 들어오면, 세균이나 바이러스가 몸에 들어와서 정상세포를 염증세포화하면서 상처를 내듯이, 이 4대 기들에게 상처를 내어 탁기화하든지, 이 4대 기를 밀어내고 우리의 기 순환계를 차지하게 된다. 이럴 경우에도 외형적으로는 이 4대 기의 이름으로 나타나기 때문에 엘로드의 기 측정에서 높은 수치가 나온다. 이 높은 수치

속에는 본래 자기에게 속하는 기와 나쁜 기(사기)의 기가 혼재하여 존재하게 된다. 그냥 측정된 수치로는 알 수가 없기 때문에 측정된 모든 기 수치가 자기의 기인 것으로 착각하게 되는 것이다.

4대 기본기들이 모두 나쁜 영기들한테 빼앗겼다면 자기의 기는 없는 것이며 이 사람은 나쁜 영들에게 종속(Possessed)된 상태가 되어 버린다. 영적으로 사망한 것이 된다. 그냥 숨만 쉬고 있는 나무토막이 되는 것이며 더 나아가서 '어둠의 사자(使者)' 역할을 해 나가야 한다. 따라서 사기에 감염된 사실이 있거나 지금도 감염되어 있다면 반드시 자기 생체기, 자기 정기, 자기 영기, 자기 혼기를 별도로 양(+)기와 음(-)기로 구분 측정하여 양(+) 영역의 자기의 기를 확인하여야 한다. 빼앗긴 음(-) 영역의 기가 발견되면 **나쁜 기들의 퇴치와 자기 본래의 기 회복**을 위한 기도는 별도로 해야 한다.

3) 상호작용하는 기(氣)와 나타나는 기(氣)의 능력

체(體, Body)를 가지고 있는 물질이건 체가 없는 물질이건, 형체가 있건 없건 이 세상의 모든 물질에는 의식과 의식기가 있다. 형체가 있는 물질은 정기에 체기가 함께하여 그 물질의 전체(기본)기를 형성한다. 이 기들에는 마땅히 기 에너지와 기 정보가 포함되어 있다. 물질마다 각기 다른 기 에너지와 기 정보를 가지고 있어 그 물질의 특성이 만들어진다. 그리고 어떤 물질적 특성을 가지고 있는 하나의 물질은 홀로 존재하지 않고 전체 속에 있으면서 다른 물질들과 상호 기 작용을 한다. 기들의 상호작용 관계는 그 자체가 살아 있는 거대한 시스템으로, 우리는 이 시스템 안에서 살고 있으며, 이 시스템을 '세상'이라는 단어로 표현하고 있다. 이 상호작용 관계를 이루어 내는 것은 이미 창조의 섭리 안에 들어 있어 정교한 규칙성과 질서하에서 움직인다. 이 세상에 존재하는 모든 '관계'는 기의 상호작용으로 이루어진다.

사람 이외의 생물과 무생물에서 일어나는 기의 상호전달과정, 즉, 감응과 공명 및 동조 현상에 대하여는 현대 양자물리학에서 실험으로 입증하고 있다. A라고 하는 한 원자 속에 있는 일정량의 에너지(양자, Quanta)가 원자 B와 감응할 때, 연결 매개 물질인 광자가 나타나서 에너지를 전달하면서 두 물질이 공명, 동조되는 것을 발견한 것이다(이것은 신경세포의 연결 과정에 있는 시냅스의 역할과 유사하다). 이 발견 사실이 확대 발전되면서 의식(비물체적 물질)이 물질에 영향을 미치는 증거가 확보되었고, 이것은 우리의 정신력(정신기)과 우주(의식기)의 상호관계를 연구하는 데까지 원용되고 있다. 이것은 영기치유 원리에 이론적 토대를 제공하기도 한다. 대우주와 소우주인 '나'와의 관계성을 다른 각도에서 바라볼 수 있게 하고 있다. 과학의 발전은 보이지 않는 세계에 대한 우리의 안목을 넓혀 주고 있는 것이다.

물질계는 기 상호 간의 감응, 공명, 동조 과정을 통하여 상호 결합과 변화, 공생과 연합을 이룩하면서 '진화적 창조'를 지속적으로 일으키고 있다. 최초의 원핵 단세포 박테리아가 처음부터 놀라운 정보 저장 능력이 있는 유전자를 상호 교환함으로써 진핵세포로 발전한 것이 바로 이러한 과정이었다. 이로써 유기체의 보존과 진화가 이루어진 것이며, 사람의 탄생으로까지 진화적 창조가 이루어진 것이다. 생명의 발생과 인류 탄생의 메신저 역할을 한 혼기와 영기도 기의 이러한 상호작용 성질이 있어, 이것이 현재화(懸在化)됨으로써 두 가지 '생명'의 탄생이 이루어진 것이다. 인간도 자연 속에서 다른 물질들과 상호 의존적 공생관계(Sysbiosis)에 있다.

인간도 우주 물질계에 살아 움직이는 거대한 상호 의존 관계 시스템 안에서 그 일부로서 존재하는 것이다. 현대 물리학에서는 통일 게이지장 이론(Unified Gauge Theory)과 끈 이론(String Theory)에서 자연의 네 가지 힘(중력, 전자기력, 약력 및 강력)으로 이루어진 파동(氣)의 상호작용으로 이 세상이 이루어지고 있음을 밝히고 있다. 이들 물리학 이론에는 복잡한 과학적 용어가 많이 나오지만 기초적으로는 기의 상호작용에 관한 이론들이라고 볼 수가 있다.

인간은 그 의식작용(마음작용)에 의하여 생성되는 생각과 행위 의지가 포함된 자기의 '의도'를 가지고 있다. 행위 의지가 없는 의도는 단순한 '바람'에 그치는 것이다. 사람의 의도를 이야기하는 이유는 의도의 결정에는 '선택'이 있으며, 누구에게나 주어진 '자유의지(Free Will)'에 따라 그 선택이 이루어지기 때문이다. 이것은 양자론에서 기본 이론으로 알려지고 있는 '불확정성의 원리' 또는 '예측불가능성의 원리'와 연결되어, 인간 운명의 '사전 선택설'과 '사전 결정론'을 부인하는 근거가 된다. 모든 것은 자기의 의지로 선택한 의도대로 진행되는 것이다. 선택한 자기의 내부 의도가 무한한 가능성이 존재하는 우주의식기장의 정보망과 연결되도록 하여 그 가능성을 현재화(顯在化)하고 있는 것이다. 이로써 성경에서 말하고 있는 창세 전의 사전 선택에 관한 내용은 신의 선택에 의한 인류의 창조와 인간에 대한 신의 포괄적인 사랑을 표현한 것으로 해석된다.

영과 혼을 가진 인간의 특성을 이용하여, 그 영혼의 영역을 통하여, 우주의 우주기장(우주 초양자장)과 자기의 내부 의도가 연결된다. '우주'의 기와 '나'의 기가 상호 공명하여 하나가 되게 하는 특권을 주어 대우주(I)와 소우주(i)가 기의 상호작용을 통하여 일체화되는 '가능성'을 열어 두고 있는 것이다. 내 안에 있는 '참나'의 모습을 발견할 수 있게 되는 것이다. 이러한 가능태 공간의 현재화를 통하여 자유의지와 선택에 의한 '자아'를 형성하게 된다. 자아가 형성되는 방향을 전체적으로 보면 한쪽은 '사랑'이고 다른 쪽은 '에고'라고 볼 수가 있으며, 이 방향에 따라 그 사람의 인생행로가 결정된다고 보여진다.

물질의 형태에 따라 달라지는 의식의 영역과 달라지는 기의 종류를 재정리하자면, 생명이 없는 물건의 의식 영역은 정보가 잠재되어 있는 잠재의식이며, 이 잠재의식이 정기를 형성하기 때문에 생명이 없는 물건에는 정기와 체기만 존재한다. 그리고 사람 이외의 생물체(동식물)는 정기와 체기에 생명을 의미하는 혼기가 추가된다. 따라서 동식물의 의식 영역은 잠재의식 이외에 혼의 의식과 활동으로 생겨난 표면의식이 추가된다. 사람의 경우에는, 영기도 추가되면서 영적의식 영역이 최대한 확대되었다. 사람이 가지고 있는 의식 영역은 따라서 **영적의식, 잠재의식** 그리고 **표면의식**을 포함한다. 사람이 가진 기는 기본기로서 정기와 체기를, 생명기로서 영기와 혼기를 가지고 있다. 상기의 3대 의식은 사람이 가진 이 4대 기가 상호작용하여 형성된 것이며, 형성되어서 총합적으로 나타나는 형태를 우리는 자아 또는 정체성이라고 부른다. 그 수준은 데이비드 호킨스의 '의식 수준'으로 측정된다.

사람이 가지고 있는 네 가지 기의 상호작용은 상당히 복잡하다. 먼저 사람과 사람, 사람과 물체의 관계는 정기의 상호작용 관계이며 제일 기본이 되는 기의 작용이다. 이것은 한 사람의 정기가 외부의 정기와 가지는 작용관계이기 때문에, 어느 특정인이 가진 정기, 체기, 혼기와 영기의 내부적 기 작용관계와는 분리해서 별도로 설명되어야 할 사항이다. 정기의 외부적 관계를 제외하면 특정인이 가지고 있는 기의 상호작용관계는 정기와 체기, 정기와 혼기, 그리고 혼기와 영기의 관계가 있으며, 종합적으로 형성된 그 사람의 의식기와 우주의 의식기의 관계가 추가된다.

몸과 마음, 그리고 영혼이 건강한 사람은 이 네 가지의 기 상호작용 관계의 비중이 균형을 이룬다. 경험적으로 검증한 바에 의하면, 한 사람의 전체 기 상호작용 수준을 100으로 볼 때, 정기와 체기의 상호작용 비중은 3%, 정기와 혼기의 상호작용 비중은 85%, 혼기와 영기의 상호작용 비중은 3%, 사람의식기와 우주의식기의 상호작용 비중은 9%가 될 때 그 사람의 기 상호작용 관계의 비중이 균형을 이루는 것으로 측정되고 있다. 이 균형 비중은 영기 진단 시 종합적인 건강 상태를 살펴보는 지표가 될 수 있다.

정기와 정기의 상호작용에서 명당화의 원리와 명당화의 방법을 발견할 수가 있으며, 정기와 체기의 상호작용에서 마음 속 스트레스가 몸 건강에 미치는 작용관계를 발견할 수가 있다. 가장 중요한 기 작용은 마음의 영역(무의식, 잠재의식)에서 이루어지는 정기와 혼기의 상호작용이다. 사람의 의식기장은 이 4대 기가 상호작용하는 장이다. 이 사람의식기장과 우주의식기장과의 상호작용에서는 우리에게 의도의 길과 깨달음의 길에 대한 지식과 지혜를 제공해 준다. 기의 상호작용 관계에서 눈에 띄는 것은 영기와 체기는 상호작용하지 않고 독립적이며, 잠재의식 영역을 통한 간접적인 관계만 가진다는 것이다. 이것은 몸이 아픈 사람도 영혼 구원의 기회는 얼마든지 있다는 의미가 된다.

정신기는 정기와 신기를 합친 것이며 신기는 영기와 혼기를 합친 것이다. 따라서 정신기는 정기, 영기와 혼기를 합친 개념이다. 몸에서 나온 정기와 영혼에서 나온 신기가 합쳐진 정신기를 별도로 측정해 볼 필요가 있다. 이 정신기는 우주의식기장과의 채널링 과정에서 에너지원이 되기 때문에 정신기가 약한 사람은 우주기 정보장과 정보망에 접근 감응하는 것이 어렵다. 기를 처음 배우면서 엘로드로 측정하는 사람의 기 수준은 정기와 체기를 합친 기초기다. 이러한 점을 고려하면, 정기와 체기가 합쳐진 기 수준이 반드시 몸과 마음 그리고 영혼의 건강 수준이 될 수가 없는 것이다. 네 가지의 기를 전부 측정하여 종합적인 기 수준을 알아야 한다. 좀 더 알고 보면, 체기와 정기가 합쳐진 기초기는 뇌의 편도체와 송과체, 그리고 백회를 작동하는 열쇠이며, 자기영기와 혼기가 합쳐진 영혼기는 우주기장의 천문을 여는 열쇠가 된다. 모든 것은 이 4대 기에서 시작된다.

기의 본질을 찾기 위한 시도 과정에서, 보이지 않고 들리지 않으며 만질 수도 없는 기는, 형이하의 영역인 물질계에 속하면서 그 상호작용에 의하여 이 세상을 만들고 운영하고 있다는 사실을 간단히 살펴보았다. 하지만 그 본질 영역의 깊음과 심오함에 비하면 이러한 시도는 아직까지 지극히 초입 단계에 머물러 있다고 생각한다. 기의 본질은 신의 우주창조 과정에서 나타나 있었고, 기의 상호작용은 신의 섭리가 나타나는 방법이라는 사실을 어렴풋이 알아차릴 정도이다. 그리고 이 모든 것

안에 있는 신의 내밀한 목적은 '사랑'이며, 신의 이러한 '사랑의 힘'에 대하여는 어떤 저항 가능성도 봉쇄되어 있어 자연의 '질서'가 유지되고 있는 것이다.

이 글의 마지막 장에서는 나타나는 **기의 능력**에 관하여 설명하고 있다. 기 능력의 원천은 이미 설명한 기의 일반적인 소통성과 상호작용성에 있다. 기의 여러 능력 중에서 영기 능력에 관하여 특별한 관심을 가지고자 한다. 성령기의 치유 능력과 병 고침 능력에 관한 기술(記述)은 배운 기초적인 지식과 받은 영감 그리고 치유 기도를 통한 실천 경험이 바탕이 되고 있다.

기의 본질과 그 능력에 관하여 기술한 다음의 모든 내용이 과연 진실한 것인가에 대한 (영적) 진실성 여부는 매번 엘로드로 확인하였다. 기술된 내용들이 가지고 있는 기초기(체기와 정기)와 영기 수준도 만족스러운 수준으로 측정되고 있다. 진실성 있는 내용을 설명(전달)하고 있는 수준인 기술(記述)의 완성도도 확인되었다. 향후, 더욱 자세한 내용을 살펴보는 가운데, 나의 체험적 각성과 영적 분별력을 최대한 대입하여 내용을 보강하고자 한다.

KI, THE WAVE OF
ENERGY AND INFORMATION

제1장

기의 성질과
기의 인식

1. 기의 발생과 기의 존재

우주의 무한한 에너지는 힘이며 따라서 운동을 한다. 힘의 네 가지 성질에 의해 파동이 만들어져서 '파동 형태의 운동'이 된다. 이 에너지에 합쳐진 쿼크라고 불리는 소립자는 물질을 구성하고 존재하게 만드는 정보력을 가지고 있어 질서정연한 자연법칙이 생겼고 물질계 시스템이 만들어진 것이다. 모든 물질이 각기 다른 정보와 구성 시스템을 가질 수 있는 것은 소립자 안에서 일어나는 스핀파동 형태가 각기 다르기 때문이다. 물질마다 다른 스핀파동으로 각 물질의 특성이 결정 된다.

우리는 전자(前者)를 그냥 에너지라고 부르고 후자(後者)를 단순히 정보라고 부르지만 이 두 가지가 모든 물질 속에 함께 있는 것이며 운송체와 화물의 관계이기 때문에 기(氣)의 관점에서 '기 에너지'와 '기 정보'로 부르기로 한다. 이 부분에서, 에너지와 정보에서 발출되는 기의 성질을 논할 수 있게 된다. 그리고 기의 모든 능력은 기의 성질에서 나온다. 모든 물질은 각기 다른 고유 파동을 가지는 기 에너지와 각기 다른 기 정보를 가지고 있기 때문에 각기 다른 성질과 능력이 나타난다. 이로써 모든 창조물은 각각 다른 물질적 특성을 가지게 된 것이다. 물질의 기본기인 체기와 정기에는 각각 운동하는 기 에너지와 물질의 내용이 되는 기 정보를 가지고 있다.

이 물질들 중에는 기초의식이라고 부를 수 있는 정기(Essence)가 있다. 따라서 물질의식의 본질은 기 에너지와 기 정보를 가진 정기(Essential Energy)가 된다. 그러므로 이 세상 모든 물질은 '물질 의식기'를 가진 의식체가 될 수가 있다. 사람이 가진 '의식기'에는 물질 의식기(정기)에 혼기가 추가되어 물체와 구분되어 있는 것이다. 사람에게는 운동하는 기 에너지인 '생체기'와 그 내용인 '정기'를 포함하고 있으며 추가로 혼기와 영기가 있어 다른 물질과 구분된다. 이 모든 기의 수준은 분리 측정이 가능하다.

앞서 설명한 바와 같이, 기는 물질계의 창조와 함께 발생하여 물질계에 존재하는 것이다. 기와 기 파동은 우리 눈에 보이지 않지만 존재하는 실체이다. 우리가 빙산의 원리에서 알 수 있듯이 눈에 보이는 것보다 눈에 보이지 않는 것이 더욱 비중이 크고 중요할 뿐 아니라, 눈에 보이는 현상의 원인은 대부분 눈에 보이지 않는 곳에 있음을 알고 있다. 우리는 사과 속의 씨는 셀 수 있지만 씨 속에 들어 있는 수많은 사과의 수는 셀 수 없는 것과 같은 것이다. 눈에 보이지 않는 에너지와 정보의 변환을 거쳐서 우리가 이용하는 에너지(전기 에너지 등)가 만들어진다는 사실은 모두가 알고 있다. 이와 같이 기(氣)의 입장에서 본다면, 눈에 보이지 않는 기로부터 눈에 보이는 것들이 생겨났다. 보이는 것보다 보이지 않는 것에 중점을 두거나 그 존재에 대하여 의심을 하지 않는 것은 결국 '앎'(인식)이 있기 때문이다. 그러나 보이지 않는 것을 존재한다고 믿는 것은 어려운 일이다. 그것은 앎이 없었고 이를 가르쳐 주는 사람도 만나기 어렵기 때문이기도 하다.

보이지 않는 것을 믿지 못하는 데는 두 가지 이유가 있다. 첫 번째가 거부의 심성이고 두 번째는 마음의 장벽이다. 우리는 태어나자마자 과학적 논리와 이성적 논리를 줄기차게 교육을 받아왔다. 눈에 보이는 것을 찾아서 확인한 후에 믿게 하는 학습 과정을 거치며 살아왔다. 눈으로 볼 수 없거나 보이지 않는 것에 대한 잠재적 거부감이 피부 속 깊이 들어와 있는 것이다. 어떤 대상에 대하여, 특히 잘 모르고 있는 분야에 대하여 '믿지 말라'는 말이 진실이라고 믿는 경우가 허다하다. 그러나 막

다른 위기상황에서는 보이지 않는 신을 찾는 본능적 반응이 나온다. 두 번째 이유는 쌓아 놓은 에고의 장벽 때문이다. 마음에 장벽을 쌓고 믿지 않는 것은, 잘못 형성된 자아를 보호하기 위한 것이다. 따라서 보이지 않는 기의 세계를 세상에 말하는 것은 그 자체가 어렵고 상당한 인내가 필요한 일이 된다. 기를 구체적으로 인식하기 위한 노력은 이러한 불신을 해소하는 데 큰 도움이 된다.

눈에 보이지 않는 기의 원천과 기를 창조한 이유에 대해서는 "만물이 그에게 창조되되 하늘과 땅에서 보이는 것들과 **보이지 않는 것들과** … 만물이 다 그로 말미암고 그를 위하여 창조되었고, 또한 그가 만물보다 먼저 계시고 만물이 그 안에 함께 섰느니라"라고 기록된 성경 구절(골로새서 1장 16-17절)에 잘 표현되어 있다.

2. 기의 성질

1) 파동으로서의 기 성질

우주에는 우리 눈으로는 볼 수 없는 4개의 '힘'이 존재하여 상호작용함으로써 파동이 발생하게 된다. 그 4개의 힘을 과학자들은 ① 중력, ② 전자기 상호작용, ③ 약한 상호작용, ④ 강한 상호작용으로 구분하고 있다. 중력은 질량 에너지로서 모든 입자와 관련된 공통의 힘이 된다. 따라서 나머지 3개의 힘이 파동을 만들어내는바, 전하를 가진 전자기의 상호작용으로 '진동'이 있고, 약한 상호작용은 방사선의 성격을 가져 진동이 일정 방향으로 진행되게 하는 '방향성'을 제공하며, 강한 상호작용은 핵융합과 핵분열과 같은 원자 핵력을 가져 방향성을 가진 진동이 '진폭'을 가지게 되어 파동이 발생된다. 이 파동을 우리는 일상생활에서 힘, 에너지 또는 운동 등으로 표현하고 있다.

간단하게 말하면 밀고 당기고, 헤쳐 모이면서 일정 방향으로 진행하는 파동이 되는 것이며 이 파동은 운동이며 파동 속에는 보이지 않는 힘이 들어 있는 것이다. 물결파동이 일어나는 것을 상상하면 이 원리가 정확히 들어맞는다. 우리 눈에 보이는 것은 물결파동이지만 이 파동을 일으키는 4개의 힘은 눈에 보이지 않는다. 파동 중에는 이와 같은 운동파동 이외에 스핀 파동이 있어 그 스핀하는 형태로서 정보를 저장하고 있다. 이 사실을 토빈이라는 학자가 발견하고 토빈파라고 명명하여 정리한 것이 토빈이론이다.

정(精)과 체(體)를 가진 물체의 기(氣)는 이와 같이 우리 눈에 보이지 않는 힘에 의하여 발생한, 눈에 보이지 않는 에너지와 정보로 구성되어 있다. 기 파동은 물론, 우리 눈에 보이는 모든 파동은 파동을 만들어 내는 네 개의 힘 작용 방식에 따라 그 모양과 강약 그리고 크기가 달라져서 각기 다른 파동의 형태를 가진다. 이러한 기 파동이 있기 때문에 기의 상호작용과 기의 능력이 나타나며, 드러나는 기의 작용과 능력을 우리는 인식할 수가 있다. 이러한 **파동으로서의 기는 물질성, 소통성과 보편성 등의 성질을 가진다.**

우주 물질계 창조와 더불어 발생된 기(에너지와 정보)는 물질계에 존재하므로 기본적으로 **물질적 성질**을 가진다. 근현대 물리학계에서 물질입자의 파동을 발견하고 이의 연구 성과를 통하여 인류의 물질문명은 더욱 풍성하게 되었다. 기의 물질적 성질 때문에 과학적 접근이 가능하였으며, 우리는 그 성과를 누리고 있는 것이다. 기는 눈으로 볼 수가 없고 소리도 없으며 촉감으로도 느낄 수 없는 물질계에 존재하는 비물체이며 물질의 근본적 요소이다. 근원적인 요소이기 때문에 (최초 발생) 기를 원기(元氣)라고 부르기도 한다. 우리가 성령기로 부르는 우주 영기도 물질계의 존재이다.

영기가 물질계의 존재이기 때문에 영계의 존재인 영과는 구분된다. 기가 영계의 존재가 아니므로 종교의 대상이 되거나 종교화의 빌미가 되어서는 안 된다. 물질계의 존재이기 때문에 기의 작용과 능력을 신비한 것으로 포장해서 선전해서도 아니 된다. 기는 3차원의 물질계에 있는 존재이고 물질적 성질을 가지고 있기 때문에 기의 세계를 4차원이라고 하여 전시하거나 선전할 수 있는 것도 아니다. 기는 우리의 물질세계, 즉 우리의 삶과 생활 속에서 항시 (작용하고) 있는 것이다. 영적 진리는 평범한 곳에 있다는 말과 같이 기와 그 작용도 물질계 속에서 평범하게 존재한다. 이를 너무 신비화해서는 안 되는 이유이다.

다만 그 창조와 작용에서 신의 섭리가 들어 있다는 사실을 알면, 우리의 영적 각성과 영적 진화에 많은 도움이 되는 것이 기의 세계이다.

기를 가진 모든 물질 속의 에너지 파동과 정보 파동은 서로 소통하면서 상호작용을 하는 **소통성**을 가지고 있다. 우주 창조 후의 모든 진화적 창조는 이 상호작용의 과정에서 이루어진 것이다. 물질계의 다양성이 바로 기의 소통성에 근거를 두고 있다. 서로 소통하고 상호작용하는 가운데 기의 이합과 집산이 이루어지면서 물질계 형성이 진행되고 있는 것이다. 소통은 서로 간에 감응과 공명을 불러일으켜서 작용이 발생하게 만든다. 기가 파동으로써 감응하는 데는 동일한 파동끼리는 서로 잡아당기는 인력(引力)이 발생하고 다른 형태의 파동끼리는 밀어내는 척력(斥力)이 있다. 이로 인하여 물질계, 특히 생태계에 끼리끼리의 계보가 만들어지게 된다. 밝은 쪽의 좋은 기 파동은 어둠에 속하는 나쁜 기들을 밀어내기 때문에 밝은 기를 많이 가진 사람에게는 귀신이나 사기의 범접이 어렵다. 좋은 사람들끼리 자주 만나는 현상과 나쁜 사람들의 패거리가 생기는 원인도 알고 보면 기의 이러한 상호소통 원리가 작용하기 때문이다.

소통과 감응의 방법은 흐름이다. 우리가 살아가고 있는 이 공간에는 정기 등의 기가 흐른다. 우리의 생체에도 여러 가지의 기가 흐른다. 정기, 체기, 혼기와 영기가 흐르며 경우에 따라서는 사기와 악령기도 흐른다. 공간과 생체 내에는 기가 흘러 순환하는 기 순환계가 존재한다. 사람 의식계와 우주 의식계 사이에서도 기의 흐름이 있다. 이 길을 편의상 채널이라고 부르기로 하자. 이러한 흐름과 감응, 소통 과정을 거쳐서 기의 상호작용이 발생하고 기의 이러한 작용으로 기의 능력이 나타난다. 물질계에 이러한 기의 소통성이 없었다면 이 세상은 이루어지지 않았을 것이다.

기 수준 측정에 사용하는 엘로드의 작용도 기의 소통 능력으로 인하여 일어나는 현상이며 우리는 이를 통하여 기를 현실적으로 인식한다. 엘로드로 받는 정보는 우주기 정보장의 정보이며 우주의식기장과 우리 의식기장 사이의 채널(제1채널)을 통해서 만들어지는 기(정보)의 소통 결과물이다. 또한 기도(祈禱)를 통해서 받는 치유영기의 파동은 우주의식기장의 정보망(가능태)의 정보를 우주영기의 채널(제3번 채널)을 통하여 받는 것이다. 우리의 간절한 의도기가 우주 정보망과 소통하는 것이다. 영기치유가 가능한 것도 파동으로서의 기가 서로 소통 감응하는 성질이 있기 때문이다.

물질계에서 소통 감응 작용하는 기는 어디에도 편재(偏在)되지 않는 **보편성**을 가진다. 정기의 정보에 따라 그 내용은 다르지만 기는 만유(萬有, Things)에 존재하는 보편성을 가지고 있다. 사람의 경우 예를 들어 보면, 사람이 태어날 때 어떤 사람은 정기가 없고 어떤 사람은 혼기가 없는 그러한 상황은 없다. 유전적으로 이어 온 다른 내용의 기를 제외한다면, 모든 사람은 완전하고 부족함이 없는 상태의 기를 가지고 태어난다. 살아가면서 각자의 선택하는 바에 따라 기의 내용이 변하면서 이 세상에는 같은 사람이 있을 수가 없게 된 것이다.

기의 보편성은 성령기에서 두드러진다. 성령기는 우주영기, 천신기 또는 단순히 영기로 표현되기도 한다. 선물로 주어진 현존 유일신─영의 기인 우주영기는 특별히 선택된 사람에게만 주어지는 것이 아니다. 이 우주 물질계에 보편적으로 내려보내어서 주어진 우주 영기, 성령기는 따라서 산천초목에도 있어 명산과 명당이 되고 사람에게도 주어져서 이를 경험케 하는 것이다. 보편적으로 주어진 이것을 택하여 가지면 되는 것이다. 그러나 많은 사람들이 다른 것들을 선택하는 것을 볼 수가 있다. 좋은 성령기의 반대편에 있는 나쁜 영기들 역시 이 세상에 존재하는 보편성을 가진 기이다. 나쁜 영기들이 가지고 있는 보편성은, 이들이 어느 누구라도 공격할 수 있는 능력을 가지고 있다는 의미도 된다.

2) 대칭성을 만들어 내는 기 성질

(1) 완전 대칭성: 드러난 신의 속성

현존 유일신의 영은 완전 대칭성으로 상극(相剋)이 없는 무극(無剋)이다. 창세는 신이 이 대칭성을 자발적으로 붕괴시켜 일어난 영의 충돌, 중첩으로 초기 에너지(창조의 씨앗)를 만들면서 시작된 신(神)의 대역사였다. 따라서 완전 대칭성은 신의 속성으로 이해되며, 그 균형적인 대칭성은 '아름다움'으로 표현된다. 또한 이 대칭성의 붕괴는 '새로운 창조'의 시작점이 된다는 점과 물질세계의 창조 이후에는 다시 대칭적 균형이 회복되는 원리를 알 수 있다. 창조의 씨앗이 된 최초의 기본입자가 가진 기 에너지에는 이러한 기의 속성이 그대로 내포되어 있어 지금도 작용하고 있다. 모든 기에는 신의 속성이 기의 성질로서 남아 있는 것이다. 이로써 기에는 대칭적 균형성을 지향하는 성질이 있게 된다.

자세히 살펴보면, 이 세상의 모든 아름다움은 대칭적 균형성에 바탕을 두고 있음을 알 수가 있다. 유효한 '정기, 영기의 집기판'의 기본 구조도 균형적 대칭성을 가지고 있음을 본다. 또한 균형적 대칭성을 가진 대부분의 상징물들은 높은 수준의 기를 발산하고 있는 것으로 밝혀졌다. 심지어는 숫자 1234는 기 (균형) 수준이 0%이지만 이 숫자들이 균형적 대칭성을 가지도록 나열된 숫자 1423은 기 (균형) 수준이 100%가 나오는 것으로 측정(65+15+5+15=100)되고 있으며, 1부터 10까지의 숫자 중에서도 대칭적 비례성을 가진 15243, 106978도 동일한 결과인 완전균형의 기 수준(10+35+5+45+5=100×2)을 보여주고 있다. 이것은 숫자 배열이 대칭균형적인 기 상태에서는 상호작용으로 전체적으로 100% 균형 기 수준을 이루게 된다는 것을 보여주고 있다.

이 세상에 존재하는 물질계의 모든 피조물에는 모두 이 기 에너지의 성질인 대칭성이 나타나고 있다. 우리 눈에 보이든, 보이지 않든 모든 물질의 속성과 그 나타난 형태에는 예외 없이 균형적 대칭성과 비례성(비율성)이 존재한다는 뜻이다. 대칭이 깨어져서 나타난 일시적인 비대칭은 새로운 대칭을 향한 새로운 질서창조의 과정으로 이해하면 된다. 유일신—영의 완전한 대칭성이 그의 뜻에 따라 일시 붕괴됨으로서 우주가 창조된 것은, 대칭 구조의 둥근 원 모양의 난자가 정자로 인하여 그 대칭성이 깨어지면서 새로운 생명의 탄생이 시작되는 것에 비유될 수가 있다.

(2) 물질계에 드러난 대칭성의 원리

현실세계가 대칭성으로 짜여 있다는 사실이 확인됨에 따라 이것은 근현대 물리학계에서도 최대의 관심사가 되어 오고 있다. 대칭성과 자연법칙의 연관성을 밝힘으로서 뉴턴의 중력 불변의 법칙, 아인슈타인의 일반 상대성이론과 최근의 에너지 보존 법칙과 같은 여러 가지 물리 법칙이 발견된 것이다. 19세기 말의 유명한 물리학자 피에르 퀴리 박사는 '물질의 대칭성은 대칭성을 가진 원인이 있기 때문에 발생한 결과이다'라는 가설을 세워서 이를 주장했지만 그 증거는 내놓지 못하였다. 그러나 그 후 전자와 양성자, 중성자, 그리고 쿼크의 아름다운 대칭성이 발견되었고 그것은 입자 에너지의 힘(기 에너지)에 기인하고 있다는 사실이 밝혀짐으로서 퀴리 박사의 가설이 증명되었다.

그리고 입자 에너지의 힘은 기의 파동적 성질에서 나오는 4가지의 기본적인 힘의 작용에서 나오고 있음도 밝혀졌다. 기에너지에서 나오는 대칭성은 균형(Balance)을 의미한다. 이것은 이 세상 모든 것은 균형을 지향하고 있다는 의미를 가진다. 매사 균형적 상태를 유지하면서 살아야 하는 것이 신의 뜻인가? 균형적 상태에는 비례성과 규칙성이 함께 존재한다. 비례적 균형은 50:50의 절대적 균형을 당연히 포함하지만, 상호작용 관계에서 형성되는 상대적 균형도 포함이 된다. 사람 몸 생체 각 부분의 건강지수가 균형을 이루지 못할 때 몸에 이상(병)이 발생한다는 사실은 영기치유 과정에서 많이 경험한다. (예컨대, 흉선외 분화 T세포 면역체의 기능 불균형은 루푸스병의 원인이 된다.)

규칙적인 균형은 합동성과 주기성을 내포하고 있다. 합동성은 여러 개가 함께 모일 때 보이는 균형적 대칭성이며, 주기성은 일정 간격을 두고 같은 형태가 반복되면서 보이는 균형적 대칭성이다. 옥수수 알의 배열과 물고기 비늘의 배열 상태를 상상하면서, 벽돌담과 기와지붕을 쳐다보면 이러한 규칙적인 균형을 가진 대칭은 이해가 쉬울 것 같다. 대칭의 형태는 이러한 원칙하에 여러 가지가 나타나고 있는 바, 원(圓)과 구(球)는 2차원과 3차원의 완전한 균형적인 대칭이며, 눈꽃 모양처럼 방사형이나 기타 회전형, 점대칭의 반사형 균형 등은 우리 일상생활 주변에서 쉽게 찾아볼 수가 있는 것들이다.

물질계에 드러난 대칭성의 원리를 간단히 정리해 보면 다음과 같다. ① 대칭성의 아름다움은 신의 본성 일부가 드러난 것이다. 또한 창조된 이 세상의 질서를 의미하는 신의 섭리와도 관련이 있다. ② 또한 대칭성은 분명하게 드러나지 않는 규칙성을 내포하고 있다. ③ 대칭성은 우리의 마음을 끄는 고요함과 평온, 안정과 질서를 느끼게 한다. ④ 이 대칭성은 극과 극(상극)의 세상원리와도 관련이 있다. ⑤ 대칭성은 깨어짐으로 인하여 소란과 변란과 같은 불균형을 일으켜서 새로운 것을 창조하기도 하지만 변화된 새로운 대칭성 균형으로 다시 되돌아온다. ⑥ 대칭성은 물질 속 기 에너지의 성질에서 나오며 모든 물질에 적용되기 때문에 우리에게는 항상 현실적 주제가 된다.

(3) 현실적 주제로서 본 대칭성의 원리

① 우주적 균형

기의 4대 힘의 하나인 중력에 의하여 만들어진 대칭적 균형체가 바로 우주와 지구이다. 우주는 절대적인 균형이 필요하기 위해서 구형(球形)의 모양을 하고 있다(실제로 과학자들이 계산, 측정한 우주는 둘레가 1,250억 광년이 되는 구형이다). 구형이 필요한 이유는 구형에서는 내부의 기 에너지 크기와 외부의 기 에너지의 크기가 상호 대립하면서 균형을 유지할 수가 있으며, 구형일 때만이 부피당 표면적이 가장 적기 때문이다. 작은 공 모양에서 시작된 우주가 수많은 폭발을 거치면서 무한히 큰 둥근 모양의 우주가 되었다고 한다(초기 우주 구형의 둘레는 불과 4광년이라고 한다). 우주적 균형은 우주적 질서를 말하는바, 이러한 질서 유지의 예는 한없이 많다. 예컨대, 지구의 생명체를 태양자기장으로부터 보호하고 있는 지구자기장은 태양자기장에 맞서서 균형을 유지할 수 있을 정도로 발산이 되고 있다. 이러한 질서와 균형의 파괴는 우주의 파괴를 의미한다.

② 원자핵 안에서의 균형

물질을 구성하고 있는 단위 입자인 원자핵에는 최소 입자인 쿼크와 핵 안의 양성자와 중성자 그리고 핵 주위를 돌고 있는 전자가 있으며, 사람 생체의 세포핵도 이와 유사한 구조를 가지고 있다. 이곳이 바로 물질 의식기의 발생원(發生源)인 셈이다. 특기할 사항은 기 에너지의 대칭성이 여기에서 출발한다는 사실이다. 퀴리가 말한 물질 대칭성의 발생 원인이 여기에 존재하고 있는 것이다. 쿼크가 이루어 내고 있는 완전 대칭의 '팔중도'와 전자들의 대칭적 균형성, 그리고 기 정보를 담고 있는 양성자와 중성자의 스핀형 균형은 다음 그림에서 보이는 것과 같이 '아름다운 대칭성'을 이루어 내고 있다.

쿼크의 팔중도와 전자, 중성자 양성자의 대칭적 모양

③ 물질 형태의 대칭적 균형

우리 주변을 살펴보자, 건강한 육체를 가진 사람의 몸은 좌우 대칭적 균형을 유지하고 있다. 나비와 곤충 등의 동물은 좌우 대칭성을 가지고 있고 꽃잎의 배열, 나무 횡단면의 모양과 불가사리, 성게, 말미잘의 경우에는 방사형 대칭 모양을 가지고 있다. 모든 문화권에서 보이는 장식예술들도 대부분 방사형 대칭 형태를 기본으로 하고 있다. 지구와 태양은 물론 아이들이 가지고 노는 공과 과일과 알의 모양은 완전 대칭성의 구형이다. 일상생활 용품의 기본이 되고 있는 삼각형, 사각형, 원추모양은 어떠한가? 생물학자들이 물질 분자와 생체 세포의 질서정연한 배열을 바라볼 때 느끼는 경이로움은 항상 감탄사로 끝나고 있다고 한다.

④ 사회생활에서의 균형

안전한 사회, 질서 있는 사회를 유지하기 위한 기본 원칙은 바로 이 균형력에 있다. 모든 거래는 주고받는 가치가 균형을 이룰 때 공정거래가 되며, 호혜주의가 적용되는 것이다. 3권 분립정신은 민주주의의 기본적 균형을 말하고 있는 것이다. 한 국가가 비대칭적 무기를 개발하면 상대 국가는 이에 대응하여 군사적 균형을 이루기 위한 노력을 해야 한다. 남에게 대접받

기를 원한다면 남에게 먼저 대접하라는 종교적 황금률도 사회 생활에서 균형을 유지하기 위한 것이다.

⑤ 물질 의식기 상호작용 과정에서의 균형

우주 의식의 기본기인 우주정기와 우주체기의 비율은 50:50 으로 측정되고 있어, 그 비율은 정확히 대칭적 균형을 이루고 있다. 우주 의식기의 합계 수준은 항상 100%를 유지하고 있음 은 엘로드로 확인된다. 그러나 사람의 모든 기 수준은 항상 100% 수준을 유지하기가 어렵다. 몸, 마음과 영혼의 건강 상 태가 아주 정상적일 때만 100%로 측정된다. 따라서 종합의식 기가 100%인 건강한 사람은 우주의 기와 균형 상태를 유지하 고 있다고 보면 되기 때문에 기본기, 의식기, 영혼기 수준이 각 기 100%가 되도록 노력할 필요가 있는 것이다. (이를 위하여 많 은 사람들이 여러 가지의 방법으로 충기를 한다.)

그러나 기본기 수준이 100%인 건강한 사람의 정기와 생체기 비율은 5:5이 아니고 7:3이다. 사람의 경우 정기와 생체기의 비 율이 7:3일 때 균형 상태가 되며 이 비율이 바로 균형적 비율이 되는 것이다. 사람 이외의 물질들은 기본기 합계 수준이 100% 가 되지 아니한다. 각 물질마다 가지는 정기와 체기의 비율도 제각기 다르다. 물질마다 다른 이 비율은 각 물질의 특징적 성질을 나타내는 기 정보 내용이 다르기 때문이다. 물질마다 균형 비율이 다르게 설정되어 있는 것이다.

물질마다 다른 기 수준과 균형 비율은 각 물질 상호 간의 기 작용 관계를 통해서 물질계의 전체적인 균형을 찾는다. 이 원리 속에는 물질 창조의 기본 원리가 들어 있기도 하다. 사람의 전체 정기와 생체기의 균형적 비율은 7:3이지만 사람의 생체 각 부분, 즉 위장이나 간이나 소장, 대장 등에서는 그 균형 비율이 5:5로 설정되어 있고, 건강한 사람의 양(+)의 기와 음(-)의 기 비중도 5:5로 되어 있어 우주의식기와 대칭적 균형 상태를 가지도록 설계되어 있다. 신의 오묘한 창조섭리를 느낀다. 이 균형성과 대칭성 그리고 비율성에 대하여 충분한 이해가 있을 때는 영기치유 과정에서도 이 원리를 적용할 수가 있다. 영기 치유 과정에서 생체 건강의 불균형 상태를 수시로 진단하여 바로잡아 줌으로써 치유 효과를 높이고 불균형에 따른 부작용 (병 증세)을 예방할 수가 있게 된다. 특정 면역체의 면역기능 불균형은 심각한 자가면역질환을 일으킨다.

이상에서 설명한 물질계의 대칭성은 비율성과 비례성 그리고 균형성을 내포하고 있어 건물, 자연의 생물체와 무생물체, 특히 인체의 아름다움을 나타내고 있다. 대칭성 원리는 공정거래나 복지 등의 경제 정책과 비대칭적 무기에 대응하는 군사

정책 등과 같이 우리 생활의 안녕과 질서를 지켜주는 잣대가 되기도 한다. 대칭적 사물과 대칭적으로 나열된 숫자 등에서 높은 수준의 기가 발산되는 이유는 완전 대칭성이 신의 속성이기 때문이다.

3. 기의 인식

기의 인식은 앞서 설명한 기의 성질들이 드러난 상태를 우리의 감각 기능을 통하여 인지하는 것이다. 즉, 기가 가진 에너지와 정보를 감각 기관을 통하여 알아차리는 것이다. 기가 실제로 존재한다는 것을 확인하는 것이 기의 인식이다. 또한 인식되는 기의 상태와 그 능력이 나타난 현상도 측정이 가능하기 때문에 우리는 그 측정 방법에 관하여도 알아 둘 필요가 있다. 기를 인식하고 측정하는 수단과 방법은 세월에 따라 혹은 지역에 따라 다르게 개발되어 사용되어 왔다. 최근에 널리 알려진 것으로는 데이비드 호킨스 박사가 개발하여 그 실효성이 입증된 '근육 테스트 반응 기법'과 중세 서양에서 개발 시작되어 그 측정 능력자가 마녀 심판의 대상까지 되었다는 '엘로드 측정 기법'이 있다. 우리나라 기 능력자들이 주로 사용하는 방법은 엘로드 측정법이다. 이외에도 몇 가지 다른 방법이 있지만 각각의 장단점이 있다.

측정 도구를 이용하여 기를 인식한다는 것은, 보이지 않고 만질 수도 없어 추상적으로만 알던 기가 구체적으로 손에 잡히고 눈에 보이는 실체화된 기를 만나는 것을 의미한다. 추상적으로 그 존재를 믿는 것을 넘어서서 구체적 체험으로 아는 것이다. 이러한 기의 인식 과정은 기를 이해하고 생활에 적용하기 위한 첫걸음이 된다. 우리가 기의 존재를 알 수 있는 것은 기에는 이상에서 설명한 독특한 성질들이 있기 때문이다. 관련하여, 기의 상호작용에 의하여 일어나는 집기(集氣)현상 및 집기된 '것'으로부터 기를 받을 수 있는 충기(充氣)현상에 대하여 알아보기로 한다. 발생하는 이러한 기의 현상은 우리의 실생활에서도 관심사가 된다.

1) 기의 인식 원리와 방법

기는 형이하 영역의 물질계에 속하는 기 에너지와 기 정보로 구성되어 있으며 보이지 않고 들리지 않고 만져지지 않는 것이지만 분명히 존재하는 것은 사실이다. 우리는 이 세상에 살면서 보이는 것이 다가 아니라는 말을 이해하면서 그 보이지 않는 그 무엇이 모든 현상의 원인이 된다는 사실도 알고 있다. 이와 같이 보이지 않고 믿기 어려운 것을 믿어야 하는 세계가 기(氣)의 세계이다. 그러나 방송국에서 날려 보내는 방송 전파는 우리가 볼 수도 만질 수도 없지만 수신 장치인 라디오나 텔레비전 수상기를 통하여 전파에 실려 오는 콘텐츠를 받아 볼 수 있다는 사실을 이해한다면 보이지 않는 기의 존재를 믿고 이해한다는 것은 어렵지 않다. 존재하는 기를 수신하고 인식하는 것은 우리 자신의 몫이 되며, 기의 인식 문제는 우리 자신이 가지고 있는 기 수신 능력의 문제인 것이다.

우리가 일상생활에서 사용하는 말과 개념 속에는 기를 의미하는 단어들이 수없이 많다. 우리 생활 속에, 사용하는 말 속에 기(氣)라는 단어가 많이 들어 있다는 것은 우리가 이미 이를 이해하고 인식하고 있다는 증거가 된다. 기분(氣分)이 좋다는 말은 기의 정도, 즉 기 수치가 높다는 뜻이며, 천기누설이란 말은 우주의 기가 존재한다는 것을 전제하고 만들어진 말이다. 기(氣)는 보이지 않지만 이미 우리 생활 안에 깊숙이 들어와 있는 것이다. 문제는 기의 존재를 아는 방법과 그 수준을 측정하는 능력과 방법이다. 우리에게는 기의 존재를 측정하고 인식할 수 있는 능력이 있다. 우리의 눈으로 볼 수도 없으며 육체적 감각으로도 느낄 수가 없는 기의 존재를 파동 형태인 기에너지와 기 정보를 받아서 보고 느낄 수 있을 때 기의 존재를 확인하고 그 내용(정보)을 알게 된다.

이 세상의 모든 정보는 실시간으로 바로 우주의식기장의 정보장(Information Field)에 저장된다고 이미 설명하였다. 따라서 이 세상 물질계와 관련되는 어떤 정보를 알고자 한다면 이 우주기 정보장에 저장된 정보를 받을 수가 있으면 된다. 정보장에 저장되어 있는 정보에 접근하여 채널링이 되면 두 가지의 정보를 받을 수가 있다. 하나는 어떤 물건의 기 수준이나 명당화 수준 등과 같이 상태에 관한 정보(상태 정보)이다. 다른 하나는 '좋다', '나쁘다' 등과 같은 상황에 관한 정보(상황 정보)이다. 상태의 정도는 수치로 측정이 되며, 상황의 여부는 '예', '아니오'의 답변으로 측정된다.

이와는 별도로 작용하는 아주 특별한 우주기 정보의 채널링 라인이 있다. 이것은 우주의식기장의 정보장에 채널링이 되어 받는 정보와는 다른 정보 라인이며, 이 채널링 라인은 우주의 식기장의 정보망(Information Network)과 연결된다. 채널링이 정보장이 아닌 정보망 네트워크에 연결된 것이다. 우주기 정보망은 가능태 공간이며 이 공간에는 어떠한 가능성도 현실화할 수 있는 정보가 들어 있다. 즉, 현실을 변화시킬 수 있는 능력을 가진 능력 정보이다.

우주의식기장 정보망 가능태의 특정 지점이 사람의 의식기(의도기)에 의하여 지정되면, 우주의 영기(성령기)가 이 지점에 감응, 공명, 일체화되고, 영기는 '변화케 하는 능력' 또는 '현실을 치유하는 능력'이 되어서 대상자(바라는 자, 기도하는 대상)에게 전달된다. 이 변화케 하는 능력 정보가 현실화될 때 우리는 우주기 정보망의 정보를 인식하게 되는 것이다. 영기치유 과정을 예로 든다면, 앞부분의 (2번) 채널링 라인을 거친 정보장의 정보는 진단 정보이며 (3번) 채널링 라인을 거친 정보는 치유 정보가 된다. 따라서 아픈 현실을 변화케 하여 낫게 하는 치유, 즉 영기치유는 진단과 치유가 연결되는 과정이며 우주기 정보장과 정보망의 정보를 함께 인식하면서 사용하는 것이 된다. 우주 정보망 정보 수신 시에는 엘로드가 필요 없다.

(1) 우주기 정보장의 기 정보 인식 경로

우리 몸에는 보이지 않는 기 에너지와 기 정보를 인식하는 기능이 이미 부여되어 있다. 아주 초보적인 인식은 영어로 'Feeling'이라고 하는 우리의 감각 기능이며, 영적 의미에서는 '양심'도 주어져 있으며 영적 감각인 '영감'도 기 인식의 결과이다. 그러나 이러한 초보적인 기 인식은 기의 세계가 가지고 있는 비밀의 관문을 열기에 부족하다. 더욱 구체적인 정보와 원하는 에너지를 구하여 기의 능력을 전달할 수 있는 기제(機制, Mechanism)에 대해서 알아야 할 것이며, 이 소통 과정에서 우리에게 부족한 것이 무엇인지도 알아야 한다.

① 기공(氣孔)

우리 몸에는 혈액순환계와 림프순환계에 이어 제3의 순환계라고 일컬어지는 기 순환계가 있다. 기 순환계를 일부 학자들은 프리모 시스템이라고도 한다. 혈액순환계에 경락점이 있고 림프순환계에 림프절이 있듯이 기 순환계에는 기공(氣孔)이 있다. 생체에는 84,000여 개의 기공이 분포되어 있고 특히 양 손바닥에 67,200여 개의 기공이 분포되어 있다고 한다. 이 기공은 외부의 기를 받아들이고 내부의 기를 내보내는 통로의 역할을 한다. 나한테 있는 좋은 기를 다른 사람에게 나누어 주는 역할을 한다는 것이다. 물론 반대의 경우도 있겠지만, 이로써 그 사람에게서 풍기는 분위기가 남에게 전달된다. 외부인과 외부 물체기와 상호 교환과 상호작용을 하는 창구가 바로 우리 신체 피부에 있는 기공 부분이다. 나에게 있는 좋은 기를 이 기공들을 통해서 사방에 뿜어내면서 살고 싶다.

우주의식기장의 정보장에 있는 기 정보를 수신하는 것도 일차적으로 이 기공에서 이루어진다. 특히 우리의 왼손에 분포되어 있는 기공은 주로 기 정보 수신을 담당하고 오른손은 기 정보를 내보내는 역할을 담당한다. 이에 따라 우주기 정보(세상의 모든 정보)는 주로 왼손 손바닥의 기공을 통하여 우리의 기 순환계에 들어온다. 이 단계에서는 우리 감각 기능의 한계로 인하여 정보의 내용을 알아차리지 못한다. 아직 우리는 그 내용을 인식하지 못하는 것이다. 막연히 느낌이나 양심의 정도이며 더 나아가서는 영감이 들어온다는 정도에 그친다. 우주기 정보를 수신하는 우리 생체기능은 기 순환계의 기공에서 하며 머리 정수리 부근의 백회는 그 기능을 하지 않는다. 백회의 기능은 상황(상태)의 진단정보 수신에 있지 않고 우리가 바라는 바(질문하고자 하는 내용)의 의식기 파동을 우주의식기장에 보내는 발신창구 역할을 한다. 측정에서 중요한 것은 온전한 기 순환계와 깨끗한 기공 조직과 백회의 기능이다.

② 의도기(意圖氣)

왼손에 도달한 정보의 내용을 구체적으로 알아차리는(인식하는) 과정에서는 우리의 의식에서 나오는 의도기가 필요하다. 또한 엘로드라는 도구의 도움도 필요하다. 질문을 하여 그 질문 내용이 가지는 기 파동이 왼손에 도달한 정보의 우주 정보기 파동과 반응하는 것을 우리가 볼 수 있게 하는 것이 엘로드라는 도구이다. 이 의도기 파동은 '오른손'을 향하여 가며 오른손바닥의 기공을 통하여 외부로 나간다. 오른손바닥에 도달한 의도기 파동은 '왼손'에 이미 도달해서 대기하고 있는 우주기 정보 파동과 반응을 한다. 그 반응하는 모습을 우리의 눈으로 확인할 수가 있는 것이다. 반응의 원칙은 동기인력(同氣引力)과 이기척력(異氣斥力)이기 때문에 질문 내용에 반응하여 엘로드가 벌어지거나 좁혀지게 된다. 이 반응 원칙을 통하여 '예', '아니오'의 질문과 숫자 질문으로 상황 정보와 상태(수준) 정보를 우리의 눈을 통하여, 또는 우리의 몸 감각을 통하여 확인할 수가 있는 것이다. 이로써 기의 존재를 확인함은 물론 세상사와 관련되는 모든 정보를 알 수 있게 된다.

데이비드 호킨스는 엘로드가 아니라 몸의 근육 반응을 통하여 기를 인식할 수 있었기 때문에 많은 영적인 저서를 세상에 내어 놓을 수가 있었다. 이와 같이 영기 능력 수준이 높은 사람들은 엘로드의 도움을 받지 않고도 양손의 반응이나 근육 반응으로도 기를 인식할 수가 있다. 그러나 우리가 유의해야 할 점은 기의 인식에 필요한 전제 조건이 있다는 것이다. 우주기 정보장의 정보의 수신과 인식에 필요한 전제 조건은 '온전한 기 순환계와 기공 조직과 기능'을 유지하는 것이다. 나쁜 영에 감염되어 사기(邪氣)가 기 순환계에서 돌고 있으면 그 사기의 방해가 있게 된다. 사기의 마이너스 기 파동으로 왼손과 오른손의 우주기 정보와 의도기의 파동이 영향을 받게 된다. 사기파동의 간섭이 있을 경우에는 수신 정보가 왜곡되고 때에 따라서는 엘로드 반응이 전연 없을 수가 있다. 따라서 몸에 사기가 있는 사람은 이것부터 해결해야 된다. 정보 수신을 방해하는 요소들은 이것 외에도 몇 가지가 더 있다.

(2) 우주기 정보망의 기 정보 인식 경로

각 사람은 스스로 형성한 고유한 자기 자신의 의식기장을 가지고 있으며 그 의식기장은 우주에 있는 (자기의) 의식기장과 연결되어 있다. 소우주와 대우주가 서로 연결되어 합치되어 가는 과정이 우리가 살아가는 동안 끊임없이 진행되고 있는 것이다. 연결되는 우주의식기장은 모든 가능성을 내포하고 있는 가능태 공간의 성격을 지닌 우주기 정보망이다. 나의 의도에 따라 선택된 가능태 특정 지점이 현실에서 실현되게 하는 연결 채널링 라인은 각 사람별로 작용하고 있다. 이것은 우리의 인생행로와 선택에 따른 결과적 운명이 이 우주기 정보망의 가능태 공간과 관련되어 있다는 뜻이 된다. 우리는 일상생활에서 이러한 관계를 인식하지 못하고 있지만, 주어진 자유의지에 따라 선택한 어떤 행동의 결과는 자기의 것이라는 사실만은 분명히 알고 있다.

이러한 내용을 가진 우주기 정보망(Information Network)에 있는 현실 변화 가능성(態) 정보를 인식하는 방법은 앞부분에서 설명한 정보장(Information Field)의 상태(상황) 정보 인식 과정과는 완전히 다르다. 영기(Divine Spirit Ki, 성령기 또는 우주영기)의 중개 역할이 필요하기 때문이다. 나의 의도기와의 채널링 과정도 다르다. 또한 수신된 정보가 가지고 있는 기 능력도 무엇을 변화케 하는 능력이 있기 때문에 단순한 현실 정보와는 본질적으로 다르다. 우리 생체에서 작용하는 과정도 전자와는 구별되는 점이 있다. 이러한 점을 고려하여, 정보망 가능태 공간 정보가 현실에서 인식되는 과정을 먼저 살펴보고자 한다.

① 바라는 바 기도(祈禱)의 과정

현실을 변화케 하는, 즉 치유케 하는 능력은 가능태 공간의 해당 지점에 감응 공명 일체화된 성령기에게 있으며 우리는 이를 치유영기라고 부른다. 넓게 보면 이 치유영기의 능력 범위는 우리 몸의 치유에 한정되지 않고 이 세상 물질계에 속하는 모든 상황과 상태의 변화 치유를 포함한다. 이 치유영기의 능력이 현실에서 나타나서 우리의 감각체계를 통해서 알 수가 있을 때가 우주기 정보망의 기 정보를 인식하는 시점이다. 몸의 치유를 예를 들면 몸이 완치되었음을 당사자가 보고 느끼고 알게 되는 시점이 이 치유영기의 인식 시점이다. 이 마지막의 기 인식에 이르기까지는 많은 절차와 과정을 요한다. 그리고 이 모든 과정은 기도의 과정이다. 기도란 내가 바라는 바를 고하는 것이며 그 형식은 그리 중요하지 않다. 바라는 바를 고(申)하면 보여 주어서(示) 알게 하는 존재는 신(神)이다. 그리고 (우주) 영기는 영적 영역과 연결된 물질계 존재이다. 우주 속에 있는 영기는 영계의 '성령'이 물질계 인간에게 '내려 보내어 준' 것으로서, 명백히 신의 선물이다.

② 영혼기의 유지

영적 존재로서 사람은, 태어날 때부터 가지고 있는 자기의 혼기와 영기를 가지고 있다. 이 혼기와 영기는 생체기, 정기와 더불어 사람이 가지고 있는 4대 기본기가 되며 영적 존재로서의 사람됨을 뒷받침해 주고 생명을 부여하고 있는 중요한 기이다. 따라서 내가 바라는 바 의도가 기의 파동으로 우주영기 파동을 만나서 작용하기 위한 출발점은 이 영혼의 영역이 된다. 그렇기 때문에 태어날 때부터 가지고 있는 자기혼기와 영기를 충분히 유지하고 있을 필요가 있다. 이 영혼기가 없는 사람은 어떤 상황을 변하게 하고자 하는 간절한 바람이 있다 하더라도 그 상황을 변화케 하는 능력을 가진 우주의 치유영기와 연결되지 않는다. 자기영혼기를 상실하는 주된 이유는 영혼 영역에 나쁜 영들이 들어와서 그들의 나쁜 영기(사기)가 영혼기를 감염시켜서 마이너스의 기로 변환시키기 때문이다. 따라서 사기 감염 여부와 자기영혼기 수준을 엘로드로 측정하여 항상 자기 관리를 할 필요가 있다.

③ 높은 수준의 정신기와 천문(天門)

바라는 바 기도의 간절함은 정신기의 수준과도 관계있다. 정기와 영혼기가 정신기의 내용인바 정기와 혼기와 영기의 수준이 높아야 한다는 의미가 된다. 이 정신기는 채널링 라인에 힘(Power)을 제공하는 역할을 한다. 기도의 내용이 되는 나의 의도기가 온전히 우주 영기에 전달되기 전에 먼저 천문(天門)을 거치게 된다. 어떤 의미에서는 중간관문이 되는 천문은 의도기가 성령기(우주영기)를 만나서 감응하는 지점이라고 보아야 할 것 같다. 실제로 의도기가 우주영기와 감응(접촉)이 가능하게 될 때 천문이 열렸다고 표현하고, 영통이 되었다고 말하고 있다.

그러나 나의 의도기가 사랑과 지혜의 섭리에 어긋나거나 불순한 의도가 있거나 사기의 방해가 있으면 이 관문에서 성령기가 아닌 나쁜 영들의 기를 만날 가능성도 있다. 이 경우에는 나쁜 영기의 의도가 전달되어서 영기치유에 실패하게 되는 경우가 된다. 천문이 열려서 나의 의도가 제대로 영기에게 전달되어 감응된 영기가 가능태의 현실화 능력을 가진 치유영기가 되면서 기도자(치유영기 전달 능력자) 또는 기도의 대상에게 전달된다. 전달된 후의 우리 생체 내부에서의 연결과 운용은 다음과 같다.

④ 백회(百會)와 기공(氣孔)

바라는 바 의도기를 우주기장 정보망을 향하여 발신하는 지점인 백회(百會)는 우리 뇌의 뇌간(腦幹) 바로 위쪽의 대뇌(두정엽) 신피질 부위에 있다. 백회(百會)라는 말 자체에는 백 가지의 정보가 만난다는 뜻이 담겨져 있지만, 내부의 의도기 파동을 외부에 보내는 생체적 기능만을 수행한다. 이 생체적 기능을 회복하는 것을 '백회를 연다'라고 말한다. 따라서 우주 정보장과 정보망의 기 정보를 수신하고자 한다면, 먼저 백회가 열려서 나의 의도기가 이를 통해서 발신되어야 한다. 백회는 대개의 경우 스스로 열리지만 타인이 열어 주어야 하는 경우도 있다.

백회기능의 중요성 때문에 이를 영문(靈門) 또는 천문(天門)으로 부르기도 하지만, 앞에서 설명한 대로 천문(天門)과는 구별되는 신체의 일부이다. 추정컨대, 백회를 영문(靈門)이라고 부르는 이유는 백회가 우주의식기장의 정보망과 뇌의 의식과 의도 형성 부위 영역을 이어 주기 때문이다. 형성된 내부의도기가 우주 정보장과 정보망으로 발신되는 지점이 바로 백회이기 때문이다.

⑤ 왼손과 오른손의 기공

우주영기를 통해서 전해지는 우주의식기장의 정보망 가능태 정보들은 백회가 아닌 기 순환계의 기공(氣孔)을 통하여 수신된다. 그뿐만 아니라 우주의식기장 정보장의 정보도 기공을 통하여 수신되어 왼손의 기공에 모임으로써 우주 정보의 내용을 (엘로드를 통하여) 인식할 수가 있다. 이러한 두 가지의 다른 채널을 통한 우주기 정보뿐만 아니라 외부의 모든 (기) 정보가 우리 생체에 분포된 기공을 통해서 들어온다. 외부의 좋은 기 뿐 아니라 나쁜 사기도 이 기공을 통해서 우리 몸에 들어온다. 내가 가진 기(氣)도 기공을 통해서 외부로 발신된다. 이와 같이 기공은 모든 기 정보가 발신되고 수신되는 기능을 동시에 가지고 있다. [다만 기도의 과정을 통해서 우주의식기장(정보장과 정보망)으로 발신되는 의도기는 앞에서 설명한 대로 백회 부분의 기공을 통하여 발신된다.]

병 치유뿐만 아니라, 바라는 바 상태나 상황의 변화를 위하여 받은 치유 정보는 33,600개의 오른손 손바닥의 기공(氣孔)을 통하여 그 대상들에게 분출된다. 몸 전체에 퍼져 있는 기공 파동은 주변 근육 세포를 자극하기 때문에 '근육 반응 테스트' 측정 기법으로 기를 인식하고 측정하는 것도 가능하다. 특이한 것은 84,000개의 기공 중에서 67,200여 개의 기공이 양 손바닥에 있다는 점이다. 왼손 손바닥에 분포되어 있는 33,600개의 기공은 주로 수신 기능을, 오른손 손바닥에 있는 33,600개의 기공은 주로 발신 기능을 하고 있다. 이러한 손바닥의 기 수신·발신 기능을 고려한다면, 할머니의 손은 약손이란 말은 틀린 말이 아니다. 양 손바닥에서 기 파동이 제일 강하게 분출되기 때문에 우리 몸 중에서 손가락과 손바닥이 제일 예민하게 반응하는 부위가 된다.

⑥ 편도체와 송과체(선)의 (영적) 기능

우리 몸의 감각 기관은 시청각과 체 감각 등의 5감 이외에 특별한 감각 기관이 있다. 바로 편도체와 송과체(또는 송과선)이다. 기공을 통하여 들어온 우주기 정보가 생체 내에서 전달되는 과정은 일상적인 외부 정보를 받아 통합, 조정, 전달하는 통상적인 뇌신경 경로와는 조금 다르다. 통상적인 뇌신경 경로에서는, 송과체, 편도체의 역할은 미미하여 멜라토닌이라는 호르몬을 생산하거나 긴급신경신호를 전달하거나 이에 반응하는 생체적 기능을 한다. 하지만 우주 정보장 정보나 외부의 기 정보가 기공을 통하여 수신되면 기 순환계를 거쳐 편도체에 도달하게 되며, 편도체가 이에 반응하여 시상하부 등의 기관에 연락하여 자율신경계를 긴장시키고, 기 순환계 전체에 수신된 기를 전달하게 된다.

우주정보망의 영기정보를 수신할 경우에는 이 정보는 송과체를 거쳐서 시상하부와 기 순환계로 전달된다. 이러한 두 기관 기능은 영적 기능으로 보인다. 따라서 송과체와 편도체의 영적 기능은 생체적 기능과는 별도로 작용하고 있다. 송과체의 영적 기능과 연결되어 있는 뇌 부위는 대뇌각간도 있다. 백회와 기공은 온전히 생체적 기능만 있기 때문에 백회와 기공에서 측정되는 기능 건강 지수는 생체적 기능이며 영적인 기능 수치는 측정이 되지 않는다. 그러나 송과체와 편도체 등에서는 생체적 기능과 별도로 영적인 기능 지수도 측정이 되며 지수 수치가 각각 다르다는 것도 알 수 있다.

기공을 통해서 들어온 우주기 정보 파동이 기 순환계를 통하여 송과체와 편도체에 전달되면 두 가지의 작용이 일어난다. 먼저, 시상하부와 뇌하수체, 그리고 전전두 신피질의 운동 영역에 신호를 보내어 자율신경계, 내분비계와 운동신경계를 긴장시킨다. 높은 사람이 행사장에 입장할 때 다른 사람들이 긴장하여 도열하고 있는 형세와 같다. 이런 현상은 집중과 몰입을 도와주지만 오래 하면 근육이 아프고 몸이 피곤한 것을 느낀다. 편도체의 과도한 활동으로 인한 부작용이다. 기 수련을 제대로 받지 못한 사람들 중에는 과도한 긴장에서 오는 부작용 때문에 병원을 찾는 경우도 있다.

그 후, 송과체는 우주기 정보를 기 순환계인 프리모 시스템에 보낸다. 몸 전체를 순환하는 이 기 정보 파동은 특히 오른손 손바닥 기공을 통하여 외부에 전달 송기가 된다(원격치유의 원리이다). 또 이 기 정보 파동은 (수신된 사람의 기 순환계를 통하여) 병 부위에 전달된다(자신의 병 치유 원리도 이와 같다). 이것은 송기 방법 중에서 간접송기에 해당된다. 직접송기는 치유영기가 기도 대상자에게 바로 전달되는 경우이다. 송기 방법의 선택은 치유 기도자가 한다.

우주기 정보망 정보의 인식 과정에서는 송과체의 영적 기능이 아주 중요하기 때문에 송과체의 잔존 비율이 높아야 한다.

개천문을 했더라도 송과체 잔존비율이 낮은 사람은 개천문의 효과가 오래 지속되지 못한다는 사실을 우리는 경험을 통해서 알 수 있었다. 많은 사람들이 개천문 효과, 즉 우주의식기 정보망에 접근하는 능력이 일주일 이내에 없어지는 사례를 본 적도 있다. 이러한 현상의 원인은 여러 가지가 있지만 송과체 잔존비율이 낮은 것도 그 원인들 중의 하나이다. 송과체는 어린 시절에는 많이 남아 있어 활발하게 움직이지만 나이가 들수록 잘못 형성된 자아와 에고 성향으로 인하여 그 기능이 떨어지게 된다. 우리는 마음의 순수성이 없어짐에 따라 그 잔존비율이 낮아진다는 사실과 나이가 들어도 노력하면 그 기능을 활성화시킬 수 있다는 점도 알 수가 있다. 송과체 잔존 비율은 엘로드로 측정된다.

송과체는 대상회와 뇌궁의 끝자락, 시상하부의 옆에 있는 솔방울 모양의 기관이며 뇌간의 중요 기관이다. 송과체에 들어온 우주의식기 정보가 시상하부를 통하여 자극을 전달하고 자율신경계의 반응을 지시하며, 그 정보는 기 순환계를 통하여 기공으로 전달된다. 생체 의학적으로는 '퇴화된 눈'이라고 하며, 빛의 자극을 받아 신체 리듬을 조절하는 멜라토닌 호르몬을 생산한다. 최근에는 신체의 환각작용과 관계되는 신경전달물질 디메틸트립타민을 생산하는 기능도 발견되어 송과체에 영적 기능이 있음을 간접적으로 뒷받침해 주고 있다.

고대로부터 이 사실을 인지하였기 때문에 송과체의 이름과 그 형상화의 역사도 깊다. '제3의 눈', '창조의 샘', '현자의 돌', '솔방울 샘'으로 불리기도 하고, 철학자 데카르트는 '영혼이 깃든 자리'로 불렀으며, 이집트 벽화에서는 '호르스의 눈'으로, 인도의 차크라는 '안자(Anja)', 동양의학에서는 '인당혈' 또는 '상단전'이라고 부르고 있다. 세계 각지의 오래된 조각과 형상에서 이마에 제3의 눈을 그린 것을 볼 수가 있다. 송과체의 모양은 바티칸의 어느 성당 건물 전면에 조각으로 건립되어 있고, 교황의 지팡이에도 송과체를 상징한 솔방울 모양이 조각되어 있음을 본다. 송과체에 영적인 의미를 부여하고 있는 것이다. 미국 화폐 1불짜리 뒷면의 피라미드 그림 위에 그려진 눈의 모습도 '제3의 눈'을 상징하는 것이 아닌가 하고 추정해 본다.

성경에서는 "눈은 몸의 등불이니 그러므로 네 눈이 성하면 온몸이 밝을 것이요, 눈이 나쁘면 온몸이 어두울 것이니…"(마태복음 6장 22-23장)라는 구절이 있는바 여기서 말하는 '눈'이 영적인 눈, 제3의 눈, 즉 송과체를 말하고 있는 것으로 보이기도 한다. 유일신, 즉 성령의 기는 우주 의식기장에도 존재하여 우리의 준비된 능력으로 수신되기를 기다리고 있다. 이와 같이 영기의 메시지를 받을 수 있는 능력은 우리 생체에 이미 준비된 여러 기관의 기능을 통해서 누구에게나 주어져 있다고 생각한다.

사람은 누구나 영적 분별력을 가지고 사랑과 지혜의 섭리를 따르면서, 간절히 기도하는 마음으로 살고자 할 때 백회와 기공의 생체적 기능과 송과체(와 편도체)의 영적 기능이 되살아나면서 치유영기와 만날 수가 있다. 준비하며 자신을 버리고 에고의 벽을 깨고자 노력하는 마음으로 살고, 간절히 바라면서 사는 사람의 송과체 잔존 비율이 크다는 점이 이를 증명한다. 충분한 송과체의 잔존과 그 활성화를 위해서는 태어날 때부터 주어진 자기영혼기를 온전하게 유지하는 것도 중요하다.

영기와 통할 수 있는 영통은 준비된 자에게 주어지는 것이지 수련을 통하여 받는 것이 아니다. 받는 것도 치유영기의 능력을 받아 자기가 이를 행사하는 자기의 능력이 아니라, 영기의 무한한 능력을 단순히 전달하는 능력을 받는 것이다. 이 점은 기를 공부하는 사람들도 많이 착각하는 점이며, 이 착각으로 인하여 많은 어려움을 겪고 있는 사례도 많다. 기본적으로 영통을 통하여 받은 영기의 치유 능력 전달은 이타(利他)적인 성격을 가지며, 사랑과 배려의 행위이며 궁극적으로는 신의 영광을 위한 것이 되어야 한다. 영통의 효과는 영기의 몸 치유 능력이 대표적이다. 타인의 몸과 마음의 병을 치유하는 치유의 영기 능력을 전달하여 영기가 치유하도록 매개하는 역할을 하게 된다. 이 경우 예지 능력이 같이 증가하기도 한다. 이러한 영기 능력에 관하여는 마지막 장에서 자세히 살펴보고자 한다.

개천문과 영통은 우주 영기와의 감응을 말한다. 이를 통하여 단순한 물질계가 아닌 영적인 영역에의 접근도 가능하게 된 것이다. 유의하여야 할 점은, 이러한 모든 기(에너지와 정보)에 접근할 수 있는 능력은 특별한 사람을 사전에 지정하여, 사전에 누구를 선택하여 주어지는 것이 아니라는 점이다. 바라면서 준비하고 있는 모든 사람에게 언제나 열려 있는 것이며 그러한 관점에서 기공과 백회의 역할 그리고 개천문과 영통의 의미를 이해하여야 한다.

변화케 하는 치유영기 정보를 받을 수 없는 사람이 우주의식기장으로부터 받을 수 있는 정보는 아주 제한적이다. 정보의 전달 채널도 서로 다르다. 우선 우주의식기장의 정보망(Information Network)에는 감응이 허용되지 않고 정보장(Information Field)에만 접근할 수 있다. 그들은 이 정보장에 있는 물질계의 현상 정보, 특히 기 에너지 수준 등을 측정할 수가 있다. 그러나 이 두 개의 기 능력 차이는 옳고 그름, 좋고 나쁨의 판단 문제가 아니고 그 능력의 영역이 다를 뿐이라는 점을 이해하여야 한다.

2) 기 측정의 원리와 방법

손과 엘로드에 전달된 기 파동의 내용을 구체적으로 알아내기 위해서는 기가 측정되는 원리와 측정하는 방법을 먼저 알아야 한다. 기 파동이 엘로드에서 반응하는 것은 우주의식기 정보와 나의 의식기 정보가 상호작용하기 때문이다. 두 가지의 의식기 정보들이 상호작용하는 과정을 살펴보자. 먼저, 바라는 바 요청에 의하여 왼손 기공을 통해서 들어온 우주 기 정보는 즉시 왼손의 엘로드에 전달되어 대기하게 된다. 그 다음, 질문을 통하여 형성된 우리의 의도기파동이 오른손의 기공과 엘로드에 전달된다. 이 두 가지의 기 파동이 엘로드의 끝에서 만나 반응하면서 상호작용을 시작하게 된다. 질문의 내용이 우주의식기장의 정보 내용과 일치하면 동기인력(同氣引力)이 작용하여 엘로드가 붙게 된다. 일치하지 않을 때에는 이기척력 (異氣斥力)이 작용하여 엘로드는 벌어지게 된다. 이로써 사실 정보와 수치 정보를 획득하고, 기를 구체적으로 인식하게 되는 것이다.

측정법이 엘로드 측정법이건 근육 테스트 반응 측정법이건, 측정할 수 없는 사항들이 있다. 예컨대 엘로드 측정 능력자가 자신이나 가족 등의 건강 상태를 알아보기 위하여 "○○의 건강 상태가 어떻습니까?" 하고 질문을 하였다면 엘로드는 정지 상태에서 꼼짝하지 않을 것이다. "○○의 건강 상태가 좋습니다(또는 나쁩니다)"라는 답변은 받지 못한다. 질문 내용을 바꾸어서 "○○의 건강 상태가 좋습니까(또는 나쁩니까)?"라는 질문에는 질문의 내용에 따라 '가(可, Yes)' 또는 '부(否, No)'의 답변을 받을 수가 있다. '가'인 경우에는 엘로드가 안으로 좁혀지고, '부'인 경우에는 밖으로 떨어져 나가는 것을 '볼' 수가 있다. 봄으로써 사실을 아는 순간이다.

따라서 측정할 수 있는 것은 '어떠한 상태'의 내용이 아니고 '구체화한 가부의 질문'에 대하여 'Yes or No'식의 '상태의 여부'만을 측정할 수가 있을 뿐이다. 이러한 현상은 기의 흐름 과정에서 나타나는 기의 성질 때문에 발생하는 것이다. 전자석의 전자파동은 양(+), 음(-)이 서로 다른 종류끼리 붙고 다르면 떨어지지만 기 파동은 그 반대로 동기인력(同氣引力)과 이기척력(異氣斥力)의 성질이 있기 때문이다. 엘로드로 알 수 있는 정보는 '상태의 여부, 또는 가부'이며 엘로드가 상태의 내용을 말하지 않는다.

이러한 엘로드의 'Yes or No'식 답변 현상에 대해서, 현대 양자물리학계에서는 좀 더 구체적으로 설명하고 있다. 양자이론 중의 폰 노이먼 공식과 양자이론의 기틀이 된 '불확정성의 원리'를 밝혀낸 슈레딩거 방정식과 이 방정식을 (1927년 코펜하겐의 솔베이 회의에서) 검증하는 가운데 나온 하이젠베르크의 선택이 바로 그것이다. 전자의 폰 노이먼 공식은 질문의 의도, 내용, 성격에 따라 그 답은 먼저 영향을 받고 선택된다는 논리이다. 선택되면 (같은 진동과 파장을 가진 파동이 서로 상쇄되어) 파동함수가 붕괴되면서 반응을 하게 되고(Yes), 선택이 안 되면 파동함수 붕괴가 일어나지 않아 반응을 일으키지 않는다(No)는 것이다.

후자의 하이젠베르크의 '불확정성원리'의 선택은 물질의 상태는 사람의 '의식'과 같은 비물질적 성질에 의하여 영향을 받으며, 의존하고 있다고 한다. 이 말은 관찰자가 발견하고자 하는 바에 따라 관찰 내용이 달라지며, 따라서 발견은 관찰자의 의도의 산물이라고 보는 것이다. 예컨대, 물질 원자와 반물질 원자가 충돌하여 나오는 두 개의 전자 중 관찰자가 하나만 관찰했을 경우 그 전자는 회전을 시작했다는 것이며 곧이어 다른 전자도 반대 방향으로 회전한다는 것이 실험으로 확인되었다. 이러한 점이 시사하는 것은 (관찰자의 의도에 따라) 관찰 효과가 나타날 수도 있고(Yes), 일어나지 않을 수도 있다(No)는 양자반응이론이다. 양자 반응은 'Yes or No'에 한정된다는 의미가 된다.

같은 이치로, 수치(數値)로 질문하면 그 질문에 반응하여 관런된 수치 정보를 얻을 수가 있다. "○○의 건강이 나쁩니까?" 라는 질문에는 Yes라는 나쁜 소식과 No라는 좋은 소식이 전해진다. Yes라는 반응으로 건강이 나쁜 사실을 알았다면 나쁜 건강 상태가 '어느 정도의 수준'인지가 궁금하다. 이러한 '상태의 정도와 수준'은 엘로드에서 측정되는 '수치'로 알 수가 있다. 사람의 건강 상태 수준뿐만 아니라 모든 물질의 상태 수준을 수치로 측정하는 것이다. 수치 측정 시에는 사전에 그 기준이 되는 '지수의 선택'이 필요하다. 지수의 기준을 144로 할 수도 있고 알기 쉬운 백분비율(%) 수치인 100으로 해도 된다. 아주 정밀한 수치가 필요하다면 1,000을 기준 수치로 해도 된다. 지수의 선택은 측정자 본인이 하면 된다. 내가 선호하는 지수는 백분비율(%) 지수이다. 100을 기준으로 할 때 측정된 수치의 '정도'를 가늠하기가 쉬워지기 때문이다.

선택한 지수에 따라 질문을 하면 그 지수에 맞는 수치가 측정된다. 기의 상태인 수준과 정도를 수치로 알려 준다는 의미 속에는, 신이 창조한 물질계 바탕에는 정교한 질서가 존재하고 있다는 뜻이 내포되어 있다. 일찍이 스티븐 헤일즈(1677~1761년)라는 과학자는 물질계 구조와 수치에 관하여 "창조주가 우주를 만들 때 그냥 아무렇게나 만들지 않고 정확한 비율, 숫자, 무게, 치수를 지켰다고 여겨지기 때문에, 우리가 물질계 구조

를 가장 잘 알 수 있는 방법은 마땅히 수치를 통하는 방법이
다"라고 말한 바 있다. 우주 물질계 구조의 숫자적 규칙성을
말하고 있는 것이다.

　무한가능성의 정보의 바다이며 가능태 공간이라고 하는 우
주의식기장의 정보망에 직관 또는 의도에 의하여 접근, 공명하
여 상호작용하는 경우 그 우주의 기 정보는 영기를 매개로 하
여 우리에게 전달된다. 전달된 우주 기 정보는 영안이 쇠퇴된
상태에 있는 현대인의 무딘 생체 기능으로는 기 정보 파동을
인식할 수가 없다. 예민한 우주 기 정보 파동을 우리의 생체기
능을 통하여 정보망의 정보 내용을 구체적으로 알 수는 없다.
그러나 우주기 정보망의 치유 정보를 매개하는 영기 정보가
작용할 때는 그 작용에 관한 정보가 정보장에 자동 저장되며,
그 우주기 정보장 정보를 엘로드로 수신함으로써 간접적으로
치유영기의 작용 정보를 알 수 있다. 자기 영혼 영역에 일정 수
준의 성령기가 있는 경우에는 이 성령기가 진단영기가 되어 치
유영기가 작용하는 과정에 송기되어 진단되며 이때는 오른손
신경계를 통하여 직접적으로 느낄 수가 있게 된다. 이것은 치
유 과정에서 영기치유자의 오른손에 긴장 상태가 계속되는 이
유이다.

　양 손바닥은 수신되는 기 에너지와 기 정보 파동에 예민하게

반응한다. 예민하지만 엘로드라고 하는 도구를 사용하지 않으면 기의 흐름을 볼 수가 없고 또한 우리의 의식이 그 내용을 파악할 수가 없다. 우리의 양손은 기공을 통해 수신된 기 정보에 대하여 엘로드가 반응하도록 할 뿐만 아니라, 양손과 온몸의 기공을 통하여 외부 기 에너지를 수신하여 충기할 수가 있으며, 기 치유 때와 같이 수신된 기 에너지와 기 정보를 전달 송기할 수도 있다.

손을 통하여 기가 전달된다는 사실은 1770년대 비엔나의 외과 의사 메스머가 알아냈다. 의사 메스머는 쇠 자석을 이용하여 병을 치료하는 방법을 시도하였는데 나중에는 쇠자석이 아닌 그냥 손바닥을 아픈 부위에 흔드는 방법도 동일한 효과가 있다는 사실을 발견하였다. 비록 이것이 우주적인 기의 작용이라는 사실을 모르고 의사 본인이 가지고 있는 신체 자기력이 작용한 것이라고 믿었지만, 분명 손에서 나온 기의 작용을 확인한 것은 사실이다. 우리 선조들도 '할머니 손이 약손'이라는 사실을 경험으로 알고 있었다.

엘로드를 통하여 물질의 상태, 특히 우리 몸과 마음의 건강 상태를 수치로 알 수 있다는 것은 정말 굉장한 일이다. 몸의 특정 부위 건강에 문제가 생겼다면 그 부위의 세포파동이 정상 상태를 벗어난 날카로운 파장과 진폭을 가지고 있다는 뜻이다. 이러한 비정상 상태의 세포파동을 수치로 나타내 주는 것이 그 부위의 건강 상태 수준이 되는 것이다. 물체의 분자파동의 이상 여부와 그 정도의 측정으로 어떤 물체(예 고급 여성 핸드백)가 진짜인지 가짜인지 여부와 그 정도를 알 수가 있게 된다. 또는 집에 보관 중인 약이 효능을 가지고 있는지 여부 확인과 잔존 효능의 정도를 알 수도 있다. 이것은 기수치 측정 능력자에게 주어진 큰 복이다.

3) 측정 지수의 선택과 측정 오류의 문제

(1) 측정 지수의 선택

엘로드에 감응되어 나타나는 정보는 사실(Fact) 정보와 수치 (Number) 정보이다. 'Yes or No'의 형태로 확인되는 사실 정보에는 수치가 필요 없으므로 측정지수의 문제가 발생하지 아니한다. 그러나 물체 의식기 수준이나 사람의 생체 건강에 대한 진단과 치유 시에는 모든 해답이 수치로 나타난다. 그러나 나타나는 수치를 어떤 기준의 지수(指數)로 통일하지 아니하면 수치를 읽고 해석하는 데 혼란이 일어나기 마련이다. 측정하기 전에 각자가 측정 대상에 적용할 지수모델(Exponential Model)을 사전에 정하여 마음속에 이를 정립해 두어야 이러한 혼란을 피할 수가 있다. 어떤 경우에 어떤 지수모델을 활용할 것인가의 결정은 엘로드 측정자가 스스로 할 수 있다. 남이 사용하는 지수모델이 불편하면 계속 그것만 고집하지 말고 자기가 편한 지수를 선택하여 사용는 편이 좋다. 그러면 그에 맞추어 수치가 나타난다. 기의 세계는 정말 신기하다. 선택 결정한 지수를 마음속에서 확인하고 측정을 시작하기만 하면 된다.

측정 지수에는 144를 최고치로 하는 규빗 지수만 있는 것이 아니고 1,000을 최고치로 하는 (데이비드) 호킨스 지수도 있을 수 있다. 그러나 가장 이해가 쉽고 빠르게 판단할 수 있는 지수는 100분 비율인 백분비율(%) 지수이다. 본인은 물질 의식기 측정과 생체 건강의 진단 치유 과정에서 이 백분비율 지수를 적용하고 있다. 그러나 예외적으로 호킨스가 제시한 사람들의 의식 수준의 측정 시에는 천분비율 지수를 사용하고 있다. 그리고 의학계에서는 염증지수와 통증지수 등에는 십분비율 지수를 쓸 때도 있기 때문에 이를 원용하여 사용하기도 한다. 그러므로 경우에 따라 다른 지수를 선택·결정하여 사용하되 일관되게 적용하면 비교 평가하기가 수월해진다.

(2) 측정 오류의 문제

측정 지수를 선택하여 측정한 기수치가 틀렸다면 그 결과는 큰 실수로 이어진다. 잘못 측정된 수치를 말하거나 그 수치를 명당화나 치유 등에 적용할 경우에는 혼란으로 이어진다. 따라서 측정된 수치와 결과는 항상 **재확인**하는 것이 안전하다. 측정 수치의 재확인은 먼저 "이 수치가 진실한 우주기 정보장(또는 영기) 정보입니까?"라고 질문하고 진실성이 없다는 답이 나오면 "나의 의식기 정보입니까?" 또는 "사기 정보입니까?"라고 질문하여 오류의 원인을 확인한다. 측정 오류를 많이 경험한 경우에는, 이로 인하여 엘로드를 잡는 것이 갈수록 두렵고, 어려워지며 매번 조심스러워진다. 측정 오류가 많이 발생하면 기 측정 능력에 대하여 회의(懷疑)가 생기며 더 나아가서 기의 존재에 대한 의문까지 생길 수가 있다. 이로 인하여 많은 사람들이 중도에 포기하고 기 공부의 세계를 떠난다.

기 측정 자체가 조심스럽기에 언젠가부터 엘로드를 잡는 순간을 기도의 시작 시간으로 생각하게 되었다. 기도하는 장소는 조용한 곳이 좋기 때문에, 여러 사람 앞에서 또는 시끄러운 장소에서 엘로드 잡는 것을 피한다. 조용하여 집중하기가 좋은 장소와 명당화가 되어 있어 기 수준이 높은 장소가 좋다. 나쁜 영들과 사기가 있는 장소에서는 그들의 방해를 받거나 간섭파동이 들어와서 오류를 발생시키기도 한다. 측정자의 몸에 사기가 있어도 같은 이유로 인하여 오류가 발생한다. 그러나 여러 사람들 속에 있어도 불가피한 경우에는 마음속으로 기도한 후 엘로드를 잡을 때도 있다.

측정 오류는 기본적으로 진실한 정보(의 기 파동)에 접근하지 못했기 때문에 발생하는 것이다. 여러 가지의 원인으로 인하여 우주기 정보장과 채널링이 되지 못하는 것이다. 라디오나 텔레비전의 채널을 정확하게 맞추지 못하면 원하는 방송을 찾을 수 없는 것과 같다. 그러나 기 측정 오류의 발생 원인은 TV나 라디오의 채널을 잘못 맞추는 것과 같이 단순한 것이 아니다. 엘로드가 움직이지 않아 기 측정이 불가능하거나 측정이 되었더라도 오류가 발생하는 경우가 있기 때문이다. 그리고 그 원인도 다양하다. **정확한 기 측정을 위하여 점검해야 하는 기본적인 사항들과 그 대처법**은 다음과 같다. 엘로드 작동이 잘 되지 않을 경우에는 다음 사항을 점검하고 대처하면 측정 불가능 상태나 측정 오류 상태를 최대한 피할 수 있다.

① 측정자와 측정 대상의 사기 감염 여부 점검

측정 과정에서 사기나 탁기의 기 파동이 개입하여 측정 오류를 만들어 내는 경우로서, 측정 오류 원인들 중에 가장 흔하게 접하는 원인이다. 사기가 보내온 정보를 수신하여 측정된 기수치를 사기 수치라 한다. 사기 수치를 근거로 치유 등의 행위를 할 경우에는 심각한 결과를 초래할 수도 있다. 측정자나 대상자가 사기(또는 탁기)에 감염되면 당연히 사기 수치를 받게 된다. 예민한 측정자의 경우에는 측정 시작 전에 자기가 사기에 감염된 사실을 엘로드의 흔들림을 통하여 알 수가 있기 때문에 사전 대처가 가능하지만, 측정 상대방이 사기에 감염이 되어 있는 경우에는 발견하기가 더 어렵기 때문에 측정 오류의 문제가 필연코 발생한다. 따라서 어떤 경우이든 측정 이전에 본인과 상대방에게 사기가 있는지 여부를 확인하는 것이 안전하다. 사기에 감염된 사람의 정기 수준이나 의식 수준은 아주 낮게 측정되기도 한다. 어떠한 공간의 기 측정 시에도 같은 문제가 발생할 수가 있다.

　사기 감염자에 대한 현상 정보는 대부분 엉터리이지만 사기가 측정을 막지는 않고 자기들의 목적에 부합하는 정보를 보내 준다. 사기가 개입된 측정에서도 아주 정상적으로 엘로드가 작동되는 것처럼 보인다는 것이다. 이렇게 측정된 가짜 정보(예 건강 진단 정보)를 기반으로 영기치유를 한다 해도 그 치유 결과 수치 또한 엉터리로 나오기 때문에 결국은 측정자와 대상자의 마음에 심한 갈등과 혼란을 가져오게 만든다. 나쁜 영과 그들의 나쁜 기(사기)의 목적이 달성된 것이다. 이 부분에서 '아차' 하는 순간을 많이 경험하였기 때문에 이 과정을 통하여 사기의 속성을 파악하는 계기가 되기도 하였다. 다행히 사전에 바로 잡음으로써 큰 실수도 예방할 수가 있었다. 그러나 어떠한 경우이든 항상 깨어 있으면서 이를 유념하고 조심하면서 기 수치를 측정하여야 한다. 측정자와 대상자가 나쁜 영과 사기 등에 감염되었다는 것이 확인되면 이들을 먼저 퇴치하여야 한다. 퇴치 이후에도 엘로드가 부드럽게 작동이 안 되면 엘로드에도 사기가 감염되었다는 증거이므로 엘로드에 붙은 사기와 탁기도 제거하여야 한다.

② 백회와 기공의 열림 여부 점검

백회는 측정자가 측정하고자 하는 내용의 의식기(의도기) 파동을 우주기 정보장에 보내는 생체 지점이고, 기공은 그 결과인 정보장의 정보 내용을 수신하는 우리 생체의 지점이다. 이 두 지점은 우리 생체의 일부분이기 때문에 때가 묻고 오염될 수가 있다. 백회는 뇌 두정엽 신피질 영역이며 기공은 전신 피부에 퍼져 있는 기 순환계에 있는 생체 기관이다. 정보장 정보 수신을 담당하는 신체 부위는 주로 왼손 손바닥에 분포되어 있는 33,600여 개의 기공이다. 백회와 기공도 다른 생체기관들 같이 항원 감염이나 염증 발생도 가능하며, 오염이 생기면 백회와 기공의 기능이 떨어진다.

이를 깨끗하게 하고 정화하는 것을 우리는 '백회를 열다', '기공을 열다'라고 표현하고 있다. 오염이 심하여 닫히게 되면 기 정보의 수신과 발신이 어렵게 된다. 일반적으로 완전히 닫히는 경우는 드물고, 오염이 되면 기 측정이 원활하지 않다는 것을 느끼는 수준이다. '백회와 기공을 열어 주세요'라는 나의 의도는 이를 치유하고 치료하고자 하는 내용이 포함된 의도기가 발신되는 것이다. 일반적으로 그 응답으로 치유가 이루어지면서 '열림'이 이루어진다. 감염과 오염이 심할 경우에는 별도의 생체 조직과 기능의 치유, 치료 절차를 거친다. 타인에 대한 원격 치유도 가능하여 다른 사람들의 기공과 백회도 열리게 할 수가 있다.

상황과 상태의 **현상**에 관한 **우주정보장의 진단 정보**를 엘로드를 통하여 얻기 위해서는 이와 같이 생체의 정화를 통하여 백회와 기공을 열 필요가 있다. 그러나 상황과 상태의 **변화**를 위한 **우주정보망의 치유 정보**를 얻기 위해서는 바람(기도)을 통하여 영안(靈眼, 송과체)과 영문(靈門, 천문)이 추가로 열려야 한다. 엘로드는 전자의 2번 채널링에서의 정보 수신 시에만 필요하고 후자의 3번 채널링에서는 사용하지 않으며 영기작용의 결과 확인이 필요할 때에만 (2번 채널을 통하여) 정보장의 정보를 수신을 위하여 엘로드를 사용한다.

③ 측정자의 선입견 여부 점검

측정자의 마음속에 깊숙이 잠재된 의식 정보가 우주 정보장 정보보다 먼저 왼손 엘로드에 전달되면 기 측정 오류가 발생한다. 측정 이전에 그 사안에 대한 선입관이나 내가 바라는 결과 등이 강한 파동으로 잠재의식화되어 있다가 측정 순간에 표면 의식기 파동으로 튀어나오는 것이다. 잘못된 잠재의식의 정보 파동이 내 질문에 반응한 결과는 당연히 오류를 발생시키게 되는 것이다. 아주 흔한 경우이다. 집착과 아집의 문제이며 마음을 비우지 못한 상태, 즉 공공공심이 안 된 상황에서 발생하는 기 측정 오류이다. 마음을 비우지 못한 상태에서 자기가 바라는 결과에 강한 집착을 가지고 있을 때 그 측정 결과는 오류 수치일 가능성이 아주 높다.

측정자 스스로가 오류의 원인이 되는 다른 경우도 있다. 측정자의 의식 수준이 200 이하에 머물고 있거나 영기 수준이 아주 낮을 경우이다. 이러한 경우에는 대개 기 순환계에 나쁜 영기(사기 등)가 마이너스의 기로서 순환을 하고 있어서 이들의 방해가 있기 때문이다. 의식 수준이 200 이하이면 엘로드가 작동되지 않거나 잘못된 정보를 받게 된다. 부정적인 의식 수준(의식 수준 200 이하)의 사람들이 잡은 엘로드가 움직이지 않는다는 것은 그들이 엘로드를 잘못 사용(誤用)하는 것을 방지하고 그로 인한 부작용을 예방하는 안전장치가 가동되고 있다고 볼 수가 있다. 이와 같이 영적 능력 수준이 낮으면 기(氣) 운용 능력이 제한된다. 그럼에도 불구하고 무리하게 측정된 수치는 정상적인 수치가 될 수가 없으며 엉터리 수치가 되는 것이며, 다른 사람들을 속이는 수치가 된다. 무리하게 측정된다 함은 의도적인 손근육 운동의 결과이기도 하지만 사기나 탁기가 작용하여 그들이 보내온 수치일 수도 있다.

기 수치 결과가 의심이 되면 먼저 "이 수치는 나의 선입견 수치입니까?"라는 질문을 하여 이를 확인한다. 그다음에는 정신 기를 올리고 마음을 비우고 집중하는 노력이 필요하다. 내 마음속의 선입견과 주관을 내려놓고 공공공심으로 객관적인 우주기 정보를 받고자 한다고 마음속으로 기도한다. 사기파의 방해를 막아 달라고 마음속으로 기도한다. 의식 수준이 200 이하인 사람은 그 대부분이 사기에 감염되어 있기 때문에 사기퇴치 조치를 먼저 한다.

④ 측정자의 질문 오류와 내용의 온전성 여부 점검

측정자의 질문에 오류가 있거나 질문 내용에 이기심 등이 들어 있으면 정확한 우주기 정보를 받을 수가 없다. 우주기 정보가 왼손 엘로드에 전달되는 시점은 심중에 가진 바라는 바가 발생하는 시점과 거의 같다. 말하기 전에 이미 심중의 의도에 따라 그 답이 미리 수신되어 엘로드에 도달된다. 그러함에도 실제 하는 질문 내용이 심중에 가졌던 바라는 바 내용과 다른 경우에는 측정 오류가 발생한다. 이것은 주로 정신 집중이 되지 않은 상황에서 발생하며, 측정 과정에서 생긴 일시적 마음 혼란 때문에 일어나는 현상이기도 하다. 초보자에게는 흔하게 일어나는 경우이며 오류의 원인도 잘 알아차리지 못할 때가 많다.

그러나 질문 내용 자체에 문제가 있으면 상황은 달라진다. 이타적 사랑과 배려의 원칙을 벗어난 질문을 할 때이다.

자기의 에고에 근거한 불순한 의도나 사리를 취하기 위한 목적이 들어 있는 질문, 남을 통제·시험하고자 하는 의도가 들어 있는 질문, 질문의 의도가 위법한 사실과 연결되어 있을 때 등의 경우에는 올바른 답변을 얻을 수가 없다. 자기가 투자한 주식 가격이나 로또 당첨 번호를 물어보라. 진실한 정답을 받을 수 없다. 남을 통제하거나 남의 엘로드 측정 능력과 기술을 시험하기 위한 목적으로 기 측정을 시켜 보라. 그리고 사회 정의와 법률에 명확히 위배되는 사항을 질문해 보라. 정답을 받을 수 없고 이러한 질문을 받은 측정자의 엘로드는 흔들린다. 그리고 측정 시마다 다른 수치가 나타난다. 다른 사람의 잘못된 의도기 파동이 방해하기 때문이다.

이러한 종류의 질문이 있을 경우 그 질문 내용의 '의식 수준'을 재어 보면 그 수치가 200 이하의 부정적인 영역 수준에 있음을 확인할 수가 있다. 질문 내용의 기 파동이 비정상적인 경우에 정상적인 우주기 정보와 반응을 할 수가 없기 때문이다. 따라서 질문의 '온전성'을 유지하는 일은 올바른 답변을 얻기 위해서 필수적으로 지켜야 할 사항이다. 만약 내가 나의 개인적인 욕심으로 '국회의원이 될 수 있겠는가?'와 같은 미래의 상황에 대한 예지적 질문을 하여, 답변을 얻었다면 그 답변은 오류일 가능성이 아주 크다. 예지 능력의 한계일 뿐만 아니라 질문의 온전성에 문제가 있기 때문이다.

이러한 종류의 측정 오류를 예방하기 위해서는 먼저 측정을 시작하기 전에 질문 내용을 마음속에서 명확히 해야 한다. 그리고 질문 내용에 온전성이 없다고 판단되면 측정을 하지 않는다. 온전성이 없는 내용에 대하여 다른 사람이 그 측정을 요구하면 거부하는 것이 좋다. 다른 사람들이 나의 기 측정 능력을 시험해 볼 목적으로 어떤 대상에 대한 기 측정을 요구한다면 이를 거부하는 것이 좋다. 나 자신도 이러한 상황을 만들어서는 안 된다.

4. 집기와 충기, 그리고 집기판

1) 기의 모임[集氣]과 기를 받음[充氣]

(1) 기의 소통·전달 능력

　모든 체(體, Body)에는 정(精, Essence, Vital Force)이 있다. 체(體)에는 물질의 원소 속성에 따른 에너지 파동 형태의 체기가 있으며, 정(精)에는 물질을 생성하는 원천이 되는 순수한 기운, 즉 정기가 있다. 따라서 체와 정이 합쳐져서 물질이 되며 체기와 정기가 물질의 기초기가 된다. 체기는 물체에 있는 물체기와 사람에게 있는 생체기로 구분되며 정기는 올바른 정기인 진정(眞精)과 올바른 정기가 아닌 가정(假精)으로 구분된다. 사기의 기운에 감염되어 마이너스 기 수준을 나타내는 탁한 정기인 탁정(濁精)도 있다. 혼합된 형태로 존재하기 때문에 우리는 각자가 가지고 있는 정기의 종류를 가려낼 수 있어야 한다.

상식이지만 물질의 체기는 물질 외형의 구조와 속성을 나타내기 때문에 상호 소통, 교환이 되지 않는다. 아픈 사람 문병 시 나의 생체 건강은 나누어 줄 수 없다. 그러나 따뜻한 말로 위로하는 방법으로 내가 가진 좋은 정기는 나누어 줄 수가 있다. 환자가 정기의 보충을 통하여 힘을 얻도록 도와줄 수가 있다. 명산에 가서 산은 가져올 수 없지만 그 산의 정기는 받아올 수가 있다. 이와 같이 정기는 상호 소통, 공명, 전달이 가능하다. 체(體)와 함께하는 영(靈)의 기(氣)도 정기와 마찬가지로 상호 소통, 공명, 전달이 가능하다. 영기의 이러한 전달 능력으로 인하여 영기가 많은 종교 시설이나 영기가 서려 있는 명산에서는 영기를 받을 수도 있다. 영기가 가득 찬 영기 집기판에서도 영기를 전달받을 수가 있다. 이 경우의 영기는 치유 능력이 있는 우주영기와는 다른 일반영기이다. 따라서 이 영기는 사람만 가지고 있는 것이 아니다. 이를 구분하기 위하여 사람이 가지고 있는 영기를 '자기영기'로 표현하기로 한다.

(2) 정기의 모임

태양은 최고의 기본기 수준 144규빗에 135규빗의 정기와 9규빗의 체기를 가지고 탄생되었고, 이 태양의 정기 에너지는 태양계 운행을 위한 원천적인 힘이 되고 있으며 이것은 중력으로 나타나서 태양계 행성들의 균형을 유지하는 힘이 되고 있다. 그러나 태양에는 정기를 포함한 물질 기초기만 존재할 뿐 아쉽게도 영기는 존재하지 아니한다. 지구상에 있는 모든 생명의 원천 에너지는 태양 에너지가 아니고 우주체기를 가진 우주 광양자이다. 태양을 향하여 두 손을 들고 태양으로부터 받는 정기는 영기와 함께하는 진정(眞精)이 아니고 영기가 없는 물체에 있는 단순한 물체정기이므로 태양의 정기를 받아서 충기하는 일은 크게 도움이 되지 않는다. 도움이 안 될 뿐만 아니라 기존에 있는 자기영기와 성령기 능력을 약하게 만든다.

높은 데서 낮은 데로 흐르는 기의 성질에 따라 물질 간의 기소통과 전달은 끊임없이 진행되고 있다. 기의 소통 공명 전달 과정에서 어느 특정한 물체에 많은 정기가 모여 집기가 되는 경우도 있다. 이것은 자연 상태에서 기 공명 과정을 거치면서 집기가 되는 경우에 해당한다. 정기 수준이 높은 사람이 그리거나 만든 필서화에 그 사람의 높은 정기가 그대로 전이되어 집기가 되는 경우가 있다. 기의 소통성에서 나오는 현상이다. 넓은 의미에서는 이러한 집기 현상도 기의 자연적인 소통 공명 과정으로 볼 수도 있지만, 사람의 의지로 집기된 판이 만들어졌다는 의미에서 인위적인 집기라고 부를 수도 있겠다. 이렇게 만들어진 '정기 집기판'을 많이 활용하기도 한다.

(3) 영기의 모임

신의 선물로 물질계에 주어진 성령의 기(영기)는 정기와는 판이하게 다르다. 사람에게 이 성령의 영기가 주어질 때에는 이를 '바라는 자'에게 '하나님의 주관'에 의해서 주어진다. '바랄 수 있는' 기회는 모두에게 주어졌기 때문에 바라지 않는 자들에게는 주어지지 않는 특성이 있다. 인간의 자유의지를 존중한다는 의미가 들어 있는 것 같다. 영기를 받을 수 있는 의지와 함께 그릇이 '준비'되어 있어야 한다. 몸과 마음과 영혼 영역이 정화(淨化)되어 있어야 한다는 뜻이다. 이렇게 준비된 사람에게 영기가 허용되는 것이라고 본다. 성령의 영기 모임(집기)이 사람에게 일어나는 것이다. (종교계에서 말하는 성령이 충만한 상태가 되는 것이며, 이 성령기는 치유 능력을 가진 우주영기와는 구분되며 우주영기와 연결되는 각자의 영혼 영역에 존재하는 자기 성령기이다.)

성령의 기는 그 보편성 때문에 사람뿐만이 아니라 '신의 뜻에 접근하고자 하는' 종교 건축물이나 물건, 장소 또는 어떠한 이미지에도 주어진다. 교회나 법당과 그 주변 물건, 마니산과 같은 특정 장소, 그리고 신의 뜻과 섭리를 형상화한 '영기 집기판' 등에도 이런 종류의 영기가 모여 있다.

(4) 기를 받음: 충기

태양에는 영기가 없으므로 태양 충기를 통해서는 영기를 받을 수 없다는 점을 유념하여야 한다. 태양이 가지고 있는 단순한 물체기에 해당하는 정기를 받는다는 것은 '영혼을 가진' 사람이 '물체된 자격'으로 (물체의) 정기를 전달받는 것이다. 영기가 없는 명산의 정기를 받을 때도 동일하다. 건강한 대부분의 사람들은 우리에게 필요한 균형적인 수준 이상의 정기를 가지고 있다. 이러한 점에서 본다면 태양정기나 명산정기로 정기를 보충한다는 의미는 많이 퇴색된다. 가정(假精)의 물체정기를 과도하게 받을 경우 도리어 가지고 있는 자기영기에 손상을 입을 수도 있다. 이로 인하여 태양정기 충기는 영기치유 능력을 저하시키는 원인이 될 수도 있다.

성경(에스겔 8장 16절 이하)에서는 "성전을 등지고 낯을 동쪽으로 향하여 동쪽 태양에게 예배"한 남 유다의 이스라엘 민족에게 벌을 내리겠다는 구절이 있다. 남쪽 유다의 이스라엘 민족이 신에게 등을 돌리고 태양을 바라보며(두 손 벌려) 태양의 정기를 받고 있었던 것이다. 고대에는 태양의 정기를 받으면서 태양을 신으로 섬기던 민족이 있었다. 그러나 지금은 태양을 섬기는 문명 국가는 어디에도 없다. 특히 기의 세계를 배우고자 하는 사람들은 두 손 들고 태양정기를 받는 행동을 당장 멈추어야 한다. 태양을 향해 두 손 벌리는 행동을 멈추자.

그러나 영기가 있는 장소나 영기 집기판으로부터 충기를 하는 경우는 다르다. 영기가 있는 교회, 성당이나 법당 등의 종교 시설이나 영기가 서려 있는 명산 등의 특정한 장소와 영기 집기판에서는 영기와 함께 높은 정기도 함께 받을 수 있다. 컴퓨터 시뮬레이션 실험 관찰로써 영기 집기판의 정기 전달과정을 확인해 볼 수 있었는바, 영기 집기판을 항상 접하고 있는 사람의 기 수준은 일정 시간이 지나면 최고 수준까지 도달할 수 있다는 사실을 수치로 알 수가 있었다. 영기가 있는 사람들과 사랑과 영기가 있는 신앙 단체는 이웃과 사회 전체에 긍정적인 영향을 주고 있다는 사실도 미루어 알 수 있다.

다음 표는 명산과 명소의 기본기를 정기와 물체기로 분리 측정한 결과를 비교한 것이다. 이러한 장소에서 정기를 받을 수 있다 함은 정기 수준이 보통 사람들의 정기 수준인 100~110규빗 지수를 넘기 때문이다. 태양과 세도나 지역에는 영기가 없다는 점이 특이하고, 마니산과 일월산 월자봉은 상대적으로 낮은 정기 수준에도 불구하고 높은 영기를 가지고 있는 영산 (靈山)이라는 점도 흥미롭다.

명산과 명소의 정기 및 영기 수준 비교

(단위: 규빗)

		기초기	정기	물체기	정기 비율	영기
히말라야 산맥2)		144	138*	6	95.8%	83
(세도나 지역)		144	134	10	93.1%	0
백두산		144	128	16	88.9%	51
한라산		141	123	18	87.2%	61
마니산		136	125	11	91.9%	82
일월산	월자봉	132	112	20	84.8%	71
	일자봉	131	111	20	84.7%	71
(태양)		144	135	9	93.8%	0

2) 집기판의 능력

사람이나 건물 또는 특정한 장소가 아닌 종이(板) 위에 쓰인 글자나 그려진 그림에서 높은 수준의 기가 나오는 경우가 있다. 이러한 '이미지 판'을 우리는 집기판이라고 부른다. 집기된 정기만 나오는 판을 '정기 집기판', 영기와 정기가 동시에 나오

---

2 히말라야 산맥의 정기 수준이 높은 것은 오랜 기간 받아온 정기가 각 산에 축적되어 상호 공명함으로서 산맥 전체의 정기가 138규빗으로 상승된 것으로 해석됨(에베레스트산의 정기 수준은 135).

는 판을 '영기 집기판'이라고 부른다. 영기 집기판의 특정 글자나 이미지에 영기가 모여 있는 것은 그 특정 글자나 이미지를 만든 사람의 높은 영기가 전달되어 집기된 것이기 때문이다. 영기나 정기 수준이 높은 사람이 만든 집기판에는 만든 사람의 기 수준만큼 정기 또는 영기가 나오기 때문에 그것이 영기 및 정기 집기판이 될 수가 있는 것이다.

어둠의 기운이 밝은 빛 가운데 있으면 어떠한 경우에도 견디지 못한다. 본래 밝은 빛에 있는 것이 괴로워서 도망간 것들이기 때문에 밝은 영기가 발산되는 영기 집기판 앞에서는 힘을 잃는다. 거주하는 공간(방, 사무실)에 영기 집기판을 붙인 후 기 수준을 재 보면 기 수준들이 상승한 것을 확인할 수 있다. 그러나 그 공간에 대한 명당화 조치를 먼저 시행하는 것도 좋다. 침구에 깔고 취침할 때는 영기와 정기가 대상자의 몸에 직접 들어간다. 집기판의 유용성은 여러 방면에서 확인되고 있지만 앞서 말한 충기 능력이 제일 중요하다. 집기판으로부터의 충기는 태양이나 산으로부터 충기하는 것보다 효율성이나 효과성이 더 좋음을 경험한다. 집기판으로 전자파나 수맥파를 막을 수가 있기 때문에 집기판은 명당화를 위한 필수품이다. 집기판을 몸에 지니고 벽에 붙이는 것만으로도 충기가 된다. 집기판을 차에 둠으로써 자동차 사고를 면할 수 있었다는 경험담도 많다. 핸드폰 사진으로 저장된 집기판은 핸드폰이 켜진 상태가 되면 기가 발산된다.

영기 집기판에서 나오는 영기로 충기할 수 있다는 사실은 축복이다. 수준 높은 영기 집기판으로 영기와 정기를 동시에 받을 수 있다면, 태양 충기 등의 방법으로 물체 정기를 받는 일에 집착할 필요가 없어진다. 영기 집기판의 능력은 아주 강하다. 정기 집기판을 영기 집기판 가까이 두면 정기 집기판에서 발산되는 정기 수치가 감소한다는 사실을 알 수가 있다. 두 개의 집기판이 접촉된 상태에서는 정기 집기판의 정기는 소멸한다. 따라서 영기 집기판 가까이 있는 정기 집기판으로 충기를 하면 충기가 되지 않는다. 나쁜 영기에 감염되어서 기 수준이 낮아졌거나 음(-) 수준이 된 집기판 종류에는 도리어 나의 정기를 빼앗아 가는 탈기(脫氣) 현상이 있을 수 있으므로 조심하여야 한다. 같은 이치로 나쁜 기를 가진 사람들로부터 송기받는 것도 피하여야 한다.

이상에서 말한 영기 집기판에서는 그 특별함으로 인하여, 밝은 쪽(陽)의 좋은 기가 발산된다. 따라서 기 수치가 양(+)이다. 그러나 '잡귀를 쫓고 재앙을 물리치기 위하여 (붉은색 등으로) 그린 글씨 또는 그림'인 부적은 이와 완전히 다르다. 전통적으로 사용한 대부분의 부적은 어두운 쪽(陰)의 이미지이며 기 수치가 음(-)으로 나타난다. 대부분의 부적들의 기초기(정기와 체기)는 마이너스 기들이며 특이한 점은 모든 부적들에 있는 영기는 모두 마이너스 영기들이다. 부적의 다른 이름으로 음부(陰符) 또는 주부(呪符)로 부르고 있는 점만 봐도 그 정체를 짐작할 수가 있는 것이다. **'어둠의 영역에 속하는 영(靈)의 기'**를 발산하고 있으므로 피하고 거부해야 할 물건들이다.

부적을 통하여 잡귀신(혼기)을 물리친다는 의미에는 귀신혼기의 마이너스의 기를 부적의 마이너스 기로 대체하면서 귀신혼기를 없앤다는 뜻이 들어 있다. 귀신 혼들은 이런 상황을 피하기 위하여 이 부적을 경계하게 된다. 그러나 문제는 부적에 있는 마이너스 정기와 영기는 사람과 공간에 있는 좋은 기도 나쁜 기로 변환시킨다는 점이다. 귀신을 쫓아낼 수 있을지 모르지만 그 주변 공간과 사람들을 어두운 영역에 머물게 할 수가 있게 된다. 예컨대, 높은 수준의 영혼기(특히 자기영기)를 가지고 있는 사람이 어떤 종류의 부적을 방 안에 두면 그 사람의 자기영기가 약해지거나 마이너스 기로 변할 수가 있다. 이것은 기의 상호작용의 결과이다. 자기영기가 마이너스로 변하거나 약화된 사람은 그들에게 있던 우주기 채널링 능력도 약화된다. 우주의식기장의 정보장에 접근이 안 되는 경우도 있기 때문에 엘로드 측정 능력 또한 약화되며 치유영기에의 감응도 어려워지기 때문에 영기치유의 능력과 영기치유의 가능성도 약화되거나 없어지게 된다.

KI, THE WAVE OF
ENERGY AND INFORMATION

5. 영계와 영적 영역

아인슈타인의 일반상대성이론은 우주는 공간(Space, Field)이며, 이 공간의 장(場)도 물질이면서 중력이 작용하는 중력장이 바로 우주라고 규정하고 있다. 그러나 1900년에 발표된 독일의 막스 플랑크의 양자역학과 뒤이은 닐스 보어의 양자역학이론의 기본 방정식에서는 우주는 그 구성이 양자로 이루어진 양자장이라고 말하고 있다. 아인슈타인과는 다른 측면을 말하고 있는 것이다. 이렇게 하여 과학계에서 보는 이 세상 물질계의 구조에 관한 이론이 발전되어 왔다.

그러나 기(氣)에 대한 모든 것을 과학적으로 접근해 볼 수가 있다면, 일반상대성 이론과 양자역학 이론을 통합한 또 다른 입자물리학 이론이 가능하지 않나 하고 생각한다. 이러한 통합적 시각에서 본다면, 일반상대성 이론이나 양자역학 이론은 물질 근본에 접근하는 시각의 차이에 불과하다. 진실은 하나이기 때문이다. 인간은 이러한 노력을 통하여 입자 파동의 근원을 찾아 올라감으로써 과학적인 방법으로 영적 영역의 입구까지 접근이 가능하다고 보여진다. 진실을 향한 인간의 이러한 노력은 신도 허용할 것이라고 생각한다. 이러한 접근의 대전제는 첫째, 영적 영역이 존재한다는 것을 인정하고, 둘째로는 이 세상은 우연히 생긴 것이 아니라 '존재'의 '섭리'에 의해 창조되었다는 것을 인정하는 것이다.

이 세상의 이원적 구조(예 선과 악의 구조 등)를 보더라도 물질계가 있다면 영계가 있어야 한다. 당초 영적인 영역이 인간이 상상할 수 없는 '무한'의 세계였다면, 물질계의 창조로 인하여 영계가 드러난 것으로 해석해도 될 것 같다. 우주구성 입자(전자, 쿼크, 광자, 글루온) 집단인 양자장은 흐름이 있는 파동이며 그 파동 속에는 '특정한 힘'이 있다는 것을(우리가 우주의 4%에 관하여서만 알고 있다는 사실을 고려한다면) 믿지 못할 일도 아니다. 인간의 상상 밖에 존재하는 그 무엇, 어떤 특정한 힘이 하늘과 땅에 존재한다고 해서 그리 놀랄 일이 아닌 것이다.

어려운 일이지만, 먼저 영계와 영적 영역에 관하여 살펴보고 물질계 우주 창조와 생명의 창조와 관련된 의식계와 의식 영역에 관하여 살펴보고자 한다.

1) 영계의 현존, 유일신(唯一神)의 존재

(1) 참나의 현존

기독교의 유일신은 창세기의 저자를 통하여 스스로 그의 이름을 알려 주고 있는바, 영어 성경 본에서는 이 부분을 "I am who I Am"으로 표현하고 있다. 이 부분의 한글 번역은 '스스로 존재하는 자'라고 이역을 하고 있으나 그대로 해석한다면 유일신은 I(나)임과 동시에 Being(존재)이 되어, 그 이름은 참나(the I)이며, 존재(the Being)가 된다. 그 존재도 과거형이나 미래형이 아닌 존재의 현재성을 말하고 있기 때문에 신을 현존(現存, the Presence)으로 표기하는 학자들도 많다. 유일신(唯一神)은 현존하는 참나인 것이다.

현존하는 존재로서 유일신은 그의 섭리에 의하여 이 물질세계의 실상(實狀, Reality)을 만든 주체이기 때문에 '참나'(the I)라는 이름을 가진 신은 '현존하는 실상'이기도 하다. 그의 존재는 그 어떠한 과학적·선형적인 방법으로, 또는 실험을 통한 객관적 방법으로도 입증할 수는 없다. 오로지 비선형적인 주관적 (Subjectivity)인 '깨달음'과 '알게 하고 보여 주심'만으로 그의 존재를 알 수가 있다. 절대적인 존재와 실상에 대한 '앎' 또는 '각성'의 내용이 들어 있는, 주관적 깨달음(Enlightenment)의 과정은 그리 간단하지가 않다. 고향을 잃어버린 나그네가 그의 본향을 찾지만 항상 길을 잃어버리고 주저앉기가 쉬운 것에 비유할 수가 있다. 그 길은 '좁은 길'이기에 찾아가기가 더욱 어렵다.

앎과 각성, 그리고 깨달음의 길을 가고자 한다면, 먼저 이를 자기 내부 의도에 강하게 고하여 이것이 하늘에 도달되게끔 하는 '고함(申)'의 과정이 있어야 하고, 그다음에는 현존의 '보여 줌(示)'을 기다려야 한다. 보여 주는 것을 봄으로써 우리는 그것을 알게 되는 것이다. 보여 주는 것을 보는 눈은 주로 '마음의 눈'이다. 이러한 '앎'에는 믿음의 과정이 필요하다. 그러나 신의 존재에 대한 믿음은 억지로 가지려는 노력의 결과가 아니라, 우리에게 보여 주는 것을 그냥 앎으로써 신과 그의 존재를 알게(믿게) 되는 것이다. 깨달음과 앎은 믿음의 결과가 아니다. 신(神)이라는 한자는 '고함(申)'과 '보여 줌(示)'의 합성어이다. 진정으로 바라는 바를 고하면 그 바라는 바를 보여 주시는 현존이 바로 신(神)이다. 신의 존재를 억지로 믿고자 하는 노력 속에 신이 있는 것이 아니라, 그가 보여 주는 것을 알아차리는 영적 각성을 통하여 신의 존재를 알고 믿을 수가 있는 것이다.

정리하자면, 신(神)은 존재(the Being)이면서 현존(the Presence)이며, 현재의 실상(實像)으로 실존(the Reality)함으로서 우주와 생명의 근원이 된다. 절대적인 실상으로써, 사랑이라는 본질을 가지고 그 속성으로는 시공의 영원성과 무한한 가능성을 가진 참나(the I)이다. 우리가 신에 관하여 묘사하고, '그 무엇이다'라고 어떠한 표현을 한다 해도 우리의 에고가 섞인 생각과 표현 방법의 한계로 인하여 신에 대한 표현의 진실성은 93.2%를 넘지 못한다고 한다. 따라서 신(神)을 이야기한다는 그 자체가 어렵고도 무거운 과제인 것이다. 아무래도 신을 알고 그의 존재를 인식하는 것은, 증거를 요하는 객관성보다는 주어진 영감을 통하여 인식하는 주관성(Subjectivity)의 영역에서 이루어질 수밖에 없다. 따라서 인간이 신에 대하여 완전히 알고 이해하면서 그것을 완전히 표현한다는 것 자체가 불가능할지도 모른다. 그래서 '진리(신)에 이르는 길은 만 가지이다'라고 이야기하는가 보다.

인간이 신을 인식하고 표현하는 방식은 아주 많다. 또한 신을 표현함에 있어 동일한 대상에 대한 다른 이름을 사용하고 있음을 본다. 그 사용되는 이름을 살펴보면 그 이름들 속에는 신의 속성이 일부 나타나고 있음을 알 수가 있다. 먼저, 오직 하나뿐인 유일신으로서 '하나님', 물질계를 만든 물질계의 주인으로서의 '조물주', 물질계를 창조한 존재로서 '창조주', 스스로 존재하는 자인 '자존(自存)', 하늘 어딘가에 계시는 존재로 인식된 '하느님' 또는 '천신', 하늘나라의 주인인 '천주', 거룩한 아버지와 같은 존재인 '성부', 우주만유의 실체이며 절대 진리(法身)로서 '비로자나불', 노자와 주자의 '도(道)'와 '이(理)', 일부 불교계에서 보는 '무(Nothing) 또는 무극(無極)', 유대교에서 신의 호칭으로 사용하는 '엘' 또는 '엘로힘' 등이다. 영어에서는 이 모든 신의 이름을 'God'으로 표현한다. 서양철학에서는 자연의 구성요소가 아니며 실재적일 수 없을 정도의 순수한 의식을 가진 존재로서 '순수의식'이나 아리스토텔레스가 말하는 모든 가능태가 현실화한 존재로서의 '순수 현실태' 등이 인간이 신을 인식하고 부르는 이름들이다. 이 모든 이름들 속에는 신을 물질계의 존재가 아닌 영계의 존재(현존)로 인식하고, 이의 속성을 최대한 잘 표현하기 위하여 노력하고 있음을 알 수가 있다.

(2) 무(無)와 공(空)

그러나 신의 존재는 무(無, Nothingness)로서, 공(空)으로 통한다는 사상이 있으며 이러한 생각은 현대 물리학계의 일부 이론과 맞물려 넓게 이해되고 있는 측면이 있다. 그러나 사람이 태어나서 죽는 것은 진짜로 무에서 무(신의 세계)로 돌아가는 것인가? 정말 공수래공수거(空手來空手去)로 생각해도 되는 것인가? 생각해 보면 이러한 관점은, 무(無)는 전부(全部, Allness)와 대응하기 때문에 개념 자체에서 이미 이원성을 드러내고 있음을 알 수가 있다. 따라서 이것은 유일신의 일원성과 전능성을 부정하는 개념이라고 볼 수 있다.

그리고 공(空)이라고 할 만큼 비어 있는 상태가 신이라면 유일신의 전지전능은 어디에서 찾아볼 수가 있겠는가. 실제로 사람이 죽더라도 완전히 비어 있는 상태에서 영계에 가는 것이 아니고 그의 영혼에 포함된 의식이 들어 있는 상태에서 영계에 들어가는 것이다. 어찌 산다는 것이 공이고 죽는다는 것이 공이 될 수가 있겠는가? 만약 어떤 사람의 의식 속에 이러한 공(空)의 개념이 차 있다면[이것이 사랑의 현존인 궁극적인 실상(하나님)을 대체하고 있다면], 그러한 의식의 신념으로 인하여 그는 영원히 그의 의식계 공(空) 개념 속에 들어가게 된다. 즉, 그의 영혼의식은 존재하는 신을 지향하기보다는 허무한 공(空)을 선택하면서 매번 환생을 되풀이하는 생을 가지게 되는 것이다. 공(空)은 사람의 의식 속에서 만들어 낸 환상일 뿐이며, 사람이 이 환상 속의 공(空) 안에서는 머물 수가 없기 때문에 환생을 되풀이한다고 보아야 한다.

무(無)나 공(空)의 개념은 붓다의 가르침인 '그 어느 것도 아님(No Thing)'의 개념을 후세인들이 '무(無, Nothing)의 공(空, Void)'으로 잘못 해석하여 나왔다고 한다.[3] 자세히 생각해 보면, 공(空)과 무(無)를 안다는 것 자체가 의식이며, 이미 공과 무의 상황을 인식하고 있는 의식의 상태가 존재하는 것이기 때문에 공과 무가 있을 수가 없는 것이다. 이 모순되는 오류를 잘못 믿을 때 그 영혼은 갈 데가 없어 다시 이 세상으로의 환생을 거듭하게 되는 것이다. 환생이 거듭된다는 생각 자체는 우리의 삶에서 두려움의 근원이 될 수가 있다.

이러한 오류의 덫을 벗어나는 것이 필요하다. 그러나 우리가 일상생활에서 사용하는 마음을 비운다는 공심(空心)은 쓸데없는 집착과 에고를 마음속에서 씻어내라는 의미로 본다면 좋은 의미를 가진 말이 된다. 그리고 우리 생체기능상 마음을 비운 상태라는 것은 있을 수가 없다는 일반적 견해를 적용한다면, 공심이라는 의미는 쓸데없는 집착과 에고를 버림과 동시에 쓸모 있는 사랑과 배려 그리고 영성(영적 각성 상태)으로 마음을 다시 채우라는 적극적인 의미가 들어 있는 것으로 해석해 본다.

---

3 데이비드 호킨스 저, 백양미 역, 『내 안의 참나를 만나다』, 판미동, 2008.

(3) 가짜 신에 대한 문제

위대한 영적 지도자들의 가르침 안에서는 우리가 살아가면서 초자연적이거나 신비한 것 또는 다른 차원의 것 등을 추구하라고 권장하는 부분은 찾아볼 수 없다. 이러한 것들은 부주의한 사람들 앞에 놓인 일종의 함정이기 때문이다. 전체 인류 역사와 종교 발달사를 보면 '이런 것'들을 숭배의 대상으로 신격화하여 종교화함으로서 수많은 종교가 나타났으며, 많은 사람들을 현혹해 왔음을 알 수가 있다.

이러한 과정은 반드시 어둠의 영역에 속하는 나쁜 영들의 능력과 그 작용에 의하여 진행이 된다. 물질계의 '어떤 것'에 대하여(예컨대 태양이나 나무, 돌, 산, 동물, 조상신 등을) 숭배하면서 바라는 바를 요구한다면 그것은 신격화된 것으로 유일신의 입장에서 보면 가짜 신이 된다. 대개의 무속신앙이 여기에 해당이 된다. 그 물질이나 죽은 영혼에 붙어 있다고 생각하는 영이 귀신의 혼이라고 보기 때문에 그들이 부르는 신(神)은 귀신이다. 그래서인지 한자의 신(神) 자는 '귀신 신(神)'으로 불리게 된다. [한자(漢字)의 신(神) 자를 해석함에 있어, 이것은 보여줄 시(示)와 거듭 되풀이하여 말하고 아뢸 신(申)으로 구성되어 있기 때문에 기도하면 보여 주는 무한 능력의 존재인 유일신의 신으로 해석함이 타당하다. 내용 면에서는 사람과 신의 역할을 나타내며, 신의 속성을 말하고 있는 글자

이다. 따라서 귀신 신(字) 자보다 유일신 신(字) 자로 보는 것이 더 합리적이라고 생각한다.]

(4) 유일신의 통치 영역

신(神)은 존재(the Being)이면서 현존(the Presence)이며, 현재의 실상(實像)으로 실존(the Reality)함으로서 우주와 생명의 근원이 된다. 절대적인 실상으로서, 사랑이라는 본질을 가지고 그 속성으로는 시공의 영원성과 무한한 가능성을 가진 참나(the I)이다. 이 현존하는 참나는 유일신이며 영계와 물질계의 창조자로서 그의 본질과 속성이 나타나는 섭리로써 이 양계(兩界)를 다스린다.

성경의 창세기 저자의 영안으로 본 하나님 영의 존재는 수면(우주 물질계 경계) 위에 있다고 표현하고 있으며, 신은 물질계 위의 영계에서 영의 형태로 존재하는 것을 말하고 있다고 본다. 스웨덴이 낳은 천재 과학자로 알려진 스베덴보리의 영적 체험을 담은 그의 많은 저서에 의하면 하나님의 영(靈)은 흐름이 된 영류(靈流)가 되어 천국과 지옥을 다스리기 때문에 천국의 영인(천사)는 물론 지옥의 영인까지도 그의 통치하에 있다. 영계도 유일신의 질서하에 있다.

(5) 사후 세계로서의 영계

하늘이 정해 준 알 수 없는 어떤 날에 영과 혼이 육체를 벗어날 때 우리는 이것을 '죽음'이라고 한다. 이 죽음은 세상 사람들에게는 공포의 대상이 된다. 그러나 사후 세계에 대해서 어느 정도 이해한다면 죽음은 공포의 대상이 아니고 우리에게 주어지는 '위대한 선물'이 된다. 영기를 가진 인간에게는 (영적인 측면에서 보면) 죽음이란 것은 없고 다시 이주하는 과정만 있다. 태아가 모태를 통해 지상에서 태어나듯 지상에서 영계로 이주 또는 천도(薦導)하는 것이다. 따라서 육체의 사라짐이 있을 뿐 의식과 영혼을 가진 '나'는 사라지는 것이 아니다.

육체의 그늘을 벗어나는 순간, 나는 희망과 흥분 속에서 평안을 찾는다. 의식과 영혼을 가진 영으로서 자유를 얻는 순간이니 환희에 차 있게 된다. 기쁜 마음으로 안내영인들(천사들)을 따라 중간영계로 간다. 이 세상의 자연 상태와 같다고 느끼는 이 중간영계에서 천국에서 내려오는 빛을 따라 천국으로 간다. 이 천국에서 영원한 생명을 가지고 거기서도 주어진 사명을 다하게 된다. 그러나 사후 세계 영계에는 천국뿐만 아니라 지옥도 있다. 천국에서 내려오는 빛을 따라가지 못하고 이를 거부하는 영은 자진하여 지옥으로 간다고 한다. 사후 세계의 두 영계, 천국과 지옥의 선택은 결국 자기 자신의 몫이 된다. 천국은 물론 지옥도 영계의 현존인 유일신의 통치 하에 있다.

2) 영적 영역

(1) 영적 영역의 인식

사람은 (자기)영기를 가짐으로써 '사람'이 되었으며, 따라서 태어날 때부터 영적인 존재이다. 살아 있는 동안에도 영기가 있는 영적 존재로서 물질계의 영적 영역과 (우주영기를 통하여) 영계의 영적 영역과도 상호작용하면서 살아가고 있는 존재이다. 그러나 이러한 영적 영역에서 일어나고 있는 작용은 과학적으로 증명할 수 있는 영역은 아니다. 그 관찰 대상되는 영기의 상호작용과 그 내용은 영적인 감각을 통하여 알 수 있는 극히 주관적 영역에 속한다. 즉, 이러한 영적 영역에서의 작용은 영적 인식력과 분별력과 더 나아가서는 영적 각성을 통하여 깨닫고 경험하게 됨으로써 알게 된다. 프랑스의 철학자 테야르 드 샤르댕은 이 점에 대해서 "인간이 본래부터 영적인 존재로 창조되었고 영혼을 가지고 태어났기 때문에 영적인 경험을 한다는 뜻은 어쩌면 영적인 존재가 인간이 된 경험을 하는 것일지도 모른다"라고 말하고 있다.

(2) 우리를 둘러싸고 있는 영적 존재들

이 물질계 영역에서 우리에게 영향을 주고 있는 영적 영역의 존재들은 우리 눈에 보이지 않는다. 이 영적 영역의 존재들에는 밝고 선한 영(의 기)들이 있는 반면 어둡고 악한 나쁜 영(의 기)들이 있다. 서로 상반된 속성을 가진 이 두 가지의 종류의 영들에게는 서로 다른 점들이 많이 있다. 선한 영(靈)인 성령은 우리와 함께하면서 성령기(영기) 형태로 우리와 감응할 수 있는 영적 존재이다. 발출(發出)된 기(氣)로써 우리는 성령을 인식한다. 이 성령의 기, 영기는 우주정보망의 (치유) 정보에 감응하여 이 정보망의 (치유) 정보를 전달하기도 한다.

우리가 태어날 때 가지고 나온 영과 영기도 선한 영에 속한다. 이 자기영기와 우주영기인 성령기는 우리가 영적인 존재로 이 세상에서 살아가도록 상호작용하면서 우리 인생행로를 좋은 방향으로 이끌어 주고 있다. 그리고 사람과 공간과 물체의 기 영역에 감응되어 함께하는 성령과 성령의 기도 선한 영과 선한 영기에 속한다. 이외에도 천국영인(천사)의 기도 좋은 영기에 속한다.

그러나 나쁜 영들의 경우에는 그 역할이 완전히 다르다. 첫째는 천계(天界)에서 쫓겨나서 물질계에 존재하면서 나쁜 영기, 즉 사기(邪氣)를 가지고 있는 사탄 마귀의 영들이다. 이것들은 우리의 영혼 영역을 타락시키는 역할부터 시작한다. 두 번째는 지옥의 악령이 물질계에서 기화(氣化)된 악령기이며, 셋째는 영계에 가지 못한 죽은 사람의 영, 즉 귀신 혼과 그들의 나쁜 기(사기)이다. 이 악령과 귀신 혼은 사탄영의 하수인이며, 그들의 악령기와 귀신혼기는 사람의 마음과 몸 영역을 해치는 일부터 시작한다.

이상에서 설명된 좋은 영들과 나쁜 영들은 우리를 둘러싸고 있는 영적 존재들이다. 상반된 속성을 가진, 밝은 영역의 영기와 어둠의 영역의 나쁜 영기들은 항상 우리를 둘러싸고 '영적 전쟁'을 하고 있는 것이다. 우리의 영혼과 마음 영역이 영적 전쟁의 주된 전쟁터이다. 이들 영적 존재들은 단순한 개념 차원에서 지어낸 이야기가 아니다. 형이상학적 추론이나 철학적 견해에서 만들어진 것도 아니다. 모두 현실세계에서 실재(實在)하여 우리가 경험하고 있는 존재들이다.

이들이 가지고 있는 상호작용 관계의 예를 간단히 보자. 자기영기와 혼기, 정신기 수준이 높은 사람들은 성령과 성령의 기(영기)를 쉽게 받아들이지만, 자기영기가 약하고 성령기가 없거나 둘 다 없는 경우에는 나쁜 영들과 그들의 나쁜 기들에게 쉽게 감염된다. 그렇게 상호작용하면서 서로 어울려서 살아가는 것이다. 전자는 긍정적인 에너지장에서 밝게 살면서 천국을 지향하지만 후자는 부정적인 에너지장에서 어둡게 살면서 지옥을 지향하면서 살아간다. 자기의 영혼기를 지키는 것은 자기 선택의 문제이며, 이 선택은 언제든지 바꿀 수가 있다.

그리고 성령과 성령기(영기)에 대해서 위에서 간단히 설명하였지만, 그 구분에 있어서는 많은 사람들이 헷갈리는 부분이 있다. 스베덴보리는 이를 구분하고 있는바,[4] 성령의 기는 성령(신령)의 발출(發出, Effluence)이라고 보고 있다. "성령은 Divine Truth(성령 진리)로서 예수님의 신성에서 나오고, 이것이 예수님의 인성에 의하여 우리 물질계에 발출된다"라고 그는 말하고 있다. 예수님이 성령을 물질계에 '내려 보내심'으로 물질화(氣化)한 성령의 기(영기, Divine Energy and Information)가 되는 과정을 에둘러 표현한 것이다. 영기의 영어 표현을 스베덴보리는 'Sphere'라고 함으로써 물질계 공간에 존재한다는 것을 간접적으로 말하고 있다. 따라서 내려 보내진 성령의 기가 이 물질계에 존재하게 된 기간은 우리가 사용하고 있는 서기(西紀) 연도

---

4 이영근, 『스베덴보리의 삼일성』, 예수인, 2014.

와 비슷하다.

그리고 영기의 보편성으로 인하여 모든 물질계 존재 속에 영기가 존재할 수가 있다. 이로 인하여 우리도 성령기를 가질 수가 있으며, 영기가 서린 영산(靈山)을 가질 수가 있고, 영기가 들어 있는 물건들을 우리 주변에서 만날 수가 있게 되었다. 영기는 사람만의 독점물이 아닌 확장된 하나님의 선(善)이기 때문에 보편성을 가진다. 이 중 우주에 있는 우주영기는 일반영기와 다른 여러 가지 특징을 가지고 있다.

(3) 영적인 진실

영적 영역에서 보면, 진실이란 밝고 선한 영으로부터 받는 모든 정보를 포함한다. 그러나 악령의 세계에서도 많은 정보를 보내오고 우리는 이들에도 접할 수가 있기 때문에 그 구분이 쉽지가 않다. 그래서 필요한 것은 항상 깨어 있는 영적 자세와 영적 분별력의 발휘이다. 영적 영역에서 진실을 찾고자 하는 많은 사람들이 사실은 악령에게서 받은 거짓을 말하는 경우가 많다고 한다. 또한 많은 종교서적이나 영적인 문제를 다루는 서적들이 진실이 아닌 거짓을 말하는 가짜라는 사실은 놀라운 일이다. 종교 방송도 예외가 아니다. 정치인들의 발언에서 영적인 진실을 찾아보기는 정말 어렵다.

진실한 정보인지 여부의 판단을 하지 않고, 사탄이나 귀신 혼이나 악령으로부터 오는 잘못된 거짓 정보를 받아서 시행하는 영기진단과 영기치유는 큰 재앙을 불러올 수도 있다. 본인이 경험한 바로는, 병이 없는 건강한 사람도 사기의 장난으로 말기 폐암이 있다는 진단 정보를 받은 적이 있었지만 다행히 이를 치유 시작 전에 재확인함으로써 어려운 상황을 피할 수가 있었다. 어떤 내용을 글로 쓰고 난 후에도 그 내용이 진실한 영기 정보에 해당되는 것인지 여부를 확인해 보면 그렇지 못한 경우가 더러 있었고, 이런 경우 잘못된 부분을 수정하고 나면 진실성이 100%로 나타남을 볼 수가 있다(이 진실성 측정 및 확인 과정은 이 글의 전 영역에서 이루어졌다).

3) 밝은 영들과의 관계성 유지

(1) 영과 혼이 있는 '나'

데이비드 본(David Bohn)의 홀로그램이론에 의하면 세상만사는 신의 잘 갖추어진 섭리와 질서가 저장된 홀로그램의 필름(초기입자에 저장된 정보라고 이해됨)에서 나온 홀로그램의 영상과 같아, 모두가 허상이며 하나가 전체로 연결된 비이원성과 비국소성의 원리가 적용된다고 한다. 영혼을 포함한 세상만사가 창세 전부터 예비된 것으로 보고 있는 기독교의 만인선택설을 이 홀로그램 이론으로 설명하기도 한다. 이 홀로그램 이론은 영혼의 본래 고향(본향)은 여기가 아니라 사후에 만나는 영원한 나라에 있는 것임을 말하고 있기도 하다. 나의 영혼은 생전부터 그곳에 존재했던 것이다. 이 영혼은 내가 이 세상에 태어날 때 이미 내 안에 존재하고 있었기 때문에 '자기혼기'와 '자기영기'가 된다.

(2) 자유의지와 예고의 탄생

신의 속성에는 자유의지가 있다. 신의 뜻(섭리)은 그의 자유로움 속에 존재한다. 신이 스스로 자유하심과 같이 자기형상대로 지으신 인간에게도 그의 자유의지(Free Will)를 주어 이 자유의지에서 나오는 참사랑으로 기쁨을 누리도록 하였다고 생각한다. 이는 자기 영혼과 의식이 지시하는 바에 따라 자기 의사를 결정하고 선택할 수 있는 자유이며 우리에게 주어진 선물이다. 그러나 선과 악에 대한 판단을 나의 자유의지에 따라 스스로 하면서부터 인간은 타락의 길로 가게 되었으며, 이것이 성경상의 '선악을 판단할 수 있는 나무의 열매' 선악과 사건이다. 선악을 판단하는 기준이 신의 판단 기준과는 달라진 것이다. 이에 대하여 사리판단 능력(哲)인 지혜와 사랑의 마음 또한 주시어서 우리에게 바른길로 가도록 인도하는 것이다.

그러나 선과 악의 판단 기준과 사리 판단의 중심이 점점 타인이 아닌 자기 자신이 되어 왔다. 자유의지를 주신 본래의 뜻인 사랑과 지혜로부터 멀어지게 되었다. 드디어 자기를 이해관계의 중심점에 두게 되어, 이타(利他)보다는 이기(利己)를 택하게 된다. 우리는 이러한 인간의 성향을 에고(Ego)라고 부르고 이에고를 자아를 보호하는 보호막으로 여겨 왔다. 또한 험한 이 세상에서 살아남기 위한 동물적 본능이라고 해석해 왔다. 이에고를 중심으로 이 세상 사람들을 살펴본다면, 창조주 신의 섭리를 배척하면서 에고가 아주 강한 사람과 신의 뜻을 알면서도 에고를 고집하는 사람이 있을 수 있고, 신의 뜻을 잘 알지 못하지만 천성적으로 착하여 에고가 약한 사람과 창조주 신의 섭리를 알고 에고의 벽을 완전히 깬 훌륭한 사람들도 찾아볼 수가 있다.

(3) 유일신과의 관계성

나의 의식과 생명의 근원은 우주(의식기장)를 창조하신 현존 유일신에게 있다. 강력한 에너지와 막강한 정보 저장 능력을 가지고 있으며, 정보망(Network) 기능도 가지고 있는 우주 의식 기장(초양자장, Super Quantum Field)도 신의 창조물이며 그 크기는 물질계의 10억 배로 알려져 있다. 유일신의 영에서 나온 그의 뜻(섭리)은 영계의 영인들을 통하여 간접영류로서 우리에게 전달된다. 영계의 영인(천사)들의 뜻도 동시에 전달된다. 이와는 별도로 성령기의 에너지와 정보는 이 우주에 차 있다. 이 부분은 영기의 설명에서 자세한 것을 알아보기로 한다. 아무튼 영인의 메시지와 우주영기(성령기)의 정보에 접할 수가 있다는 것은 나와 유일신 사이에는 '어떠한' 관계가 있음을 말해 주는 것이 된다.

영계의 천국과 지옥에는 각각 3층의 천계와 3층의 지옥계가 있어 천국의 영인(천사)은 천국의 좋은 영류를, 지옥의 악령은 지옥의 나쁜 영류를 각각 지상 물질계에 보내고 있다고 한다. 우리는 빛과 어둠으로 대칭되는 세상 가운데서 한줄기 빛을 지향하면서 신과의 관계가 유지되기를 바란다. 유일신의 간접적인 영류와 직접적인 그의 성령기는 먼저 나의 영혼(자기영기)을 거쳐 무의식화된다. 따라서 우리의 영적의식이 이를 깨닫고 항상 깨어 있으면 그의 목소리를 들을 수가 있는 것이다. 에고의 장벽을 깨고 사랑의 눈으로 이 세상을 바라볼 수 있다면 그의 목소리와 영기는 누구에게나 열려 있는 것이다.

이런 이유에서 양심의 소리는 우리의 의식계에 전달되는 신의 목소리가 될 수가 있다. 신과의 통신 방법은 기도이며, 기도하는 마음으로 사는 것이 그와의 관계를 유지하는 지름길이 된다. 우리는 생활 속의 행위로서 그의 뜻을 실천한다. 자아를 강하게 인식하고 있으면서 허물기 어려운 에고가 많이 남아 있는 나로서 참으로 어려운 일이지만, 신과의 이러한 관계는 항상 유지되기를 바라고 있는 것도 사실이다.

모든 사람은 태어날 때는 신성(神性)을 가지고 태어났다. 그 신성은 각자의 마음과 영혼 영역에 내재되어 있으면서 항상 우리 삶 속에서 드러나고 표현되기를 기다리고 있다. 이러한 사실을 스스로 깨달아서 알고(영적 각성), 영적으로 진화된 상태가 된 '나'를 참나(the I)의 상태라고 부르고 있다. 따라서 참나로 향하는 길은 모든 사람에게 열려 있으며 영적 각성(영성)은 신의 현존에 대한 각성이기도 하다. 이런 과정을 통하여 인간은 신과 가까이할 수가 있는 것이다. 깨달음(Enlightment)은 참나의 빛을 발하는 상태이며 깨달음으로 가는 직선통로는 봉사(봉헌, Devotion)이다. 남을 위한 배려와 봉사의 삶은 그 자체가 기도가 되고 자신과 타인의 삶을 축성(祝聖)한다.

신은 사랑 그 자체이며, 우리는 태어날 때부터 사랑의 본성을 가지고 있다. 우리는 사랑의 기 수준을 측정할 수가 있고,

사랑의 감정을 체험할 수가 있는 것과 같이 깨달음의 상태도 주관적으로 경험되고 객관적으로 확인될 수가 있다. 여기서 말하고 있는 내재된 신성, 영적 각성, 깨달음, 사랑 등의 단어는 추상명사이지만 그 실체가 주관적으로 또는 객관적으로 확인할 수가 있는 것들이다. 상대방의 마음속에 내재된 이 신성을 발견하고자 노력하면서 대화하는 태도는 사회생활과 대인관계에서도 항상 필요하다.

신의 섭리인 사랑과 지혜에 관하여 말하자면, 일반적인 의미로는 사랑은 원하고 지혜는 이를 이루는 것이기에 이는 둘이 아니고 하나로 볼 수가 있다. 사랑과 지혜는 추상명사이지만 기를 가지고 있는 (비물체적 물질로서) 실체이다. 다만 우리 오감으로 보고 듣고 만질 수 없을 뿐이다. 우리는 이것을 영적 각성 과정을 통하여 알고, 우리의 삶 속에서 이를 실천함으로써 신과의 관계성을 유지하는 것이다.

(4) 밝은 영의 보호를 받고 있는 나

내가 속해 있는 우주 물질계에는 창조 질서에 의한 보호막이 설치되어 있다. 태양자기장은 태양계 바깥의 우주먼지, 유해 에너지와 우주자기장을 차단하여 태양계를 보호하고 있으며, 지구자기장은 태양풍의 유해파를 차단하여 지구를 보호하며,

우리 몸에서 지구자기장의 백만분의 일의 크기로 나오는 생체 자기장이 있기 때문에 외부의 유해파를 차단할 수가 있고 생체의 균형을 유지할 수가 있다. 이 모든 장치는 신이 만든 물질계의 보호막이다.

영적 영역에서 나를 보호하는 보호막도 준비되어 있다. 자기 영기와 가지고 있는 성령기와 모든 밝은 기들은 나쁜 영과 나쁜 영기들에 대응할 수 있는 대응력이 있으며, 또한 이들을 막을 수 있는 방어막을 기도로써 구할 수가 있다. 우리 몸에는 면역계 기능을 주어 생체 기능을 보호하고 있다.

(5) 보호와 도움이 필요할 때

우리는 살아가면서 어떤 위기적 상황에 부닥칠 때가 많다. 이러할 때 우리는 이러한 상황을 어떻게 다루고 위기라고 생각되는 시간을 어떻게 단축시킬 것이며 그로부터 오는 고통과 아픔을 어떻게 줄일 것인가 하는 문제에 봉착하게 된다. 위기 상황에서 오는 위협감, 상실감, 무력감, 불안과 두려움 등의 부정적 에너지가 정서적 혼란과 파국의 감정을 일으킬 때 대부분의 경우 먼저 그 이유와 변명을 찾지만 해결책을 찾지 못하고 실패하는 경우가 많다.

위기와 두려움을 극복하는 제일 빠른 길은 우리의 의식계에 전달되는 신의 목소리를 듣는 것이다. 나를 버리고 나의 에고의 벽을 넘어 서서 자신을 버리고 조용히 마음(양심)의 목소리를 듣고 기도를 통하여 그와의 관계를 회복하고 유지하는 것이다. 기도를 통한 나의 목소리에 응답받음과 보호를 받는 나 자신에 대한 확신을 가지는 것이다.

힘든 위기의 경험을 극복한 사람들의 모습이 평화로운 것은 이러한 과정을 거쳐서 인생의 위기를 극복한 것이기 때문이다. 이러한 경우에 겪는 비극적 경험은 영적 체험의 기회이며 영적 체험의 씨앗이 되는 것이다. 위기의 극복 과정에서 작은 나(小我)보다 큰 나(大我)를 체험하게 되는 것이다. 스크린 위에 펼쳐진 단순한 감정보다 영사기에 걸린 필름인 나의 참된 의식과 영혼을 찾을 때 스크린 위의 영상을 고칠 수 있게 된다.

6. 물질의식계의 창조와 의식 영역

정기와 체기가 있음으로써 기초적인 물질이 창조되었다. 기(氣)가 존재하면서 영계(靈界) 반대편에 물질계가 생겨난 것이다. 물질의 정기와 체기는 기 에너지와 기 정보를 포함하고 있고 파동의 성질이 있기 때문에 우리에게 인식될 수가 있다. 소우주인 사람은 정기와 체기와 함께 생명기인 혼기와 영기를 가지고 있다. 대우주 또한 정기와 체기와 함께 우주영기를 가지고 있다. 사람에게 주어진 영기는 성령기인 우주영기와 구분하기 위하여 '자기영기'로 불러도 될 것 같다. 현존 유일신 영의 기는 성령의 기(성령기), 천신의 기(천신기) 혹은 우주영기 등으로 불러도 될 것 같다. 의식(意識)이라 함은 이 중에서 체(Body)를 제외한 정(Essence)과 혼(Soul)을 말하며 따라서 물질 의식기는 정기와 혼기로 구성된다. 혼이 없는 물체의 의식기는 정기 그 자체이지만 생물체의 의식기에는 정기와 혼기가 포함된다.

편의상, 우주의식기의 구성과 시스템을 우주의식계로, 사람의식기의 구성과 시스템을 사람의식계로 구분한다. 우주의식계는 우주체기, 우주정기와 우주영기로 구성되어 있다. 우주체기는 모든 에너지의 근원이 된다. 우주정기는 우주 정보장(Information Field), 우주영기는 우주 정보망(Information Network)과 연결되어 물질계의 정보 저장과 가능태의 정보 전달이라는 우주적 역할을 수행하고 있다. 이 중에서 우주영기(성령기)는 신과 사람을 이어 주는 역할을 하고 있기 때문에 신이 인간에게 준 선물이며 우주 정보망(Information Network)의 가능태 현실화를 위한 매개적 기능을 하고 있다.

또한 우주체기는 빛 광자(Photon)로서 무한한 우주 에너지의 원천이 되고 있다. 우주체기는 물질 창조를 위한 핵 합성 과정에서 에너지를 제공하여 최초의 원자(수소와 헬륨원자)를 만들었으며 지금도 세포 생성을 위한 에너지원이 되고 있다. 사람에게는 정기와 혼기로 구성된 사람의식기와는 별도로 생체기와 정기로 구성된 기초기와 혼기와 영기로 구성된 영혼기가 주어져 있다. 사람에게만 있는 자기영기는 우주기장(宇宙氣場)에 있는 우주영기와 상호작용하여 영적 각성과 영적 진화를 추구할 수 있게 한다. 우주에는 지구상의 모든 생명체에게 있는 혼기는 없다. 그것은 우주 그 자체가 생명과는 무관한 물체이기 때문이다. 이러한 내용을 담고 있는 우주의식계와 사람의식계가 이 장(章)의 주제가 된다.

1) 의식계의 창조

(1) 물질계 우주의 창조

① 우주 역사 137억 년, 지구 역사 46억 년, 생명의 역사 35억 년, 인류 역사 20만 년

기나긴 우주의 역사를 생각하면, 인간들은 우주 역사 바로 몇 초 전까지도 이 지구가 우주의 중심이라고 생각한 어리석은 존재였고, 이러한 생각을 깬 코페르니쿠스 역시 태양을 우주의 중심으로 보았다. 그러나 태양은 수많은 행성들 중의 하나이며, 1천억 개 정도의 별들이 모여 만들어진 거대한 은하계 속에서의 태양은 아주 작은 먼지 알갱이에 불과하다는 사실이 밝혀졌다. 태양계가 속한 이 은하계 역시 수백만 개로 이루어진 은하구름 속에 있는 먼지 알갱이 같은 존재일 뿐이다. 이러한 우주 탄생 역사의 시작은 137억 년 전인 아득한 먼 옛날에 일어난 우주 대폭발 사건(빅뱅)으로 거슬러 올라간다.

오늘날의 양자역학과 입자물리학자들이 창조론과 결합하여 상상하는 우주의 창조는 우리에게 상상 이상의 거대한 파노라마를 연상케 한다. 당초 신의 뜻으로 우주창조의 섭리가 있어 그의 영(혼)에 '자발적 대칭성의 붕괴'를 일으키게 된다. 완전한 대칭성은 '비이원적 비선형적' 세계이며 이 균형의 파괴는 '파괴를 통한 새로운 창조'를 의미한다. [오늘날 우리 사회도 균형 잡힌 (Balanced) 상태에서 균형이 깨진(Unbalanced) 상태로의 과정을 통하여 진화 발전이 이루어진다.] 이 창조적 파괴 과정에서는 먼저 영의 중첩으로 거대한 에너지를 가진 빛이 생기고 이 빛의 중첩으로 초기 입자(광자와 전자, 양전자, 뉴트리노 입자)가 발생한다. 과학자들에 의하면, 빅뱅 이전의 이 과정은 불과 100분의 1초 만에 이루어졌다고 말하고 있으며 이 시간을 허수시간으로 부르고 있다. 빅뱅 이전의 이 초기 우주는 빛으로 채워져 있었으며 초기 입자 중에는 미량의 양성자(Protons)와 중성자(Neutrons)가 존재하고 있었다.

이렇게 발생한 초기 입자들 중에 있던 입자(전자)와 반입자(양전자)가 충돌하면서 대폭발(빅뱅)이 발생한다. 이 거대한 충돌을 통하여 오늘날의 우주인 양자장(Quantum Field)이 태어났으며, 복사 에너지가 생성되었다. 이 우주 에너지는 다음 단계의 물질입자 생성을 위한 에너지로 사용된다. 초기 입자들의 10억분의 1 수준으로 존재하던 양성자(Protons)와 중성자(Neutrons)가 남아서(남은 입자가 되어) 빅뱅 3분 후에 중수소가 되고 기체가 중력의 영향으로 응축되어 덩어리화되면서 오늘날의 우주와 별이 형성되었다고 한다. (이 이론의 진실성 수준은 97%로 측정되고 있다.)

오랫동안 빅뱅이라는 태초의 현상을 가설로 생각해 왔었으나 1965년에 우주배경복사가 발견되고, 2006년 조지 스무트가 빅뱅잔류파를 측정하여 노벨상을 수상한 이후부터는 빅뱅이 단순한 이론을 넘어 실험 관측을 통하여 증명된 확고한 사실이 되었다. 이 우주배경복사의 정밀 측정 사건은 우주 과학 역사에서 일대 획기적인 사건이 되었다. 오늘날의 우주 과학자들은 빅뱅 이전의 초기 우주의 둘레 크기는 4광년으로, 빅뱅으로 생겨난 현재 우주의 둘레는 1,250억 광년으로 계산하고 있으며 우주는 계속 팽창하고 있다고 말하고 있다.

우주 양자 입자에는 4개 종류의 힘을 가진 에너지가 있어 이들의 결합으로 진동과 파장을 가진 파동이 발생되며, 이 파동이 이동하면 에너지도 동시에 흐르므로 이 파동을 우리는 '기 에너지'로 인식하게 된다. 또 하나의 스핀하는 에너지는 스핀의 양태 변화로서 정보를 기록하는 독특한 성질을 가지고 있으므로 우리는 이를 '기 정보'로 인식하게 된다. 이로써 우주 양자장에는 정보를 저장 기록하는 능력과 함께 정보 네트워크(망)가 존재하게 된다.

이러한 특성을 발견한 과학자들은 우주 양자장을 특별히 '초양자장(Super Qauntum Field)'이라고 부르고 있다. 이 초양자장의 내용이 우주기장(宇宙氣場)의 특징이며, 이 특징 때문에 초양자장 우주물질계와 우주 이외의 일반물질계가 구분되고 있다고 보고 있다. 즉, 우주 초양자장은 정보 저장 능력을 통하여 우주만물과 인간사 모든 상황과 상태를 저장 기록하고 있으며, 초양자 정보망(가능태 공간)을 통하여 물질계, 인간계에 변화 가능성을 부여하고 있는 것이다. 우주영기의 매개 기능으로 이 우주 정보망의 가능성 정보를 물질 의식계에 전달하여 변화된 현실을 만들어 내고 있는 것이다.

무한한 에너지를 가진 암흑 우주의 창조 이후, 우리가 현재 접하고 있는 물질계는 어떻게 창조되었는가? 그리고 생명은 어떻게 창조되었는가? 이것은 성경 창세기 1장의 주제이기도 하다. 천(天)은 이루어졌고, 그 다음의 지(地)와 만물(萬物)을 이루는 과정 역시 하나의 거대한 드라마이다.

46억 년 전 지구 역사가 시작되기 이전의 과정은 이러하다.

빛의 중첩으로 생성된 최초 입자 중 10억분의 1은 빅뱅에 소요되지 않고 '남은 입자'가 되어 물질계 창조의 원자재가 되었다고 앞에서 말하였다. 남은 입자는 양성자와 중성자이며, 이들의 결합으로 핵물질(중수소핵과 헬륨핵)이 발생하고, 이들 핵과 떠도는 전자는 우주에너지의 도움을 받아 기체화 형태의 수소원자와 헬륨원자가 된다. 이들 기체는 중력의 영향으로 응축되어 덩어리화되면서 별이 만들어지고 성운(은하계)이 생기고 태양계가 생기고 지구가 생긴 것이다. 지구가 속하고 있는 우리은하는 그 지름이 8만 광년, 두께가 6천 광년의 원반형이며 태양계의 위치는 원반형 은하 중심에서 3만 광년 떨어져 있는 곳이라고 한다. 우리은하도 수많은 은하계 중의 하나이며, 이것 또한 우주의 크기에 비하면 아주 작아 보인다. 우주는 그 둘레가 1,250억 광년으로 측정되고 우리의 상상으로는 그 크기를 짐작하기가 벅차다. 이를 미루어 보면 우리가 접하는 물질계는 생성된 우주 전체의 10억분의 1에 불과한 크기인 셈이며, 그나마 우리가 이 우주에 대하여 알고 있는 것은 겨우 4%에 지나지 않는다고 한다.

물질계 창조의 기초 소재가 되는 초기의 남은 입자는 (그 구성에 대해서 다르게 표현하자면) 전자와 쿼크로 구성되어 있었으며, 초기에는 각 구성 요소가 분리되어 자유롭게 활동하였다. 전자 입자의 자유로운 활동은 '혼돈과 흑암'의 상태를 만들었지만 우주 팽창으로 떨어진 온도로 인하여 쿼크는 핵으로 들어가고 전자는 핵을 중심으로 도는 원자 형태로 된다. 이렇게 발생한 최초의 원자는 질소와 헬륨이다. 최초의 원자가 형성되기까지의 기간이 38만 년이라고 연구되고 있다. 활동하던 전자들이 원자 안에 갇히게 됨에 따라 우주 공간은 '맑은 우주'로 변하게 된다.

질소와 헬륨의 융합으로 원시별이 생성되는바, 이 원시별은 초기 질량에 따라 수십억 년 후에는, 적색거성 상태를 거쳐 어느 순간 별의 구성 물질들이 별의 중심점을 향해 모이면서 붕괴·폭발하게 된다. 별의 수명은 수천만 년에서 100억 년까지도 가능하지만, 이 '초신성의 폭발'은 수 초 사이에 일어난다. 이 우주에서 초신성 폭발은 여러 차례 계속되었으며, 초신성이 폭발하면서 나온 중원소들이 물질계 분화의 바탕이 된다. 초신성에서 새로이 생성된 원자들은 분자로, 분자들의 여러 가지 조합으로 원소가 되었으며, 이 원소는 물질을 만드는 기초 소재가 되는 것이다. 이로써 빅뱅 후 일정 기간 지나면서 최초의 별이 나타나고, 그 후 은하계의 생성, 태양과 태양계, 그리고 지금부터 46억 년 전에 지구가 탄생하게 된 것이다.

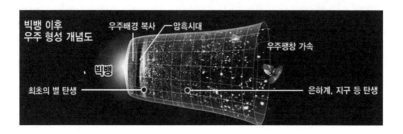

빅뱅 이후 우주 형성 개념도

앞의 그림에서는 빅뱅 이후 생성된 우주 역사 137억 년의 드라마를 개괄적으로 볼 수 있지만 물질계의 창조는 빅뱅 이전부터 시작되었다. 영의 자발적 비대칭(대칭의 자발적 붕괴)을 통하여 발생한 무한한 힘의 빛과 빛의 충돌로 인하여 발생한 최초의 입자들도 역시 물질계에 속한다고 본다. 이 빛 광자 포톤과 초기 입자가 존재했던 기간의 우주를 과학자들은 '빅뱅 이전의 중간 단계의 우주'라고 부르고 있다. 따라서 영의 세계에서 중간 단계의 우주 물질계를 거쳐 현재의 우주 물질계로 단계적으로 우주가 탄생한 것이다. 과학자들은 중간 단계의 우주는 100분의 1초 사이에 진행되었으며, 빅뱅 이후 최초의 핵 합성까지 걸린 시간은 3분 46초 걸린 것으로 보고 있다.

양자장이라고 말하는 우주 물질계의 구성 요소는 페르미온 입자(이 페르미온 입자 기본 입자는 양성자와 중성자를 구성하는 업쿼크와 다운쿼크, 전자와 중성미자로 구성되어 있다)와 빛 광자인 포톤 입자(보존입자)로 구성되어 있다. 기본 입자 중의 전자가 보존입자인 빛 광자를 흡수·방출하는 과정에서 물리적 현상이 발생한다. 우주 양자장의 페르미온 입자에는 물리적 현상을 만들어 내는 기 정보가 주로 있고 빛 광자인 포톤 입자에는 기 에너지가 주로 있다. 이로써 기는 이 물질계의 구성 요소(입자)들이 합쳐지고 작용케 하는 에너지와 정보가 된다. 현대의 양자이론에서는 우주의 구성 요소인 양자들 간에 발생한 사건들이 바로 이 세상이고 그 자체가 시간의 원천이라고 보고 있지만 그 배경에는 이러한 (기) 에너지와 (기) 정보가 존재한다.

이러한 세상을 바라보고 있는 주체로서, 다른 물질계의 존재들과는 구분되는 인간 '나'도 우주 물질적 관점에서 보면 다른 자연과 특별하지 않다. '나'는 이 세상 속에서 같은 소재로 만들어진 다른 것들의 의식과 서로 소통하고, 교환하면서 살고 있으며, 따라서 이 세상을 바라보는 나의 관점과 나의 의식 역시 이 세상 안에 있는 것이다.

(2) 물질의식과 의식기의 존재

창조된 물질은 예외 없이 (정기와 혼기 또는 정기의) 기 형태로 드러나는 의식이 있다. 의식의 의미에는 작용과 인식이 포함되어 있다. 의식을 형성하는 정기와 혼기 또는 정기를 의식기라고 한다면, 그 의식기의 작용 내용에 따라 물질들의 형태가 각각 달라진다. 예컨대 사람의 의식기는 마음 영역이며 마음 영역에서 작용하는 정기와 혼기의 내용에 따라 사람의 성격, 성질 등이 각각 달라진다. 생명이 없는 물체에 있는 정기의 정보 내용에 따라서 그 물체의 내용이나 성질이 달라진다. 즉, 모든 물질에 있는 의식기의 내용에 따라 물질의 존재 형태가 달라진다. 따라서 먼저 물질의 존재 형태를 살펴볼 필요가 있으며 그 다음에는 물질의식기의 존재에 대해서 알아본 뒤 물질 형태별 특징들을 살펴보고자 한다.

① 물질의 존재 형태

창조된 우주 속의 모든 물질계는 창조적 진화 과정이 진행됨에 따라 점점 발전된 형태의 물질이 나타나게 된다. 점진적으로 나타난 물질의 형태 변화의 근본 원인은 어디에 있는 것인가를 찾아보면 그 분기점에는 '영혼'과 '생명'이 존재한다. 혼이나 영이 없는 단순한 물체와 영이나 혼이 있는 생물체로 물질의 존재 형태를 대별해 볼 수가 있다. 이 영혼과 생명의 존재 여부에 따라 물질계를 구분할 수가 있다는 것은 신의 존재를 말하는 것이기도 하지만, 창조적 진화 과정에서 신의 섭리가 작용하고 있다는 것을 의미하기도 한다. 이러한 구분 기준에 따라 물질계의 존재 형태를 우주, 물건, 동식물, 사람으로 구분하고자 한다. 이 네 가지 구분 방법은 일반적인 구분 방법과 다르다는 것을 인정하지만, 그 내용면에서나 큰 흐름 측면에서는 별 차이가 없을 것이라고 본다. 모든 물질이 우주 속에 존재하지만 우주 그 자체는 다른 물질과는 다른 점이 있기 때문에 별도로 구분하고자 한다.

▶ 우주 공간

우주(Space)라고 부르는 공간은 우리가 고개를 들고 쳐다볼 수 있는 하늘 그 이상의 의미가 있다. 우주는 최초에 창조된 물질계로서 영계와 현실 물질계와의 중간 지점에서 여러 가지 역할을 하고 있기 때문이다. 단순히 제한적 의미를 내포하고 있는 공간적 개념을 넘어서서 존재하기 때문에, 우리 눈의 1cm 앞에 있는 공간도 우주이며, 더 나아가서 나 자신도 우주의 일원이 된다. 우주 안에는 최초의 빛 광자가 남아 있으며, 무한한 정보 저장 능력의 정보장이 있고 그 정보들이 연결된 정보망이 있어 이것이 우리에게는 무한한 '가능성의 바다'가 된다. [이러한 정보망 의미의 우주를 가능태 공간(Space of Variations)라고 부르는 사람도 있다.]

하나님의 영은 이 바다의 '수면 위에 운행'하시는 존재로 표현되어 있다(창세기 1장 2절 참조). 수면으로 표현된 우주 공간은 영계와 물질계를 연결하면서 무한한 가능성을 내포하고 있는 중간 영역의 물질계이다. 이러한 우주의 무한한 가능성이 초신성 폭발로 다양한 원소를 만들어 내었고, 태양계를 만들고 생명체를 만들고 현생 인류를 탄생시킨 것이다. 이 가능성의 작용은 신의 뜻(섭리)에 따라 작동되는 우주의 역할 수행이었던 것이다. 이러한 우주의 무한한 가능성 공간(가능태 공간)에는 우리의 인생이 존재하고 심지어는 영기치유의 원리가 들어 있는 것이다. 이 부분은 다른 장에서 자세히 살펴보기로 한다. 우주는 이 세상의 모든 요소를 내포하고 있는 물질계의 공간이기도 하다.

▶ 물건

우주 탄생 시의 최초 입자가 빅뱅 이후 원자, 분자로 진화되면서 (원자핵 내의 기 정보의 내용에 따라) 각기 다른 물질로 만들어졌다는 사실은 과학계에서 이미 밝혀졌다. 만들어진 물질의 중요성에 따라 고대로부터 물질계의 4대 요소를 물(水)과 불(火), 그리고 흙(土)과 바람(風)으로 꼽기도 한다. 각기 다르게 형성된 물질은 가지고 있는 각기의 기 정보에 따라 고체, 액체, 기체, 플라즈마의 4가지의 '상태'를 가지게 된다. 또한 각 물질의 강도(强度)와 색깔도 다르다.

우주 창조 이후 처음 만들어진 이러한 물질을 그냥 물체, 물건(Thing)이라고 부르기로 하자. 이 물건에는 생명(력)이 존재하지 않는다. 그냥 주어진 각기의 입자 정보에 따라 존재 형태가 결정되고 또한 상호작용에 의하여 그 내용이 변하는 것이다. 물이 온도의 작용에 따라 액체에서 기체나 고체로 변하고, 바위가 바람의 힘에 의하여 깎기고 부서져서 모래가 되는 현상 등이다. 우리는 이러한 물질(물건) 간의 상호작용을 이용하면서 생활하고 있다.

▶ 동식물

생명 없는 그냥 물건(Thing)에 불과했던 물체에 (생명)혼이 부여됨으로써 생명이 있는 의식체인 생물체가 탄생하였다. 35억 년 전의 원핵세포 형태의 박테리아에서 생명체의 탄생은 시작된다. 이 원핵세포를 공통 조상으로 하여 17억 년 전에는 다세포 생물, 4억 5천만 년 전에는 육상 식물, 4억 3천만 년 전에는 육상 동물이 출현하였다. 최초의 생명체인 원핵세포는 DNA, 효소, 단백질로 이루어져 있었으며, 직경이 1,000분의 1㎜에 불과한 구슬 형태였지만 생명 유지에 필요한 물질대사 능력을 가지고 있었다. 동식물 등의 생명체가 가진 혼이 인간이 가지고 있는 혼(Soul)과는 어떤 차이가 있는지는 모르겠으나 어느 정도의 인식 판단 능력과 감정 능력 등에서 차이가 있는 것 같다.

생명의 발생 근원에 대해서는 여러 가지 학설이 존재하고 있다. 진화적 학설에서는 생명이 무생물의 환경에서 우연히 일어났다는 '순간 발생설'을 주장하고 있으며, 생명체의 씨가 외계에서 완성되어 지구로 운반되었을 것이라는 '외계 진입설' 등이 있다. 그러나 어느 학설도 인식 의식을 가지고 자기보전과 복제 능력을 가진 세포의 생명력에 대하여 시원하게 설명하지 못하고 있다. 생명 기제(Mechanism)과 연관하여 DNA, RNA, ATP, 미도콘드리아의 역할들과 세포 에너지 발생 과정은 밝혀지고 있으나 만들어진 세포덩어리(육체)를 가진 자가 보전적 능력과 자가 복제 능력, 그리고 이 능력들을 통제하는 '살아 있는 의식'의 근원에 대해서는 함구하고 있다.

바위와 진흙이 가지는 존재 능력과 최초 생명체인 원핵세포, 진핵세포의 능력에는 분명히 차이가 나지만, 순간 발생설에서는 그 원인 규명이 잘 안 되고 있다. 신이 그의 뜻(섭리)에 따라 물질계의 창조적 진화 과정에서 부여한 혼(魂)의 존재를 모르거나 의식적으로 외면하고 거부하기 때문에 이러한 억지스러운 학설이 난무하는 것으로 보인다. 그러나 물질계에 혼을 부여하여 생명을 탄생시킨 것은 신의 또 다른 창조사역이었기 때문에 생명의 원천으로써 혼의 존재가 향후 과학계의 이론적인 학설로 발전되기를 바랄 뿐이다.

생명의 원천인 이 혼이 있기에 동식물은 무생물체들끼리의 의식기 상호교환과는 다른 상호작용과 의사교환이 가능한 것으로 판단된다. 집에서 기르는 개와 고양이가 사람과 어느 정도 감정을 공유하고 반응하는 것과 같이 동물과 식물들은 자기들끼리의 상호 의사교환도 하고 있는 것으로 여러 실험에서 확인되고 있다. 이것은 생명의 원천으로 주어진 혼의 작용 방식이라고 판단된다. 예부터 동서양의 각 나라에서는 이와 관련된 사회적 습관이나 생각들이 많이 있어 왔다. 동남아 일부 국가에서는 아직까지도 소와 코끼리 등의 동물들을 신성시하고 있다는 것은 바로 이들 동물도 혼을 가지고 있다는 것을 알고 있기 때문이리라. 나무나 동물을 숭배하는 원시신앙의 흔적도 어디서나 쉽게 찾아볼 수 있는 것도 같은 이유이다. 대부분의 서양 사람들도 모든 자연에는 혼령이 깃들어 있다고 믿으면서 이들을 정령(精靈, Animus)이라고 불러 왔다. 이 정령들이 사람의 육신을 가지고 태어난 존재를 요정이라고 하면서 이들을 판타지화해 왔다.

▶ 사람

물질계 존재로서 사람은 좀 독특하다, 신(神)의 영기와 연결되는 영(靈, Spirit)이 있는 존재이기 때문에 동물 부류에 포함시켜 분류하기에는 너무나 벅차다. 영기와 혼기가 함께 있는 유일한 존재이기 때문에 사람이 될 수가 있는 것이다. 육체적 생명은 자기의 혼을 기의 형태로 부여받음으로써 가지게 되었고, 영적인 생명은 영을 기의 형태로 부여받음으로써 가지게 되는 것이다. 따라서 사람에게 영기가 '존재'하고 있다는 사실 자체로서만 큰 의미가 있으나, 사람이 생체로서 이 세상에 사는 동안에는 큰 역할을 하지 아니한다. 생명체로 살아가는 동안 이 영기를 어둠의 세력들에게 빼앗기지 않도록 노력하는 것이 사람의 임무가 되는 것이다. 사람에 따라서는 자기영기는 물론 혼기까지도 상실한 상태(마이너스의 영혼기 수준)에서 (동물과 같이) 의미 없는 삶을 살고 있는 경우도 간혹 보인다.

② 물질의식기의 존재

　신의 영이 중첩되어 빛으로, 빛이 중첩되어 최초의 입자가 되어 우주와 물질계의 원자재가 되었다고 이미 설명하였다. 이 최초의 입자에는 파동 형태의 에너지와 정보, 즉 우리가 말하는 기(氣)가 들어 있어 '초기의식'이 되는 것이다. 초기의식인 최초의 입자가 빅뱅 이후 원자, 분자로 진화되면서 원자핵 내의 기 정보의 내용에 따라 각기 다른 물질로 만들어진다. 따라서 이 세상의 모든 물질에는 우리의 눈으로는 볼 수가 없는 다른 '물질의식기'가 들어 있어 각 물질이 각기 다른 특성을 나타내고 있는 것이다. 물은 물로서, 바람은 바람으로서, 바위는 바위로서, 동물은 동물로서, 식물은 식물로서, 사람은 사람으로서 각기 다른 물질과 다른 기 정보의 내용을 가지고 구분되면서 상호작용을 통하여 진화적 창조를 해 온 것이다.

　생물과 무생물을 포함한 모든 물질에 있는 이 의식에는 정기가 있고 생물체에는 혼기가 추가되어 있다. 물질의식기는 정기와 혼기로 구성되어 있기 때문에 모든 물질의 의식기 수준을 엘로드로 측정할 수가 있다. (정기와 체기는 물체의 기초기를 이루고 있으며 이 기초기는 의식기와 별도로 측정된다.) 또한 정기와 혼기는 각기 별도의 기 에너지와 기 정보를 가지고 있음도 확인할 수가 있다. 눈에 보이는 물질 안에는 이와 같이 눈에 보이지 않는 의식기가 존재하여 작용하고 있다. 눈에 보이는 사람의 육체 덩어리에 대해서는 당연히 알고 믿지만, 보이지 않는 정신과 그 바탕이 되는 정기와 영혼기의 존재를 부인하면 기의 세계에 가까이 다가갈 수가 없다. 그리고 이것은 육체에서 나오는 생체기의 존재를 믿지 못하는 것과 같다.

③ 물질 의식기의 형태별 특징

▶ 우주의식기의 특징

모든 형태의 물질이 가지고 있는 의식기는 물질에 따라 각기 다른 특징과 역할이 있다. 특히 '가능성'의 바다라고 표현되는 우주 의식기는 초양자장이라고 불리는 의식기장(場, Field)을 형성하고 있다. 이 우주의식기장의 정보장에는 무한한 정보 저장 능력이 존재하며, 정보 네트워크 망은 그 자체가 무한한 가능성을 내포하고 있는 가능태 공간이 되고 있다. 이러한 우주의식기장의 특징은 우주의식기에는 우주정기와 우주영기가 포함되어 있기 때문이다. 우주의식기와 이 세상 물질계 의식기는 동시적으로 상호작용을 하며 이 상호작용 과정에서는 우주체기의 역할이 있다. 이 상호작용을 통하여 현실 물질계에 무한 변화의 가능성을 제공하고 있는 것이다. 또한 우주의식기장은 그 자체 공간에 우주체기를 포함하고 있으므로 그 가능성의 현실화가 가능하다. 우주영기와 사람의 의식기가 연결됨으로써 우리는 영기의 상황이나 상태의 변화(치유) 능력을 알게 된다. 우주의식기장의 가능태는 우리 인생행로와 관련되어 상시적으로 우리 생활 속에서 작용하고 있다. 우리는 사람의식기와 우주의식기가 감응하여 상호작용한다는 사실을 그 결과로서 알게 된다.

▶ 물건 의식기의 특징

단순히 정기와 체기로 구성된 물건에 의식이 있다 함은 물건의 정기가 가진 기 에너지와 기 정보가 작용하고 있다는 의미가 된다. 물건의식기의 정기 정보에 따라 물건의 형태가 결정되고 정기 에너지에 의하여 형태가 형성된다. 형태로서의 한 물질은 다른 물질과 상호작용함으로서 기 에너지와 기 정보 내용에 또 다른 변화가 일어나게 된다(정기와 정기의 상호작용). 이 모든 상호작용이 가능한 것은 세상 만물들(Things, 만유)이 질서 있게 공존할 수 있게 하는 힘(섭리)들이 작용하고 있기 때문이다. 이 중 중요한 것이 상호 대칭 균형력이다. 자연의 균형력을 우리 생활에서 느끼고 알고 있지만 그 중요성은 간과되기가 쉽다. 자연계에서 유지되고 있는 균형력에 한 치의 오차라도 발생한다면 모든 자연은 파괴된다는 학계의 주장이 계속 이어져 오고 있기도 하다. 물질의식기의 에너지와 내용(정보)의 상호작용과 이에 따른 변화가 없으면 우리의 일상 의식주 생활도 불가능하다. 우리가 이러한 사실에 무관심할 정도로 당연한 것으로 알고 생활하고 있는 것은 물건 의식기의 특징들이 우리의 의도와는 관계없이 작용하고 있기 때문이다.

▶ 동식물 의식기의 특징

생명이 있는 동식물 의식기의 특징으로는 생명을 유지하기 위하여 필요한 최소한의 인식 판단 능력과 생체 운동 능력이 있다는 점이다. 이를 바탕으로 가족과 집단 속의 공동생활(군집)이 가능하다. 동식물의 이러한 능력은 여러 가지 실험에서 확인되고 있다. 정과 혼이 주어짐으로서 생명 의식체가 되었고 이 생명체들이 가지고 있는 생존의 능력은 그들이 가지고 있는 정기와 혼기의 의식기가 바탕이 되고 있는 것이다.

▶ 사람 의식기의 특징

몸의 영역에 있는 정기와 영혼의 영역에 있는 혼기가 합쳐져서 사람의 내부 의식기를 만들어 내고 있다. 이러한 사람의 의식기는 몸의 영역과 영혼의 영역에 걸쳐 있으면서 마음과 정신을 만들어 내는 기초적인 요소가 된다. 사람의 내부 의식기, 즉 정기와 혼기에 몸의 영역의 체기가 작용하여 만들어 내는 것이 우리의 마음이며, 사람의 의식기, 즉 정기와 혼기에 영혼 영역에 있는 영기가 작용하여 만들어 내는 것이 우리의 정신이기 때문이다. 이와 같이 의식기는 몸과 영혼 영역의 중간 지점에서 마음과 정신의 영역을 구성하고 있다. 데이비드 호킨스에 의하면 의식기가 마음과 몸의 영역에 기울어지면 세속화된 '경험자'의 길로 가는 것이며, 정신과 영혼의 영역에 기울어지면 영성을 추구하는 '영적 각성자'의 길로 가는 것이라고 말한다. 자기의 의식과 의도에 의한 선택에 따라서 그 사람의 정체성이 결정되며, 각자의 의식 수준도 달라지는 것을 알 수가 있다. 사람 의식기의 존재는 사람이 살아 있다는 증거가 되기 때문에 죽은 사람에게는 측정되지 않는다.

(3) 생명창조와 생명의식의 출현

① 생명창조의 역사

별이 탄생했다가 죽는 것처럼 우리도 태어났다가 죽는다. 고작 100년 내외의 수명을 가진 인간에게 생명이란 그만큼 중요한 것이다. 생명이 탄생하여 진화하게 된 순서는 원핵세포에서 진핵세포로, 단세포에서 다세포의 진핵생물, 즉 동식물로 진행되었다. 35억 년 전 바닷속의 원핵 단세포인 시아노 박테리아의 탄소동화작용에 의하여 산소가 발생하게 되었고 22억 년 전부터는 공기 중에 산소가 농축되었기 때문에 산소호흡 생물이 나타나게 되고 최종적으로 인류가 창조되었다고 한다. 생명과 인류의 창조과정도 우주창조에 못지않은 한편의 드라마이다.

② 생명창조는 우연한 사건이 아니다

쓰러진 지 오래되어 토막이 된 나무막대기와 옆에 서 있는 잎이 무성한 나무에는 무언가 다른 것이 있다. 바로 생명이라는 점이다. 다 같은 태양 빛을 받고 있지만 살아 있는 나무는 엽록소의 탄소동화작용으로 생명을 유지하고 있다. 그러나 엽록소의 탄소동화작용을 일으키는 것은 무엇인가? 무엇이 생명의 원천이 되고 있는 것인가? 엽록체와 미도콘드리아가 공생하고 있는 식물의 세포막에 태양 에너지가 통과하면 세포막의 수용체인 단백질(이온채널)이 작용하면서 화학 작용에 의하여 생체에너지인 ATP(Adenosin Tri-Postate, 아데노신 3인산) 분자가 생성되고 이 ATP의 분해 과정에서 운동 에너지, 즉 생명력이 발생하는 것이다.

그런데 ATP가 생성되기 위해서는 외부의 힘이 작용하여야 하며 그 외부의 힘은 우주의식기를 구성하고 있는 '광양자(Photon)'이다. 사람과 동물의 생명(운동) 에너지의 발생과 그 원천도 비슷하여 모든 생명, 살아 있는 세포의 탄생에는 우주 광양자가 연결되어 있다. 따라서 생명은 진화론에서 말하는 것과 같이 우연히 생기는 것이 아니라, 신이 창조한 우주와 그의 뜻(섭리)에 따라 매순간 질서 있게 창조되고 있는 것이다. 혼동(카오스) 속에서도 질서가 있고, 부분 속에서 전체가 있음을 찾아낸 프랙털 이론은 어쩌면 이 물질계 우주가 우연히 진화된 것이 아닌 것임을 설명해 주고 있는지도 모른다.

우주 초양자장의 빛 광자는 물질계에서는 신의 영과 제일 가까이 존재하는 것(물질)이며 중성자와 양성자의 쿼크, 전자입자 등과 함께 우주 양자를 구성하고 있는 요소이다. 바로 이 우주 빛 광양자가 생체광자(Biophoton)의 원천이 되어 생명 있는 세포를 재생하고 있다는 사실을 의학계와 과학계에서 이미 오래전에 밝혀냈다. 빌헬름 라이히 박사(1897~1957년)는 우주물질계의 기본 입자들이 우리 몸의 유전 정보와 결합하여 아미노산과 단백질을 생산하며, 우리 몸 세포의 미도콘드리아는 이를 기초로 새로운 세포를 생산함으로써 우리 몸의 건강을 지켜 준다는 사실을 발견하였다. 그는 1939년에 이 이론을 응용하여 '오르곤 에너지 집적 장치'를 만들어 질병치유에 활용한 바도 있다. 우리나라에서도 독창적인 주장과 실험으로 이러한 사실을 밝히고 있는 사람들이 있다. 1960년대에 평양대학의 김봉한 박사가 주창한 바를 2002년부터 서울대의 소광섭 교수가 승계 발전시킨 프리모 시스템(Primo Vascular System) 이론이다. 그들은 세포와 조직의 재생에는 프리모관을 흐르는 '산알 (세포)'이 결정적 역할을 하며, 산알의 생성 시에는 생체광자의 작용이 이루어진다는 사실을 밝히고 있다.

③ 생명의식의 출현

이상의 설명은 생명을 주시고 유지하게 하는 것은 결국 신의 베푸심(은혜)이라는 말을 과학적으로 설명하고 증명하는 셈이 된다. 움직임(파동)을 가진 세포, 즉 생명의 탄생과 유지에는 우주 양자의 기 에너지와 기 정보가 관련이 되어 있다는 것이다. 기 에너지의 파동은 힘이며 따라서 '생명의 힘'의 원천은 신의 생명 선물인 '혼기'가 되는 것이다. 이 혼기가 정기와 합쳐짐으로써 생명을 가진 의식이 출현하게 된다.

이 세상의 모든 생명체는 기 에너지와 기 정보가 작용하는 정기와 혼기의 의식 영역이 있다. 모든 살아 있는 것에는 의식이 존재하여 작용하고 있다. 이 1차 의식은 인지하고 판단하여 반응하는 본능적 유전 정보에 의거하여 작동하고 있는 것이므로 사람만이 가진 영적인 고차의식과는 구분된다. 이러한 점을 알고 집 안에서 키우는 화초나 강아지를 관찰하면 생명과 생명의 내용인 생명의식을 이해할 수가 있다. 뇌의 기능이 몸 전체의 기능과 연결되어 작용하고 있는 것과 같이, 정기와 혼기로 구성된 의식기는 생체기와 정기로 구성된 기초기와도 상호작용하고 있다.

35억 년 전의 원핵세포 형태의 박테리아를 공통조상으로 하여 물질계 생물세계는 지금과 같은 다양성을 이루게 되었다. 17억 년 전에 다세포생물, 4억 5천만 년 전에 육상식물, 4억 3천만 년 전에 육상동물이 출현하였다. 그리고 인간은 6백만 년 전의 유인원에서 분화되었다고 진화론자들이 말하고 있다. 그러나 유인원에서 고생(古生) 인류, 고(古) 인류, 현생 인류로 진화적인 창조가 계속된 것은 사실로 본다 하더라도, 20만 년 전에 현생 인류가 출현하기 전의 고인류로 불리는 자바의 직립원인(直立猿人), 북경원인, 하이델베르크인 등은 엄격한 의미에서 '사람'으로 보기 어렵다. 따라서 학자들도 이들을 원숭이와 닮은 원인(猿人)으로 부르고 있는 것이다.

이에 따라 현생 인류 이전의 '사람들'과 유사한 '종'은 사람과 다른 물질계 생명 중의 하나라고 보아야 한다. 사람으로 출현한 것은 다른 물질계 생명들에게는 부여되지 아니한 '영이 결합된 존재'로 나타난 20만 년 전의 현생 인류부터라고 보아야 한다. 유인원과는 별도로, 신의 영이 부여된 현생 인류의 인간, '호모 사피엔스'를 창조한 것으로 믿는다. 이러한 과정은 우연(偶然)이 지배하는 진화론으로는 설명이 불가능한 것이다. 이렇게 창조된 인간은 영(혼)이 있는 존재이지만 그 이전의 유사 인류인 원숭이들에게는 신로부터 부여된 영이 없다. (300만년 전의 원시인간 '루시'와 그 이후의 네안델타르인, 크로마뇽인 등에서는 80~85 수준의 혼기는 측정되어도 영기는 측정되지 않는다.)

④ 사람의식의 발생

사람은 대략 60~100조 개의 세포를 가지고 있으며 각 세포의 유전적 정보는 모두 동일하다. 사람이 가지고 있는 감정, 느낌, 생각 등의 의식 활동이란 것은, 각 세포의 파동(운동성)이 중추신경계를 통하여 내면화된 것(의식)이 밖으로 나온 것이다. 내면화된 파동 활동을 간단히 사람의 '의식'이라고 부르기도 한다. 즉, 사람의 의식이란 에너지와 정보를 가진 기 파동이 내면화된 것이라고 할 수 있다. 사람의 의식은 사람의 생명이기도 하다. 사람의 생체 생명은 혼기로 부여되었지만 영적 생명은 영기가 부여됨에 따라 발생한 것이며, 이로써 사람의 창조가 모두 완성된 것이다. 데이비드 호킨스 박사는 사람의 의식과 생명의 발생에 관하여 "나타나지 않은 것(Unmanifest)으로부터 나타난 것(Manifest)을 향해 의식에너지 자체가 물질과 상호작용했으며, 신성(Divinity)의 한 표현으로서 그러한 상호작용을 통해 생명이 일어났다"고 그의 저서에서 밝히고 있다.[5]

정기와 혼기로 구성된 사람의 의식기는 한편으로는 생체기와, 다른 한편으로는 영기와 상호작용함으로써 사람의 의식이 완성된다. 우주의식이 기 에너지와 기 정보로 구성된 기(氣)의 장(場, Field)으로 되어 있듯이 사람의식도 장 또는 영역으로 되어 있다. 물질계 속성을 가진 우주의식이 영계와 연결되어 있듯이 사람의 의식 또한 자기영기와 연결되어 있다. 이러한 의미에서 본다면 '나' 안에도 우주의식이 있고 소우주인 나는 대우주의 진리와 연결되어 있어 인간은 결코 외로운 존재가 아닌 것이다.

이러한 사람의식이 발생하고 작용하는 생체적 메커니즘에 대하여 잠간 살펴보기로 한다. 사람의 일상적 의식 작용은 160억 개의 신경세포가 활동하는 뇌에서 일어난다. 보고 듣고 느

---

5 데이비드 호킨스 저, 문진희 역, 『의식수준을 넘어서』, 판미동, 2009

낌으로써 내 앞에 어떤 사람이 서 있다는 인식을 하면 그 사람이 누구인지, 어떤 사람인지, 나와 어떤 관계에 있는 사람인지, 이 사람이 앞으로 어떤 행동을 취할 것인지 등의 판단·분석·예측을 일순간(1만분의 1초)에 하게 된다. 1차 이미지 인식 단계를 지각의 범주화 단계라고 부르고 있으며, 2차 판단 분석 단계를 개념의 범주화 단계라고 말하고 있다. 뇌의 신경세포가 이러한 1차, 2차 단계의 활동을 하지 못하면 '의식불명' 상태가 된다. 의식불명 상태의 환자가 의식을 되찾았는지 확인하는 것은 인식·판단·분석을 하는 뇌 기능이 회복되었는지를 확인하는 것이다.

인식·판단·분석, 즉 지각과 개념의 범주화가 가능한 의식을 1차 의식이라고 말한다. 이 1차 의식은 동물(집에서 기르는 애완견 등)들도 가지고 있는 의식이다. 사람의 의식은 이 1차 의식과 함께 고차의식이 있는 바, 언어 능력이 더하여져서 말을 할 수 있고 과거의 기억을 되살릴 수 있으며 미래를 예측하는 능력이 더해진 것이다. 이 고차의식을 바탕으로 생각, 지혜와 분별력 그리고 자아 형성이 된다. 여기서 말하는 '사람의 의식'은 이 고차의식을 말한다. 이 의식 작용에는 정기와 혼기는 물론 생체기와 영기가 함께하고 있다.

사람의 뇌 활동 시스템에는 사람의 고차의식을 발생시키고 생명을 떠받치는 세 개의 기능 받침대가 있다. 첫째 기능은 보고 듣고 느끼는 감각 기능이며 두 번째 기능은 기억 기능이다. 기억 기능 중 절차적 기억은 뇌의 선조체에서, 신념적 기억은 뇌의 편도체에서, 학습적 기억은 뇌의 해마에서 담당하고 있다. 의식은 감각 기능과 기억 기능의 합동 작용으로 발생한다. 이렇게 형성된 우리의 의식은 '세포의 파동으로 내면화'되어서 그 95%는 몸 전체 세포에 저장된 기억정보로 잠재화된다. 우리는 이것을 '잠재의식'이라고 말한다. 나머지 5%만이 뇌 해마 부분에 저장되어 '표면의식'으로 나타나기 위하여 준비하고 있게 된다. 우리가 무엇을 '생각'한다 함은 저장된 특정의 잠재의식과 기억을 언어체계로 추론하고 판단·예측하여 나타내는 마음의 작용이다. 결과적으로 사람의 의식은 강렬한 뇌 활동 능력으로 무의식이 통합되어 나타난 것이며 불확실한 것에 대처하고 상상과 추론으로 예측하고 새로운 것을 만들어 낸다.

우리의 생명과 의식을 떠받치고 있는 뇌의 세 번째 기능적 기둥은 운동 기능이다. 의식 활동을 통한 판단과 예측은 우리 생체의 움직임의 방향을 지시한다. 눈동자와 얼굴근육이 움직이고 팔과 다리근육이 의식하는 바에 따라 움직이도록 지시하는 뇌의 기능이다. 이 뇌의 운동 기능은 몸 전체의 생체적 기능과 유기적으로 연결되어 작동되도록 되어 있다. 이러한 연결 작동 과정은 감각과 기억세포의 파동 운동이 근육세포의 운동으로 연결되어 작동되는 과정이다.

　결론적으로 사람의식은 뇌의 감각피질 시스템, 기억 시스템, 그리고 이 두 가지를 연결 통합하는 뇌간-변연 시스템이 조화롭게 가동되어 발생한다. 사람의 뇌에는 평균적으로 1,000억 개 정도의 신경세포가 있고 신경세포가 연결된 신경회로망은 약 10억 개가 있어 이 세 가지 시스템을 서로 연결한다. 기의 입장에서 보면 측정되는 정기 수치로서 주로 첫 번째 감각기능과 두 번째 기억기능의 활성화 정도를 알 수가 있고, 생체기 수치로는 뇌를 포함한 몸 전체의 운동기능 활성화 정도를 알 수 있다. 정기 수치와 생체기 수치를 합하면 사람의 기초기 수치가 된다. 사람의 생체적 기본 의식은 정(精)과 체(體)로 구성되어 있으나 영(靈)과 혼(魂)의 작용이 더하여져서 전체적 의식 활동이 완성되는 것이다. 전체적 의식 활동, 즉 기초기(생체기+정기), 의식기(정기+혼기), 영혼기(혼기+영기)가 균형 있게 작용할 때 몸과 마음과 영혼의 건강을 유지할 수가 있다. 이 요소들의 수치들은 건강 상태를 종합적으로 판단하는 데 이용된다.

2) 의식 영역

(1) 의식 영역의 범위

사람의 의식 영역은 잠재의식과 표면의식으로 나누어진다. 본능적 세포기억, 유전적 세포기억, 경험과 학습에 의한 세포기억으로 잠재되어 있는 잠재의식이 의식의 95%를 차지하고 있으며 나머지 5%는 표면의식이다. (잠재의식이든 표면의식이든) 기억과 관련된 세포의 기 파동이 내면화되어 사람의 의식이 된다. 이 의식이 생체 기능의 세포운동과 연합하여 작용할 때 우리는 살아 있는 '생명'을 느끼는 것이다. 인식에서 상황의 판단, 분석, 예측까지의 의식 과정에서는 전체적으로 통일성이 이루어져 있다. 의식이 표면화되어 생체 운동의 방향을 결정할 때 일어나는 느낌, 감정, 정서와 생각이 의식의 영역에 있고, 그 너머 잠재의식 속에 마음이 있다.

(2) 느낌, 감정, 정서

의식의 영역 안에 있는 느낌과 감정은 세포 수준의 세 가지 생명 반응, 즉 세포의 면역 반응, 기본 반사 그리고 대사조절 반응 과정에서 발생하는 것이다.[6] 하나의 세포가 살아 있는 생명체로서 존재하기 위해서는 이 세 가지 생명 반응이 절대적으로 필요한 것이다. 하나의 세포에는 세포 안쪽과 바깥쪽을 구별하는 막이 있어 외부의 이물질을 끊임없이 막아 주는 것이 면역 반응이고 면역 시스템이다. 기본 반사는 외부의 자극에 대한 생물학적 반응을 말하며 척추(수)를 중심으로 자율신경계의 기본 반사 회로가 퍼져 있다. 세포 생성 물질들을 섭취해서 에너지를 흡수, 배출하여 세포생명체를 유지하는 것이 대사조절 반응 작용이다.

세포 단위에서의 무의식은 외부 자극에 의하여 생기는 통증의 감소와 쾌락의 최대화를 도모하는 동기를 부여받고 이 세 가지의 반응 과정에서 생기는 것이라고 한다. 이렇게 생긴 세포 단위의 무의식이 느낌과 감정을 발생시키는 것으로 설명하고 있다. 따라서 우리가 느끼는 어떤 느낌과 감정은 몸의 일부분에서 발생하는 것이 아니고 온몸의 세포 단위에서 일어나는 생체적 기능이고, 이러한 느낌과 감정이 통합되어 의식발생의 과정에서 작용하여 나타나는 것이 우리에게는 정서로서 자각

---

6 안토니오 다마지오 저, 임지원 역, 『스피노자의 뇌』, 사이언스북스, 2007.

되는 것이다.

이렇게 발생한 감정이란 것은 결국은 내면의 운동 파동이 밖으로 나온 것이라고 볼 수가 있다. 그 뜻은 영어 표현 'Emotion'에서도 잘 나타나고 있다(e + motion = out + motion). 예컨대 우리가 느끼는 '행복'이란 감정은 우리 내면의 좋은 기억세포의 파동운동(Motion)이 밖으로 나와서(Out) 느끼는 것(Emotion)이다. 사람마다 상황에 따라 또는 의식 수준에 따라 행복의 원자재가 다르겠지만 우리의 종국적 행복은 내면에 존재하는 '사랑'의 기억세포파동과 외부의 영적인 영기파동이 함께할 때 가질 수 있는 것이다. 이때에는 최고 수준의 좋은 감정과 느낌(Feeling)이 외부로 표출된다. 따라서 행복한 감정과 정서의 형성에는 시각, 청각, 체감각과 함께 영적 감각(영감)이 크게 기여하게 된다. 이러한 '3+1'의 감각 활동이 행복의 원자재와 만나서 작용할 때 진정한 행복감을 가질 수 있게 된다. 행복의 원자재는 바로 행복을 찾고자 하는 긍정적인 마음가짐이다. 행복감은 주관적 감정이며 각자의 주관적 행복률(수준)은 엘로드로 측정된다.

(3) 생각과 의도, 그리고 말과 행동

무의식 속에 잠재되어 내면화된 스냅 사진과 같은 세포기억들은 사람의 언어기능이 보태어져서 말로 표현된다. 각 조각의 스냅 사진 같은 기억이 서로 연결되어 의미를 가지게 되고 시간의 개념이 들어가서 말로 표현하기 전의 '생각'이 형성된다. 우리는 이 생각들을 '말'할 수 있는 것이다.

뇌 과학적 측면에서 '생각이 깊은 사람'은 다음과 같이 설명할 수 있다. 우선 시청감각을 통해 들어온 외부의 입력 정보가 시상을 통하여 대뇌기저핵에 전달되고, 반면에 관련된 온몸의 세포기억들은 해마로 집결되어 페레츠회로를 통하여 정제되어 이 기억 또한 대뇌기저핵에 전달된다. 이렇게 외부 정보와 내부의 세포기억들이 통합되어 판단을 거쳐 의식이 형성된다. 이 의식형성과정이 몇 차례 반복되면서 최선의 의식이 선택되어지며 이것이 언어기능과 연결되어 형성된 것이 생각이다. 이와 같은 머리회전을 많이 하여 나온 최선의 의식을 선택하는 사람이 생각이 깊은 사람이라고 말할 수 있으며, 이 과정에서 이성적인 판단을 도와주는 뇌 영역이 전전두피질(PFC)이다.

만들어진 생각들이 행동화될 때 행동화되는 생각은 우리의 '의도'가 된다. 생성된 생각과 의도를 근육 운동 기능에 전달하면 말이 되고, 표정이 되고, 수화(手話)가 되며, 의도된 행위가 되는 것이다. 기의 측면에서 이 '의도'는 중요한 의미를 가진다.

왜냐하면 이 의도의 기가 우주의식기장의 정보장에 전달되어 보내진 우주기 정보를 수신하여 엘로드로 인식할 수 있으며, 의도기가 우주영기에 전달되면서 우주정보망의 가능성 정보를 수신할 수가 있기 때문이다. 바라는 바 의도를 말하는 것은 바로 기도이며 이 경우에 형성된 의도는 기도의 내용이 된다. 기도는 단순한 생각이 아닌 (기도의) 행위와 연결된 의도의 전달 과정이다.

(4) 마음과 정신

마음의 영역과 정신에 대해서는 많은 사람들이 자아와 에고에 사로잡힌 아주 좁은 의미의 표면적, 생체적 의식으로 한정시켜서 '마음' 수련 등을 말하고 있다(에크하르트 톨레). 이 경우의 마음 영역은 우리의 의식기(정기와 혼기)가 생체(기)를 향할 때 생기는 내면 영역이다. 따라서 이 마음의 영역에는 생체 기능으로서 기억과 가치 부여와 선택이 뒤따른다. 이러하므로 마음이 있는 곳은 원인과 결과가 존재하는 선형적인 판단이 있으며, 마음으로 선택하는 곳은 항상 에고적 가치 기준이 존재하게 된다. 잘못 형성된 나의 정체성을 지키기 위한 에고의 벽은 아집, 고집과 집착으로 나타나기도 한다.

반면에 정신은 우리의 의식기(정기와 혼기)가 영기 쪽으로 향할 때 나타나는 내면의 상태를 말한다. 정신기라는 말은 정기와 신으로부터 받은 생명의 기(영기와 혼기), 즉 신기를 합쳐서 만들어진 용어이기도 하다. 내면 정신의 영역에는 긍정적인 의도가 있으며 영기의 힘에 의하여 비선형적 요소를 포함하고 있다. 이러한 성질로 인하여 정신기는 사람의 의도 의식기가 우주의식기장에 감응·공명하는 데 필요한 에너지원이 된다. 영기 진단이나 치유에는 고도의 정신력 집중이 필요한 이유는 높은 수준의 정신기가 요구되기 때문이다. 따라서 마음은 경험자의 영역이고 정신은 영적 각성자의 영역에서 없어서는 안 되는 요소가 된다.

그러나 마음(心)에도 본능적인 '좋은 마음[良心]'이 존재하고 있음을 우리는 경험으로 알고 있으며, 신의 뜻을 잘 모르는 사람도 이 양심을 따르도록 말하고 있음을 본다. 이 양심 부분은 우리의 무의식적인 잠재의식 속 깊숙이 들어와서 영향을 주고 있는 영혼의 부분이 된다. 의식 영역의 정(精)과 영혼 영역의 신(神)이 합쳐져서 정신이 된 것이라면, 이 정신과 양심은 인간에게 영혼이 주어져서 받은 선물일지도 모른다. 사람이 아닌 다른 생명체에도 이 양심과 정신이 있겠는가? 따라서 마음의 영역을 생체의식과 별도로 영혼의식이 어느 정도 포함이 되어 있는 (넓은) 의미로도 쓰이고 있음을 본다.

이러한 의미에서, 마음 영역의 기(心氣)는 기초기와 의식기 및 영혼기가 상호작용하는 통합된 개념으로 보면 그 의미를 이해하기가 편하다. 마음 건강의 수준도 의식기를 중심으로 상호 통합되어 작용하는 기의 수준이다. 이러한 마음의 개념을 '광의의 마음' 영역으로 보고, 전자(前者)와 같이 기초기인 생체기와 정기만을 지향하는 의식기 영역을 '협의의 마음' 영역으로 보면 된다. 넓은 의미의 마음(무의식) 영역은 표면의식 영역과 영혼 영역의 중간에 있어 영적 영역과 생체의 표면의식에 대하여 서로 영향을 주고받는다. 따라서 하나의 표면의식이 행위로 나타난 것은 보이지 않는 무의식, 잠재의식 영역과 영적 영역의 수많은 변수가 작용하여 나온 결과인 셈이다. 학자들은 이러한 관계를 빙산의 원리로 설명하기도 한다. 나타난 현상은 빙산의 일각일 뿐이다. 다른 사람의 어떠한 작은 행위도 그 행위 이전에 수많은 요소들이 작용하여 나타난 결과라는 점을 간과하지 말라는 교훈이 들어 있는 내용이다.

3) 나는 누구(무엇)인가?

(1) 자아와 정체성의 형성

나는 육체의 물질적 속성으로 인하여 가지게 된 생체와 신의 선물로 주어진 영혼을 가지고 태어난 존재이다. 그런 나는 과연 누구인가? 나는 무엇인가? 왜 여기에 존재하는가? 현재의 생명이 끝나는 미래의 어느 날에 나는 어디로 가는 것일까? 이런 궁극적인 의문들을 누구나 한번쯤은 가져 본다. 수많은 철학적 논쟁과 종교 교리적 주장들이 이 문제를 중심으로 이어져 오고 있는 것도 사실이다. 이 논쟁의 시작점은 '나는 누구인가?'와 '나는 무엇인가?'에 대한 의문이다. 자아 형성 및 자아 인식과 자각 등에 관한 의문들은 결국 우리의 정체성에 관한 해답을 요구하고 있다.

가만히 살펴보면, 사춘기 청소년들이 가지고 있는 대부분의 고민의 출발점은 정체성을 찾고자 하는 데 있다. 평생을 일 속에 파묻혀 살아온 은퇴 노인들의 궁극적 고민도 여기에 있다. 나는 여기서 무엇을 해야 하며, 무엇을 위해 살아갈 존재인가, 즉 나는 누구인가에 있는 것이다. 젊었을 때는 내가 어떤 모드(Mode)로 이 세상을 살아갈 것인가에 대하여 고민하고, 늙어서는 내가 어떤 모드로 저 세상에서 살아갈 수 있을 것인가에 대한 궁극적인 고민들이기도 하다. 이와 같은 '나는 누구인가?'에서 시작한 질문은 '무엇이 나를 나로 만드는가?'에 다다르면 '나는 무엇인가?'라는 질문으로 바뀌게 된다. 자아 형성의 목적지에 관한 문제이기도 하다. 이를 풀기 위해서 먼저 자아(나)의 개념부터 알아보기로 한다.

자아(自我)의 개념과 범위에 관한 사전적 정의는 '한 생명체가 물리적·생물학적·심리적·사회적·문화적으로 될 수 있는 모든 것들의 총합'이다. 그것은 하나의 단위이지만 단일하지 않다. 그것은 우리가 아는 것들과 우리가 알지 못하는 것들, 우리가 깨닫지 못하지만 다른 사람들이 우리에 대하여 아는 모든 것들을 포함한다. 그것은 우리가 표현하거나 숨기는 특징들과 우리가 활용하지 않는 특징들을 포함한다. 뉴욕대학교 신경과학연구소의 조지프 르두(Joseph LeDoux) 교수가 그의 저서 『시냅스와 자아』에서 조금 장황하게 밝히고 있는 자아의 개념은 "우리가 되기 싫은 것과 되고 싶어 하는 것들을 모두 포함"하는 것이다. 르두 교수의 견해에는 동의하면서, '○○으로 될 수 있는 모든 것들의 총합'에 대해서는 의식(意識)과 기(氣)의 관점에서 좀 더 자세히 생각해 보기로 한다.

자아 형성 또는 자아 자각이라고 할 경우의 자아는 '의식적 자아'이다. 이 의식적 자아의 형성에는 명시적 측면, 묵시적 측면 그리고 영적인 측면 등이 포함된다. 이것을 의식 영역의 관점에서 본다면 명시적 측면은 표면의식 영역이며 묵시적 측면은 잠재의식 영역 그리고 영적측면은 영적의식 영역에서 형성되는 자아를 말한다. 의식체로서 사람은 이 세 가지의 의식을 동시에 가지고 있다. 표면의식은 몸의 영역에 속하고 영적의식은 영혼 영역에 속하나 잠재의식은 마음의 영역을 구성한다. 이 표면의식, 잠재의식과 영적의식이 상호작용 관계를 이루면서 합쳐져서 하나의 자아가 형성된다. 바꾸어 말하면 자아는 우리의 몸과 마음과 영혼이 총합적으로 작용하여 만들어 내는 한 편의 세레나데인 것이다. 그 상호작용은 쉴 틈 없이 일어나기 때문에 우리가 인식하는 자아는 항상 가변적이며 정적(靜的)이지 않다. 이것은 수치로 나타낼 수 있는 데이비드 호킨스의 의식 수준의 개념과 유사하다(이 의식 수준도 매 순간 달라진다).

'무엇이 나를 나로 만드는가?'라는 질문에 대해서는 과학자들은 사람 의식의 발상지인 뇌 메커니즘에서 그 해답을 찾는다. 뇌 생체학자들의 연구에 의하면 기억 정보들이 대뇌기저핵과 중격의지핵에서 작용하여 의식이 만들어진다고 한다. 대뇌 뇌간의 이 부분에서는 입력된 외부 정보들을 인식·판단하며, '기억화'하여 해마로 간다고 한다. 이것은 우리가 보고 듣는 등의 감각 기관을 통해서 들어온 외부 정보가 단기 기억 정보로 바뀌는 과정이 되기도 한다. 일반적으로 단기 기억의 처리 내용은 수 초간 유지된다. 우리가 한 문장을 읽을 때 주어는 동사가 나타날 때까지, 대명사는 다음 문장이 나타날 때 까지 마음에 담아 두어야 한다. 이것이 단기 기억 정보이다. 보통 7개 정도를 단기 기억으로 잠시 가질 수 있다고 한다.

해마에 저장되는 단기 기억 중 중요한 기억 정보는 장기 기억으로 뇌 속에 잠재된다. 해마의 단기 기억은 주로 표면의식화되고 세포 내에 저장된 장기 기억은 잠재의식화된다. 이렇게 형성된 장단기 기억 정보는 '경험 정보'에 해당된다. 양육, 교육, 체험을 통해서 얻어지는 경험적 기억 정보이다. 이 정보의 최초 입수 채널은 주로 시각, 청각, 체감각의 육체적 감각 기관이지만 영감, 영적 체험 등과 같이 영적 감각 기관도 여기에 포함된다.

우리 뇌에서의 영적 감각 기관은 백회와 송과체이다. 자아형성과 의식의 원자재가 되는 기억 정보는 이상의 경험적 기억 정보 이외에 본성적인 유전자 기억 정보가 있다. 유전자 정보이며 태어나면서 가지고 나오는 정보이다. 부모와 조상으로부터 이어받는 유전적 기억 정보이다. 사람이 태어날 때 가지고 있는 기초기(정기와 생체기)와 의식기(정기와 혼기), 그리고 영기에 관한 정보가 이 유전자 정보에 해당된다.

이상의 경험적 기억 정보와 유전적 기억 정보는 표면의식화된다. 이 표면의식이 생각과 의도를 발생시켜서 뇌 신경계의 명령에 따라 생각하고 의도한 대로 행동이 이루어지게 만든다. 뇌신경과학자들은 뇌 신경계의 시냅스가 의식과 의도의 발생, 행동(운동) 명령, 더 나아가서 자아와 마음의 형성에 중요한 역할을 하고 있다고 말하고 있다. 시냅스는 신경세포와 신경세포의 연결기관이다. 이 시냅스 연결 구간에서 기 상호작용이 종합적으로 일어나는 것으로 추정되기 때문에, 자아 형성 과정에서의 시냅스 역할을 강조하고 있는 학자들도 있다.

이러한 모든 과정의 결과는 행위나 행동으로 나타나며 거기에는 그 사람의 성격, 인격, 기질, 성품, 특질, 개성(Personality) 등이 묻어 있다. 이와 같이 **자아 형성 과정은 '기의 복합적 작용'으로 나타나는 몸과 마음의 현상으로 볼 수가 있다.** 이러한 기의 복합적 작용이라는 관점에서 윌리엄 제임스라는 학자는 "자아는 살아 있는 생명체 전체이며, 자기임의 총체"라고 간단히 정의하고 있다. 인간이 동물적 자아와 구분되는 것은 인간의 자아에는 잠재화되어 있는 영적 의식이 있기 때문이다. 영적 의식이 전연 가동되지 못하는 사람이 가지고 있는 자아는 동물적 자아일 뿐이다. 동물적 자아에는 생체를 유지하고자 하는 동물적 에고가 숨어 있다. 특히 사람에게는 언어 능력(인지적 표현 능력)과 영혼기가 있기 때문에 이 고약한 에고의 장벽을 넘어서는 고차원의 자아를 형성할 수가 있다. (사람이 가지고 있는 4대기의 상호작용에 관하여는 제4장에서 다루기로 한다.)

자아와 관련된 용어들 중에는 자아 인식이나 자아 자각이란 말이 있다. 이것은 표면기억과 잠재기억 속에 있는 '나'에 대한 모든 정보를 불러내어서 생각의 중심에 두는 것이라고 할 수가 있다. 이것을 우리는 '정체성'이라고도 부른다. 이렇게 자각된 자아와 정체성을 스스로 지키고자 하는 본능을 자아보존본능이라고 한다. 인격적 모독이 있을 때 자아보존본능이 작동된다. 나의 표면의식과 경험 일부가 무의식 영역에 잠재되었고 이 무의식은 (자아보존본능의 작동 등과 같이) 나의 생활에 큰 영향을 미치고 있다.

스스로 자기 자신이 누구라는 것을 알아차린다는 자아자각이란 것은 본래의 '나'가 아닌, 내가 만들어 내는 나의 다른 모습인 '자아'를 찾아 헤매는 것일지도 모른다. '나'는 나도 모르는 사이 주어진 영혼을 잃어 가면서 살아가고 있을 수도 있기 때문이다. 그래서 내가 인식하고 있는 현재의 '나'가 내가 찾고 있는 '나'가 아닐 수가 있다는 고민이 있게 된다. 이러한 고민은 나의 육체, 감정과 마음만이 '나'를 구성하는 것이 아님을 알면서 시작된다. 이것들은 간혹 진실에의 천적이 될 수도 있다는 점을 인지하면서부터 고민은 더욱 깊어진다.

답을 찾기가 쉽지 않을 것 같다. 종국적으로는 영혼의 영역과 신과의 관계에서 답을 찾고자 하면서부터, 그 질문은 '내가 누구인가?'에서 내 자신이 객관화된(비이원화된, 비선형화된 표현인) '나는 무엇인가?'로 바뀌게 된다. 소아(小我)인 '나(i)'가 궁극적 진리인 대아(大我)의 '나(I)'와 일체화되는 방향에서 나의 정체성을 찾게 된다. 이 과정은 영적 각성의 과정이라고 보아도 된다.

(2) 일체화의 과정에 있는 나

그렇다면 '소우주인 나는 대우주와 어떤 특별한 관계를 가지고 있는가?'라는 질문이 나온다. 인간에게 우주는 어떤 특별한 의미가 있는가에 대한 질문은 아직까지 과학자들도 명쾌하게 풀지 못한 난제로 남아 있다. 『최초의 3분』 저자인 미국의 핵물리학자 스티븐 와인버그(Steven Weinberg)는 책 마지막 부분에서 이 문제에 대해서 자문자답을 하고 있다. 그는 이 질문에 대하여 "많은 우주론적 모델이 나와 있지만 우리에게는 위로가 되지 못하고 있으며, 우주를 이해하면 할수록 우주는 그만큼 무의미해 보이며, 우주를 이해하려는 우리의 노력은 인간의 삶을 광대극보다 조금 더 나은 수준으로 높여 줄 뿐"이라고 말한다. 이것은 한계를 느낀 과학자로서의 솔직한 고백이지만, 곧 이어서 "창조 시작 후 3분간 벌어진 우주물질계 생성과 마지막 단계에서는 인간이라는 생물체가 '어떤 방법'으로든 태어나도록 되어 있었다는 '믿음'을 인간이 가지게 된 것에 대하여는 저항할 수가 없다"라고 또 다른 고백을 하고 있음도 본다. 과학자로서 과학적으로 풀지 못하는 '어떤 방법'의 영역, 즉 신의 섭리의 영역에 대한 '믿음'을 말하고 있는 것이다. 이 믿음의 대상은 과학적인 방법으로 증명할 수 있는 영역이 아니다.

초기 우주가 빛으로 채워져 있었다는 사실을 밝히고 있는 과학자들은 그 빛이 생긴 원인에 대해서는 함구하고 있다. 현재로서는 그 이상의 영역은 과학의 영역이 아닌 것으로 간주되고 있기 때문이다. 과학자들은 과학적으로 증명이 되지 않는 사실에 대해서는 말을 할 수가 없기 때문에 이곳은 '믿음'의 영역이 된다. 믿음을 가지고 있는 영적 지도자들의 시각은 그 이상의 영역은 신의 섭리에 따라 진행된 물질계 창조의 시발점으로 본다. 빅뱅 이전의 100분의 1초에 자발적인 대칭성의 붕괴를 위한 영의 충돌이 신의 섭리에 의하여 발생하였으며 그 충돌로서 빛이 생겨났다는 것이다. 우주창조 섭리 안에는 인간의 창조와 인간에 대한 신의 사랑과 우주 물질세계의 운용 질서인 지혜가 분명히 있었다. 이 사랑과 지혜의 섭리는 우주와 나의 특별한 관계를 설명할 수 있는 단초가 되며, 나는 누구이며 나는 무엇인가에 대한 해답도 얻을 수 있는 길을 찾는 나침반이 되고 있다.

우주 물질계 창조는 그렇다 하더라도 생명창조의 부분에 대해서도 많은 생명과학자들과 지질학자들이 건드리지 못하고 있는 부분이 있다. 아무리 연구해도 '이것은 수수께끼이고 경이로운 일이다'라는 말로 이들의 연구는 결론이 난다. 그들의 연구는 결국 핵산(RNA, DNA), 아미노산(단백질)과 산소 등이 결합하는 과정과 기능적인 분야에 한정되고 있다. 즉, 35억 년 전 지구상에 생명체가 탄생된 이후에 진행된 '창조 후의 진화'에 한정되어 있는 것이다. 이렇다 보니, 생명의 창조 또한 과학적 설명보다는 믿음의 영역에서 설명될 수밖에 없다. 최초의 생물체인 원핵생물 박테리아가 물체에서 생물체로 살아서 움직이게 하는 생명은 신이 생명기를 주었기 때문이라고 설명할 수밖에 없다. 기의 관점에서 보면 체기와 정기로 구성된 그냥의 물체에 혼기가 보태어져서 생물체가 된 것이며 따라서 모든 동식물의 생명체는 최소한 이 세 가지의 기를 가지고 있게 된다.

이 생물체 중에 포함되어 있는 인간은 신의 세 번째 창조 사역물이며 창조역사의 마지막 단계에 있는 존재이다. 현생 인류의 조상은 원숭이로 볼 수가 없다. 사람은 우연히 원숭이에서 진화했다는 진화설은 사람의 영적인 면을 설명하지 못하고 있기 때문이다. 창조 후 진화와는 별도로, 신이 영기를 불어 넣어줌으로써 생령이 된 사람을 창조한 것으로 (성경에서는) 설명하고 있지만, 이것을 어떻게 과학적으로 설명할 수가 있겠는가? 따라서 사람은 창조 시부터 영적인 존재로 태어난 것이다. 우리는 이 우주 속의 존재로서 '나는 누구인가?', '나는 무엇인가?'라는 문제를 풀기 위해서 큰 우주 속에 있는 참나에 대하여 다시 생각해 보아야 할 것 같다.

이 답을 구하는 과정에서 우주 물질계의 창조에서 생명체와 인간의 창조에 이르기까지의 프로그램을 실행한 창조주의 뜻, 그 섭리를 어렴풋이 이해하게 된다. 그의 뜻은 바로 인간에 대한 사랑과 물질계 운용의 지혜인 것이다. 모든 창조의 궁극적인 도달점은 인간에 대한 사랑과 그의 지혜인 것이다. 또한 우주와 나의 구체적인 관계는 이미 여러 군데에서 설명한 우주의 식기장의 정보장과 정보망에서 찾을 수가 있다. 특히 물질계에 존재하는 영기(성령기, 우주영기)는 신과 나를 연결하여 주는 매개자로서, 나(인간)와 신의 관계에서 작용하는 물질계의 존재이다.

이러한 의미에서 보면 우주는 영계와 물질계의 중간 영역에 존재한다고 볼 수도 있겠다. 따라서 우주는 그 창조로부터 인간의 창조가 실행되었고 지금도 나와 신을 연결하여 주는 존재가 된다. 이러한 의미에서 대우주(大自我, I)와 소우주(小自我, i)의 일체화를 이해할 필요가 있게 된다. 일체화를 위한 노력 과정에서 만들어지는 나의 정체성 속에 내가 누구인지, 내가 무엇인지에 대한 답이 들어 있는 것이라고 본다.

KI, THE WAVE of ENERGY and INFORMATION

7. 좋은 영과 나쁜 영: 밝은 기와 어두운 기

기는 물질계 즉, 형이하의 영역에 존재하는 것이기 때문에 밝음과 어두움, 선과 악, 좋음과 나쁨 등의 이원론적 원리가 그대로 적용된다. 따라서 이 세상에는 밝고 선하여 좋은 영역에 속하는 기가 있는 반면 어둡고 악하여, 나쁜 영역에 속하는 기(氣)도 동시에 존재한다. 모든 기가 현존 유일신의 창조물이지만 그 하부 원천은 다르다. 기의 근본 원천은 같지만 그 하부 영역에서 밝은 기는 좋은 영으로부터 나오고, 어두운 기는 나쁜 영과 혼으로부터 나온다. 우주 물질계에는 이 선하고 좋은 기와 악하고 나쁜 기가 함께 존재하면서 항상 우리 주위에서 서로 대치하고 있음을 잊어서는 안 된다.

이 양극(兩極)의 영(靈)과 기(氣)의 세계는 서로 대적 관계에 있다. 우리가 기(氣)의 세계를 이해하는 과정에서도 바로 이러한 점을 고려하여 균형감각을 가지고 이 두 가지 종류의 영기(靈氣)들을 대하여야 한다. 예컨대, 어떤 사람이 '기'를 송기한다고 할 때 그 기가 밝고 좋은 기인지 어둡고 나쁜 영의 기인지 구분할 수 있어야 한다. 우주의 기에 대하여 말하는 사람이 있다면 그가 말하는 우주기라는 것이 우주 영역에 존재하고 있는 나쁜 영들의 기인지 좋은 성령의 기인지를 구분할 수 있어야 한다.

앞부분에서 강조하였기에, 우리는 영적 세계가 존재한다는 사실에 대해서는 잘 알고 있다. 영적인 존재로 태어난 인간은 이 영적 세계의 존재들과 상호작용 관계를 가지면서 살아가게 된다. 어느 누구도 이 관계에서 벗어날 수는 없다. 우리의 영혼과 상호작용 관계에 있는 영적 존재의 한편은 선하고 밝은 영이며, 다른 한편은 악하고 어두운 영들이다. 한쪽은 세우는 빛의 세력이며 다른 한쪽은 파괴하는 어둠의 세력이다. 이 양극(兩極)의 영(靈)들은 '어떤 이유를 가지고' 물질계에서 작용하는 영들이기 때문에 영계의 영들과는 구분이 된다. 영계의 영들에게는 기가 없다.

1) 좋은 영의 밝은 기

빛의 영역에 있는 밝고 좋은 영은 성령(聖靈)과 자기 영이며 그들의 영기, 즉 성령기와 자기영기는 밝고 좋은 영기에 해당한다. 성령(聖靈)의 존재는 예수님 부활 승천 후 우리에게 보혜사 성령을 보내 주신다는 새로운 약속(신약)의 실천으로 본다. 그 영은 삼위일체의 원리에 따라 현존 유일신(하나님)의 영이 된다. 그 영은 우리의 영혼 영역에서 자기의 영과 함께 존재하며 우주 공간에서도 존재한다. 이 성령(聖靈)의 영기(靈氣)는 예수 그리스도의 영인 성령에게서 발원(發源)되어 물질계 우주에 존재하는 영기이다. 우주 정보망 가능태를 현실화하는 치유의 능력을 전달하는 역할을 하는 능력의 영기이기도 하다. 성령 영기의 변화케 하여 치유하는 능력의 범위는 단순히 몸의 치유에 한정되지 않고 모든 물질계에 걸친 것이며, 특히 어둠의 영(사탄의 영과 귀신 혼 등)과 그 나쁜 영기와 혼기들을 물리침(퇴치 치유함)으로써 영혼과 마음, 그리고 몸 영역을 회복치유하는 것까지도 포함한다.

인간에게는 태어날 때부터 주어지는 자기의 영과 자기영기가 있다. 이 영과 영기 또한 본래부터 밝고 좋은 기에 해당한다. 자기영기의 역할에 대해서는 제4장에서 자세히 살펴보기로 한다. 사람 이외의 피조물에는 영(靈)이 없다. 그러나 앞서 살펴본 바와 같이 영산이나 종교시설이나 영기집기판 등에는 스스로 가지고 있는 영은 없음에도 영기는 존재한다. 이 영기들은 일정 조건하에서 우주영기(성령기)와 사람이 가지고 있는 영기에 감응, 공명하여 집기(集氣)된 것이다. 기의 상호작용의 결과이다. 좋은 영기에 감응, 공명 집기된 이러한 영기 또한 밝고 좋은 기에 해당된다.

사람들에게만 감응되는 특별한 영기가 하나 더 있다. 영은 영계에 머무르면서 그들의 영기만 사람들의 마음 영역에 보내는 천국영인(靈人) 천사의 영기와 지옥영인 악령(惡靈)의 영기이다. 마음에 밝은 메시지를 전달하는 천사영기에는 천계(天界)의 영인(천사)이 영류(靈流)로서 우리에게 전달되는 하늘의 메시지를 포함하고 있다. 대개의 경우 우리의 의도와는 관계없이 우리 몸의 기공에 수신되는 밝고 좋은 영기이다. 영인(천사)에게서 나온 간접 영류이기 때문에 이 영기는 엄밀히 말하면 성령의 기가 아니고 '영인, 천사의 정보기'이다.

2) 나쁜 영의 어두운 기

반면에 빛의 영역에 속하지 아니하는 어둠의 영은 사탄의 영과 귀신의 혼이며 그들로부터는 나쁜 영의 기 즉, 사기(邪氣)가 나오고, 또한 이들로부터 기타 나쁜 기(탁기와 악기)들이 발현된다. 이들의 모든 나쁜 기와 함께 지옥령인 악령기도 어둠의 영역에 속하는 영기들 중의 하나이다. 또한 그들이 생성해낸 탁기(濁氣), 병기(病氣)와 악기(惡氣) 등의 모든 불순기도 나쁜 기들이다. 따라서 어둠에 속하는 세력의 나쁜 기는 크게 보아 사기와 **악령기**를 포함하는 **나쁜 영(혼)의 기**와 이들로 인하여 발생된 탁기, 악기 등의 기타 **'불순기'**로 대별해 볼 수가 있다. 나쁜 영의 기들은 주로 영혼 영역을, 악령기는 주로 마음 영역을, 사기, 병기, 탁기 등은 몸 영역을 해친다. 모든 어둠의 영(혼) 기들과 이상의 나쁜 기들을 합쳐서 **어둠의 세력요소들 기**로 표현해도 된다.

이 세상 물질계에는 좋은 영과 선한 영기들과 함께 이러한 어둠 영역의 나쁜 존재들이 있다. 우주의식기장에는 모든 종류의 기 정보와 기 에너지가 존재한다. 이 말의 뜻은 우리가 지금까지 거론한 밝은 영역에 속하는 기와는 완전히 다른, 반대쪽의 어둠 영역에 속하는 기들도 함께 존재한다는 의미이다.

이 기들은 나쁜 영의 기들이며 측정되는 기수치는 마이너스로 나타나며, 영의 종류에 따라 나타나는 나쁜 영기의 성질도 다음과 같이 각자 다르게 나타난다.

어둠의 영역에 속하는 영을 구체적으로 구분하면 다음과 같다.

첫 번째, 천계에서 쫓겨났다는 사탄의 영이다. 이 사탄은 천국에서 쫓겨난 루시퍼(Lucifer)라고 하는 타락한 천사이며 타락하기 전의 이름은 새벽별(Morning Star)라고도 했다. 루시퍼 천사는 그를 따르는 천사들과 함께 천국에서 쫓겨 나와서 이 물질계에서 온갖 나쁜 짓을 하는 사탄이 된 것이다. 따라서 사탄(Satan)이 가지는 의미도 비방자(The Accuser) 또는 대적자(The Adversary)가 되었다.

성경에서는 사탄에 대하여 '권세 잡은 자', '이 세상의 신', '큰 용', '옛 뱀', '무저갱의 사자', '귀신의 왕', '대적하고 시험하는 자' 등으로 표현하고 있다. 이 표현은 사탄의 속성을 나타내는 것으로, 권세를 잡아서 이 세상의 신 노릇을 하며 그들의 능력은 용과 같이 막강하고 뱀과 같이 교활하다는 뜻이다. 또한 이들은 어두운 지옥의 심부름꾼으로서 귀신의 혼들도 그들의 휘하에 두어 왕 노릇할 수 있으며, 선한 영들에게는 대적하고 선한 사람들을 유혹하고 시험하는 것들이라고 한다.

사탄은 군대와 같은 조직을 가지고 있어 사탄이 있는 곳에는 그들의 졸병 부대 조직인 마귀들이 있다. 일단 사탄의 공격 대상이 되면 사탄의 영이 영혼의 영역에 들어와서 마귀들이 가지고 다니는 수많은 사기(邪氣)를 몸과 마음의 영역에 전파해 버린다. 사탄의 영은 일곱 개가 한 조가 되어 활동하며, 마귀들도 일곱 마리를 조(組) 단위로 편성된, 사기를 싣고 다니는 수송부대로 생각하면 이해가 쉬워진다. 하나의 마귀가 가지고 다니는 사기의 숫자는 최소 7개에서 최대 21만여 개로 측정되고 있다. 이로써 7개 단위의 1개조 마귀들이 퍼뜨릴 수 있는 사기의 숫자는 최대 150만여 개로 계산이 된다. 마귀의 숫자가 100개만 되어도 사기 지수는 최대 1억 5천만이 될 수도 있다. 무서운 놈들이다. 나쁜 영인 사탄과 군대 병력 수송수단인 마귀(합쳐서, 사탄마귀라고 함)들의 말단 전투 병력인 사기는 물질계 기(氣)를 가진 나쁜 영기에 속하며 그 숫자는 사탄의 능력에 해당한다. 성경에서 마귀는 가라지(사기)를 뿌리는 존재로 비유하고 있어, 사기(邪氣)를 해로운 존재(가라지)라고 규정하고 있다.

두 번째, 죽은 사람의 영이 떠나고 그 영을 따라가지 못하고 남아 있는 혼이다. 이것은 공간을 떠돌아다니는 귀신의 혼이 된다(이 귀신의 혼에도 의식이 있다하여 각혼이라고도 한다). 이들 귀신 혼들이 발산하는 기도 나쁜 영의 기, 즉 사기이다. 축생이나 사람으로 환생하지 못하고 있는 귀신을 불교에서는 아귀나 아수라로 부른다. 이 귀신 혼들은 기본적으로 더러운 혼이며 사탄의 수하에 있다. 따라서 귀신혼기는 사탄의 졸개(사기)와 같은 역할을 하게 된다. 이 귀신 혼들이 가지고 있는 작은 기능력도 기본적으로 해치는 능력이다. 그들의 속임수와 유혹 수법도 다양하여 이 귀신 혼을 신처럼 섬기는 사람들도 있게 된다. (소위 천신을 모신다는) 무당들이 말하는 천신은 이 귀신 혼들을 말한다. 이 귀신 혼들에게 바라는 바를 기원하는 것이 천신기도(문)이다. 이들 귀신 혼들 중에서 조상귀신 혼이 후손들의 몸에 붙는 경우가 있다. 우리는 이 현상에 대하여 빙의가 들었다고 말한다.

세 번째, 지옥의 영인 악령이다. 악령이 물질계에 존재하지는 못하지만 그들의 메시지를 담은 악령의 기가 물질 공간에 있다가 사람들의 마음 영역에 침투한다. 영인천사의 영의 반대쪽에 있으며 영인천사의 영기는 양(+)의 기를 가지고 있는 반면 악령 기는 음(-)의 기를 가지고 있으면서 해를 끼친다. 사탄의 영과 귀신 혼은 물질계에 존재하지만 악령은 이와는 달리 물질계에 존재하지 않고 지옥계에 있으면서 물질화된 악령기만을 정보 기 형태로 사람들의 마음속에 보내어서 혼란을 일으킨다. 영 인 천사의 영기는 사람들에게 지혜의 영감, 사랑기 등의 좋은 기를 보내오지만 악령기는 사람들의 마음속에 탁기, 미움기, 악기 등을 만들어 낸다. 이 악령기는 사탄과 귀신의 사기와는 다르지만 다 같이 '나쁜 영의 기'에 속한다. 이 악령기는 어둠 의 영역에 속하는 기이기 때문에 영혼 영역에 사탄이나 귀신 의 혼이 들어온 사람들이 만들어 낸 어두움을 틈타서 들어온 다. 따라서 사기에 감염이 된 사람은 동시에 악령기에도 감염 이 되어 있기 마련이다.

3) 빛과 어둠의 세계

어둠의 세력이 좋아하는 환경은 어두움 그 자체이다. 어두움 은 빛을 알아보지 못하며 빛만이 빛을 알아본다. 따라서 어둠 의 세력들은 빛 속에 있지 못하고 어둠을 찾는 존재들이다. 어 둠의 영역에 있는 영들은 어둠의 세상 주관자들인 사탄, 마귀들과 귀신들이며 하늘 영계의 지옥에 있는 악령들이 여기에 포함된다.

부정과 이기와 집착 속에 살고 있는 대개의 경우, 사람들은 이러한 나쁜 영과 악령이 몸에 들어와 있다는 사실은 물론, 그들을 섬기고 있다는 사실조차도 인식 못할 경우가 많다. 부정과 이기와 집착은 어둠을 향한 길잡이다. 따라서 우리 마음에 이기와 집착과 부정적인 생각이 가득 찰 때 악령, 사탄과 마귀 그리고 각혼귀신이 붙는 좋은 환경이 조성이 된다. 어둠의 세력이란 신을 거부하고 부정하는 세력이다. 사탄, 마귀와 빙의된 귀신은 간사하고 사악하여 바르지 못한 나쁜 기를 가지고 있다. 모든 나쁜 영들은 사람들의 마음이 빛이 있는 쪽으로 향하지 못하도록 그 눈을 가린다.

그들의 간사함과 사악함은 속임수와 유혹의 기술에 있으며, 그들이 제일 싫어하고 무서워하는 것은 빛이다. 따라서 그들은 빛의 영역인 영혼 구원의 문제를 포함하는 영적 영역에 관심을 가지지 못하게 한다. 그들은 모든 사람들이 영적 영역을 무시하면서 살기를 바라며 영적 각성(영성)을 방해한다. 문제의 해결 방법을 영적 영역에서 찾지 못하게 방해한다. 더 나아가서 영적 존재까지도 부인하도록 한다. 그들이 빛 안에서는 있을 수가 없으므로 빛의 영역이 확장되는 것을 방해한다. 그러나 생각해 보면, 어두움이란 빛이 없는 상태이며 빛이 발하면 어둠은 사라지게 되어 있기 때문에 이러한 어둠의 세력의 능력에 대하여 과대평가할 필요가 없다. 빛 가운데서 영적무장을 한다면 그들은 절대로 두려운 존재들이 될 수가 없는 것들이다.

그렇다면 신은 왜 이것들, 어둠과 어둠의 세력들을 창조하였고 그 존재들을 인정하면서 그냥 두고 있는가? 그것은 빛과 어둠은 대칭적 관계이며 어둠이 있음으로서 빛이 있음을 알 수 있기 때문에 그들 존재가 인정되는 것이 아닌가 생각한다. 어두움이란 빛이 없는 상황이기 때문에 빛이 있음으로 어둠 또한 있게 된다. 그리고 그 빛은 어둠을 통제한다. 절대 신은 어둠의 영역도 다스리는 권세가 있으며 그의 목적을 이루시기 위하여 사탄과 악령 등의 공격에 대해서 이들을 방어하고 퇴치치유 할 수 있는 능력을 허락한다. 빛이 있어 어두움이 존재하지만 어두움이 빛을 능가할 수는 없다. 그래서 우리에게는 자유의지와 함께 어둠의 세력에 대항할 수 있는 능력도 주어져 있다.

4) 감염의 확인과 크기의 측정

(1) 존재의 확인

어둠의 영역에 있는 나쁜 영들과 나쁜 영기의 존재는 그 실체를 눈으로 확인하기가 쉽지 않다. 감각 기능이 예민한 사람의 경우에만 느낄 수 있는 정도이며, 나쁜 영들의 능력이 현실에 나타날 때 그것을 인지할 수가 있을 뿐이다. 그러나 대부분의 사람은 감염 사실조차도 알지 못하거나, 이들의 존재를 무시하면서 그 원인을 다른 데서 찾는다. 시각이나 체감각을 통하여 인지(認知)를 할 수 없는 경우가 많기 때문에 감염여부 확인은 더욱 어려워진다. 이런 경우에는 엘로드 측정을 통하여 나쁜 영과 그들의 나쁜 기들의 존재를 확인할 수가 있다.

어둠의 영인 사탄 마귀의 존재를 시각적 이미지로 명확하게 확인할 수 있는 기회가 주어지는 경우도 있다. 꿈속의 이미지 영상을 통해서 볼 수가 있다. 엘로드의 측정 없이 그들의 존재를 느끼고 볼 수 있는 기회이다. 내가 처음으로 사탄 마귀(귀신혼)의 모습을 (꿈속의) 환영으로 본 것은 2016년 여름 어느 날 밤이었다. 그동안 며칠간 고생해서 퇴치한 L모 씨한테 있던 나쁜 영들이 내 몸에 다시 들어오는 순간에 그 모습이 확실한 영상 이미지로 내 눈에 비춰졌다. 으스스하고 찬바람이 부는 분

위기에 무서운 모양의 시커먼 형태가 자고 있는 방문 밖에서 방 쪽으로 오고 있었다. 이것이 꿈인지 생시인지 확인도 하기 전에 놀라서 고함을 지른 후 이상해서 측정을 해보니 이미 내 몸에 그것들이 들어와 있었다. 그들은 기도로 퇴치하여 원래 있던 곳으로 보내졌다.

두 번째의 경험은 2017년 7월에 미국에서 겪었다. 딸네 집 방문 기간 중 열두 살짜리 손자에게 붙어 있던 큰 사기를 퇴치하고 난 이후에 일어난 일이다. 퇴치되었던 사기의 주인인 마귀가 시커먼 형체로 창문을 넘어와서 다시 손자의 몸에 들어가는 모습을 환영으로 보았다. 손자에게 있는 사기를 측정하니 실제로 큰 수치가 측정이 되어 이것들이 다시 들어온 것이 사실로 확인되었다. 들어오는 실제 모습을 실시간으로 보여 준 것이다. 확인된 나쁜 영들과 사기들은 곧바로 퇴치·제거되었다. (이 두 경우는 퇴치 제거의 주체가 내가 되어 강제퇴치하고 제거했기 때문에 발생한 일이지만, 그 후부터는 성령이 주체가 되어 퇴치 제거하여 주도록 부탁기도를 한다. 기도를 통하여 성령의 도움으로 완전 퇴치되고 영혼 영역이 치유되면 나갔던 사기가 다시 들어오는 재감염은 없다.)

(2) 감염 여부의 측정 진단

세균이나 바이러스 등과 같이 우리 몸에 병을 일으키는 병의 원인체를 병원체라고 부른다. 이 병원체가 원인이 되어 병을 발생시키는 발병체는 염증이다. 감염된 병원체가 항원이 되어 우리 몸의 면역체인 항체와 면역 반응이 있을 때 염증이 발생하기 때문이다. 이 염증 감염이 있을 때는 통증 등의 병 증세가 나타나며, 이러한 병 증세로써 병이 생겼다는 것을 알 수가 있게 된다. 따라서 병원에서 하고 있는 병 진단의 첫 단계는 세균이나 바이러스 등의 병원체 진단이며 그 다음이 병 증세를 만들어 내는 염증 진단이다. 병의 원인체 진단은 (항생제 처방 등으로) 병을 근원적으로 제거치유하기 위한 것이며, 병의 발병체 진단은 (소염제 처방 등으로) 병 증세를 완화치료하기 위함이다. 원인 치유와 증세 치료를 위한 진단도 원인체와 발병체의 양쪽에서 이루어진다. 이 병원체 감염과 염증 감염은 우리 몸의 면역계 조직과 기능이 약화되었을 때 발생한다.

그렇다면 어둠의 존재들의 감염 과정은 어떠한지 살펴보자. 먼저 나쁜 영기인 사기(邪氣)들이 기 순환계에 들어오면서 동시에 사탄(과 마귀)의 영과 귀신의 혼과 같은 어둠 영역의 나쁜 영혼들이 몸의 영혼 영역에 들어와서 자리를 잡는다. 나쁜 영의 감염과 사기 감염은 동시에 일어나는 것으로 보이기 때문에 접촉 등으로 기공을 통하여 사기 감염이 일어나는 순간에 영혼 영역에는 사탄마귀의 영 또는 귀신 혼이 들어와서 영혼 영역에 대한 점령을 시작하게 된다. 그 이후 모든 감염 사기들은 사탄과 마귀의 통제를 받는 군대 조직의 졸병이 되어 우리의 영혼과 마음과 몸을 공격하는 최전선의 공격 부대가 된다.

이와 같이 나쁜 영들의 1차 감염과 나쁜 영기들의 2차 감염은 우리 몸에서 1차 병원체 감염과 2차 염증 감염과 유사한 점이 많다. 따라서 이들에 대항하는 기능도 아주 유사하다. 어둠의 세력에 대항하여 싸우는 면역체 기능은 좋은 영과 좋은 영기인 성령과 성령기가 수행한다. 우리 몸에 강한 면역력이 있으면 병에 걸리지 않는 것과 같이 우리의 영혼 영역에 강한 성령의 (방어) 능력이 존재한다면(항상 성령이 충만한 상태에서 깨어 있으면) 어둠의 세력들은 범접하지 못한다.

그들의 수법과 능력은 다양하고 교묘하여 보통의 경우에는 감염 사실 자체를 알아차리기가 어렵다. 감각이 예민하거나 영감을 받는 사람은 그들의 공격 사실은 바로 알아차릴 수 있기도 하다. 더 정확하게 감염 사실을 확인할 수 있는 방법은 해당 정보를 우주 정보장으로부터 받는 엘로드 측정이다. 왜냐하면 감염된 정보는 즉시 우주 정보장에 그대로 기록되기 때문에 정확하게 수신된 우주 정보장의 정보는 진실 정보이기 때문이다. 감염 확인과 진단 측정은 두 영역에서 이루어진다. 먼저 영혼 영역에 감염된 사탄의 영 또는 귀신의 혼들(이 둘을 합쳐서 나쁜 영 또는 줄여서 '나영'으로, 또는 '어둠의 영' 등으로 표현하여 사용해도 된다)이 있는지를 확인하고, 그다음에는 생체 기 순환계에 들어와서 작용하고 있는 나쁜 영기(즉, 사기) 등의 어둠의 세력 요소들이 있는지를 확인하는 것이다. '어둠의 세력요소'들은 기 영역에 들어오는 표면, 잠재의 모든 사기와 악령기와 탁기, 악기 등의 모든 부정기와 모든 마이너스의 기들을 포함하여 통칭하는 용어로 사용하기도 한다.

이 두 영역에서 따로 확인 진단이 이루어지지 않으면 감염된 전체 실체 파악이 어렵다. 전체적 실체 파악이 안 되면 나중에 완전 퇴치도 어렵게 된다. 영혼 영역에 들어온 나쁜 영들이 표면에서 활동하지 않고 잠재해서 숨어 버리면 생체 기 영역 표면에서 나쁜 짓을 하는 사기들 존재도 '사기 없음'으로 측정 진단된다. 이 경우 표면에 나타난 사기가 없을 뿐이지 숨은 잠재 사기들이 그대로 있어 내 몸에 대한 해코지는 여전히 진행되고 있는 것이다. 따라서 감염 사실 확인 진단은 먼저 '○○의 영혼 영역에 나쁜 영이 있습니까?'의 진단과 있을 경우에는 잠재된 것과 표면에서 활동하고 있는 것들을 분리 진단하는 것도 필요하다. 그다음에 '○○의 기 영역에 사기(또는 어둠의 세력 요소들이)가 있습니까?'의 진단과 이 역시 잠재된 것과 표면에서 활동하고 있는 것들을 분리 진단하여 그들의 존재 여부와 존재 형태를 확인하여야 한다. 이로써 감염 여부의 완전 진단이 완성된다.

나쁜 영의 하나인 악령은 이 물질계에는 없고 물질계에는 그들의 영기인 악령기만 존재하며, 이것들은 틈새를 보아 우리의 기 영역에 들어온다. 따라서 우리 기 순환계에 들어올 수 있는 나쁜 영기는 사탄과 귀신 혼기인 사기와 지옥계의 악령이 보내온 악령기이다. 사기의 진단과 함께 이 악령기의 진단도 필요하며, 사기에 감염된 경우에는 일반적으로 이 악령기도 발견된다. 이 악령기는 마음 영역을 공격하여 마음 건강을 해친다. 이 사기와 악령기에서 마음속의 탁기와 악기가 발생한다.

(3) 사탄의 영과 귀신의 혼

어떤 사람의 기 순환계에서 사기 감염이 진단되면 그 사기의 원천은 사탄의 영이거나 귀신의 혼이다. 생각해 보면, 사탄의 목적은 이 세상을 삼키는 것(Occupying)이고 귀신의 목적은 대상되는 사람을 소유하는 것(Possessing)이라고 보여진다. 이 세상을 삼키고 모든 사람을 소유하여 그들의 지배하에 두면서 해치고자 하는 같은 목적을 가지고 있다. 이 목적 달성을 위하여 서로 일을 나누어서 분업을 하고 있는 것이다. 이 분업 체계에서 귀신의 혼이나 악령(기)은 마귀의 군대 조직을 가지고 있는 사탄의 졸개가 된다.

또한 사탄은 이 사회나 국가의 법과 질서와 관련되는 시스템에 관여하는 것을 좋아하기 때문에 그 속에서 살고 있는 각 개인은 그 영향을 받지 않을 수가 없다. 이로써 이 두 가지 나쁜 영들의 협업·분업 체계가 쉽게 이루어지게 된다. 이러하기 때문에 사탄의 영은 주로 정사(政事)를 담당하고 있는 위정자와 정치인들의 영혼에 들어가서 나라와 사회를 뒤흔들어 놓는 반면, 귀신의 혼은 개개인의 영혼에 들어가서 주로 개인사(個人史)에 관여하면서 해를 끼치고 혼란을 야기하게 된다. 이들의 최종 무기는 같은 사기(나쁜 영기)이기 때문에 이 사기가 엘로드로 포착이 되면 이 사기의 원천이 사탄의 영인지 귀신의 혼인지 확인·진단해 보는 것이 좋다. 이 영들은 이미 그 사람의 영혼 영역에 들어와 있기 때문에 쉽게 확인할 수가 있다.

(4) 사기의 크기 측정

사기의 크기는 사기의 힘이며 사기 지수로 측정할 수가 있다. 사기의 측정 대상은 사람만이 아니다. 영기가 없는 이 세상의 모든 물체(동식물의 생물체를 포함한다)도 사기의 감염대상이다. 어떤 공간과 물건에 감염된 사기는 그 공간과 물체에 있는 정기를 빼앗고, 활성 표면사기는 다른 물체와 사람을 재감염시키는 사탄 마귀의 도구가 된다. 이에 따라 이 '세상' 물질계 거의 전부가 악한 것들의 공격 대상이 된다.

그러나 영이 있는 사람의 경우에는 그리 간단하지가 않다. 그리고 힘이 센 사기에 감염된 경우에는 극히 조심해서 다뤄야 한다. 사람이 사기에 감염이 된다는 것은 마이너스의 기를 가진 나쁜 영의 기가 84,000개가 되는 우리 몸의 기공을 통하여 기 순환계에 침투가 되었다는 의미이다. 아주 크고 강한 사기일 수도 있고, 제일 약한 수준(22 수준)의 것일 수도 있다. 전체 감염사기의 크기는 마귀의 마리 숫자와 마리당 개별 사기의 크기를 곱한 수치와 같다. 한 번 그 통로가 열리면 재감염 과정을 거쳐 몸속의 사기 수치가 점차 커지면서 잠재화되어 가는 것을 볼 수가 있다.

이 세상에 존재하는 사기의 크기를 가늠해 보자. 사기가 점령하고 있는 어둠의 세계가 얼마나 큰지 그 크기를 측정해 보면 전 세계 인구의 98%가 사기와 악령기에 감염되어 있다는 사실에 우선 놀라지 않을 수가 없다(이 수치는 우주의식기장의 정보장 정보를 받아서 측정된 것이다). 몸에 활동 표면사기를 가지고 있는 사람은 68%로, 세 사람 중 두 사람이 사기 전파 활동의 매개체가 되고 있다. 끔찍하지 않은가? 불과 2%의 인구가 가진 밝고 선한 기가 나머지 인구가 가지고 있는 모든 부정적인 기를 상쇄함으로써 그나마 이 세상이 유지되고 있는 것이다. (영혼과 마음 그리고 몸의 순수성까지도 지키면서 완전함 속에 있는 사람의 비중은 전 인류의 0.07%로 측정되고 있다.)

이것은 신이 우리에게 등불과 소금의 역할을 요구하고 있는 이유이다. 그리고 이것은 우리가 살아가고 있는 험난한 세상의 모습이기 때문에 이 이 수치에 놀라거나 두려워할 필요는 없다. 두려워할 필요는 없지만 우리는 영적 전쟁의 선한 싸움에서 승리하는 노력은 게을리하지 말아야 하는 이유인 것이다. 싸워서 이기는 수밖에 없다.

8. 나쁜 기들의 공격 방법과 그 능력들

　어둠의 영역을 확장하기를 바라는 사탄과 마귀의 명에 따라, 군대 조직화된 그들의 사기들은 틈새를 보이는 사람을 집중적으로 공격하여 나쁜 영과 나쁜 영기(사기)들을 '전파하는 막강한 능력'을 가지고 있다. 쉽게는 악수를 통하여 손바닥 기공을 통하여 상대방에게 직접 전파한다. 전달 통로를 사용함에 있어 이들은 시간과 공간의 한계를 넘어서서 무작위로 그들의 나쁜 기를 뿌릴 수도 있다. 사기 감염자가 만들어 보내는 프린트된 유인물을 이용하기도 하고, 이 메일이나 카톡 메시지에 넣어서 집단적으로 전달하기도 한다. 산모를 이용하여 배 속의 태아에게 전달하는 경우도 확인할 수가 있었다. 장난감 생산 공정에 침투하여 아이들이 가지고 노는 장난감에 사기를 주입하여 순진한 아이들을 감염하는 현상을 보고는 그냥 소름이

돋았을 뿐이다.

이와 같은 전파 능력으로 '온 세상을 악한 자 안에 처하게 한 것(요한일서 5장 19절)'이 되었으며, 이로써 심판의 대상이 될 사탄이 '이 세상의 임금'이 되었다고 말하고 있다(요한복음 12장 31절). 그들의 공격 감염 경로와 그들의 능력에 관하여 살펴보기로 한다.

1) 감염원(感染源) 또는 원발소(原發巢)의 분류

감염을 발생시키는 원인체가 되는 감염원이나 원발소의 종류는 아주 다양하다. 이것들을 분류해 보자면, 먼저 집단 원발소와 개별 원발소로 구분할 수 있다. 감염원이 집단화되어 있음으로써 그 세력들을 키울 수가 있기 때문에 감염원으로서 집단 원발소의 존재를 제일 먼저 알고 있어야 한다. 의식기가 서로 연결되어 있는 여러 사람들이 모여서 이들이 함께 일사불란하게 전파감염을 하는 ① **집단 사람 원발소**이다. 이들은 주로 어떤 목적을 가진 단체의 형태로 있다. 그리고 공동묘지 등의 ② **집단 공간 원발소**가 있다. 그리고 집단 공간에 있는 물체 등도 ③ **집단 물체 원발소**가 될 수가 있다. 개별 원발소는 사람 개개인이 감염원이 되는 ① **개별 사람 원발소**, 개별공간이 감염원이 되는 ② **개별 공간 원발소**, 개별 물체가 원발소가 되는 ③ **개별 물체 원발소**가 있다.

이 원발소의 분류는 감염원을 추적하기 위하여 필요하다. 감염된 사람에게 있는 나쁜 영들과 그들의 나쁜 기를 퇴치한 후, 추적 확인된 감염 원발소를 대상으로 예방 퇴치가 가능하기 때문에 재감염의 가능성을 줄일 수 있게 된다.

2) 감염 경로

감염 경로는 아주 다양하다. 감염 경로는 감염자의 의식이나 의도와도 관련이 있다. 감염자 또는 감염된 물건에 직접 접촉하거나 감염된 공간도 감염 경로가 될 수도 있다. 특이하게도 가족관계에서 가지는 동일한 유전자의 기파동이 감염경로가 될 수도 있음을 알 수가 있었다. 감염경로가 **의식**이나 **의도**와 관련이 있을 경우에는 이것은 능동형 감염일 가능성이 크며,

감염경로가 단순히 **접촉성, 공간성, 가족성**일 경우에는 대체로 수동형 감염에 해당이 된다.

능동형 감염은 감염자 본인이 알게 모르게 자기의 의도가 있어 감염이 되는 경우이며, 수동형 감염은 어떠한 상황에 처하면 자기의 의도와는 무관하게 감염이 되어 버리는 경우이다. 어떠한 경우이건 사기의 파동이 그 사람의 몸 영역에서 동기화되면서 감염이 이루어지며, 이와 동시에 사탄의 영이나 귀신의 혼이 영혼 영역에 들어와서 자리를 잡는다. 능동형 감염자는 자기가 바라는 대로 사탄의 심부름꾼인 어둠의 사자가 되어 큰 규모의 마귀 집단과 사기를 뿌리는 원발소(原發巢)가 될 가능성이 높다. 이 원발소를 중심으로 접촉성, 공간성과 가족유전성의 2차, 3차 파생 감염이 이루어져서 수동형 감염자를 양산하게 된다. (예외적인 경우도 있을 수 있지만) 능동형 감염자는 이념이나 사상이나 종교적인 신념을 따라 움직이는 위정자, 정치인, 종교 지도자와 집단의 지도자 등의 부류에 많으며, 수동형 감염자는 이들의 추종자 및 일반 개인들인 경우가 많다. 따라서 어떤 감염자가 수동형 감염자라고 측정이 되면 그 원발소가 되는 능동형 감염자를 찾아내는 것이 중요하다.

(1) 능동형 감염

① 의식성 감염

과거에 겪었던 경험은 우리의 몸 세포에 기억으로 저장되어서 잠재의식화된다. 이 세포기억들 중에는 아름다운 기억들도 있을 수가 있고 반대로 괴롭고 파괴적인 세포기억들도 있을 수가 있다. 잠재의식화된 파괴적인 세포기억과 같은 내용이 현실에서 재현되면 그 잠재된 기억 내용들이 되살아나면서 분노와 갈등과 같은 스트레스 현상이 나타난다고 한다. 학습이나 의식화를 통하여 잠재의식화된 기억 내용들이 우리 몸의 100조개의 세포 내에 저장되어 있다가 필요할 때 표면의식화되는 것이다.

만약 어둠의 세력들인 나쁜 영이 주도하는 사상이나 이념, 신념이나 생각들이 의식화되어 잠재되어 있다면 어떻게 될 것인가? 이 잠재된 나쁜 영기(사탄과 귀신의 혼기) 파동은 아주 쉽게 외부의 나쁜 영기 파동과 감응·동기화되면서 감염이 이루어지게 된다. 이러한 의식화 감염은 이것이 잠재된 의식이기 때문에 본인의 표면화된 의도와는 관계없이 이루어진다. 신에게서 주어진 자유의지를 배척하는 사회주의 공산 독재 사상은 어둠의 영역의 나쁜 영들에 의하여 주도되고 있다고 보여진다.

이 때문에 이러한 사상이나 이념에 경도된 교육이나 학습이 이루어진 사람들의 기억세포에는 나쁜 영들의 파동이 함께 들어 있어 이 의식화된 기억세포 파동이 감염 경로가 된다. 한 번 의식화된 사람은 이러한 감염 경로를 통하여 계속 의식화가 이루어지기 때문에 이런 사람들의 이념 전향은 상당히 어렵다.

이러한 현상은 비단 정치적 이념에만 국한되지 않는다. 사기 등의 나쁜 영기들의 의식화 감염은 좋은 영기가 결여되거나 나쁜 영기가 주도하는 종교계에서도 광범위하게 이루어지며, 사이비 종교 단체(Cult)나 범죄 집단 등에서도 이루어진다. 사탄을 우상화하는 종교 단체가 있을 뿐만이 아니라 기존의 종교 단체에도 사탄의 영이 침투하여 소속된 사람들의 의식화가 이루어진다. 이익 단체나 좋은 일을 하고자 하는 단체에도 침투하여 이들이 점령하게 되면 그 구성원들의 의식화가 자연스럽게 이루어진다. 이러한 단체의 지도자들은 처음에는 선한 자들이었으나 나중에는 나쁜 영들에게 사로잡힌 자가 되면서 그 지도자를 따르던 모든 구성원들의 잠재의식 속에 나쁜 기파동이 들어가서 의식화된다. 그들은 그 과정에서 눈치 채지 못하는 경우가 허다하며 깨어 있는 자들은 이러한 단체를 벗어난다.

사탄이 군대 조직으로 활동하는 것과 같이 이 의식화 감염 경로도 군대 조직과 같은 일정한 체계가 있음을 발견할 수가 있다. 이 감염 경로를 이용하여 최고 정치 지도자의 측근들이 지도자들을 감염시켜 실질 권력을 쟁취한다. 지도자들을 감염시킨 측근들의 감염 경로를 거슬러 올라가면 더욱 크고 힘이 센 사탄의 영에 감염된 사람이 있음도 알 수가 있다. 외형적으로는 아주 신실한 모 종교의 신자로 불리는 사람이 더러운 귀신 혼에게 오랜 세월 접한 상태가 되어 있기도 하다. 의식화가 이루어져서 그 자신이 원발소(原發巢)되면서 주변을 어렵게 하고 있음을 본다. 자기가 창립한 좋은 사회 단체의 지도자가 어떤 계기에 나쁜 영들에게 감염되면서 그 단체 구성원들의 의식 속에 나쁜 영기가 들어가게 해서 단체를 위험에 빠지게 한 경우도 본다.

인종 차별 등의 나쁜 사회 관습을 이용하고, 이를 확장하고자 하는 사탄의 영이 어느 미국 학교의 의식화된 교사에게 들어가서 나쁜 사탄의 영과 영기를 학생들에게 파생 전파시키는 경우도 있었다. 본인들은 이것을 알지 못하고, 당하는 사람도 모르고 있다는 사실이 안타깝다. 무의식 영역에서 이루어지지만 이러한 능동형 감염자는 본인들이 알지 못하는 사이에 어둠의 사자(使者)가 되어 있고, 그들은 여러 가지 다양한 감염경로를 이용하여 어둠의 세력을 단계적으로 확장시켜 나가는 도구로 이용되고 있는 것이다.

② 의도성 감염

이 의도성 감염은 잠재의식의 경로를 통하는 의식성 감염경로와는 달리 자기의 자유의사와 표면에 나타난 자기의도에 의하여 감염, 피감염이 이루어진다. 이 의도는 부정적인 마이너스의 기 수치로 나타난다. 대부분의 의식성 감염자의 경우에는 이 부정적인 의도기를 가지고 있기 때문에 이 나쁜 의도(Intention)에 의하여 파생감염이 확장되는 것이다. 자기의 패거리를 확대하고자 하는 의도나 자기의 육체적 고통을 모면하고자 하는 등의 이유로 자기의 의도로 어둠의 영을 초대하는 경우와 다른 사람에게 의도성을 가지고 파생감염시키는 것을 포함한다. 이러한 의도를 가지고 있는 사람들의 적극적의 권유와 의도로 그들의 나쁜 팬들럼(원추) 영역에 들어가면 자연스럽게 의도성 감염이 이루어진다. 이러한 방법으로 자기의 의도에 의하여 감염되거나 감염시키는 의도성 감염의 전파력은 의식성 감염보다 강하다.

몸이 극도로 아픈 사람이 귀신혼기(사기)를 스스로 영접하여 그 힘으로 아픔을 이겨 나가는 경우에도 적극적인 감염 의도가 작용되는 경우이다. 완전히 사로잡히게 되면 사기가 우리 몸의 면역 기능을 정지하여 모든 통증(면역 반응)이 사라지게 되기 때문에 스스로 귀신 혼을 초청하는 것이다. 이것은 무당의 경우뿐만 아니라 기존 감염자에게도 해당된다. 완전 감염으로 무통의 기쁨을 맛본 사람의 경우 다시 자기 의도로 나쁜 영들을 원하는 경우이다. 100% 자기의 자유의사에 따라 감염이 이루어진 경우에는 그 의도성이 없어지지 않는 한 그 영혼의 치유는 어렵게 된다. 퇴치치유가 있어도 곧 바로 자기의 의도에 의한 재감염이 일어난다는 것을 (경험을 통해서) 알 수가 있었다.

이와 같이 능동형 감염은 자기의 잠재의식이나 표면의식에 의하여 일어난다. 능동형 감염자들 중에는 많은 사람들을 집단으로 감염이 가능한 원발소가 되지만 그들을 찾아내기는 쉽지가 않다. 이 원발소 영혼은 대개는 어둠의 사자들이며 숨어 있기 때문에 쉽게 발견할 수가 없다. 어떤 사람에게 사기 감염이 측정되면 그 감염원을 거슬러 올라가야 된다. 감염원을 찾기 위해서는 먼저 감염 경로가 의식성인지 의도성인지 알아야 하고, 다음에 설명하는 가족유전성인지 접촉성인지 공간성인지를 확인하여 그 범위를 좁혀 가면서 확인하여야 한다.

(2) 수동형 감염

① 가족유전성 감염

필리핀 도우미와 함께 살고 있는 가족들에게 수시로 사기 감염이 발생하여 모두를 괴롭히고 있었다. 마음의 혼란과 몸에 병이 발생하여 고통을 받은 적이 한두 번이 아니었다. 측정 결과 그 원인은 착하게 생긴 필리핀 도우미에게 있었다. 그 선한 도우미는 외출을 자주 하지도 않았고 만나는 사람도 드물어서 어디에서 누구에게서 감염된 것인지 알 수가 없었다. 그 도우미만 우선적으로 퇴치치유하고 가족들만 치유한다고 해서 해결되지 않았고 주기적으로 감염이 계속되었다. 추적 진단 결과 그 감염의 뿌리는 현재 필리핀에 살고 있는 그 도우미의 아버지였다. 같은 공간에 있지도 않고 접촉도 없는 부녀지간에 어떻게 감염이 일어나고 있는 것일까? 그 의문을 풀어 준 것이 유전자 기파동을 통한 가족유전성 감염이었다.

가족 관계에서 존재하는 같은 유전자끼리의 기 파동은 거리에 관계없이 서로 감응이 일어난다. 오염된 유전자의 기 파동이 감염 경로가 되어서 나쁜 영들의 기가 함께 감응 공명되면서 감염이 일어난 것이다. 그의 아버지를 치유함으로써 이 문제를 해결할 수가 있었다. 영혼 치유와 함께 부녀간의 오염된 의식기와 비정상적인 유전자 기파동을 정상 기파동으로 하는 회복치유도 이루어졌다.

한 사람의 가족 구성원이 감염되면 온 가족은 순식간에 감염된다. 이것은 접촉성과 공간성 감염과 함께 이 가족 유전자의 기파동이 감염 원인으로 작용하기 때문이다. 따라서 어떤 사람의 사기 감염원을 찾기 위해서는 제일 먼저 그 가족들을 체크해 보는 것이 순서이다. 사회활동이 적은 대부분의 사람들은 가족 관계에서 감염이 이루지고 있음을 관찰할 수가 있었다. 그 감염원이 가장(家長)일 경우에는 강한 의식성 감염도 동시에 이루어진다. 가장이 가족들의 의식 형성에 주요 역할을 하고 있기 때문이다.

실제 상황인 한 가지 예를 더 들어 보자. 청년 S씨는 결혼을 앞두고 있었다. 그러나 그의 약혼자를 만난 이후에 집안에 우환이 계속적으로 발생하고 있었다. 특히 함께 살고 있는 그의 할머니의 병세가 갑자기 악화되고, 온 집안 식구들 사이에는 스트레스가 쌓이고 있었다. 진단 결과 약혼녀의 아버지가 능동형 감염자로서 사탄의 심부름꾼 노릇을 하고 있었다. 그 결과 그 약혼녀에게는 오염된 유전자 비율이 74%, 오염된 의식기 수준이 43%에 달하는 가족유전성과 의식성 감염 경로를 가지고 있었다. 적지 않는 수치들이다. 착한 아가씨였기에 의도성 감염 경로 수치는 아주 적었다. 이런 경로로 감염된 약혼녀가 그의 아버지가 가진 나쁜 영기를 약혼자 S씨와 그 가족들에게도 파생감염시킨 것이다. 가족 관계에서의 유전성 감염은 다른 요인들과 함께 작용하기 때문에 치유 과정에서도 이러한 모든 요인들을 함께 고려하여야 한다.

② 접촉성 감염

감염된 사람과의 신체적 접촉이나 감염된 물체에 접촉할 때 기공을 통하여 나쁜 기(사기)가 우리의 기 순환계에 들어온다. 이 접촉성 감염은 공간성 감염과 함께 아주 흔한 케이스이다. 악수를 통하여 감염된 경우는 허다하며, 손자가 가지고 놀던 레고 장난감을 만져서 감염된 경험도 있다. 이것은 감염된 물체와의 접촉성 재감염 사례이다(그 후 레고 장난감을 전부 버리도록 하였다). 이 접촉성 감염 경로와 이들이 활용하는 수단은 단순한 피부 접촉을 넘어서 아주 다양하다. 그들이 사용하는 전파 수단은 우리 주변에 있는 모든 물질이라고 보면 된다.

사기 감염자가 보내온 편지나 SNS 메시지에 사기가 묻어 온다. 손 접촉이나 눈 접촉으로 감염이 된다. 심지어는 서적에서도 발견된다. 심각한 것은 상품 제조 기계나 공정에 붙어 있는 놈들은 생산된 모든 제품에 들어가서 그 상품을 만지는 사람들에게 전파한다는 점이다. 어린이들이 가지고 노는 장난감에 들어가면 어린 시절부터 나쁜 영들에 접하게 되어 (잠재)의식 속에 들어가서 그 아이들을 평생 복속시킨다. 외관상으로는 문제아로 만들어 버린다. 감염된 프린트 기계에서 복사된 서류들 속에서 사기가 발견되기도 하였다. 음악(소리 음파)을 통해서도 접촉성 감염이 이루어진다. 다행히 이 접촉성 감염 사기들의 힘은 그리 크지 않기 때문에 좋은 기가 있는 공간이나 성령기가 보호하고 있는 사람들 앞에서는 오래가지 못하고 사라진다.

③ 공간성 감염

일정 공간에 사기가 있어 수동적으로 감염이 되는 경우이다. 대개는 다수가 모이는 공간이 사용된다. 특히 병원이나 영안 시설이나 장례 시설 등에 많다. 공동묘지 등의 유택과 산골짜기 등에도 상당히 많다. 어느 파티 장소에 아주 센 원발소(原發巢) 감염자가 나타나자 그 장소에 있던 사람 대부분이 한꺼번에 감염된 사례도 보았다. 센 감염자가 방송이나 TV에 나와서 이야기할 때도 그들이 가진 사기가 공간을 통하여 전파되기도 한다. 공간의 기 영역이 나쁜 기들에 의하여 감염이 되면 그 공간의 명당화 수치도 떨어진다. 따라서 어느 공간의 명당화는 그 공간에 사기가 있는지 여부를 먼저 확인하고 이를 퇴치하고

난 이후에 하여야 한다.

감염된 유전자의 기 파동을 멀리 떨어진 가족들에게 보낼 때에도 이 공간성 경로를 이용한다는 점은 아주 특이하다. [홍콩에 살고 있는 독일인 M씨가 잔뜩 가지고 있던 나쁜 영기(사탄 영기)가 독일에 살고 있는 그의 여동생으로부터 공간성 경로를 통하여 오는 가족유전성 감염으로 판명되어 퇴치한 적이 있다.] 오염된 일정 공간이 감염 경로가 되는 것이 일반적이지만 이와 같이 모든 공간이 가족성이나 의식성 감염경로가 되기도 한다. 같은 의식기 파동을 가진 사람들(예컨대, 남북한의 일부 정치인) 간에도 공간을 통한 의식 감염이 발생하는 것도 관찰되고 있다. 이것은 공간을 통하여 발생하는 동기감응 현상의 한 형태로 이해된다. 같은 파동 수준이 서로 감응하여 동조 일체화하면서 상호작용하는 기의 작용 형태로 보인다.

공간이 감염 경로가 되지만 공간 자체가 원발소가 되는 경우가 있다. 공동묘지나 병원, 장례식장, 심지어는 종교 시설 등의 공간에는 많은 귀신혼기가 머문다. 이들 집단 공간 원발소에는 많은 귀신혼기들이 항상 득실댄다고 보아야 한다. 이 공간의 귀신혼기들은 접촉성, 공간성, 의식성 등의 경로를 통하여 전파감염이 이루어진다. 이 공간 원발소에 의한 감염은 아주 흔하게 이루어진다.

이 공간 감염원이 집단원발소가 되어 의도성 감염이 이루어지면 정말 곤란한 상황이 된다. 어떤 사람은 공동묘지를, 어떤 사람은 산골짜기 공간을, 어떤 사람은 병원 영안실 등의 공간에 모여 있는 귀신 혼을 자기에게 불러 모은다. 어떤 이유를 가지고 무의식적인 의도성을 감염 경로로 하여 이들에게 감염이 되게 만든다. 이러한 사람들에 대한 퇴치치유 기도의 대상은 그 범위가 아주 넓어지게 된다.

3) 감염 후의 존재 형태

(1) 나쁜 영과 사기의 정체

이들은 숨어 있다가 그들의 필요에 따라 나타나는 특성이 있다. 따라서 우리 몸에는 표면에 나타난 것들만이 있지 않고 잠재해서 깊게 숨어 있는 사기들이 더 많은 경우가 있다. 퇴치한 후에도 계속해서 나타날 때는 이 숨어 있는 놈들을 찾아내어 쫓아내야만 사탄 마귀와의 싸움에서 이길 수가 있다. 정체를 알고 숨어 있는 상태를 파악하면 그 수치 측정도 쉽다. 그 후에 모든 사기와 탁기를 퇴치하기만 하면 된다.

그놈들의 정체는 다음의 분류대로 수치 측정을 하여 파악하면 된다. 먼저 표면에 드러나서 나쁜 기를 내뿜는 ① '활동성 표면사기' 표면에 있지만 활동성이 없는 ② '비 활동성 표면사기', 잠재해 있지만 언제든지 표면에 나와서 활동할 수 있는 ③ '활동성 잠재사기', 마지막으로 꽁꽁 동굴 속에 숨어서 꼼짝하지 않는 ④ '비활동성 잠재사기'이다. 이 네 가지 존재 형태에서 마지막의 비활동성 잠재사기들은 그 불활성이 크기 때문에 찾아내기도 힘들고 밖으로 끌어내어 활성화시키는 것도 힘이 드는 존재들이다. 사기의 진단 단계에서 모든 종류의 사기들의 크기를 정확히 측정하는 것은 완전한 퇴치를 위하여 필요한 절차이다. 그러나 이 개념만 알고 있으면서 비활동성 표면, 잠재사기의 수치 측정은 생략해도 된다.

사기들은 모두 우리 몸 영역의 기 순환계에 있지만, 사탄의 영과 귀신 혼은 우리 영혼의 기 영역에 들어온다. 사기와 함께 들어온다. 영혼 영역에 들어온 이러한 나쁜 영들도 표면화된 것들과 잠재화된 것들이 있게 된다. 표면화되어 활동하는 나쁜 영들이 우리 몸의 표면 사기를 직접 관할하면서 통제하고 있다(이것은 영혼 영역에서의 표면에서 활동하고 있는 나쁜 영들이 퇴치되거나 그들의 표면활성이 제거되면 기 순환계의 표면사기가 사라지는 것으로 알 수가 있다).

어둠의 세력들인 사탄의 영, 마귀와 악령과 귀신 혼 등의 나쁜 영들이 몸에 들어오면, 그들이 동반한 사기와 악령기의 나쁜 영기, 또 이들이 만들어 낸 탁기, 병기와 악기 등의 불순기들이 우리 몸에 꽉 차서 우리 몸의 기 영역(특히 기 순환계)의 일부 또는 전부를 차지하게 된다. 이러한 어둠의 세력요소들도 표면화해서 활동하는 것들과 잠재해 있는 것들이 있다.

각각의 어둠의 세력 요소들이 존재하고 있는 형태에 따라서 그 역할도 각기 다르다. 영혼 영역에 들어온 어둠의 영들은 영혼기가 있어야 할 곳을 그들이 차지하기 시작한다. 종국에는 자기영기와 혼기를 음(-)기로 변환시켜서 영혼 영역을 완전히 차지한다. 표면에 나타나 있는 사기들은 전파력을 가지고 있으며 감염된 사람의 몸 영역에서는 병기(病氣)가 되어 면역력을 약화시켜서 병을 유발한다. 잠재사기와 악령기와 탁기, 악기, 기타 불순기는 마음 영역을 혼란케 하여 스트레스를 만들어 낸다.

이 어둠의 세력 요소들이 우리 몸의 기 순환계를 완전히 점령하게 되면 사탄과 마귀, 악령에게 영혼과 마음의 공간도 내어 주게 되어 그들의 지배하에 들어가게 된다. 이러한 'Possessed'의 상태를 우리는 '삼킨', '사로잡힌', '따르게 된', '포로가 된', '종노릇 상태' 등으로 표현한다. 그들의 감염도와 이들이 기 순환계를 더럽힌 오염도 수준이 올라간다. 이런 사람은 어둠의 세력에 의하여 조정을 받으면서 살고 있는 '어둠의 사자'인 경우가 많으며 전파 감염의 원발소가 된다.

마음을 혼란케 만드는 악령기와 잠재사기의 존재

악령기는 지옥의 영들이 물질계에 보내는 나쁜 기의 일종으로 사람의 마음 영역에 들어와서 마음의 혼란과 스트레스를 만들어 낸다. 이러한 역할을 통하여 사탄의 영이나 귀신 혼들이 들어올 수 있도록 통로를 열어 주는 역할을 하게 된다. 잠재사기도 마음 영역에 숨어 있는 나쁜 영기이며 마음 건강을 해친다는 점에서 악령기와 유사하다. 사기가 들어와서 마음 영역에 잠재되어 잠재사기의 형태로 될 수 있는 경우는, 표면사기가 퇴치되고 남아 있는 경우도 있지만 (방어기가 있는 사람들 경우에) 표면에 침투하여 바로 잠재하면서 숨어 버리는 경우일 때도 있다.

마음 영역에 숨어 있는 악령기와 잠재사기는 몸 영역에 병을 만들어 내는 표면사기와는 달리 마음 영역에 부정기를 만들어 마음을 흔들어 버린다. 이로 인하여 사탄과 귀신들 영(기)들의 선발대 역할을 하게 된다. 마음 영역에 이 두 놈들이 있다면 이들은 장차 나쁜 영들에게 감염될 수 있는 감염전조(前兆)라고 생각하여야 한다.

따라서 표면에 드러난 사기뿐만이 아니라 이 두 놈들도 동시에 측정하여 퇴치를 하여야 한다(경험상으로 보면 의식 수준이 상당히 높은 사람들에게 많이 발견된다). 그러나 자기영기가 마이너스의 영역에 있을 경우에는 이 두 종류의 어둠의 세력들은 퇴치가 안 되기 때문에 자기영기를 회복한 이후에 이들을 퇴치 치유하여야 한다.

4) 그들의 해치는 능력

(1) 나쁜 영들의 전략

사탄의 영과 귀신 혼들이 마귀와 악마를 내세워서 나쁜 영기인 사기(邪氣)로써 이 세상을 공격하는 것은 이 세상을 그들의 지배하에 두기 위함이다. 이 세상에서 어둠의 영역을 확장하는 것이 그들의 존재 이유이기 때문이다. 그들에게는 지배하고 삼키는 교묘한 전파 능력과 몸과 마음과 영혼을 파괴하면서 해를 끼치는 무서운 능력들이 있다. 이러한 나쁜 영과 그들의 나쁜 기들이 가지고 있는 해치는 능력은 사악하고 잔인하며 강하고 날카로워서 공격받아 일단 감염이 되면 많은 피해를 입게 된다. 또한 그들이 공격하는 계략과 전략은 아주 교묘하기 때문에 높은 수준의 영적 능력이 없이는 포착하기도 어렵다. 그러나 그 능력과 힘은 제한되어 있어 밝은 영(성령) 앞에서는 겁쟁이가 된다.

따라서 그들의 **첫 번째 전략(계략)**은 그들 스스로는 밝은 영(성령) 앞에 가까이 가는 것을 피하면서, 사람들이 밝은 영에 가까이 가는 것을 방해하는 것과 밝은 영의 영역에 있는 사람들의 약점과 틈을 노려서 이들을 끌어내리는 것이다. 사탄의 영은 그리스도의 영(성령)을 직접 상대할 수가 없다. 다만 밝은 영역에 있는 사람들을 어둠의 세계로 끌어들여서 포로로 만들어서 사탄의 노예로 만들 수 있으며 이것이 그들의 최우선 과제가 된다. 공격이 최선의 방어라는 전략적 선택일지도 모른다.

그리고 이 전략은 아주 큰 성공을 거두고 있는 것 같다. 특히 큰 종교 지도자나 영적 단체의 지도자들이 그들의 전략에 넘어가는 경우가 허다하기 때문이다. 사람이 스스로 크게 되었다고 생각하여 교만에 빠지면 바로 그 틈을 이용할 수 있기 때문에 그들을 공략하기가 쉬워진다. 사탄의 능력으로 보면 그들의 허점과 틈들은 쉽게 포착이 되고 이것을 교묘하게 이용하면서 공격한다. 이것은 비단 집단의 지도자에게만 해당되는 이야기만은 아니다. 이 전략의 성공은 끔찍한 결과를 가지고 온다. 그들이 쌓아 놓은 권위와 세력은 어둠의 영역을 확장하기 위한 유용한 도구가 되기 때문이다.

또한 밝은 영역으로 향하고자 하는 사람들의 마음을 혼란케 하여 그 길을 방해하는 것은 아주 흔한 일이며 기독교에서는 이것을 '시험'이라고 표현한다. 사람의 본성은 천성(天性)이어서 밝은 쪽에 있다. 이 착한 본성을 다시 찾고자 노력하는 사람들에게는 집요하게 방해 공작을 한다. 어둠의 영들의 1차 전략은 이와 같이 밝은 영역으로 가는 길을 방해하고 밝은 영역의 사람들을 공격하여 그 본성을 파괴하는 것이다. 우리는 일상생활에서 이와 유사한 호사다마(好事多魔) 현상을 자주 경험한다.

두 번째 전략(계략)은 감염 경로를 확보하기 위한 술수들에 있다. 특히 의식을 변화시키고 의도 변화를 도모하여 본인이 스스로 원하여 악한 영들을 받아들이는 것처럼 만드는 술수들이다. 먼저, 사람들이 가지고 있는 부와 명예에 대한 욕심과 호기심 등을 자극하기 위하여 거짓말과 속임수, 유혹과 유인, 더 나아가서는 비난과 정죄를 하면서 불안 심리를 조장하는 방법을 사용한다. 이 계략을 조직적으로 수행하기 위하여 거짓 종교 집단과 근사한 교리를 만드는 것이 그 예이다.

사탄의 원죄가 자만과 허영심이며 이로 인하여 신에 대한 배반의 마음이 생긴 존재들이기 때문에 이들은 인간의 자만과 허영심을 최대한 활용할 수 있는 능력도 있다. 제임스 완 감독이 만든 영화 〈인시디어스 1〉에서는 주인공들이 호기심과 허영심으로 유체이탈을 시도한다. 그리고 유체이탈을 통해서 악령과 귀신의 세계를 탐방한 주인공의 비참한 결말을 보여 주고 있다. 어둠의 영들은 신비와 감각적 매혹으로 접근한다는 사실과 이러한 미혹하는 영들의 장난에 넘어가면 그 결과는 좋지 못하다는 것을 이 영화는 잘 보여 주고 있다.

영혼 건강 상태가 좋은 사람일지라도 그 틈새는 얼마든지 있다. 일상생활에서 일어나는 의식 수준 200 이하의 현상인 분노, 공포, 열등감, 불안, 미움, 질투, 자기연민, 걱정거리, 원한 등의 감정은 사탄이 공격하기 쉬운 틈새가 된다. 이것들뿐만 아니라 두려움과 혼란 상태, 거짓말, 모독, 혹평, 비난, 흠잡기, 비웃음, 조롱, 욕설, 악담, 비난, 험담, 쑥덕공론, 음욕, 외설, 나쁜 것들에 중독된 상태 등도 잘 다스리지 못하면 나쁜 영들이 공격할 수 있는 빌미와 틈새가 될 수가 있다. 앞서 말한 초자연적인 지식이나 힘(Power)을 구하는 행위와 마귀 숭배는 이들을 불러오는 고속도로와 같다. 이들은 간혹 정형화된 주술 기도를 강조하고 악령과 사탄을 천신 또는 천사로 호칭하며 이들을 호출하며, 즉시 치유를 강조하기도 한다. 세상을 삼키고자 하는 이들의 전략의 수준과 방법은 상상 이상으로 높고 다양하다. 대개의 경우 사람들은 나쁜 영을 섬기고 있다는 사실과 지옥영인들의 기(악령기)를 가지고 있다는 사실을 인식하지 못할 때가 많다.

다시 강조하자면, 그들 전략의 최대 초점은 그들의 영역을 확장하는 데 있으며, 이를 위하여 시험과 유혹의 방법을 사용하고 그들 세계에 대한 호기심을 최대한 자극한다. 시험과 유혹으로 굴복시키고 삼키면서 종국에는 자기의 것으로 만든다.

유혹하는 아주 쉬운 방법으로는 신비술, 마술, 의례와 입회의식, 영 접촉, 환상, 변환된 의식 상태로 만들어 무아지경이나 유체이탈을 시도하기도 한다. 특히 강령술, 흑마술, 공중부양, 수상술, ESP(초능력 시현), 최면술, 점성술, 더 나아가서 마귀숭배 등의 속이고 미혹하는 영들의 장난을 이용한다. 이들이 집단화함으로써 거짓 종교나 집단적 밀교로 발전한다. 이러한 집단속에서는 일종의 펜들럼 현상이 나타나서 무조건적인 복종으로 이어진다. 펜들럼의 꼭대기에는 사탄에게 복종하는 어둠의 심부름꾼(使者)이 존재한다.

이러한 계략과 전략을 구사하는 나쁜 영들이 행사하는 능력들은 여러 가지 종류가 있다. 이 사악한 능력들은 그들의 잔인하고 날카로운 무기가 된다. 이 무기들은 나쁜 영들이 기화(氣化)한 사기(邪氣)들이 가지고 있다. 따라서 사탄의 영이나 귀신 혼들의 능력은 사기의 능력으로 나타난다. 사기의 능력을 크게 보면, ① 어둠의 영역을 확장하고자 하는 그들의 **전파 능력**, ② 긍정 영역에서 부정적인 영역으로 정체성을 변화케 만드는 **변환 능력**, ③ 건강을 악화 시키는 **병 유발 능력** 등으로 구분할 수가 있으며, ④ 사탄의 영이나 귀신 혼들도 성령의 능력과 유사하지만 완전히 다른 **특별한 능력**들을 가지고 있다.

(2) 전파 능력으로 어둠의 영역 확장

① 최전선 공격수, 표면사기의 전파 능력

나쁜 영들과 나쁜 영기들의 존재 형태에는 표면형과 잠재형이 있다고 앞장에서 설명하였다. 그중에서 표면에 나타나서 활동하는 표면사기가 어둠의 영역을 확장하기 위한 최전선 공격수가 된다. 이들은 영혼 영역에서 표면화되어 있는 나쁜 영들의 지휘를 받고 그들의 명령에 따라 사기를 전파한다. 잠재된 사기들은 표면사기의 소진에 대비하여 숨어 있는 것들이다. 표면사기들은 표면에 드러나 있기 때문에 엘로드에 의한 사기측정에서 일차적으로 발견되는 사기들이다. 따라서 사기의 완전 측정을 위해서는 표면사기와 함께 잠재사기들도 함께 측정이 되어야 한다. 이들을 완전 퇴치하기 위해서는 잠재성 사기들의 잠재성을 제거하여 표면화시켜서 퇴치하여야 한다. 이 표면사기들의 능력은 이 전파능력뿐만 아니라 다음에 설명할 병을 유발하는 능력도 있어 우리 몸에서는 병마(病魔)사기가 되기도 한다.

그들의 전파 능력이 발휘되는 곳은 앞의 감염 경로에서 이미 살펴본 바가 있다. 그들은 물건(접촉성 감염)이나 장소(공간성 감염)를 가리지 않는다. 그 전파 경로에서 심지어는 세포 유전자기파동이나 무의식이나 표면의도 등의 기 파동을 활용하여 공간이나 접촉성 감염을 시도하기 때문에 이 세상에 존재하는 유무형의 모든 것이 그들의 전파 수단이 된다. 그 결과, 표면 혹은 잠재사기에 감염된 사람들 비중은 지구 인구의 열에 아홉이 넘는 것으로 측정되고 있다. 숫자로 보면 이 세상은 이미 '사탄이 왕 노릇'한다고 볼 수가 있다. 이러한 사실을 알고 난 이후에는 사기에 감염된 사람을 만나도 예전처럼 당황하지 않게 된다. 주변에 감염 사례가 너무나 많고, 우리는 이러한 나쁜 영기(사기)들의 홍수 속에서 살아가고 있기 때문이다.

나쁜 영들은 대중매체나 SNS 등 집단적인 전달 매체를 이용할 줄 알고 인간의 죄성(罪性)을 이용하여 정죄(定罪)하거나 비난하고 거짓과 질투, 속임수 등으로 죄책감을 유발한다. 그리고 부와 명예에 관심을 끌게 하여 진리가 마음속에 들어가지 못하게 함으로써 어둠 속에 사람들을 일단 묶어 둔다. 그 표적이 되는 사람은 자기영기가 없는 사람, 심약한 사람, 거짓정기가 많고 교만한 사람, 임신한 사람, 사기가 많은 곳(어두운 기가 많은 곳―음택 집합지, 병원 상가 등)을 방문한 사람 등이다.

그러나 그들의 정체를 알고 있는 사람들과 그들과 싸울 준비가 된 사람들에게는 이 엄중한 상황에 현명하게 대처하여, 강력하게 대응하여 이들을 이길 수 있는 방법들도 주어져 있기 때문에 크게 염려할 필요는 없다. 그들은 굴복하지 않고 강하게 대적하는 자들을 피한다. 굴복하지 않고 강하게 대적할 수 있는 능력이 필요한 것이다. 그 능력은 그들의 정체를 알고 존재를 진단하고 퇴치할 수 있는 능력이다.

예컨대, 전파 능력을 가진 사기들은 마귀들의 군대 조직에 속해 있다. 어둠의 세계를 만들어 내고 장악하기 위해서는 군대화된 체계적인 조직이 제일 효율적일 것이다. 따라서 전파 감염된 사람들의 상부에 있는 원발소(原發巢)를 추적해 올라가면 올라갈수록 더욱 크고 힘이 센 사탄의 영과 귀신 혼들이 존재하고 있음을 확인할 수 있다.

이러한 군대 조직은 어둠의 영역을 확대하기에는 효율적이지만 동시에 이들 조직을 파괴하여 제거하기에도 아주 효율적이다. 왜냐하면 영기 능력자는 원발소가 되는 사람이나 장소를 찾아서 확정하고 그 크기를 확인할 수가 있기 때문이다. 또한 그들이 전파한 모든 파생 영과 사기들을 그 원발소 영혼 영역이나 기 영역에 소환할 수가 있다. 제3번 채널링 능력이 있는 모든 영기 능력자들은 소환된 모든 나쁜 영과 그들의 나쁜 영기를 포함한 모든 나쁜 영들과 사기들을 동시에, 함께 퇴치 제거할 수가 있기 때문이다. 이 경우에 명심해야 할 사항은 제거 퇴치의 주관자는 성령과 그의 퇴치치유영기가 된다는 점이다.

(3) 변환 능력으로 정체성의 혼란 야기

기공(氣孔)을 통하여 우리 몸에 침투한 사기는 생체의 기 순환계에 곧바로 들어간다. 물체와 공간을 감염시킨 사기도 그 물체와 공간의 기 순환 영역에 곧바로 들어간다. 사람의 기 순환계에는 생체기, 정기와 혼기와 영기의 4대기는 물론 이에서 비롯된 의식기, 사랑기, 정신기, 체력기, 면역기 등의 선하고 좋은 기들이 존재한다. 체기와 정기의 2대기가 있는 물체와 공간의 기 순환 영역도 이와 비슷하다.

사람과 물체와 공간의 기 순환 영역에 나쁜 영과 그들의 나쁜 영기가 들어오면 어떻게 되겠는가? 제일 먼저 하는 짓이 기존에 있는 선하고 좋은 기들을 점령하여 그들 내용을 변환시키는 것이다. 기의 성질을 긍정(+)에서 부정(-)로 변화시킨다. 이로써 감염 초기에는 모든 기 영역에 이 양(+)기와 음(-)기가 혼재한다. 혼재하지만 외형상 정기는 정기대로, 생체기는 생체기대로, 혼기와 영기도 그대로 존재하는 것처럼 보인다. 따라서 사기에 감염된 사람일지라도 기 수치 자체는 정상적으로 또는 오히려 높게 나타날 수도 있다. 양(+)기와 음(-)기를 별도 측정하지 않으면 사기에 의하여 변환된 기 상태를 알 수가 없게 된다.

이렇게 내 몸의 기 상태가 사기에 의하여 변환이 되면 그 결과는 여러 분야에서 나타난다. 먼저 한 사람의 정체성을 나타내 주는 의식 수준이 긍정 영역에서 부정 영역으로 내려가서 (데이비드 호킨스의) 의식 수준이 200 이하로 내려간다. 부정적 영역에 있는 의식 수준을 가지고 있는 사람들이 가지는 자기 자신에 대한 관점, 즉 정체성에 대한 자기인식도 변화하여, 적대와 실망, 비극적이거나 절망감, 자기 자신에 대한 죄책감과 수치심 등으로 나타난다. 그 결과 나타나는 현상은 분노와 증오를 표출하고, 슬픔과 두려움에 젖기 쉽게 되고, 자기도 모르는 악기(惡氣)가 분출된다. 정체성의 혼란을 경험하게 된다. 사기의 능력은 우리의 정체성을 파괴함으로써 악의 길로 들어가는 문을 열어 준다. 나쁜 영들의 정체성 변환능력은 우리의 눈을 가려서 긍정적인 것을 못 보게 하고 자비와 사랑을 못 보게 하면서 부정적이고 미워하는 마음을 가지도록 한다.

내 몸의 중요한 기들이 사기에 의하여 (일부 또는 전부가) 변환이 되면 정체성의 변환과 함께, 우리 마음 영역에는 악령기가 들어오고 악기(惡氣) 또는 사념기(邪念氣)들이 생성되고 온갖 부정기(不淨氣)들이 만들어진다. 이것들은 스트레스의 원인이 되어 우리 생활을 어렵게 만들게 된다. 영혼기가 음(-) 영역으로 변환이 되면 우주 의식기장의 정보장과 정보망 정보를 수신하는 것이 불가능하여 엘로드 측정 능력과 영기 능력이 소멸하게 된다. 치유영기 수신이 불가능하여 영기치유 대상에서도 제외된다. 정신기 역시 약화되거나 없어지게 되어 우주의식기장에 자기의 의도기를 보낼 수도 없다. 따라서 바라는 바를 고하는 기도의 응답을 받을 수가 없게 된다. 이 모든 부작용이 감염된 사기의 기 변환 능력에 기인한다.

(4) 병 유발 능력으로 건강 약화

① 영혼을 훔친다

사기와 함께 들어오는 사탄의 영과 귀신의 혼이 가는 곳은 영혼 영역이다. 영혼 영역에 나쁜 영들이 들어와서 영혼의 병을 일으킨다. 영혼기는 생명기이기 때문에 제일 먼저 우리의 생명 영역을 치고 난 후에는 그들의 해치는 능력이 다른 영역 곳곳에서 발휘된다. 앞부분에서 설명한 바와 같이 영혼 영역에 들어와서 표면화된 나쁜 영들은 표면사기를 부리면서 갖가지 해를 끼치게 된다. 나쁜 영들에 점령된 영혼 상태를 우리는 '영혼이 팔리다', '영혼이 없는 상태' 등으로 표현하기도 한다. 그들에게서는 영혼이 깨끗한 사람들이 가지는 밝은 얼굴을 찾아보기가 어렵다.

영혼 영역에 깊숙이 잠재된 나쁜 영들은 성령기를 변환시키고, 영혼 영역을 훔치면서 영혼기를 음(-)기로 만들면서 생명기

를 소멸시킨다. 영혼기와 생명기는 내세 생명의 구원 문제와
연결되는 아주 중요한 요소들이다. 영혼의 병 증세는 선하고
밝은 쪽에 가면 마음이 거북하고 괴로운 현상을 느끼게 한다.
그들은 영기가 많은 장소나 서적과 글들을 피한다.

② 마음의 평화를 깬다

감염된 사기의 해(害)는 마음과 정신 영역에서 두드러지게 나
타난다. 사기들의 날카로운 파동이 마음을 구성하고 있는 무
의식(잠재의식)과 표면 의식 영역에 침투해서 의식기를 오염시키
기 때문이다. 사기와 사기와 동반하여 들어오는 악령기에 감염
된 의식기는 파괴적인 기억세포 파동도 동시에 만들어 낸다.
여기에서 생성되는 것이 악기(惡氣) 또는 사념기(邪念氣)들이며
부정적인 음(-) 의도기이다. 우리는 이러한 마음의 상태를 '스트
레스 상태'라고 부른다.

이것은 생체 영역에 영향을 주어 합동하여 여러 가지의 마음
병을 만들어 낸다. 마음의 평화는 유지할 수가 없게 된다. 어
떤 사유로 사기에 감염 노출되었던 어느 중학생이 '마음의 혼
란은 없어져라!(No More Frustration!)'라고 크게 써서 자기 책상
위에 붙여 놓은 적이 있다. 얼마나 고통스러웠으면 스스로 이
를 극복하고자 구호까지 만들면서까지 몸부림을 쳤을까. 마음

의 평화를 깬 사기를 완전 퇴치하고 난 이후에는 마음의 안정을 되찾았고 정상적인 생활이 가능하게 되었다. 그 이후에는 책상 위에 붙어 있던 그 쪽지는 없어졌다.

③ 육체의 병을 유발한다

이 세상 모든 사람은 그들 몸속에 수많은 병 요소(병 유발 원인체)를 가지고 살아가고 있다. 예외가 없다. 예컨대, 모든 인류는 각각의 세포 유전자 안에 암 유전자를 가지고 있다. 유전적인 병요소뿐만 아니라 살아가면서 감염된 항원(병원체)를 가지고 있다. 그럼에도 증세가 나타나는 '병'이 모두에게는 발생하지는 않는다. 그 이유는 우리 몸에는 이들 병요소를 억제하고 방어하는 면역체계가 작동하고 있기 때문이다. 면역체계는 면역기관과 그 안에서 작용하고 있는 각종의 면역체와 이 면역체와 함께 작용하는 항체(면역 글로불린 항체 등)를 포함한다. 이 모든 면역체계는 각각의 조직이 있고 그 조직을 바탕으로 면역기능(항원 항체 면역반응기능)을 수행하고 있다. 결국 우리 몸에서 이 면역기능이 잘 작동될 때 병 원인체를 제어하여 병이 생기는 것을 막을 수 있게 된다. 면역기능이 잘 작동되지 않으면 육체의 병이 생긴다.

사기들, 특히 표면사기들의 해치는 능력은 바로 이 면역기능을 약화시켜서 병을 유발시킨다. 우리 몸에서 면역력이 제일 약한 부분이나 병요소가 제일 많은 부위를 중심으로 그 부위의 면역기능을 약화시켜서 병 증세가 표면에 나타나게 만든다. 어느 여름철, 잘못된 음식을 먹어서 대장에 유입된 세균과 바이러스에 면역기능이 작동하여 잘 막아내고 있던 차에, 악수를 통해서 들어온 강한 사기가 대장의 면역기능을 공격하여 급성 대장염에 걸린 경험이 있다. 일주일 동안 병원 신세를 진 끔찍한 경험이었다. 이것은 사기가 우리 몸 건강을 해치는 방법이다. 그러나 모든 병이 사기감염이 원인이 되는 것은 아니다.

사기가 병을 일으키는 과정을 살펴보면 그들이 병을 가져다주는 것이 아니라 그들에게는 면역기능을 때릴 수 있는 힘이 있어 병을 일으키는 것이다(이 때문에 사기 지수와 병기지수는 동일하다). 몸에 면역기능이 약화된 취약한 부분부터 공격당하게 되어 그 부위에서 병이 유발되는 것이다. 건강한 사람일지라도 몸속에는 최소한 수백만 개의 염증세포가 잠재되어 있다고 한다. 비활동성 잠재염증은 면역기능이 약해지면 바로 활동성 표면염증으로 변하여 해당 부위에 병 증세와 통증을 발생시킨다. 면역력이 강한 사람은 이 비활동성 염증이 활동성으로 변하는 것을 면역체계가 억제하고 있다. 사기에 감염된 사람의 면역력이 약화된다는 사실은 많은 사람들의 경험으로도 확인되고 엘로드 측정으로 증명된다.

사기가 병을 가져다주기 때문에 이들을 병마(病魔)라고 하며 이들이 병을 일으키는 힘을 병기(病氣)라고 부른다. 몸의 면역이 약화되었을 때 그들은 병기를 가지고 있는 '병기사기'가 되어 버린다. 그 때문에 평소에 면역 관리를 잘 해 온 건강한 사람은 사기가 들어오더라도 이들이 완전한 병기사기로 발전하지 못한다.

바꾸어 말하면, 사기의 면역 약화 능력은 사람의 몸에 잠재된 염증이 없다면 힘을 크게 발휘할 수가 없다. 몸에 잠재된 염증은 이 경우 사기의 만만한 공격 대상이 된다. 공격 무기인 면역력 약화 능력은 있으나 공격 대상인 잠재 염증이 없다면 공격의 힘이 떨어지는 것이다. 이러한 사실은 잠재된 모든 염증을 제거하는 영기의 치유 능력을 만나면 사기의 격렬한 방해가 있는 경험 사례들을 통해서도 증명이 되고 있다. 그러나 잠재된 염증이 없는 사람일지라도 사기의 공격이 있을 경우에는 전체 면역력이 약화되면서 새로운 염증세포와 통증과 병을 만들어 내기도 한다. 물론 이 경우의 공격력은 상당히 제한된다. 이로써 몸과 마음의 건강 상태가 좋으면 사기에 감염될 기회도 줄어든다. 따라서 새롭게 정화된 몸과 마음, 영혼을 가지고, 항상 깨어 있는 사람에게는 사탄 마귀가 가지고 있는 나쁜 기들도 큰 힘을 발휘할 수가 없음을 알고 있으면 좋다.

그러면 나쁜 영과 나쁜 영기들에 몸과 마음과 영혼 영역이 완전히 점령이 되면 어떻게 되는가? 한마디로 '기가 막히는 상태'가 된다. 실제로 우리 몸의 기 순환계가 막혀 버린다. 기 순환계에 있던 모든 좋은 기들이 사기와 탁기로 변환되면서 기관(氣官)을 오염시키면서 기의 흐름을 방해하기 때문이다. 좋은 기들의 순환이 막히면 생체계 전체 건강에 심각한 영향을 준다. 몸 전반에서 이상 신호가 오게 된다.

그러나 여기에서 더욱더 기가 막히는 현상이 일어난다. 몸 전반에 이상이 생겨서 병은 발생했지만 병 증세인 통증은 일어나지 않는다. 본래 통증은 몸의 이상을 알려 주는 비상 사이렌 소리이다. 우리는 이 통증 신호에 따라 병을 인식하고 병을 고칠 기회를 가지는 것이다. 병이 생겨도 통증이 없다면 고칠 기회를 잃어버리고 병을 더욱 악화된다. 병이 악화되어도 병자 자신은 마지막 단계에 가기 전까지는 이를 알지 못한다.

이것은 나쁜 영과 사기의 기막힌 술수이다. 우리 몸의 4대기 중에 정기와 생체기가 완전히 없어지고 마이너스(-) 기로 변환이 되면 우리 몸의 면역기능이 정지가 된다. 면역기능을 받쳐줄 힘이 되는 생체기가 없어지고 면역기능 정보를 가진 정기가 없어졌기 때문이다. 면역기능이 정지가 되면 면역체의 면역반응이 없어지고 따라서 통증도 사라지게 된다. 병을 주는 사기가 고칠 약 대신에 진통제만 주는 꼴이 되면서 자기도 모르는 새 병은 깊어지게 만들다가 종국에는 버림을 받게 된다. 그동안 사기의 날카로운 파동에 의하여 일어나는 이기척력 효과로 몸동작이 새털처럼 가볍게 느껴지기도 한다. 산에 가서도 다람쥐처럼 뛰어 다닐 수가 있게 된다. 이것은 병은 있어도 병 증세가 없기 때문이며, 사기파동의 이기척력이 작동하기 때문이다.

초기의 통증을 견디지 못하여 자기의 의도로 그들을 불러들여서 자기의 모든 기를 바치는 사람들이 있다. 그 이후에는 통증이 사라진다. 무속신앙에서 입신하면 신기가 들어가며, 이때는 (귀)신 바람을 타고 펄펄 나는 식으로 건강한 것처럼 보인다. 어떤 방법을 사용하든, 사기가 몸과 마음과 영혼을 완전히 점령하면 생체의 마이너스 기는 우리 면역체 기능을 정지시키면서 면역반응이 일어나지 못하게 한다. 이렇게 되면 병이 있어도 통증은 없어진다. 작두칼날 위를 걸어도 아프지 않고 강한 이기척력이 작용하면 칼날 위에 서도 상처도 나지 않는다.

사기가 병을 일으키는 과정

1. 사기의 출입구는 기공이다

우리 몸 기 순환계의 기관(氣管)에는 84,000 여개의 기공(氣孔)이 있어 모든 기는 이 기공을 통하여 출입한다. 사기도 이 기공, 특히 손바닥 기공을 통하여 들어와서 기 순환계를 돌아다닌다. 기 순환계에 들어온 사기들은 일차적으로 좋은 기인 생체기, 정기, 혼기와 영기를 마이너스(-)기로 변환시키면서 기 순환계 점령을 시도한다. 이로써 좋은 기들이 우리 몸에서 하는 긍정적인 기능들이 약화되거나 소멸한다.

2. 사기가 病氣로 변한다

우리 몸의 3 순환계인 혈 순환계, 림프 순환계와 기 순환계는 그 말단에서는 서로 만나서 상호 자기 기능을 수행한다. 혈 순환계의 모세혈관은 말초 림프관과 연결되어 혈장을 주어 림프액이 되게 하고, 혈액속의 백혈구가 처리하지 못한 바이러스 등의 병원체 항원들 림프관으로 보내어 이것들이 림프절로 가서 림프구에 의해서 제거 되도록 한다. 그러는 사이에 기공을 통하여 이 두 순환계에 들어온 기 순환계의 좋은 기들인 생체기와 정기는 이들에게 에너지와 정보를 공급하는 방법으로 기능들을 도와준다.

그러나 기 순환계에 사기가 설치면 우선 좋은 기들이 많이 소멸되면서 도우는 기능이 약화될 뿐만 아니라, 백혈구와 림프구를 공격하여 그 숫자를 줄이게 된다. 백혈구와 림프구는 면역계에서 작용하는 면역체로 구성되어 있기 때문에 백혈구와 림프구가 줄어든다는 의미는 몸의 면역기능이 떨어진다는 의미가 된다. (실제로 사기에 감염된 사람들의 백혈구 숫자가 줄어드는 현상을 관찰할 수가 있다. 정상적인 혈액 속의 백혈구 숫자는 1만개 내외이지만 사기에 오랫동안 감염된 사람의 백혈구 숫자는 3천~4천 개로 줄어들어 있었다.)

④ 사탄 영과 귀신 혼의 특별한 능력

사탄의 영에 사로잡혀서 그들의 포로가 되면 '사탄의 심부름 꾼(使者)'이 된다. 그들은 지시에 따라 사탄의 능력을 행사하면 서 큰 표적과 거짓 기적으로 불의의 속임수를 쓴다(성경 데살로 니가 2장 9절). 큰 표적과 거짓 기적을 만들어 내는 것은 그들의 특별한 능력에 해당된다. 이를 통해서 사람들을 유혹하고 기만하면서 그들을 믿게 만든다. 심지어는 믿게 만들어서 그들 자신이 거짓 신의 자리에 서기도 한다.

그 첫 번째의 특별한 능력은 그들(특히 사탄의 영)은 개인뿐만 이 아니라 집단에 대하여 한꺼번에 감염시키는 능력과 해치는 능력의 일괄 행사가 가능하다는 점이다. 이 집단적인 행사 능 력으로 사회 여론을 조작하고 이를 통하여 세상을 그들의 수 중에 넣을 수 있게 된다. 이를 통하여 세상을 지배할 수가 있 게 된다. 사탄의 사자는 집단에 대하여 단체로 감염 능력이 있 지만 그 자신도 집단으로부터 (자신의 능동적 의도에 따라) 나쁜 영의 기를 받을 수도 있다.

두 번째로, 그들(특히 귀신 혼)은 과거와 현재와 미래의 일을 말할 수 있는 능력이 있다. 귀신의 신기(神氣)가 여기에 해당된 다. 이 귀신 신기가 있는 사람들은 다른 사람들이 가지고 있는 병명도 말할 수 있음을 관찰할 수가 있다. 과거사는 물론 미래의 일도 거침없이 귀신 혼이 시키는 대로 말할 수가 있음을 본다. 귀신 혼이 가지고 있는 특별한 능력들이다. 사기 파동이 날카롭고 크기 때문에 인력(引力)과 척력(斥力)을 이용하여 사술(邪術)을 행하기도 한다. 이것을 이용하여 물건을 움직이게 하거나 변형시킬 수도 있다. 이 모든 것은 귀신과 사탄들이 가지고 있는 특별한 능력임을 알고 유혹당하지 않고 이에 대처하여야 한다. 대칭적인 영의 세계에서 귀신도 '귀신같은' 특별한 능력들이 있기 때문에 항상 깨어 있으면서 이들을 알아내는 영적 분별력이 필요하다. 빛의 사자가 항상 깨어 있는 영적 분별력을 가져야 하는 것은 '영적 전쟁'에서 이기기 위해서 제일 먼저 필요한 싸움터 상황 정보망을 가동하는 것과 같다.

세 번째로는 병을 치유하는 흉내를 낼 수가 있다. 어둠에 속하는 영들과 그들이 가지고 있는 영기(사기)는 앞에서 설명한바와 같이 면역계를 공격해서 병을 발생케 한다. 이들은 병을 일으키는 능력은 있으나 병을 치유하는 능력은 없다. 그러나 면역계 기능을 정지함으로서 치유된 것처럼 보이게 할 수가 있다. 이를 통하여 병 치유 능력이 있는 것처럼 사람들을 속인다. 사기에 감염이 되어 면역력이 약화되어 몸에 이상이 생기기 시작하면 이에 대처하여 사기퇴치를 하거나 면역력 강화를 위한 노력을 별도로 하면 이 위기를 극복할 수가 있다.

나쁜 영들의 병 치유 흉내 사례

미국 어느 도시에 살고 있는 한 교포는 아들의 병을 고치기 위하여 서울에서 기 치유를 할 수 있다는 사람에게 1년에 회비 500만 원씩 주고 계속적인 원격 기 치유를 받고 있다. 이 돈을 주면 100일 만에 기도를 통하여 모든 병을 낫게 해 주고 1년 동안 계속 관리를 해 준다고 한다. 신기하게도 아들에게 있던 병 증상들이 다 사라졌기 때문에 만나는 사람들마다 신비한 능력을 가진 이 사람을 소개하고 있다. 이 사람의 전화번호를 주면서 연락해 볼 것을 권유한다.

간접적인 방법으로 이 사람의 전화번호를 받아보았다. 그의 번호에는 상당한 크기의 사기가 숨어 있었다. 그 번호가 내 핸드폰에 뜨는 순간 내 몸에도 감염이 이루어졌다. 사기 감염의 사실을 모르고 이 번호로 그와 연결이 되면 더 큰 사기가 공격을 해 올 것이다. 500만 원을 주고 이 나쁜 기를 계속적으로 원격 송기를 받게 되면 결국은 나쁜 영들에 종속되면서 가지고 있는 모든 기는 마이너스로 변하게 된다. 면역기능이 정지되면서 몸에 있던 모든 통증은 사라지게 된다. 병은 악화되고 있음에도 그 병 증상인 통증은 없어지게 된다. 이러한 사실은 모르는 사람들은 악한 영들의 교묘한 술책을 보고 그 사람에게 신비한 능력이 있는 것으로 생각한다. 그 사람의 신비한 능력으로 병이 다 나은 것으로 착각하게 된다. 그 사람은 이를 이용해서 돈도 번다.

진실 가운데 기를 이해하고 있는 사람들은 기 능력을 절대로 선전·전시·판매하지 않는다.

9. 영적 전쟁에서의 선한 싸움

1) 영적 전쟁, 선한 싸움의 의미

이 물질계 세상에 있는 영적 존재로서, 선한 영과 악한 영은 항상 대립관계로 존재한다. 타락한 천사로 악한 영의 대표주자인 사탄의 영과 그리고 영계에 가지 못한 귀신 혼들과 그 대립관계에 있는 선한 영들과의 전쟁을 '영적 전쟁'이라고 부른다. 성령과 자기 영 등의 선한 영이 주체가 되어 전쟁을 주관하기 때문에 이 전쟁은 '선한 싸움'이 된다. 영적인 전쟁이기 때문에 이 전쟁은 사람을 대상으로 하는 싸움은 아니다. 이 선한 싸움에서는 사기 등 어둠의 영기에 감염되어 있는 사람 그 자체는 객관화하여 나쁜 영들과는 구분하는 것이 좋다.

또한 먼저 분명하게 알아야 할 사실은, 사탄 등의 나쁜 영들은 창조된 피조물이기 때문에 능력이 제한된 존재이라는 것이다. 전지, 전능하지 못하고 편재(Omni-present)하지 못하여, 결국은 신의 주권 아래 있는 존재들이다. 그들은 신의 허락하심에 따라 활동하는 단순한 피조물에 불과하다. 그러하기 때문에 영적 전쟁의 선한 싸움에서는 선하고 밝은 영들이 반드시 이길 수 있다. 이 영적 싸움에서 넘어지지 않고 이김으로써 이들로 인하여 도리어 나 자신이 강하게 될 수 있게 된다. 이런 의미에서 보면 어둠에 속하는 영들과 그들의 나쁜 기들은 이길 수 있는 대상이 될 뿐이다. 밝고 선한 영이 승리하는 것을 보고 앎으로써 우리 자신도 강해질 수 있게 된다.

엄마 태중에서도 사기에 감염될 수 있기 때문에 사람은 영적 전쟁 가운데 태어나서 죽을 때까지 선한 싸움을 지휘하여야 한다. 임산부가 사기가 득실거리는 병원이나 장례식장 등에 가면 쉽게 사기의 표적이 되는 이유는 태중의 아기에게 미리 감염시켜서 평생 그 인생을 지배하기 위함이다. 태어난 지 열흘밖에 안 된 나의 외손녀에게서 사기가 발견된 것은 나에게 큰 충격이었고 그나마 일찍 발견하게 된 것을 감사하게 생각한 적이 있다. 살아가면서 우리 앞에 닥치는 많은 시험에 어떻게 대처해야 하는가 하는 문제들은 결국 죽을 때까지 겪어야 하는 어둠의 세력과의 영적 전쟁이며 이 전쟁은 수많은 전쟁터에서 벌어지는 연속적인 선한 싸움들이다. 이 영적 전쟁에서의 전투 지휘자는 나 자신이 된다. 말기 암 환자가 눈을 감기 3시간 전에도 악한 영과 싸우는 장면을 본 적이 있다. (환자 본인의 요구에 따라) 그들을 퇴치한 후 편안한 죽음을 맞이한 그의 마지막 모습이 떠오를 때마다 나는 신께 감사한다.

앞에서 설명한 악한 영들의 존재와 종류들, 그 존재들을 확인하는 방법과 측정하는 방법, 그들이 공격하는 경로와 감염 후 해치는 여러 가지의 능력들에 관한 내용은 어둠의 영역에 속하는 악한 영들의 정체(正體)에 관한 것이다. 그들이 무엇인지에 관한 내용들이다. 전쟁에서 승리하기 위해서는 상대방 적들에 대한 정확한 정보를 수집하여 그 정체를 확실히 알고, 그들의 공격 능력과 공격 루트에 관한 내용들을 먼저 알아야 한다.

그들의 정체를 완전히 파악한 후 이들의 퇴치하고 회복과 방어치유를 차례대로 선한 영과 선한 영기들에게 부탁하면 된다. 그럼으로써 퇴치치유 기도자가 모든 영적 전쟁에서 종합 전투 지휘자가 된다. 이것이 영혼의 영역에서 벌어지는 영적 전쟁의 수행 과정이며 이 전쟁의 내용이 된다.

2) 영적 전쟁의 전쟁터

영적 전쟁의 전쟁터는 악하고 나쁜 영들이 있는 곳이다. 이 세상 물질계에 존재하는 이 나쁜 영, 어둠의 영(줄여서 '나영' 또는 '어영'이라고 부른다)들은 물질계 어디에서든 존재할 수가 있기 때문에 영적 전쟁의 전쟁터는 다양한 모습으로 펼쳐질 수가 있다.

(1) 나의 영혼 영역

제일 먼저 만나는 전쟁터는 나의 영혼 영역이다. 전쟁을 수행하고자 한다면 제일 먼저 나의 영혼 영역에 사탄의 영이나 귀신 혼들이 있는지를 확인하여야 한다. 확인 측정하고 영혼 영역에서 이들을 퇴치하고, 몸과 마음 영역에서는 이들이 가지고 있는 사기와 나쁜 영기와 함께 들어온 악령기 등의 모든 나쁜 기들을 제거하여 몸과 마음과 영혼을 정화하고 정결하게 하여야 한다. 나 자신이 영적 전쟁의 싸움터가 되어 있다면 최우선적으로 이 전쟁터에서 승리하여야 한다.

(2) 타인의 영혼 영역과 공간, 물체의 기 영역

나의 영혼 전쟁터에서 치러진 선한 싸움에서 승리하고 나면 그다음 전쟁터는 다른 사람의 영혼 영역이나 기 영역과 어떤 공간과 물체의 기 영역이 된다. 왜냐하면 나에게 전파감염한 원발소(原發巢) 나영들이 있는 곳은 다른 사람이나 어떤 공간이나 물체의 기 영역이 되기 때문이다. 감염 경로와 방법을 찾아서 거슬러 올라갈 수만 있으면 이 파생 전쟁터를 찾아내기는 아주 쉽다. 거슬러 올라갈수록 나쁜 영들과 나쁜 영기의 크기는 커지며 그들의 군대 조직에서 계급이 올라가 있는 원발소를 발견하게 된다. 바로 그들의 영혼 영역과 공간 기 영역이 그다음의 전쟁터가 된다.

나쁜 영과 그들의 나쁜 영기(사기)에 감염된 다른 사람이나 어떤 공간이나 물체들도 주요한 전쟁터이지만, 궁극적인 승리를 위해서는 그들의 원발소를 발견하여 그 원발소를 주 전투장소로 하지 않으면 안 된다. 그렇지 못할 경우에는 재감염이 일어나기 때문이다. 이 전쟁의 수행 방법은 다음 장에서 설명하겠지만 이 원발소 전쟁터를 찾아내는 일은 퇴치기도의 시작 전에 최우선적으로 해야 할 일이다. 어둠의 세력들이 어둠의 영역을 확대하는 것을 최대한 막아내기 위해서는 그 주체들을 먼저 확인하고 그들이 모여 있는 곳을 확인해야 하기 때문이다.

이 전쟁터에서는 적들을 완전히 **퇴치** 소멸하고, 폐허화되었거나 손상된 전쟁터를 복구하여 원상으로 **회복**하며, 더 나아가서 재침범에 대비하여 **방어**와 **예방**조치를 강구하게 된다. 이하에서는 이 과정을 자세하게 살펴본다.

3) 퇴치치유의 방법

(1) 퇴치치유 시의 유념 사항

우리 몸의 기공을 통하여 들어온 사기는 그 사기(나쁜 영기)의 주체가 되는 나쁜 영(사탄의 영 또는 귀신의 혼)과 함께 들어온다. 유입된 후 기 순환계를 돌면서 밖으로는 또 다른 파생사기를 전파하고 안으로는 병기가 되어 몸에 병을 유발한다. 들어온 사기의 양이 많으면 잠재사기화해서 항상 표면화할 준비 태세를 갖춘다. 반면에 함께 들어온 나쁜 영들은 우리의 몸이나 마음 영역이 아닌 영혼 영역에 자리 잡는다. 영혼 영역에 있으면서 표면사기 활동을 지휘하고 모자라는 사기가 있으면 마귀를 통하여 새로운 사기를 기 순환계에 보낸다.

이러한 작용 체제를 가지고 있는 나쁜 영과 나쁜 기에 대응하여, 나쁜 영들에 대하여는 공격하여 퇴치하고, 나쁜 영기들에 대해서는 제거하여 소멸하는 것이 영적 전쟁에서의 주요 전투 과정이다. 단순히 졸병사기의 제거만으로는 완전한 승리는 어렵고 지휘부의 나쁜 영들을 먼저 공격하여 퇴치하는 것이 우선 순서이다. 이 과정에서 선한 영(성령)은 나쁜 영들을 상대하게 되고, 선한 영기(성령기)는 나쁜 영기를 상대하게 된다. **영(靈)은 영(靈)으로, 영기(靈氣)는 영기(靈氣)로 대응**한다. 사탄의 영이나 귀신의 혼은 성령의 능력으로, 그들의 나쁜 영기와 기타 나쁜 기들은 성령의 치유영기로써 퇴치하고 제거하는 치유기도를 하여야 한다. 대상자의 치유와 회복을 목적으로 하는 선한 싸움이 되어야 하며, 이 치유 기도가 이루어질 때 영적 전쟁에서 승리할 수가 있게 된다.

퇴치와 제거 과정에서는 주의해야 할 몇 가지 사항이 있다.

첫째, 사기 퇴치를 허용하는지 여부에 대한 질문이 필요하다는 점이다. '○○○의 나영과 사기, 빙의 문제의 해결을 허용하십니까?'라는 '기도'로 물어 허용할 때에만 이 문제에 접근하여야 한다.

둘째, (사기의 크기, 사기 감염자와 빙의자의 정신 상황, 건강 상황 등에 관한) 정확한 조사 이후 기도로 시작하고, 무리하게 진행하면 안 된다. 일차적으로 그들이 스스로 빠져나갈 명분과 상황을 만들어 주는 것이 좋을 때도 있다. 시간을 가지고 빠져나갈 명분과 상황을 만들어 주는 것이다. 성령과 성령기의 퇴치, 제거 능력을 (이들이 귀신이기에) 귀신같이 먼저 알고 스스로 도망갈 수도 있기 때문이다.

셋째, 성령 주관의 영기에 의한 퇴치가 아닌, 다른 방법으로 퇴치를 시도할 경우에는 그 부작용에 대하여 극히 조심하여야 한다. 퇴치의 주체가 퇴치자 본인과 자기영기가 되는 경우 등이다. 나쁜 영들이 퇴치자 본인을 공격하여 감염시킬 수가 있다.

(2) 감염된 나쁜 영기들의 정체 확인

감염된 사람이나 공간 등에 있는 어둠의 영들과 그들의 나쁜 영기에 관한 모든 정보를 사전에 측정 진단하여 정체를 확인한 후 퇴치기도를 한다. 확인할 정보 내용은 다음과 같다.

① 감염 나영의 종류

사탄의 영인지 귀신의 혼인지를 확인한다. 나쁜 영의 종류에 따라 그 역할과 활동 범위, 감염 경로 등에서 차이가 나기 때문이다. 정치적, 종교적 집단이나 단체 소속원, 관여자의 경우에는 사탄의 영이 많고, 일반 개인들 경우에는 귀신 혼이 많다.

② 크기

크기를 측정하기 위한 지수 단위는 측정자의 선택에 달려 있지만 선택된 지수 단위를 적용함에 있어서는 일관성이 있어야 한다. 일관성이 있을 때 비교 측정이 가능하다. 크기 측정과 함께 이로부터 파생된 파생나영의 크기와 감염자와 감염 공간의 숫자도 파악하면 얼마나 많은 어둠의 영역을 만들어 냈는지를 알 수 있다.

③ 감염 경로

다섯 가지의 감염 경로 중 어떤 경로를 통해서 감염되었는지를 확인하는 것이다. 가족유전자 경로인 경우에는 대개 가족들이 감염 원발소가 된다. 접촉성인 경우에는 최근에 가까이 접촉한 사람이 감염 원발소일 수가 있다. 공간성일 경우에는 거주 공간이나 최근에 방문한 공간이나 장소가 감염원이 된다. 의식성이나 의도성일 경우에는 감염자 본인의 잠재의식이나 표면의식이 작용하여 앞의 가족성, 접촉성과 공간성 경로를 통하여 감염이 일어난다. 따라서 감염경로는 복수의 형태가 된다. 가족 간의 유전성 감염일 경우에는 공간을 타고 오며, 오염된 의식이나 의도가 있을 경우에는 공간이나 접촉 등을 통하여 감염이 쉽게 일어난다.

④ 감염 원발소(原發巢)

누가, 어떤 공간이, 어떤 물체가 감염원이 되고 있는지를 확인하는 것이다. 이것은 앞의 감염 경로 확인 과정에서 어느 정도 윤곽이 잡히기 때문에 쉽게 확인된다. 구체적으로 확인되지 않더라도 '누구 누구의 원발소 사람 (또는 장소)' 정도로 확인하여도 된다. 감염 원발소는 집단 원발소와 개별 원발소가 있으며 각기 사람, 공간 물체 등으로 구분 측정하여 파악하는 것이 그 퇴치 시에 도움이 된다.

(3) 퇴치 기도

감염자(감염된 공간 등을 포함)만을 대상으로 퇴치 소멸하는 방법과 감염시킨 원발소 사람과 공간을 대상으로 퇴치 소멸 하는 방법 두 가지가 있다. 원발소를 찾아낸 경우에는 그 원발소를 대상으로 하는 것이 더 근원적인 치유 방법이 된다. 퇴치치유 기도의 방법은 동일하다.

① 먼저 감염자가 원발소가 되어 파생된 파생사기에 감염된 모든 사람과 감염 공간의 기 영역에 있는 모든 나쁜 영들 (사탄영과 귀신혼)과 이들로 인하여 발생한 표면, 잠재의 모든 사기와 악령기와 모든 탁기, 악기 등의 부정기와 변환된 마이너스의 기들과 오염된 기들을 **원발소 기 영역에 재소환 소집**을 위한 기도를 한다. 이 재소환 소집기도로써 감염된 모든 사람과 감염된 공간 영역이 일거에 퇴치치유가 이루어진다. 상위(上位)의 원발소일수록 더 많은 사람의 퇴치치유가 이루어진다.

② 감염자(또는 원발소)에 들어 있는 **모든 나쁜 영기를 소멸하여 감염자의 몸에서 완전히 떠나기를 기도**하고, (특히) **나쁜 기가 소멸된 사탄영과 귀신혼은 이 물질계를 영원히 떠나서 영계에 들어가도록 기도**한다.

③ 마지막으로 감염되었던 나쁜 영과 나쁜 기들에 의하여 몸과 마음 영역에서 생성된 모든 **어둠의 세력 요소들을 제거하기 위한 기도**를 한다. 이 파생 생성된 어둠의 세력들은 몸과 마음 영역에 잠재되어 있거나 표면에 나와서 활동하고 있는 악령기, 사기, 탁기, 악기, 기타 불순기와 마이

너스로 변환된 4대 기를 포함한다. 마음과 몸의 영역에 남아 있는 이러한 기 세력들을 완전히 제거 퇴치할 때 퇴치 치유가 완성된다.

4) 회복치유와 방어 예방

(1) 회복치유

다음 순서는 나쁜 영들의 어두운 영기가 제거된 몸과 마음 그리고 영혼의 영역을 본래의 모습대로 회복시키는 것이다. 회복 치유 기도는 두 분야에서 이루어진다. 먼저 몸, 마음, 영혼의 세 영역에서 무너진 균형을 회복하는 것이다. 이를 위하여 우리 몸의 모든 기 영역에서 작용하고 있는 불균형 요소와 그 불균형 요소 안에 내재되어 있는 고질병요소와 불균형성을 제거하여 균형성을 회복시키기 위한 기도이다. 그다음은 나쁜 기들 때문에 손상되고 손실된 좋은 기와 선한 기들을 완전히 충기하여 회복케 하는 기도가 필요하다. 이 기도 이후에 측정된 종합 기 수준은 자기가 기도한 수준으로 올라가 있음을 확인할 수 있다.

(2) 방어와 예방

치유, 치료, 정화, 회복의 과정이 끝나면 나쁜 영들과 사기들의 재감염을 방지할 수 있는 방어 예방 조치를 하는 것이 좋다. 완전 치유는 이 방어 예방 조치로써 이루어진다.

다행한 일은, 질병의 세계에 대항하여 우리 몸에는 면역체계가 있는 것과 같이 어둠의 세계에 대항하는 방어체계가 우리에게 주어져 있다는 점이다. 면역체계에서 1차, 2차, 3차 면역기관이 있듯이 방어체계에서는 몸과 마음과 영혼의 영역이 있다. 면역체계에서의 면역체는 크게 보면 메크로파지, 과립구, 림프구가 있듯이 어둠의 세계에 대응하는 방어체로서 선천적인 사랑과 선함과 빛이 있어 몸과 마음과 영혼의 영역을 방어하고 보호하고 있다. 사랑은 미움을 이기고 선함은 악함을 이기고 빛은 어둠을 이길 수가 있기 때문이다. 이 세 가지의 방어체를 가지고 방어기를 대항 무기로 가지고 있으면 어둠의 영도 막을 수 있게 당초부터 설계되어 있었다. 실제로 이 세 가지 방어체를 가지고 있는 사람들에게는 사기가 범접하지 못함을 본다.

몸이 건강하여 면역력이 강화되어 있는 사람들과 마음 영역과 영혼 영역에 성령의 방어영기와 성령의 영기가 충만한 사람에게는 나쁜 영들의 사기공격도 주저하게 된다. 그러나 면역력이 강하여 몸이 건강한 사람이나 방어기 수준이 높아서 마음이 안정된 사람일지라도 영혼 영역에서의 이 세 가지의 방어체가 무너지면 어둠의 세력 요소들이 쉽게 접근할 수가 있어서 방어기가 소멸되면서 감염이 이루어진다. 감염이 이루어지면 당연히 몸의 면역력도 약해지게 된다.

그러나 일반인들의 일상생활에서 이러한 선천적인 방어체계를 지켜나가기는 쉽지 않다. 더욱이 감염 이후 회복치료된 사람들의 경우에는 더욱 어렵기 때문에 별도의 방어 조치를 하는 것이 좋다. 별도의 방어 조치로써는 성령의 (방어)영기를 최대한 충기하고 영혼기, 의식기와 기초기와 의도기의 비정상적인 기 파동을 정상파동으로 회복 복구하는 기도, 그리고 감염 원발소 가족 구성원이 가지고 있는 유전자의 기 파동을 완전히 소멸 제거하는 기도가 효과가 있었다. 예방 조치로서는 감염자의 감염 원발소를 찾아서 그들에게 있는 모든 어둠의 세력 요소들을 같은 방법으로 완전 제거하면 된다. **감염원발소를 근원적으로 치유하여, 파생감염을 예방하는 방법으로서는 감염원발소에 작용하고 있는 사탄영 원발소를 제거하는 방법이 아주 유용하다.** 이것은 군대 조직인 어둠의 세계에서의 우두머리들은 사탄영이기 때문이다. 이들은 7개의 단위로 움직이는 것이 관찰된다.

이상에서 설명한 회복, 방어와 예방의 방법들은 감염 원발소가 사람이 아닌 공간이나 물체에 대해서도 원용하여 적용하면 된다. 특히 거주지나 사무실 등의 공간인 경우에는 퇴치 제거와 함께 명당화 조치도 하면 그 공간 정기와 공간 속의 사람들의 밝은 기가 긍정적인 상호작용을 하게 된다. 이상에서 우리가 항상 당면하고 있는 영적 전쟁에서 어둠의 세력들에 대응할 수 있는 방어 기제(基劑)를 설명하였다.

5) 치유 이후에 드러나는 현상들

나쁜 영들을 퇴치하고 나쁜 기들을 제거하는 것은 몸과 마음, 특히 영혼 영역을 치유하는 결과를 가져온다. 치유 결과를 알기 위해서는 먼저 ① 모든 나쁜 영들이 퇴치 제거된 것을 확인하고 ② 대상자의 변한 의식 수준과 ③ 영혼 건강 수준, ④ 마음 건강 수준, ⑤ 몸 건강 수준을 확인해 보는 것이 좋다. 각 분야의 전체적인 건강 수준이 상승되어 있음을 알 수 있다. 치유가 완성된 사람들은 마음과 영혼의 편안함을 느낀다.

그러나 생체(몸) 건강 상태가 변화한 것에 대해서는 좀 더 자세하게 점검해 볼 필요가 있다. 감염 상태에 있을 때보다는 확실히 좋아졌다는 것이 확인되지만 몸 여기저기에 이상 부위가 있음을 알 수가 있다. 이것은 감염 상태에서 사기가 일으킨 병 때문일 수도 있다. 사기의 병 유발 능력의 결과이다. 사기가 제거되었다고 이미 발병한 병이 없어지지는 않기 때문이다. 때로는 아주 큰 통증이 수반되기도 한다. 감염사기의 크기가 작고 감염 기간이 짧은 경우에는 그냥 두어도 강화된 생체 기 능력과 면역 능력으로 자연 치유가 이루진다. 그러나 그렇지 못할 경우에는 별도의 치유, 치료가 필요하다. 퇴치 제거 이후에 몸에 이상이 있다고 생각하면 병원에 가서 이상 부위를 확인하고 치료받거나 영기치유 기도로 회복하여야 한다. 문제는 완전 감염 상태에서 벗어난 사람들이 겪는 몸 건강(증상)의 변화이다. 완전 감염 상태를 벗어난 사람들이 겪는 몸의 통증은 어떤 의미에서 하나의 축복이 된다. 병 치유와 치료를 시작할 수가 있기 때문이다.

영혼 영역을 치유할 수 있는 (3번 채널링에 속하는) 영적인 능력이 있는 사람은 이들의 병 부위와 상태를 진단하고 치유하는 기도를 할 수 있다. 이 경우 치유영기 파동이 병 부위에서 작용할 수 있는 여건이 되어야 치유의 응답을 받을 수 있다. 이를 위해서는 대상자의 영혼기, 특히 자기영기가 양(+)으로 완전 변환이 이루어져야 한다. 사람에 따라서는 영혼기가 돌아오지 않는 경우도 있기 때문에 이런 사람들에게는 영기치유가 불가능하다는 점에 유의할 필요가 있다. 치유영기는 성령의 기이기 때문에 우리 몸의 영적 영역에 있는 영혼기가 없으면 치유영기와의 감응은 불가능하다.

기타의 사기 퇴치 방법

단순히 사기만을 퇴치 제거하는 사기 퇴치 방법에는 영기 집기판 배치 방법과 강제 퇴치 방법이 있으며, 이 두 가지 방법은 영기 능력자가 아닌 경우에 사용할 수 있는 방법이다.

1. 영기 집기판 배치 방법

이 방법은 영기와 의식기가 항상 최대로 발산되는 밝은 영기 집기판을 이용하는 것이다. 어둠의 기(운)는 어떠한 경우에도 밝은 빛에는 견디기 어렵다. 거주하는 공간(방, 사무실) 사방에 영기 집기판을 붙인 후 기 수준을 재 보면 그 수치가 올라간 것을 확인할 수가 있다. 이렇게 하기 전에 먼저 그 공간에 대한 명당화 조치를 하는 것도 좋다. 그리고 또 하나의 집기판은 침구에 깔아 취침 시 좋은 영기가 대상자의 몸에 직접 들어가도록 한다. 그 후 미리 재어 둔 사기의 기 수준의 변화를 보면 힘을 잃어 가는 모습이 보인다. 힘을 잃어 가는 동시에 빼앗아 간 정기도 조금씩 되돌려 주는 것도 사기 감염자(대상자)의 정기 수준 측정으로 확인할 수 있다.

조상의 귀신 혼(각혼)이 들어온 방의 경우, 이 방법을 통하여 조상의 의식기인 각혼을 성령으로 달래어 영계에 있는 자기의 영을 따라 가도록 할 수가 있다.

2. 강제 퇴치 방법

이 방법은 영기 능력 수준이 낮은 사람들이 실행할 수가 있는 방법으로서, 사기만을 대상으로 손으로 휘젓는 방법으로 사기 퇴치명령을 하고 사기들이 갈 장소도 지정함으로서 퇴치되는 사기가 자기한테 재감염되는 것을 막는 방법이다. 이 경우에는 퇴치자가 가지고 있는 밝은 영들이 작용하게 된다. 그 밝은 영과 영기는 가지고 있는 성령과 성령기와 자기 영기가 된다. 퇴치자인 사람이 주체가 되어 몸속에 들어온 사기와 기타 나쁜 기들만 강제적인 방법으로 쫓아내는 것이다.

효과 면에서 상당한 제한이 있고 퇴치자의 뜻과는 다른 결과와 후유증이 나타날 때가 많다. 그들의 교묘한 술책을 감당하기가 어려울 때가 간혹 있다. 이 경우에도 사기들이 만들어 낸 탁기와 약령기가 만들어 낸 마음속의 악기를 제거하는 것도 잊지 말아야 할 사항이다.

10. 넘어지지 않는 승리자

영적인 문제, 영적인 싸움에서 어려운 점은 영은 모든 살아 있는 존재들의 핵심 부위에 있지만 우리가 볼 수도 느낄 수도 없다는 점이다. 반면에 우리의 몸은 보이고 우리의 혼은 느낄 수가 있다. 또한 영의 작용은 (영기와 생체기가 직접 작용하지 않기 때문에) 우리의 육체로 직접 느끼지 못한다. 간접적으로 혼의 영역(혼기)을 통하여 영향을 받을 수 있을 뿐이다. 이러한 영적인 문제에 대응할 때에는 믿고 담대하여야 하며 단호해야 한다. 영적 진실성을 왜곡하고 그에 대항하는 이 세상의 세속주의(예 종교적 세속주의), 상대주의(예 절대적 진실의 부정), 허무주의(예 무사상)에 대해서도 단호한 입장에 서 있어야 한다.

어두운 방에 불을 켜면 어둠은 도망간다. 그들 세력들로 인하여 드리워진 어두움이 인지되면 단호한 마음으로 밝은 불스위치를 눌러서 그 빛으로 어둠을 몰아내어야 한다. 빛의 갑옷, 전신갑주로 무장하여 피조물로서 능력이 제한된 사탄마귀의 세력에 대응해야 한다. 신은 어둠의 영역도 다스리는 권세가 있다. "내가 하나님의 성령을 힘입어 귀신을 쫓아내는 것이면 하나님의 나라가 이미 너희에게 임하였느니라"(누가복음 11장 20절)라는 성경 말씀은 성령의 힘으로 사탄마귀의 영과 귀신 혼과 악령을 쫓아낼 수 있는 근거와 하나님의 나라는 적의 지배가 타도된 곳에 존재함을 말하고 있다.

우리의 힘, 나의 힘이 아닌 퇴치 기도로써 구하는 성령의 힘과 능력으로 영적 전쟁에 임한다. 삶의 과정에서 최후의 순간까지 선한 싸움에서 이기는 승리자가 되기 위한 영적 분별력을 최대한 유지하도록 노력해야 한다. 일반적으로 도전이 클수록 우리의 내적인 힘, 결심과 의지가 강하게 단련된다. 신비하고 매력적이며 감각적인 각종 유혹으로 도전하여 오는 경우에는 이를 공격하거나 부정하는 것보다 단순하게 그리고 단호하게 거부하는 행동이 좋다. 붓다는 (악마들의 공격으로) 뼈가 부러지는 고통을 이기면서 대항보다는 거부의 방식으로 이겨 갔으며, 예수는 이러한 도전과 유혹 시에 (겟세마네 동산에서) 피땀을 흘리시며 기도로써 이겨 나가셨다.

우리 모두가 넘어지지 않는 승리자가 되어야 하겠지만, 승리의 영광은 현존이신 유일신(하나님)에게 있다.

KI, THE WAVE OF ENERGY AND INFORMATION

제4장

기의 상호작용

11. 기의 균형적 상호관계

어떤 물질이 가지고 있는 고유한 에너지와 정보, 즉 한 물질의 기는 다른 물질의 기와 **종합적으로 상호작용**을 하지만 한 가지의 물질을 구성하는 내부의 기 상호 간에도 **개별적인 상호작용**을 가진다. 사람에 이르러서는 한 사람이 가지고 있는 종합적인 기와 다른 사람이 가진 종합적인 기, 즉 사람과 사람과의 관계를 결정짓는 기의 상호작용이 일어남은 물론 개별 정기와 정기 간의 상호작용도 일어난다. 또한 한 사람의 종합기의 내부에서도 정기와 생체기, 정기와 혼기, 혼기와 영기, 정신기와 생체기와의 관계에서 특별한 상호작용이 일어나서 그 사람의 현재 상태를 만들어 내고 있다. 따라서 기의 상호작용의 정지는 그 사람의 현재 상태의 정지이다. 우리는 이 상황을 기절(氣絶)했다고 표현한다. 물질계의 모든 기는 우주기와 연결되어 상호작용하고 있으며, 내부 의도와 관련이 있는 사람의 의식기와 외부의도인 우주 의식기의 상호작용은 아주 특별하며 중요하다.

기의 상호작용에 의하여 나타나는 현상, 즉 보이지 않는 기의 작용에 의하여 드러나는 실재 현상은 우리의 생활 자체이며 우리가 살고 있는 현실 세계 자체이다. 기의 작용에서 나타나는 **현상의 원인**은 앞에서 설명한 소통 감응성과 보편성이라는 **기의 성질**에 있다. 기의 상호작용은 이러한 기의 성질이 있기 때문에 가능한 것이다. 기의 작용 과정에는 상호 접근, 감응하면서 공명과 동조를 통하여 작용하는 기의 성질이 작용한다. 그리고 기의 흐름과 전달 대상은 편파적이거나 선택적이 아닌 일반적, 보편적으로 이루어지는 기의 성질이 그대로 적용되는 것이다. 따라서 이러한 기들의 성질을 염두에 두면서, 물질계 기의 상호관계를 이해할 필요가 있다.

우리가 생각하는 **기의 능력**은 기들이 상호작용하는 가운데 나타나는 현상들 중에서 주로 우리가 인식할 수 있는 변화된 상태를 말한다. 이 세상에 존재하는 아무리 작은 미물일지라도 그 속에서 일어나고 있는 기의 작용은 큰 도시를 짓고 움직이게 하는 세밀한 설계도 작업과 비슷하다. 큰 우주와 작은 세포들의 상호작용 또한 같은 원리에 따라 작용한다고 보면 그 섬세함에 경외감이 든다. 나타나는 기의 능력을 세분해 보면, 에너지와 정보를 제공하거나 전달하는 능력과 이 능력들이 종합적으로 나타나면 상황이나 상태를 변화케 만드는 능력이 된다.

사람이 가지고 있는 기본적인 기는 생체기, 정기, 혼기, 영기이며 사람이 가지고 있는 이러한 기들과 우주의식기는 상호 관련되어 있다. 상호작용이 일어나는 기들의 관계는 ① 정기와 생체기(기초기), ② 정기와 혼기(의식기), ③ 혼기와 영기(생명기), ④ 우주 의식기와 사람 의식기(영기)의 관계로 나누어 볼 수가 있다. 사람 이외의 물체의 경우에는 ① 정기와 체기의 관계만 존재하며 사람 이외의 동식물에서는 ① 정기와 생체기, ② 정기와 혼기의 상호작용을 볼 수가 있다.

사람에게서 볼 수 있는 네 개의 상호관계 과정에서 작용하는 전체의 힘(작용력)을 100으로 봤을 때, 상기 ①, ②, ③, ④ 관계에서의 작용력의 비중은 '3:85:3:9'로 측정되고 있다. 이 비율로써 각 관계성과 작용력의 크기를 가늠할 수가 있다. 의식기를 형성하는 정기와 혼기의 비중이 제일 높고, 그다음이 우주의식기와 사람의식기의 관계이며, 혼기와 영기 관계와 정기와 생체기의 관계는 각기 3%의 비중밖에 되지 않는다. 그러나 사람의식기를 중심으로 기들의 상호작용력 비중을 보면 '3:85:3'이라는 보기 좋은 균형을 이루고 있다. 우주의식기와 사람의식기 간의 상호작용비중(9)도 사람의식기와 우주의식기 중의 체기와 정기 그리고 영기와의 비중이 '3:3:3'이라는 기가 막힌 균형 상태를 보여 주고 있다.

네 개 기의 상호작용력 크기를 종합하여 나타나는 수치는 '기 작용력의 균형 수준'을 나타내고 있다. (그중에서 사람 마음 영역 의식의 구성 내용은 영적의식, 잠재의식과 표면의식이 있다. 이 세 가지의 기를 합쳐서 사람 의식기라고 표현하며, 이 전체 의식기의 범위 안에 마음을 이루는 정기와 혼기가 있는 것으로 본다. 따라서 생체기와 영기는 이 마음 영역의 의식기와 별도로 있는 것이다. 이에 따라 생체기와 영기는 직접적인 상호작용을 하지 않고 의식기 영역을 거쳐 간접적으로 작용한다.)

측정된 기 상호 간의 작용력 비중과 균형지수를 이해함으로써 기의 상호작용을 전체적으로 조감할 수 있게 된다. 이들 지표들이 사람의 의식 수준과 가지는 연관성을 살펴보면 그것이 의미하는 바도 많다. 어느 특정 시점에 임의의 6명을 대상으로 측정한 기작용력 균형비율(BKO: Balance Ratio of Ki Operation)과 기 상호간의 작용력 크기(OPK: Operation Power of Ki)의 편차와 의식 수준을 다음 표에서 예시한다. 또한 이 세 가지 지수, 지표는 우리 몸의 생체 건강 상태와 직접적인 관련성이 있음도 알 수가 있다.

기 상호작용력 균형 비율 및 작용력의 크기

	A씨 (기준)	B씨	C씨	D씨	E씨	F씨
균형 비율(100 기준)	100	97	72	72	71	32
상호작용력 크기(편차)	100	100(0)	100(0)	100(0)	100(0)	100(0)
① 우주기-사람기	9	3(-6)	4(-5)	11(+2)	7(-2)	4(-5)
② 혼기-영기	3	7(+4)	3(0)	1(-2)	3(0)	0(-3)
③ 정기-혼기	85	87(+2)	76(-9)	84(-1)	81(-4)	64(-21)
④ 정기-생체기	3	3(0)	17(+14)	4(+1)	9(+6)	32(+29)
의식 수준(1,000 기준)	500 이상	413	351	312	221	164
생체 건강 수준(100 기준)	100	94	92	93	86	42

이하에서는 기 상호작용 관계를 그 성질별로 구분해서 살펴
본다. 이를 위하여 ① 물질계 생성의 기초인 정기와 체기의 상
호작용은 기초기의 작용, ② 전체 기 작용력의 85%에 달하는
비중을 가진 정기와 혼기의 상호작용은 의식기의 작용, ③ 모
든 영역에서 생명의 근원이 되는 혼기와 영기의 상호작용은 생
명기의 작용, ④ 선택과 결정 과정을 거친 사람 의도의 의식기
와 (이미 모든 가능성으로 결정되어 존재하고 있는) 우주 의식기의
상호작용은 결국 자기영기와 우주영기의 작용이기 때문에 '영

기의 작용'으로 이름 지어 사용하고자 한다. 참고 사항으로 정기와 정기 간의 상호작용도 살펴본다.

12. 정기와 체기(기초기)의 상호작용

1) 의식과 정기의 나타남

(1) 체기와 정기

137억 년 전 우주 역사가 시작된 이후, 생명체가 탄생한 35억 년 전까지 기간인 102억 년 동안에는 체기와 정기만 존재했다. 이 우주에 존재했던 모든 물질의 기는 체기와 정기로만 구성되어 있었다. 여기에서 혼기가 추가되어 생명체가 탄생했고, 20만 년 전에 영기가 추가되어 현생 인류가 탄생함으로써 우주 물질계의 기본기는 체기, 정기, 혼기, 영기로 구성되었다. 그 중에서 체기와 정기는 동식물과 사람은 물론 모든 물체에 들어 있는 기본이 되는 물질기이다. 우주 은하계 별들은 물론, 사람 몸을 이루고 있는 100조 개의 세포 하나하나에도 어김없이 정기와 체기가 존재하고 있다. 정기와 체기에는 각각 기(파동) 형태의 정보와 기(파동) 형태의 에너지가 입자 모양으로 존재하고 있다. 정기에 포함된 정보 프로그램에 따라 형태(體, Body)가 결정되고, 정기의 상호작용에 따라 형태(체)의 변함이 진행되고 있는 것이다.

영과 혼이 있는 사람의 정기와 생체기는 단순한 물건들의 정기와 물체기와는 달리 그 내용과 작용이 단순하지 않다. 복잡한 내용과 함께 상당히 복합적인 작용 관계를 가진다. 혼기와 함께 의식기를 구성하고 있는 정기는 사람의 의식 영역에서 생체기와 합쳐짐으로서 (협의의) '마음'이 형성된다. 몸의 의식 영역 중 표면의식(의도) 영역의 정기가 나타난 것이 감정, 생각, 의도이며, 이것은 무의식 속에 잠재된 나머지 부분과 합쳐져서 사람의 전체 정기가 된다. 따라서 강렬한 감정과 생각을 통하여 형성된 강한 의도를 외부에 표출한 사람들을 기가 센 사람이라고 말하는 경우, 그때 나타난 기는 주로 표면화된 정기를 지칭한다. 물론 여기에는 높은 생체기 에너지가 포함되어 있을 것이다. 노출된 정기가 크지 않더라도 마음속에 잠재된 정기(와 영혼기)가 충만한 사람을 표현할 때 우리는 외유내강의 사람 또는 내공이 있는 사람이라고 한다.

정기는 우리의 뇌 속에서 외부 정보에 대한 감각과 인식과정을 거쳐 '의식화'될 때 발생한다. 이와 같이 정기는 기본적으로 우리의 뇌 활동을 통하여 발생하지만, 외부의 정기를 받아 충기(充氣)함으로서 모자라는 기를 보충하는 경우도 있다. 정기 보완을 위한 충기는 정기 간의 상호작용 과정에서 이루어진다.

(2) 의식과 정기의 나타남

우리 몸 외부에 있는 현상들은 외부 정보로서 시각, 청각, 감각 기능을 통하여 뇌에 전달되며 이 3각(三覺)은 지각(知覺)으로 '인식'화된다(후각과 미각을 포함하여 5감 또는 5각으로 생각해도 된다). 이 인식 단계에서는 '무언가 있구나' 하는 정도로 희미하게 알아차리는 정도이다. 기억으로 저장된 내부 정보를 사용하여 이것을 카테고리화(범주화)할 때 이것에 대한 분석과 판단이 이루어져서 이것이 '무엇이다'라고 구체적으로 알게 된다. 이 과정은 뇌 속의 중추신경계에서 이루어져서 척수에서 마감되며 이 순간에 '의식'이 발생하게 된다. 이러한 뇌 속의 의식 작용이 있을 때에는 '의식이 깨어 있는 상태'가 된다. 혼수상태의 환자가 '의식이 깨어날 때' 주변 사람들이 누구인지 알아볼 수 있는 것은 뇌에서 이러한 의식 과정이 정상적으로 작동이 되기 때문이다.

또한 이 의식에 세포 입자들의 파동이 형성되면서 '정기'가 만들어진다. 이 정기 파동의 움직임이 밖으로 나타나 표면화 된 것이 '표면의식'이며 '표면화 된 정기'이다. 이 표면의식은 우리 의식 총량의 5%에 해당한다고 한다. 나머지 95%는 마음의 영역에 잠재된다(잠재의식). 뇌 과학 분야의 통합정보이론에서는 뇌에서 발생하는 의식을 양자역학적 방식으로 특정화하여 설명하기도 한다(이탈리아의 줄리오 토노니). 인지 기능이 떨어질 때 사람의 정기가 떨어지는 것을 느끼는 것은 이와 같은 의식화, 정기화의 과정에 문제가 생겼기 때문이다. 반대로 환자가 의식이 깨어나면 정기도 되살아난다.

표면화된 의식과 정기의 형태는 감정, 느낌, 생각, 의도 등으로 나타난다. 감정은 일차적으로 내면의 의식기(정기)의 **파동운동**이 밖으로 **나온 것**이다. 영어로 감정을 'Emotion(= out + motion)'이라고 표현하는 이유가 여기에 있는 것 같기도 하다. 내가 만나는 어떤 사람이 인식되는 과정에서, 과거에 가졌던 그 사람과의 관계에서 좋지 못한 경험 기억(나쁜 세포기억)이 합쳐진다면 그것이 의식화되어 부정적인 정기가 발산되어 그 사람에 대한 '나쁜 감정'이 발생한다. 이 내부 감정이 얼굴근육 운동 표정으로 변할 때는 그 내부 감정이 외부에 표출되는 것이다. 이러한 부정적인 내부 감정이 생길지라도 구태여 부정적인 의식기(정기) 파동을 밖으로 표출할 필요는 없을 것 같다.

의식이 깨어난 환자가 바로 말을 하지 못해도 얼굴 표정이나 눈물을 흘리는 것은 이러한 감정이나 느낌이 생겼기 때문이다.

감정과 느낌의 출발점은 외부 자극에 대한 (면역, 대사와 같은 세포 단위에서의) 반응이 무의식적으로 일어나는 데 있다. 무의식적 반응은 아픔, 쾌락에 대한 반응이며 이에 대한 판단과 인식이 의식화되는 것이다. 좋은 것인가 즐거운 것인가, 괴롭고 고통스러운 것인가 등의 아픔 또는 쾌락에 관한 무의식적인 판단과 종합을 거쳐 자각되면서 표면의식화된 것이 우리가 일상생활에서 가지는 느낌과 감정이다. 느낌과 감정은 구체적으로 표현은 안 되지만 몸 전체로 안다. 느낌과 감정은 각자가 이미 가지고 있는 정서에서 영향을 받는다. 정서는 분노나 공포와 같은 기본 정서, 명예, 자존심 등의 사회적 정서, 몸 상태와 생체 감각과 같은 배경적 정서를 포함한다. 이미 기억세포 속에 저장된 대상체에 대한 정서적 정보가 감정과 느낌 형성에 주도적 역할을 하고 있는 것이다.

느낌(Feeling)도 표면화된 정기의 한 형태이다. 이 느낌에는 '예측'이라는 시간적 개념도 포함되기 때문에 느낌의 의식은 어떤 사안에 대한 정확한 판단을 위해 필요한 것이기도 하다. 생활 과정에서 느낌과 예감이 우리 행동에 큰 역할을 하는 이유이기도 하다. 예감, 예측과 느낌은 우리 뇌의 페레츠 회로라고 하는 기억회로에서 무의식으로 잠재된 과거의 기억과 새로 입력된 정보를 함께, 시간 변수에 버무려서 미래를 판단하는 것이다.

이 느낌은 하나의 충동이며 행동의 동기가 되기도 한다. 사람들의 생각을 통제하여 조직에 복종시키기 위하여 감정과 느낌을 가진 사람들을 감정 범죄자로 처벌하는 내용의 영화 〈이퀼리브리엄〉은 감정이 통제된 도시를 극적으로 그리고 있다. 감정과 느낌 등의 정서가 생각과 행동의 동기가 된다는 사실을 전제로 만들어진 가상 드라마이다. 그리고 영적 영역에서도 (비경험적, 비선형적인 요소들이 많기 때문에) 이 느낌의 부분이 아주 중요하다. 영감(靈感)은 영적 영역에서 가지는 느낌이며, 이 영감을 통하여 주로 주관적인 영적 각성이 이루어진다.

생각(Thinking)은 바로 나 자신이라고 말하는 철학자들이 많을 정도로, 우리는 일분일초도 생각의 연결고리를 끊을 수 없다. 하루도 생각 없이 살지는 않는다. 그래서 생각의 형성과 그 내용이 즉 '나'라고 표현되는 것이다. 생각이란 내부와 외부의 대상(자극, 정보 등)이 개념(Concept)으로 범주화(Categorization) 되면서 발생된 의식에 언어 기능이 첨가되어 생성된 표면의식이며, 표면화된 정기이다. 즉, 생각은 언어체계를 매개로 하여 추론하고 판단하고 예측한 결과인 것이다. 지각을 거친 감정과 느낌까지를 '1차 의식'이라고 한다면 언어 기능이 들어 있는 생각과 의도를 '고차의식'이라고 한다. 이 고차의식에는 과거 현재 미래의 시간적 범주, 경험에 입각한 무의식 영역에 언어체계가 포함된 것이기에 사람을 포함한 고등 동물에게만 있는 것이다. 이 고차의식은 지혜, 분별력, 자아 형성의 기초 소재가 된다. 혼수 상태에서 의식을 되찾은 환자가 주변 사람의 이름을 말할 수 있는 단계로 회복된 것이다.

마지막으로 중요한 것은 나타나는 의식(정기)인 의도(Intention)이다. 내부 의도에는 표면화되는 정기가 포함되어 있다. 이 내부 의도에는 생각하는 바를 행동으로 연결하고자하는 의지(행동의지)가 포함되어 있다. 행위 이전의 내부 의도는 표면의식의 일종으로 정기의 범위 안에 들어간다. 생각과 의도는 느낌과 감정을 기반으로 만들어지며, 행위는 생각과 의도의 방향에 따라 이루어진다. 내부 의도의 정기 파동이 뇌 중추신경과 전두엽의 운동세포에 전달되고 이것이 몸의 근육세포에 전달되면 행동으로 나타나는 것이다. 그러나 뇌의 표면의식 생성 기능이 쇠퇴하더라도 잠재기억의식은 남아 있는 경우가 많다. 나이가 들면 과거사 이야기를 많이 하는 이유이기도 하다. 젊었을 때 배워둔 악기도 거침없이 다룰 수 있는 치매환자도 있다. 단기 기억력을 상실한 치매환자도 오래된 옛날 노래를 부를 수 있는 이유이다.

의식과 정기의 생성과 작용에 관한 긴 설명이었지만 이 과정
은 아주 짧은 시간에 이루어진다. 원숭이의 뇌 반응 실험 결과
에 의하면, 외부 자극의 인식에 반응하여 행동으로 이루어지
기까지의 시간은 불과 0.25초밖에 걸리지 않는다고 한다. 원숭
이가 바나나를 보고 잡기 위해 손을 뻗기 시작할 때까지의 시
간이다. 사람에 대한 실험의 결과는 이 시간이 5분의 1초로 측
정되었다고 보고되고 있으며 행동자의 경우에 이 시간은 '즉시'
로 느끼게 된다.

(3) 자유의지

생각과 의도가 지향하는 방향의 선택은 '자유의지'에 있다.
그리고 자유의지에 의하여 선택된 의도가 긍정적 방향인가 부
정적인 방향인가에 따라 사리 판단 분별력의 크기와 형성된
'자아'의 특징이 결정된다. 이러한 의미에서 보면, '자아초월'상
태를 경험한다 함은 마음에서 모든 감각, 생각과 언어, 의도 등
을 제거하여 순수의식 상태를 경험한다는 뜻이 될 것이다. 순
수의식 상태에서는 공간, 시간이 사라지고 모든 내용이 사라지
면서 나 자신도 사라짐을 체험하는 그러한 상태만 남게 된다
고 한다. 뇌 과학의 입장에서 본다면 명상을 통하여 뇌간 중격

핵에서 분비하는 가바(GABA) 호르몬을 촉진함으로써 일어나는 일종의 뇌 작용 현상이다.

생활인으로서 보통 사람은 비우는(空) 방법의 명상보다는 자아 속에 '사랑과 배려'를 채우고, 부정적인 의도를 긍정적인 의도로 대체하는 방법인 '사랑의 법칙'을 따르는 것이 더욱 수월하리라 생각한다. 비우기를 위하여 힘들게 노력하는 것보다 사랑의 실천이라는 행위를 하는 것이 더 쉽고 올바른 '자아' 형성 방법이라고 생각되기 때문이다.

형성된 내부 의도의 내용과 지향하는 방향이 중요한 것은 그것이 생체적 몸 기능에 영향을 미치며, '행동 원인-결과'의 인과 관계하의 일상생활에서 모든 행동의 원인으로 작용한다는 데 있다. 영적 영역에서도, 가지고 있는 내부 의도는 영적인식, 각성과 영적 실천 면에 지대한 영향을 미치고 있다. 구체적으로는 내부 의도의 내용은 영기(성령기)에의 접근 및 감응과 깊은 관련이 있다.

2) 생체기의 발생과 흐름

(1) 생체기의 나타남

몸 영역을 전체적으로 보면 정기는 생체가 작동하는 데 필요한 '정보'를 제공한다. 정기가 소프트웨어라고 한다면 생체는 하드웨어에 해당한다고 할 수가 있다. 발생한 의식의 정기 파동이 대뇌 전두엽의 운동신경에 전달되면 해당 세포에서 운동(움직임)으로 출력된다. 문제는 출력이 되는 운동에너지, 즉 **생체의 기 에너지**가 어떻게 발생되는가이다.

그 과정을 간단히 설명하면 다음과 같다. 운동신경 명령이 뇌척수 신경세포에 전달되면 뇌간 그물체에서 아세틸콜린이라는 신경전달물질이 생성되어 이 물질이 해당 부위에 전달된다. 아세틸콜린을 싣고 간 뇌척수 신경세포는 시냅스를 사이에 두고 근육세포들과 만나게 된다. 이때 시냅스 내의 칼슘은 근육세포의 액틴사슬과 미오신사슬을 작동시키게 되며, 아데노신 3 인산기라는 ATP의 합성이 시작된다. ATP의 합성은 (우주의) 광양자 포톤의 힘을 빌려야만 가능한바, 이것은 우리 생체에너지의 발생에도 우주의 기가 작용하는 과학적 증거가 된다. 합성된 ATP가 분해는 파동의 모양과 비슷하게 앞으로 미는 모양으로 진행되며, 이것이 바로 생체에너지(힘)가 되는 것이다. 이

힘으로 근육의 운동이 발생한다. 생체기가 나타난 것이다. 몸 세포에 활력이 생긴 것이다.

한국의 생물학자 소광섭이 새로운 세포의 생성 과정에서 '빛 알'의 역할을 밝힌 적이 있는데, 그가 말한 빛알이 우주의 광양 자이며 대부분의 과학자들은 생체와 작용하는 광양자를 생체 광양자(Bio Photon)라고 부르고 있다. 이와 같이 우주의 기는 우리 생명에너지(생체기)의 근원이 된다. 사람들이 기를 정의할 때 생명의 근원이라고 말하는 경우에는 바로 이점을 강조하여 말하는 것이다. 우리 몸과 우주의식기(구체적으로 말하면 우주 체 기를 구성하는 우주광양자) 사이에 상호작용이 이루어지고 있는 것이다. 알수록 느껴지는 이 신비함이여…[7]

(2) 몸속 생체기의 작용

마음 영역에서 정기에 가장 많은 영향을 주는 것은 마음속 갈등과 스트레스인 것과 같이, 몸의 영역에서 생체기에 많은 영향을 미치는 것은 우리 몸속에서 작용하는 생체 구조이다. 생체 작용 원리와 구조에 관한 지식은 워낙 복잡하고 어려운

---

7 참고: 생체에너지를 만드는 방법에는 포도당을 사용하는 '해당계' 방법과 이상의 설명에서와 같은 '미도콘드리아계' 방법의 두 가지가 있다.

분야의 지식에 해당되기 때문에 대강 겉모양만 더듬어 보면서 생체기의 흐름을 살펴보는 수밖에 없을 것 같다. 몸 생체 각 부분은 생체기가 관장하고 있으며 이 생체기는 영혼이나 마음 영역과는 거의 독립적으로 작용한다.

생체기의 작용 영역인 생체 부위를 보면, 작용 계통은 면역계, 혈계, 기(氣)계, 림프계와 신경계, 자율신경계, 내분비계가 있으며 순환 계통으로서는 혈액 순환계, 림프 순환계, 기 순환계가 존재한다. 몸의 부위 위치별로 보면 두부, 경부, 흉부, 복부, 지체가 있으며, 이 각 부위에 걸쳐서 심장, 호흡기, 소화기, 비뇨기, 생식기, 피부 등이 기능별로 배치되어 있다. 그 작용과 배치 관계를 쳐다보면 크고 웅장한 심포니 오케스트라 악단을 보는 것 같다.

우리 몸을 구성하고 있는 60조~100조 개의 세포가 각 세포에 내재된 정기의 기 정보와 생체기의 기 에너지에 따라 움직이면서, 합쳐져서 하나의 장기기능이 되고 이 장기의 기능은 다른 장기들의 기능과 생체기 균형을 유지함으로써 우리 몸이 정상적으로 작동이 되는 것이다. 예컨대, 소화 기관은 식도, 위장, 십이지장, 소장, 대장, 직장, 항문, 간, 담낭, 비장, 췌장, 맹장으로 이루어져 있고 각 장기는 균형적 관계를 유지하면서 종합적으로 작동되고 있는 것이다. 어느 특정 장기의 세포 생체기

파동이 정상을 벗어난 것이 측정되면 그 장기에 이상이 생긴 것이며 이 경우 다른 장기와의 밸런스도 깨어져 있는 것이다.

이와 같은 이유로 건강한 몸 상태를 유지하기 위해서는 생체기의 부위별 밸런스가 이루어져야 한다. 전체 생체기의 부위별 배분 상태와 각 부위별 기의 상호 균형이 정상적으로 이루어질 때 건강을 유지한다고 말할 수 있는 것이다. 몸속의 모든 기가 원활히 흐르도록 하는 기 순환체계의 유지도 같은 이유로 중요하게 여겨진다. 기의 원활한 순환과 균형이 특별히 필요하고 중요한 부위는 뇌 영역이다. 영기와 정기 그리고 생체기가 만나는 장소가 바로 뇌이기 때문이다. 기와 관련하여 뇌에서 일어나고 있는 작용들을 먼저 살펴보고 생체기 순환관계를 알아보기로 한다.

(3) 뇌의 작용

뇌에는 160억 개 이상의 신경세포가 있으며, 신경세포의 축삭과 시냅스의 작용이 있기 때문에 뇌의 모든 기능이 서로 연결되어 작동된다. 의식(정기)이 뇌에서 발생하는 과정도 신경세포들이 주도적 역할을 한다. 외부의 정보가 1차, 2차와 다중감각피질을 통해서 해마방회와 편도체에 도달하면 내부의 자기 신호인 기억 정보가 척수와 시상하부의 자율신경계 중추를 통해 해마에 온다. 이 내부 기억과 외부 정보가 상관관계를 형성하면서 새로운 기억과 의식이 생성된다. 대부분은 잠재의식화되고 나머지는 표면의식화되는 것이다. 뇌의 이러한 생체 작용으로 정기가 생긴 것이다.

뇌의 명령전달 체계는 변연계 시상하부에서 시작하여 송과체, 뇌하수체, 교뇌, 연수를 거쳐 척수에 도달한다. 척추의 척수관과 척추신경을 통하여 기 정보가 전달된다. 몸 각 부위의 생체기 활동에 대한 명령이 전달된다. 시상하부는 면역과 자율신경계의 중앙통제 정보를 전달하고 베타 엔돌핀의 분비와 기억(유두체)관련 기 정보를 전신에 전달한다. 송과체의 생리적 기능이 많지만 특이하면서 아주 중요한 영적 기능도 담당하고 있다. 뇌하수체는 내분비 호르몬 생성 배분 기능을 총괄하고 있다. 교뇌는 심장박동, 호흡과 삼키는 기능을 담당하고 있다.

뇌의 모든 부위가 생명유지를 위해서 중요한 기능들을 수행하고 있지만 그 기본이 되는 것은 의식과 정기의 생성이다. 이들은 1차적으로 척수와 뇌간의 신경조절물질에 의하여 상태가 결정되고, 2차적으로 감각피질에서 그 내용이 결정되면서 시상그물핵에서 의식이라고 하는 정기가 형성된다. 생체기능이 뇌의 제일 깊은 곳에서 우주기와 영기와 교신하여 상호작용을 하고(송과체), 뇌간과 변연계의 작용으로 정기를 만들고 기억으로 정기의 내용을 저장하는 기능을 하고 있는 것이다. 이 모든 기능들은 생체기의 뒷받침이 없으면 작용을 하지 못한다.

생체의 중심적 기능을 맡고 있는 뇌의 작용 중 또 다른 예를 들어 보면, 파킨슨 병은 뇌간 부위의 흑질치밀부에서 도파민을 분비하는 세포가 죽었을 때 발생하는 것으로 밝혀졌으며, 치매는 뇌 척수액에서 뇌 신경물질인 베타 아밀로이드 수치가 비정상이고 대뇌 기저핵과 측두엽 해마의 용적이 축소됨에 따라 생기는 뇌의 인식, 기억 기능의 손상 상태인 것이다(알츠하이머라고 알려진 신경성 치매는 대뇌기저핵에서 생성되는 아세틸콜린이라는 신경전달물질이 과다 생산될 때 생기는 치매 현상이다). 감정과 느낌이 생성되는 뇌의 부위는 전두엽 신피질과 전대상회이라고 알려져 있으며, 반응하여 행동으로 연결될 때에는 뇌간의 명령통제 기능이 작동하게 된다.

인간의 뇌 기능을 연구하는 뇌 과학이 최근에 와서 눈부신 발전을 하고 있으며 마음과 영적 영역까지 연결되어 탐구 범위가 넓어지고 있음을 본다. 이것은 뇌가 가지는 종합적인 기능 때문이다. 이러한 종합적인 뇌의 기능도 뇌에서 활동하는 생체기가 없으면 불가능하다. 생체기가 기초에너지를 제공해 주기 때문이다. 세포 내에서 기초에너지인 생체기가 발생할 수가 있는 것은 앞부분에서 설명한 바와 같이 ATP 합성 과정에서 생체광양자의 힘을 빌림으로써 가능하다(탄수화물의 당화과정을 통해서도 생체 에너지를 공급받는다).

(4) 생체기의 흐름

혈액순환, 림프순환에 이어 제3의 순환계라고 불리고 있는 기 순환계는 우리나라의 전통 의학으로 발전되어 온 혈액순환계의 경락과는 다르다. 북한의 과학자 김봉한 박사에 이어 우리나라의 소광섭 교수에 의하여 프리모 시스템(Primo Vascular System; PVS)으로 호칭되면서 과학적인 접근이 시도되고 있다. 그들은 0.02~0.05㎜ 크기의 프리모관(氣管)에서 빛보다 빠른 전달 속도를 지닌 빛 알갱이 생체광자(Biophoton)가 흐르고 있음도 밝히고 있다. 기 순환계를 흐르고 있는 기의 존재를 밝힌 것이다.

혈액순환계에서는 혈관 및 혈액의 기 균형을 맞추는 지점을 혈맥(血脈) 또는 경락점이라고 부른다. 기 순환 시스템도 혈액순환 시스템과 비슷한 구조를 가지고 있다. 혈관 조직에 기맥이 있듯이 기가 흐르는 프리모 시스템에도 기맥(氣脈)이 분포되어 있다. 프리모 노드(Primo Nod)라고 일컬어지는 기맥에서 기의 흐름 배분이 이루어진다. 이 지점에서 주변 장기의 기파동과 감응 공명이 이루어져서 동일한 파동의 (생체)기의 이동이 이루어진다. 혈관에서의 혈액도 동일한 이치로 혈맥에서 혈액의 이동 경로가 결정된다. 따라서 혈맥이나 기맥이 막히면 혈액이나 기의 순환이 어렵게 된다. 혈맥이나 기맥을 치유해서 혈액순환과 기 순환을 원활하게 해 주는 것은 고장 난 사거리의 신호등을 고쳐서 차량 소통이 잘 되게 하는 것과 같다.

기관(氣管)에는 84,000개의 기공(氣孔)이 있다고 하며 그중 67,200개의 기공이 손바닥에 분포되어 있다. 기공에서는 기들이 유입되고 배출되기도 한다. 기관을 흐르는 기들은 이 기공을 통해서 내부 생체 기관에 들어가서 그 부위 기관의 작용을 돕는다. 특히 이 기공은 영기치유 과정에서 치유영기를 받는 주요 기능을 하기 때문에 영기치유 영역에서 주요하게 다뤄지고 있다. 이렇게 구성된 프리모 시스템, 즉 기 순환계에서는 생체기뿐만 아니라 모든 기들이 순환되고 있다. 심지어는 사기와 탁기 등의 나쁜 기들도 기 순환계에 흐르면서 우리 생체기능을 해치기도 한다.

현재까지 혈관, 장기의 표면, 뇌, 림프관 등에서 기 순환계(의학계에서는 PVS라고도 함)가 발견되었고, 피부에서는 발견되지 않았다. PVS는 기가 흐르는 길이다. 기가 이 길을 따라 흐르다가 84,000개의 기공 점에서 우리 생체와 연결되고 외부의 기와도 연결된다. 기 감각이 제일 예민한 신체 지점은 기공점이 제일 많이 분포된 손바닥이다. 예민한 손바닥의 기 감각이 엘로드에 전달되어 몸과 반응이 됨으로써 우리는 우주기 정보를 확인할 수가 있다. 우리 몸의 기 흐름 체계는 혈액이나 림프 흐름 또는 신경계의 중추신경계나 자율교감신경계의 흐름보다 더욱 민감하고 빠르게 반응하고 작동되는 시스템이다.

우리 사회에서는 경락에 관한 체험적 지식이 이미 많이 쌓여 있고 연구하고 배우는 사람도 많고 관련 서적도 많다. 필요한 경우 이에 관하여 물어볼 사람도 많다. 혈액순환계의 경락점과는 달리 기 순환계에 관한 자료나 연구 서적은 찾아보기가 어렵다. 아직까지 미지의 세계인 셈이다. 혈액순환계를 흐르는 혈액에는 혈장과 함께 적혈구와 백혈구가 있고 백혈구에도 수십 가지의 면역체 백혈구가 있듯이, 기 순환계를 흐르는 기의 종류에도 4대 기본기를 포함한 많은 기들이 있다. 혈액순환계에서 기초적인 혈액이 적혈구라면 기 순환계에서는 생체기가 기초적인 기가 된다.

그리고 생체기의 균형 유지가 중요한바, 예를 들면 외부의 기가 기공을 통하여 들어오기 전에 우리의 뇌는 준비 단계에 들어간다. 먼저 뇌간의 명령 체계에서 자율신경계가 움직인다. 중간 명령 체계의 중심이 되는 태양신경총(자율신경계의 생체 중심점)에 준비 명령이 떨어지면 온몸 각 기관의 자율신경이 긴장하면서 행동에 들어간다. 이 과정에서 근육의 긴장이 자기도 모르는 사이에 일어난다. 자율신경계의 과도한 반응으로 긴장도가 높아지면 생체기의 균형 상태가 무너지게 된다. 이 결과 두통과 어깨 목 부위의 결림이 발생하고 과도하면 전신 피로와 전신 통증 현상이 나타난다.

이와 같이 몸 각 부위에 있는 생체기 간에 불균형이 발생하면 각 부위의 기능도 서로 불균형이 발생하여 발병(發病)의 원인이 된다. 이 경우에는 측정된 생체 불균형지수가 양(+) 수치로 나타난다. 건강 진단에서 이 생체 불균형 지수와 생체기의 불균형 지수[8]는 중요한 참고 지표가 된다. 건강한 사람들의 생체기 불균형 지수는 제로가 된다. 생체기 흐름의 이 지수로서 그 사람의 대체적인 건강을 알 수도 있다. 몸에서 작용하는 생체기의 정상 수준 여부와 균형 상태 여부가 건강과 관련이 있다는 것은 우리 몸에서 작용하는 생체기의 역할이 중요하다는 것을 말한다. 이상에서 설명한 것과 같이 생체기는 우리 몸 모든 부위에 에너지를 제공하는 활력의 기이며 정기와 함께 기초적인 기에 해당한다.

---

8 나는 이 지수를 생체기 양(+)음(-) 갭 지수라고 부른다.

3) 정기와 생체기의 상호작용

(1) 나타나는 상호작용의 결과

이상에서 정기와 의식 영역에 관한 여러 가지 주제들과 몸 영역에서의 생체기 작용에 관하여 살펴보았다. 이 두 개의 서로 다른 기, 즉 정기와 생체기가 합쳐져서 상호작용하는 힘은 안타깝게도 전체 작용력의 3%밖에 안 된다. 정기 작용력의 대부분은 혼기와의 상호작용에서 발휘되고, 생체기 작용력의 대부분도 정기보다는 몸의 생체 기능에 더 집중하고 있기 때문이다. 사실이 이러함에도 우리가 정기와 생체기의 상호작용에 큰 관심을 가진 이유는 그 작용의 결과가 우리가 보고, 듣고 느낄 수 있는 생체(Body)에 바로 나타나기 때문이다. 우리는 눈에 보이는 것에 더 관심이 집중되도록 훈련받으면서 살아 왔기 때문이다. 우리는 마음이 아픈 것보다 몸이 아픈 것에 대하여 더욱 실질적이면서 직접적인 반응을 보인다. 마음이 건강해야 몸도 건강하다고 말하는 연유는 마음(정기와 혼기)과 몸(정기와 생체기) 영역이 상호작용하며 그 비중은 각각 85%와 3%가 되기 때문이다. 이하에서는, 정기가 생체기와 작용하여 우리 몸 특히 뇌 활동에 미치는 영향을 간단히 살펴보고 정기와 생체기의 균형 유지 필요성에 대하여 알아보기로 한다.

정기와 생체기의 상호작용에서 우선적으로 고려해야 할 사항은 가지고 있는 정기의 내용이다. 진정(眞精)인 사람의 양(+) 정기는 생체기와 긍정적인 상호작용을 하여 생체 건강에 도움을 주는 상호관계가 성립이 되지만, 탁정(濁精)의 음(-) 정기는 생체기와 부정적인 상호작용으로 건강을 해친다. 나타나는 정기 수치가 최고 수준인 사람일지라도 생체 건강 수준이 나쁘게 측정된다면 그 사람의 정기는 탁정일 가능성이 크다. 이 탁정은 건강에 음(-) 효과를 준다. (사기에 감염되면 정기와 생체기가 탁기화되어 마이너스의 정기와 생체기가 측정된다.)

사람의 능력으로는 생체기와 정기가 상호작용하는 과정을 완전히 파악할 수 없지만 그 편린(片鱗)을 보면, 정기의 감정관련 부위는 안와 전두엽(감정 표현), 편도체(감정 기억), 전대상회(의식 생성에 기여) 등이며 이 부위들에서 생체기가 작용하여 상호관계를 가진다. 마음속에서 스트레스가 발생할 때면 생체기 작용으로 뇌간 쪽의 아드레날린이 분출되고 반대로 부신호르몬인 코르티솔과 DHEA가 증가하면서 감정 관련 부위에 작용이 이루어지면서 스트레스(감정) 정도가 약화된다. 이것은 생체기의 작용이 정기 작용에 영향을 미치고 있다는 증거이며, 생체기와 정기가 상호작용하는 일례이기도 하다. 생체기 수준이 높은 사람이 스트레스 극복도 잘할 수 있는 이유이기도 하다.

스트레스가 있을 때 심장 박동과 호흡이 빨라지고 근육이 긴장되는 현상 등도 이러한 기의 상호작용이 배후에 있는 것이다. 예시에서 보이는 이러한 작용의 기본 메커니즘은 정기작용에 의한 의도(선택)가 생기면 중추신경계를 자극하여 관련되는 신경호르몬과 신경전달물질이 분출되면서 몸 대사 작용에 영향을 미친다. 대사 작용의 결과 면역계, 혈관계, 신경계, 자율신경계, 림프계 등과 기 순환기계가 작동되게 하면서 (세포 단위에서는) 생체에너지를 생산함으로서 생체기를 강화시키는 것이다. 정기의 작용이 이와 같은 과정을 통하여 생체기에 영향을 미치는 것이다. 이 생체기는 신체 모든 부위에 긍정적으로(또는 부정적으로) 작용하게 된다.

부정적인 의도, 부정적인 의식과 정기는 특히 면역 기능을 약화시켜서 본래 의도하지 않았던 결과, 즉 병을 유발하게 된다. (이러한 체험 사례는 우리 주변에서 많이 관찰된다.) 반면에 강한 생체기의 흐름과 작용은 생체기가 척수관을 통하여 몸 전체의 기 순환계를 흘러 순환을 하면서 기공을 통하여 몸의 각 부위와 연결되어 기의 상호작용이 이루어지도록 도와준다. 기분이 우울할 때 운동을 하면 이것이 다소 풀리는 이유이다. 따라서 기 순환계(프리모 시스템)의 정상 작동 여부를 사전에 측정하는 것이 영기치유 준비 과정에 포함되는 것이다. 항상 긍정적인 의도(Positive Intention)를 가지고 사는 사람들은 생체기의 긍정적인 작용과 함께하여 건강한 생활을 유지할 수가 있다. 마음속 긍정의 힘이 이와 같이 정기와 생체기의 활동력을 높이는 작용을 하기도 한다.

(2) 정기와 생체기의 균형 비율

사람의 의식기 수준이 매번 변하는 것과 같이 정기와 생체기의 구성 비율도 항상 변한다. 기 에너지의 측면에서 볼 때 건강한 사람의 정기와 생체기 각각의 수준은 100%로 측정된다. 그러나 정기와 생체기의 합계인 기초기를 100%로 보고 구성 비율을 측정해 보면 균형 비율은 70:30이 된다. 이 비율은 우주적 질서 안에서 기들이 상호 균형을 유지하는 '질서적 균형'의 일부이다. 물론 이 비율은 물질에 따라 다 다르게 설정되어 있기 때문에 일종의 창조적 균형으로 이해하여도 무리는 없을 것 같다. 정기와 생체기가 정상적 균형 상태가 될 때에서는 두 기의 상호작용이 정상적으로 이루어지게 한다. 상호작용을 해치는 '정기-생체기'의 불균형은 따라서 생체 건강에도 영향을 미친다. [더욱 놀라운 점은 이 비율은 성경책에 있는 정기와 체기의 비율과 같다는 점이다. 성경책 속의 내용(Software)인 정기 수치 비율과 물질 종이(Hardware)의 체기 수치의 비율은 정확히 7:3으로 측정된다.]

이 균형 비율과는 별도로 생체기 중의 양(+)의 기(氣)와 음(-)의 기(氣)도 똑같이 50:50으로 나타나서 몸 영역에서의 음양이 균형을 이루고 있음을 알 수 있다. 생체 건강 진단 시 이러한 비율 지수의 균형 여부를 확인하여 전체적 상황을 먼저 파악하고 구체적 진단에 착수하면 편리하다.

참고로, 영기치유를 위한 진단 시에는 필수적으로 정기와 생체기를 합친 기초기 수준을 측정해 보아야 한다. 수준이 낮다면 충기를 한 후에 치유에 들어가야 한다. 그렇지 못할 경우에는 치유 과정에서 많은 생체기와 정기가 필요하기 때문에 치유 대상자에게는 탈진 상태가 발생한다. 특히 전신 치유를 할 경우에는 치유 과정에서 수시로 이 기초기 수준을 확인하면서 기 보충을 계속 해 주면 치유와 회복이 빨라진다는 사실도 확인되었다.

(3) 정신기가 생체에 미치는 영향

사람 의식의 생성 과정에 대해 의학이나 뇌 과학 분야에서 많은 연구가 이루어져 왔고 이미 많은 비밀이 밝혀졌다. 이제 이 의식기, 특히 높은 수준의 정신기(또는 의식 수준)가 사람의 몸(생체)에 어떤 작용을 하는지 살펴보고자 한다.

높은 수준의 정신기와 고차원의 (영적) 의식은 일반적으로 백회와 송과체가 열리고 송과체 잔존 비율이 높은 상황에서 발생한다. 그리고 뇌의 변연계의 기능이 활성화되어 감각, 편도체, 시상이 활성화되어 있는 상태가 유지되어야 한다. 그다음 대뇌 기저핵의 판단 기능을 포함하여 뇌간의 모든 기능이 작용하여 대뇌피질의 지시에 따라 운동신경과 근육신경이 연결되면서 (좋은) 행동으로 나타나게 된다. 주로 우뇌의 지배를 받아 비선형적인 고차적 판단을 하게 되며 뇌간에서는 엔돌핀, 세로토닌 등의 신경전달 물질이 충분히 분출되어 좋은 기가 외부에 확산되도록 돕는다. 이럴 때는 프리모 시스템의 기 흐름도 원활하며 마음과 몸이 안정된 상태로 동공이 수축된다. 높은 의식 수준을 가진 사람의 의식은 이와 같은 과정을 거쳐서 생체에 긍정적인 영향을 주어, 면역체계 강화가 스스로 이루어짐에 따라 병을 스스로 낫게 한다고 한다. 정신 수준 또는 의식 수준이 생체에 미치는 영향이 크다는 점을 말하고 있다.

그러면 우리의 생체 감각 기능인 시각과 청각과 체감각을 통해서 일어나는 '환상'과 '환청'과 '환각'은 무엇인가? 우리의 의식기 메커니즘에서 무언가 이상이 있어서 이러한 '헛보임(幻)' 현상을 일으키는 것인가? 고도의 스트레스로 인한 공황(恐慌) 상태(Panic)에서는 '이인화(異人化)' 현상이 일어나기도 하며 정신병 증세도 나타난다. 이러한 현상을 경험하고 있는 사람들은 현실을 현실로 인식하지 못하고 현실과 다른 것은 보고, 듣고, 체험하고 있을 수도 있다. 이러한 현상은 정신(마음) 상태가 몸의 생체 작용에 미치는 영향으로밖에 달리 설명할 수가 없다.

이것은 일차적으로 대뇌 기저핵의 현실 판단 기능과 뇌간의 모든 의식과 정신 기능이 정상적으로 작동하지 못하고 있는 것에서 출발한다. 이런 현상이 우리 몸에 일어나는 이유는 잠재의식이 크게 작용하기 때문이기도 하다. 이로 인한 헛보임 현상으로 본인에게는 좋은 것이 보이고 좋은 음악이 들리고 좋은 느낌을 가지게 되어 스스로는 완전히 다른 세상에서 아주 즐거운 의식 감각 상태를 가지게 된다. 그러나 다른 사람들이 보기에는 이것이 '비정상'으로 보이는 것이다. 이러한 정신 상태에서 이루어지는 행동은 정상이 될 수가 없다. 이 경우 정기와 생체기의 극심한 불균형이 나타난다.

이러한 사람들이 경험하는 헛보임(幻) 현상의 이유는 의식정기의 변환 과정으로도 설명이 된다. 정상인들에게는 외부로부터 들어온 시(視), 청(聽), 체(體) 감각 정보, 뇌의 모든 기능이 종합적으로 작용하여 정상적으로 처리가 된다. 즉, 들어온 정보들이 (뇌의 변연계, 뇌간과 대뇌기저핵의 활발한 활동 결과) 표면의식으로 개념화되면서 기억화되어 해마에 저장된다. 또한 그것이 운동신경에 전달되어 정상적인 신체 반응으로 나타나게 된다.

이 과정은 너무나도 빨라서 대체로 4분의 1초 밖에 걸리지 않는다는 것이 실험으로 판명되고 있다.

그러나 환(幻) 현상을 겪고 있는 사람들은 들어온 외부 정보가 대뇌에서 처리되는 과정에서 문제가 발생하게 된다. 들어온 외부정보들은 잠재되어 있는 무의식, 즉 과거의 (잘못된) 경험에 의하여 생성된 세포기억들(잠재의식)과 강도 높게 결합하여 실제 현실과 과거의 잘못된 기억 속 현실 사이에 격차(Gap)를 발생시킴으로서 강한 스트레스를 느끼게 만든다. 이로써 표면의식이 왜곡되는 것이다. 우리의 정기는 표면의식 발생 과정에서 생성되므로 이러한 경우 정기가 약해지거나 왜곡된 정기가 작용하게 된다. 이러한 잘못된 정보 내용을 가진 정기가 자기 혼기와 작용하여 왜곡된 정신기가 만들어지며 이와 같이 형성된 그 사람의 정신 상태는 왜곡된 상태로 보이게 된다.

이 정신기는 사람의 내부 의도를 결정하고 선택하는 데 결정적 역할을 한다. 그러나 왜곡된 정신 상태에 있는 사람들은 자신의 내부 의도를 자기가 '바라는 대로' 선택할 수 없게 되고 뇌의 명령 통제 기능도 약해지면서 이상 행동으로 나타난다. 정기와 영혼기가 작용하여 나오는 정신기가 몸의 생체기 작용에 (긍정적 또는 부정적으로) 영향을 미친다는 사실을 말해주고 있다.

이러한 어려운 상태 다음에 일어나는 일은, 왜곡된 내부의도의 의식기 파동이 자연스럽게 전연 엉뚱한 우주의식기의 정보장에 접속되게 만든다. 이 사람들은 이 엉뚱한 우주의식기장의 가능태 공간에서 벌어지고 있는 시나리오를 보고 듣고 느끼게 된다. 즉, 자기와 다른 영역의 가상현실이 실재 현실에서 현재화(懸在化)된 것을 체험하는 것이다.[9] 본인들에게는 이것이 실재적 현실이 되어 있는 것이며 이것이 환영으로 보이거나 환청으로 들리는 것이다.

내려놓음을 통하여 스트레스를 풀고, 정과 신을 회복케 하여 정신을 차리지 않으면 이러한 현상을 고치기가 어렵다. 이 모든 것은 마음의 의식 영역에 있는 정기와 혼기, 몸의 영역에 있는 생체기의 연합 작용으로 일어나기 때문에 결국은 '마음과 몸 관리'의 문제가 된다. 긍정적인 마음 태도가 마음 관리의 첫걸음이다. 의식 속에서 일어나고 있는 우리의 마음과 정신 작용은 우리 생체에 직접적인 영향을 미치고 있다. 그리고 정신 영역을 관장하고 있는 영혼 건강과 생체 영역을 관장하고 있는 몸 건강은 마음 영역을 중간에 두고 간접적으로 서로 영향을

---

9 이 부분은 사람의식기와 우주의식기의 상호작용 편에서 자세히 다룬다. 이 상호작용으로 사람은 대우주 속의 소우주로서 동일체를 이루게 된다.

미치고 있다. 몸 건강에 앞서 마음 건강과 영혼 건강 상태를
먼저 챙겨 볼 필요가 있는 것이다. 이 부분은 앞으로도 계속
강조될 것이다.

(4) 정기와 정기의 상호작용

종합적인 기 체계에서 보면 정기와 정기의 관계는 물질계에
서 제일 기본이 되는 작용관계이다. 물건과 모든 생물체를 포
함하는 이 세상 만물이 공통적으로, 기본으로 가지고 있는 기
가 바로 정기이기 때문이다. 모든 체(體)에는 정(精)이 함께 존재
한다. 정기의 영어 표현은 'Essence'이며 이 단어의 뜻에는 본
질, 정수, 진수, 필수 등이 있어, 그 의미하는 바는 정기의 내용
을 그대로 대변하고 있다. 정기는 물질계 형성의 본질적이며
필수적인 정수이자 진수인 것이다. 물질계에서 기가 발생하기
이전에 존재하던 '정(精)'이 물질화되면서 '정기(精氣)'가 된 것이
기 때문에 정기가 물질계의 본질(本質)이자 정수(精髓)가 되는
것이다.

① 정(精)과 정기(精氣)의 발생

창세의 시작점은 현존 유일신의 영이 자발적으로 일으킨 대
칭성 붕괴에 있다. 물질계 구성인자들의 대칭성의 붕괴가 새로

운 질서창조의 원인이 된다는 점은 현대 물리학과 생물학에서도 다방면으로 연구되고 있으며 입증되어 가고 있는 과정에 있다. 돌연변이로 인한 새로운 종의 탄생과 세포변이로 인한 암의 발생 등이 그 보기가 된다. 그러나 우주창조이론에서는 (신의 영에 의한) 대칭성 붕괴를 입증하지는 못한다. 그 영역은 신의 자발성이 있는 신의 영역이기 때문에 논리적이거나 선형적인 이론들이 적용되지 않는다. 우주라고 하는 새롭고 거대한 창조의 근원에는 신의 거대한 뜻이 있었고 그 섭리의 일환으로 영의 자발적인 붕괴가 실행된 것으로 이해할 수밖에 없다.

하나님 영의 자발적 붕괴로 창세가 시작되었으나 본격적인 물질계 창조는 빅뱅이 일어날 때까지 기다려야 한다. 이 시간적 간격에 대하여는 물리학자들이 복잡한 계산을 통하여 그 길이를 (100분의 1초라고) 말하고는 있으나 우리에게는 그 숫자가 중요하지는 않다. 다만 빅뱅이전에 존재했던 이 기간 동안의 우주를 '초기 우주'라고 부르기로 하자. 초기 우주의 특이점에서 발생한 최초의 입자인 우주씨앗의 크기는 10^{-30}cm라고 과학자들이 계산하고 있다. 그 크기를 상상을 해보자면 겨자씨의 10억조 분의 1도 안 되는 크기가 된다.

현재의 우주와는 아주 다른 우주세계가 극히 짧은 시간 동안 존재했다는 것이다. 이 세계는 현대 우주물리학 이론이 적용되지 않는 초월적 세계로 보인다. 그러나 이 초기 우주 또는 초월적 세계를 창세 과정에 준비한 신의 뜻이 있다. 이 신의 섭리는 앞으로 진행될 대우주 창조에 관한 DNA 정보가 상세하게 들어 있는 '정(精)'의 창조이며, 이 정은 바로 이 우주 씨앗인 최초입자에 들어 있게 하여, 앞으로 전개될 우주의 형상, 우주의 성격과 구성 그리고 우주의 운영체계에 관한 정보 등을 저장하게 만든 것이었다. 미래에는 이 초월적 세계가 과학적 이론으로도 설명이 가능할 때가 올 지도 모른다. 무한한 에너지와 정보가 압축된 정(精)은 그 폭발을 기다리고 있었다. 이 시기의 정(精)에는 기가 없기 때문에 기가 없는 영계의 존재인 영과 유사한 점이 있다. 영계의 영도 우주물질계에서 물질화됨으로서 영기가 된다. 이 시기의 정(精)도 우주물질계에서 물질화됨으로써 정기가 된다.

이렇게 작은 우주의 씨앗이 물질계 에너지로 바뀌면서 나타난 사건이 빅뱅이며 이 대폭발은 현재 우주가 탄생하는 고고(孤苦)의 목소리가 되었다. 폭발로 인하여 순간적으로 발생한 입자와 반입자가 우리 물질 우주계에서 최초로 탄생한 물질 1호이다. 이 물질들이 가지고 있는 정기 간의 상호작용을 과학자들은 '공간 상전이'라고 부르고 있으며, 정기의 상호작용 제1호인 상전이(相轉移)로 입자와 반입자는 쌍 소멸되면서 빛(광자,

광양자, Photon)으로 공간에 흩어지게 되었다. 이 빛 광자 포톤 (Photon)은 우주 에너지 장을 이루어서 물질계 에너지의 원천이 된다. 빛 광자의 10억분의 1에 해당하는 남은입자(양성자와 중성자)의 핵합성과 핵과 전자의 결합과 우주에너지의 도움으로 원자가 만들어지면서 물질의식체가 탄생하게 된다.

양성자와 중성자가 가진 정기의 상호작용 결합은 수소와 헬륨의 원자핵을 탄생케 하면서 이 원자핵이 가진 강렬한 힘(정기에너지)은 주변의 전자를 끌어오는 작용을 하여 물질계에 최초의 핵과 전자로 구성된 '원자'가 탄생한 것이다. 이 원자들의 상호작용 결합으로 원시별들이 생기고, 이것들이 모여 초신성 폭발사건을 여러 번 일으키면서 풍부한 원소를 새로이 발생시키면서 우주은하계, 태양계, 지구와 지구라는 행성 위에 대기와 바다, 동식물의 생명체와 현생인류를 탄생케 한 것이다. 짐작했겠지만 이 모든 광대한 과정은 초기 우주에서 발생한 정(精)을 바탕으로 생긴 물질계 정기(精氣)의 상호작용과정에서 시작된 것이었다.

정(精)의 기 에너지와 기 정보의 상호작용으로 물질계가 탄생되고 이 정기는 지금도 이 물질계를 이끌어 가고 있는 필수적인 진수(眞髓)가 된 것이다. 본질적인 정수(精髓)인 정(精)의 발생과 필수적인 진수(眞髓)인 정기(精氣)가 완성된 것이다. 정(精)은 원소들 결합으로 생긴 체(體)와 합하여 가시적 물질이 된다. 기의 입장에서 우주창조라는 대사건을 조명하여 보는 것은 흥미롭고 신비롭기까지 하다. 그리고 정(精)과 정기(精氣)의 발생에 관한 이 기술 내용의 진실성 수준은 99.3%로 측정되고 있다.

② 정기의 상호작용

동식물과 사람에게도 정기가 있으나 이러한 생물체의 경우에는 그 의식의 영역이 물건보다는 넓다. 또한 생물체와 사람에게는 정기와 체기 이외에 영혼의 기가 있기 때문에, 정기와 정기 사이의 상호작용은 물건(물체)의 정기를 중심으로 살펴보는 것이 좋을 것 같다. 이들은 최초로 탄생한 물질이지만 생명을 부여받지 못하였고, 그들 상호간 또는 생명체와의 기 전달 관계만을 가지고 있다. 영과 혼의 기(氣)가 없는 사람도 간혹 있기는 하지만 이와 같은 사람은 특별한 경우이고, 생명체 정기 간의 상호작용에 대해서는 정기와 혼기의 상호작용 편에서 다루는 것이 좋을 것 같다. 그리고 (물)체기는 정기와는 달리 체기 상호 간에는 작용을 하지 않기 때문에, 결국 물건(Thing) 정기 간의 상호작용만 남는다. 우리 주변의 실생활에서 만나는 물건정기의 상호작용을 먼저 알아보고, 관련하여 물건정기의 '명당화' 원리를 별도로 살펴보면서 물건정기와 사람정기의 상호작용 관계도 알아보도록 한다.

물건의 정기 간에 일어나고 있는 상호작용에는 고도의 질서가 존재하고 있기 때문에 우리의 자연계가 그 질서에 의하여 정확하게 움직이고 있다. 단편적이지만 그 예를 몇 가지 열거해 본다. 우선 자연계 무생물체의 현상과 주변 생활 물건들을 살펴보자. 마당에 서 있는 나무에서 떨어져 나온 나뭇가지는 생명에서 이탈되었지만 정기가 있는 원소, 분자들로 구성되어 있어 그 정기는 공기와 주변 물건, 박테리아 등과 정기의 상호작용이 이루어지면서 부패와 분자 해체의 과정을 거친다. 바닷가의 돌도 이러한 상호작용 끝에 모래로 변한다. 공기가 바람이 되고 바닷물이 파도가 되는 것 또한 같다. 물이 수증기로 기화되고 얼음으로 고체화되는 것도 열이라는 변환된 (정기)에너지와의 상호작용으로 이루어지는 기적과도 같은 일이다.

물건의 기 수준(정기와 체기의 합계)은 물건마다 각각 다르다. 정기 수준이 높은 것은 좋은 물건이며 정기 수준이 낮은 것은 나쁜 물건이라고 한다. 좋음, 나쁨의 판단 기준은 그 기가 사람에게 미치는 영향의 좋음, 나쁨에 있지만 정기 수준 자체는 그 물건의 특성일 뿐 처음부터 물건 자체에는 좋고 나쁨이 있는 것은 아니다. 그러나 높은 정기의 물건과 낮은 정기의 물건이 가까이 있으면 기의 감응 및 공명이 이루어지고 나중에는 동조화되는 상호작용이 일어나는 것을 관찰할 수가 있다. 컴퓨터 시뮬레이션으로 두 물건 사이에 일어나는 기의 상호작용을 관찰해 본 결과, 예상 밖의 활발한 공명 과정과 눈에 보이지 않는 상호 기 소통 과정을 시간대별로 관찰할 수가 있었다. 일정 시간 뒤 두 물체의 기는 상호 공유관계에서 안정 상태를 유지하고 있었다. 이 실험으로 물건과 사람의 정기가 상호작용하는 과정도 관찰하면서 기 수준을 시간대별로 기록할 수가 있었다.

이 실험이 시사하고 있는 점은 실로 많다. 좋은 물건들의 정기가 상호작용하여 만들어진 좋은 주변 환경은 우리 생활에 긍정적인 영향을 미친다는 것이다. 이것은 비록 이러한 기의 작용을 모른다고 해도 우리는 생활 과정에서 '느낌'으로 이미 알고 있는 사실이다. 국가적으로 추진하고 있는 환경보호운동은 국민생활의 질을 높여주기 위함이 아닌가. 특정 지역의 정기 수준은 그 지역 산천초목의 기들이 상호 공명작용을 통하여 형성된 것이다. 이 기의 수준에 따라 밝은 곳, 즉 명당과 어둡고 무겁게 느껴지는 곳, 즉 기가 약한 곳(흉가 등)이 결정된다.

자연 속의 정기와 정기의 상호작용은 풍수지리학의 근거가 된다. 높은 정기 수준의 물건 주위에 낮은 수준의 물체가 놓이더라도 시간이 지남에 따라 정화되는 현상이 있다. 런던 시내에 있는 최고 수준의 정기가 측정되는 성당 앞에 있는 커피가게의 정기 수준도 최고로 측정되었다. 최고 수준으로 명당화되어 있는 마루에 놓아 둔 낮은 수준의 꽃병도 며칠 후에는 정기 수준이 높아진 것을 관찰할 수가 있었다. 이러한 정기 간의 상호작용을 이용하여 먹는 식수의 질도 높일 수도 있다. 최고 수준의 집기판을 빈 항아리에 넣고 1~2일을 두면 항아리가 최고 수준의 정기를 가진다. 이 항아리에 물을 담아 두면 항상 신선하고 기 수준이 높은 생수가 된다. 물체 정기의 상호작용을 생활에 유리하게 이용할 수가 있게 되는 것이다.

식품과 의약품에 유효기간이 있는 이유가 무엇일까? 유효기간 이내의 식품과 의약품은 구성 분자의 입자파동이 정상적이어서 그 효과, 효능이 정상적으로 발생한다. 그러나 시간이 지나면서 주변 공기 중의 입자파동과 박테리아 등의 입자파동이 식품과 약의 입자파동에 작용한다. 즉, 정기와 정기 간의 상호작용이 일어나게 됨에 따라 식품과 약품의 효능이 변하게 되는 것이다. 효능이 변하기 이전의 일정 기간이 유효기간인 것이다. 집에 보관하고 있는 먹다 남은 약들의 기 수준 측정으로 약의 유효성 여부를 확인해 보는 것도 좋을 것 같다.

상품 중에 특히 값이 비싼 것을 명품이라고 한다. 비싼 만큼 가짜 명품도 많이 나타난다. 눈으로도 구분할 수가 없을 정도로 정교하게 만든 가짜 명품이 많다. 그 구분은 두 상품에 있는 정기의 수치에 있다. 가짜의 정기 수준은 진짜에 비하여 낮게 나온다. 진짜와 가짜의 구분점이 되는 기 수준은 '의식 수준' 지수로 200 단위이다. 의식 수준 200 이하이면 가짜로 판단해도 된다. 왜 이러한 기 수준이 나타날까? 가짜 물건을 구성하는 각 물질의 정기가 상호작용하여 만든 물체의 의식기 수준이 진짜에 비하여 월등히 낮기 때문이다. 태양이나 명산을 찾아서, 또는 집에서 집기판으로 충기(充氣)를 하는 것도 정기의 상호작용 관계로 설명된다. 이 경우에는 물체와 사람 사이에서 일어나는 정기의 상호작용이다.

책 등에서 기록된 내용의 의식 수준도 측정이 된다. 예컨대 데이비드 호킨스의 저서 『Power VS. Force』[10]의 의식 수준은 850으로 측정되었다고 저자 스스로가 그의 책에서 밝히고 있으며 이 수치는 실제로 엘로드로 측정 및 확인이 가능하다. 그리고 지금 읽고 있는 이 글 내용의 의식 수준은 837로 측정되고 있다. 이러한 수준에 대한 호킨스의 판단은 '이 시대에 보기 드문 높은 수준(unusually high for this time in our culture)'으로 보고 있다.

---

10 한국에서는 『의식 혁명』으로 번역 출간되었다.

③ 명당화의 원리

특정 지역의 정기 수준은 그 지역 산천초목의 정기들이 상호
공명작용을 통하여 형성된 것이다. 이들의 기 수준이 높고 밝
아서 사람들에게 좋은 영향을 미치는 곳을 명당이라고 한다.
예부터 우리 선조들은 생활 주변이나 유택의 명당화와 명당
지점을 찾아내는 것을 아주 중요시해 왔다. 명당화 개념을 생
활화하면서 이를 적용하며 살아온 것이다. 이 명당이라는 개
념과 명당화의 원리는 물건(체)의 정기 상호간의 작용에서 찾
을 수 있다. 명당화 원리는 물체 의식기(특히 정기)의 상호관계
와 작용, 그리고 그 집단 정기와 사람의 정기와 생체기의 관계
를 안정되게 만들고, 긍정적인 상호작용이 일어나도록 하는 방
법을 찾는 데 있다.

제1 관심사는 우리의 생활 터전인 집이다. 일반 주택과 아파
트를 포함한다. 집에서는 세 영역에서 정기의 상호작용이 일어
나고 있다. 세 가지 영역에서 이루어지고 있는 잘못된 정기 간
작용을 수정하여 본래의 좋은 기 파동으로 변환시키는 것이
다. 특히 우리 생체에 부정적인 작용을 하는 집 안의 기를 제
거하는 것이 집의 명당화 원리이다. 명당화의 원리는 같으나
명당화를 하는 방법은 두 가지가 있다. 첫째 방법은 단순히 명
당화 지수만을 측정할 수 있는 사람들이 할 수 있는 방법으로

서 집기판을 이용하는 물리적인 방법이다. 두 번째 방법은 지수 측정뿐만 아니라 (우주)영기의 도움을 받을 수 있는 영기 능력자가 할 수 있는 방법이다. 다음의 명당화 원리에 따를 때 부족한 부분에 대하여 영기의 상황 변화 능력인 치유 능력을 구하여 그 부족한 부분의 치유 변화를 실행하는 것이다. 집이 아닌 공터나 유택의 명당화도 이 두 가지 중 가능한 방법을 원용·적용하면 된다. 다음 세 부분의 명당화 원리와 방법을 정확하게 적용하면 집안의 기수치는 항상 최고 수준을 유지할 수 있다.

▶ 유해 수맥파 차단

첫째 영역은 집터 또는 유택(묘지), 즉 땅이다. 땅에서 나오는 정기는 지구자기파와 함께 나온다. 지구자기파는 태양자기파와 맞서서 균형을 이루어서, 지구 물질계를 보호하는 긍정적인 역할을 하고 있다. 그러나 좋은 자기파가 땅 표면을 흐르는 수맥과 광물질을 통과하면서 그들 정기와 상호작용을 하면서 본래의 자기파 파동이 부정적인 내용의 '유해 수맥파'로 변한다. 이 유해수맥파가 땅 표면의 물 흐름(수맥)과 함께 이동하는 것이다. 그러나 집터 아래 수맥이 있다고 해서 모든 수맥에서 나쁜, 낮은 정기의 수맥파가 있는 것이 아니다. 본래의 수맥파는 무해하나 변질된 유해수맥파가 문제인 것이다. 수맥파의 유해한 부분한 차단하면 된다. 수맥의 존재와 수맥파의 수치는 엘로드로 측정이 된다. 유해 수맥파 수치가 확인되면 수맥의 흐름을 진단하여 흐름이 시작되는 지점에 집기판을 두면 유해수맥파가 차단이 된다. (영기에 의한 명당화의 경우에는 유해수맥파의 입구를 차단하기 위한 기도를 한다.) 정확한 지점에 집기판을 설치한 후 유해수맥파 수치를 확인하면 제로가 된다. 땅의 지기가 정화된 것이다.

▶ 공간 속 유실정기(流失精氣)의 차단

그다음은 집터(유택) 위 공간에 흐르는 기의 흐름 문제이다. 공간 속의 기 흐름은 공기를 구성하고 있는 물질정기의 흐름이며, 우리 몸에 기 순환계가 있듯이 공간에도 이러한 기 순환계가 (복수로) 존재한다. 일정 공간에서 기의 흐름이 일어나서 밖으로 빠져나간다 함은 그 공간 속의 정기가 빠져나간다는 뜻이 된다. 공기는 기압 등과 같은 다른 비물질적 정기와의 상호공명 동조화하여 흐름, 즉 바람이 발생한다. 그러나 공간 속의 기 흐름은 공간 속 바람의 흐름과는 별도로 발생한다. 정기가 발생한 공기의 흐름과 함께 빠져나가는 것이 아니라 이와는 별도로 공간 속의 기 흐름(길)에서 유출 부분이 있어 빠져나간다는 의미이다.

일정 공간에서 바람의 흐름이 전연 없는 상태에서도 눈에 보이지 않고 우리의 감각 느낌으로도 알 수가 없는 공간 속의 기흐름이 발생하여 기 순환이 이루어지고 있는 것이다. 바람의 방향은 매 순간 바뀌지만 공간 속 기 흐름의 방향은 일정하다. 따라서 일정 공간 속에서 기의 흐름으로 인한 정기의 유실을 차단하여 정기를 집 안에 가두어 두는 조치가 가능한 것이다. 공간 속의 공기 흐름을 차단하는 벽을 만들어 바람을 막을 수 있듯이, 공간 속의 정기도 흘러 빠져나가지 않게 막을 수가 있으며 이 조치가 바로 '공간 속 유실정기의 차단'이다.

먼저, 흐르는 유실정기 수준을 측정하고, 공간 속에서 정기가 흐르는 시작점과 나가는 지점, 즉 흐름의 방향을 확인한 후 나가는 정확한 지점에 집기판을 설치하면 공간 속의 정기가 흘러 빠져나가는 유실정기의 수치가 제로가 된다.

공간 속의 기가 흐르는 길은 하나가 아닐 수도 있기 때문에 이 길을 다 찾아내어야 한다. 여러 갈래의 기 흐름을 다 체크하여 그 흐름을 파악하고 흘러나가는 모든 지점에 집기판을 설치하여야 한다. 모든 방과 거실 부엌과 베란다까지 일일이 다 점검해야 한다. 모든 지점에서 공간 속 유실정기가 차단되면 일정 공간 전체는 정기가 가득 찬 상태가 된다(영기에 의한 명당화의 경우에는 모든 기 순환로의 출구를 차단을 요청하는 기도를 한다). 이 경우 여러 갈래의 기 흐름이 서로 교차하는 지점이 생긴다. 그 교차 지점이 기가 많이 모이는 최고의 명당 지점이 되며 이 지점을 혈(穴) 자리라고 한다. 집 안의 혈 자리를 찾아서 그 지점을 중심으로 생활이 이루어지도록 하면 좋을 것이다. 유택의 명당화도 동일하다.

집기판을 이용한 유실정기 차단조치를 하였음에도 마이너스의 기 수치가 측정된다면 그 집 공간에 사기와 탁기가 있다는 증거이므로 별도로 사기 퇴치조치를 시행하여야 한다. 마이너스 수치의 기를 가진 사기와 탁기는 사람의 정기는 물론 공간이나 물체도 감염시켜 그들 정기를 탈취하기 때문에 그만큼 정기가 유실되는 것이다. 공간속 유실정기가 차단되었음에도 간혹 음침함을 느낄 때 있다. 이것은 모여 있는 정기가 오염되어 탁기가 남아 있다는 뜻이므로 별도로 이것들을 정화시키는 기도가 필요하다.

▶ 유해 전자파의 차단

상기 두 가지 조치가 끝난 후 집 안의 명당화 지수를 측정하여 보면 처음보다 상당히 올라간 수치를 얻을 수 있다. 그만큼 명당화가 이루어진 것이다. 이상의 두 조치는 물질정기 중에서 자연 상태의 물질정기를 정상화(淨化)한 것이다. 그러나 사람이 만들어서 집 안에 유입한 나쁜 정기 파동이 있다. 전기파와 자기파이며 이를 합쳐서 전자기파라고 한다. 본래 발전소에서 만들어져서 집까지 송전되는 전기는 무해한 정상적인 파동이다. 그러나 이 전기파는 송전되어 가정에 오는 과정에서 지구 자기파의 영향을 받아 비정상적인 전자기 파동으로 바뀐다. 전기 파동에 유해 자기파가 포함되어 유해전자파가 된 것이다. 전자파의 유해한 부분을 차단하는 것이 유해전자파의 차단이다. 일부 비정상적인 (정)기 파동을 정상파동으로 만드는 것이다.

이를 위하여 제거해야 할 유해 전자파의 수치를 먼저 측정하고 두꺼비집 내부에 집기판을 정면이 보이도록 설치하면 유해 전자파만 소멸된다. 집 안의 유해 전자파가 차단된 것이다(영기에 의한 명당화의 경우에는 유해 전자파를 차단하기 위한 기도를 한다). 유해 전자파만 소멸되어 정화된 것이지 본래의 전자파는 그대로 있다. 이러한 사실은 EM 체커(EM Checker)를 구입하여 차단 전후의 전자파 수치를 비교하면 그대로 확인이 된다.

기 수준이 아주 낮은 흉가 수준의 집에서 오래 살아온 가족 구성원 전부가 병마에 시달리고 있는 현장을 보았고, 앉아서 TV를 보던 소파 지점이 강한 수맥파가 지나가는 중간 지점인 줄 모르고 생활하던 어느 가장이 암에 걸려 병원에 입원한 것을 보는 것은 참으로 괴로운 일이였다. 명당화를 하고 난 집에 들어가면 왠지 모르게 마음이 편안함을 느낀다. 정기와 정기가 상호작용하여 우리의 실제 생활에 영향을 미치고 있는 것이다. 모든 기의 상호작용 중에서 정기 상호 간의 작용이 제일 기본이 되어 세상 질서가 이루어지고 있음을 알게 된다.

명당화의 진행 순서는 다음과 같다. 엘로드를 들고 ① 전체 명당화 지수를 백분비율(%) 지수로 측정·기록한다. ② 유해 수맥파 수준, 공간 속 유실정기 수준, 유해 전자파 수준을 차례로 측정·기록 하고 전체 합계한다. ③ 정확한 측정이 이루어졌다면 이 전체 합계 수치는 '100-측정된 명당화 지수'와 정확히 일치하여야 한다. ④ 정확한 진단 여부를 확인한 후 상기의 명당화 조치를 차례로 시행하고 상승된 명당화 지수를 확인한다.

명당화 측정 지수 선택의 두 가지 예

① 마음속으로 그냥 최고의 명당 수준을 100으로 하여, 측정되는 측정지수로써 대강의 명당화 정도를 알 수가 있다. 이 경우 흉소 흉가는 음(−)으로 측정될 수도 있다.

② 그러나 좀 더 자세한 상황을 알기 위해서는 마음속으로 양(+)과 음(−)의 기가 균형을 이루는 상태를 100으로 설정하여, 측정되는 지수가 100 이하이면 흉소로, 100이면 무해무익의 장소로, 100~200이면 (+)와 (−)의 기가 섞여 있는 보통의 장소로, 200~300이면 좋은 정기가 있는 곳, 300 이상이면 좋은 정기와 영기만 있는 명당으로 상정하여 측정하면 편리하다.

③ 이렇게 측정된 우리 집의 명당화 지수는 항상 300이 넘도록 관리하고 있다. 이를 위해서는 공간에 있는 어둠의 세력 요소들이 완전 퇴치된 상태가 유지되어야 하며 필요시에는 정기 충기를 위한 기도도 필요하다.

13. 정기와 혼기(의식기)의 상호작용

1) 의식 영역과 의식 수준

(1) 개념 구분과 영역

이상의 각 장에서 의식기와 사람의 의식 영역에 대해서 여러 차례 논의한 바가 있다. 의식계의 창조, 물질의식과 의식기의 존재, 물질 의식기의 형태별 특징, 사람의식의 발생, 파동으로서의 기 성질, 기의 인식과 측정, '기의 모임[集氣]과 기를 받음 [充氣]' 등의 장(章)에서 '의식'에 관하여 거론을 하였다. 그리고 기는 물질계에 속하면서, 의식이 물질화한 것이라고 말하였다. 초기 의식체를 형태 면에서 보면, 그냥 물건으로 불리면서 형태가 있는 물질들에게는 정(精)과 체(體)로 구성된 기(氣)가 있으며, 형태(體)가 없는 (추상적인 단어, 사랑과 같은) 물질에게는 정기

(精氣)만 있다는 점을 설명한 바 있다. 물질에는 정기와 체기가 들어 있으나 의식(意識)을 구성하는 것은 정기이며 체기(물체기와 생체기)는 의식의 영역에 들어가지 않는다. (다만 의식 영역 밖에 존재하는 체기일지라도 다른 종류의 기와 직 간접적인 상호작용은 하고 있다.)

따라서 생명이 들어 있지 않는 물건(물체)의 의식은 정(精)이며, 그 의식기는 오직 정기 하나만 포함하고 있다(① 물체 의식기=정기). 그러나 사람과 동식물과 같은 생명체의 '생명'은 '혼기'가 주어짐으로써 생겨났다. 이 부분은 상기 '③ 물질 의식기의 형태별 특징' 부분에서 설명한 바 있다. 즉, 생명체의 의식기에는 정기와 더불어 혼기가 포함되어 있다(②생명체 의식기=정기+혼기). 생명체 중에서 특별한 존재인 사람의 경우에는 '사람'이 되도록 만드는 특별한 생기가 부여되었는바 이 기를 '영기'라고 한다. 그러나 이 영기는 사람의 생체기가 의식기에 포함되지 않듯이 이 영기 역시 사람의 의식기에 포함되지 아니한다. 사람의 의식기 영역은 여전히 '정기+혼기'의 영역이다.

그렇지만 사람이 가지는 전체 기에는 영기가 추가되므로, 의식기(영기+정기)를 중심으로 양쪽 끝의 한쪽은 영기가, 다른 한쪽은 생체기가 배치되어 있다(③ 사람 전체 종합기=생체기+정기+혼기+영기). (의식 영역의 마음과 정신을 구분한다면) 생체기 영역을 향하고 있는 의식기는 마음(기)을 형성하고, 영기의 영역을 향하고 있는 의식기는 정신(기)을 형성하고 있다. 따라서 정신기는 정기와 혼기 그리고 영기로 구성된다.

동식물 등의 생명체 의식기 간의 상호작용에 관해서는 많은 생물학자들이 관심을 가지고 연구하고 있는 분야이기 때문에, 우리는 사람의 의식기를 구성하고 있는 정기와 혼기의 상호작용에 관해서만 검토해 보기로 한다. 그리고 사람의 영기가 포함된 기의 영역에 관해서는 다음 장에서 살펴보기로 한다. 이해를 돕기 위해서, 몸과 마음과 영혼에 있는 의식의 영역과 기의 종류별 영역 범위를 다음 그림에 표시해 보았다. 각 영역의 구성 면에서도 대칭 균형적인 질서를 발견할 수가 있다.

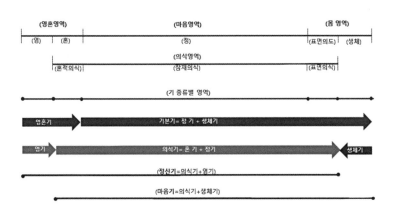

의식과 기의 영역

① 의식기와 의식 수준

엘로드로 측정되는 의식기 수치와 의식 수준의 수치는 분명히 차이가 난다. 수치가 차이가 나는 것은 의식기와 의식 수준의 개념 범위가 다르기 때문이다. 의식기 수치는 혼기와 정기의 합계이지만 의식 수준의 수치는 사람의 영적 의지에서 나오는 모든 선택의 결과로 나타나는 수치도 포함하기 때문에 그 범위가 아주 넓다. 따라서 의식 수준을 보면 그 사람의 정체성이 나타나며, 어떤 선택을 할 것이며 어떤 의도를 나타낼 것인지를 짐작할 수가 있다. 집단의 의식 수준 측정도 가능하여 참여하고자 하는 집단의 의식 수준을 사전에 알 수가 있다. 의식 수준이 높은 사람을 만나거나 집단의식 수준이 높은 단체나 모임에 가면 마음이 편안해지는 것을 느낀다. 참 유용하면서도 발설하기가 어려운 수치가 바로 의식 수준이다. 이 수준 수치를 나쁘게 이용(악용)할 염려도 있을 수가 있다. 그러나 대체적으로 악용할 의도가 있는 사람들의 의식 수준이 200보다 낮기 때문에 그 자체가 다른 사람의 의식 수준을 측정하지 못하는 안전장치로 작용하기도 한다.

데이비드 호킨스가 그의 저서에서 말하고 있는 '의식 수준'은 '사랑과 지혜'의 수준이 포함하는 마음 영역과 영혼 영역에서의 의식 작용까지는 포함하고 있다. 엘로드로 측정된 의식 수준이 200 이하의 낮은 단계에 있다면 소유와 물질을 중시하며 그 사람의 의식은 부정적인 영역에 있다. 200 이상의 긍정 영역의 의식 수준을 가진 사람은 수준이 높을수록 존재(현존, 유일신, 하나님)를 중시하며 영적 각성을 위해 노력하는 사람으로 볼 수 있다.

의식기 수준과 의식 수준의 차이점과 시사점은 다음의 다섯 가지이다. ① 두 수준의 수치가 나타내는 영역과 차원이 다르다. ② 의식기 수준은 주로 기 에너지 크기와 그 영향력을 나타내지만, 의식 수준은 사람이 가진 지각에 관한 기 '정보'의 크기 수준을 종합적으로 나타낸다. ③ 따라서 두 지수는 상호 보완적이지만 대체성은 없다. ④ 변동성은 의식기 수준이 더 크다. 의식 수준 또는 사람의 정체성 형성에는 많은 시간이 필요하지만 의식기는 짧은 시간에도 변할 수 있다. ⑤ 실체의 진실성과 전체적 상황을 알기 위해서는 두 가지 지수를 함께 참고하여 종합적으로 판단하여야 한다.

기의 입장에서 볼 때 의식 수준은 혼기와 영기, 정기와 생체기 그리고 정신기까지를 포함하여 종합적으로 나타낼 수 있는 개념 용어라고 볼 수가 있으며, 몸과 마음, 영혼의 종합적 관계를 수치로 설명하여 나타내는 수준이라고 해석해도 될 것 같다. 이 말은 우리가 일상생활에서 사용하는 의식 수준과 같은

의미라고 볼 수가 있으나, 데이비드 호킨스는 이 말을 일상용
어상의 의미를 뛰어넘는 의식 지도와 이를 체계화한 지수 모델
을 제시하고 있다. 지수 측정 능력이 있는 사람들에게는 호킨
스의 의식 지도가 여러 면에서 큰 도움을 준다. 의식 수준의
지수 모델은 수십 년간의 연구 과정에서 그 효용과 의미성이
확인되었다고 한다.

　한 사람이 특정 시점에서 가지는 의식 수준은 하나의 에너지
장(Energy Field) 형태이며 이것은 우주의식기장 안에 존재하는
자기의 종합적인 기 수준이 현재화(懸在化)됨에 따라 측정되는
것이라고 본다. 현재화된 의식의 에너지장(의식기장)은 상대적
인 의미에서 어떤 수준을 가지는 것이다. 종합적인 의식 수준
의 지수는 0에서 시작하여 1,000까지로 상정하여, 200을 기준
으로 에너지장이 아래로 향할 때는 '삶에 반하는 장(Anti-life
Field)'이라는 부정적인 의식 수준이 되고 200을 넘어설 때 각
수준의 지수가 '진리를 향하는 긍정적인 삶의 장'의 수준을 나
타낸다고 한다.

② 의식 수준의 변동성: 경험

　○○○○년 3월 중순, 친구 부부와 모임 전, 친구의 의식 수
준을 측정한 결과 놀랍게도 104로 나와서 현 인류 평균 211에

훨씬 미치지 못하였다. 이 수준은 세상사에 대한 두려움과 개인적 욕망 사이에서 부정적인 생각을 많이 하고 있는 수준이다. 만나서 작심하고 긍정적인 대화만 하고, 관련 책 2권을 소개시켜 주면서 읽도록 권장했는데 순순히 받아들이면서 공감을 하였다. 집에 돌아와서 확인된 그의 의식 수준이 222로 변하여 있었다. 여러 가지 요소들이 작용하여 그의 의식 수준을 긍정적인 방향으로 변하게 한 것이다. 대화 과정에서 그에게 있던 어둠의 세력 요소들이 물러가고 본래 자기의 의식 수준을 회복하고 있었던 것이라고 생각하였다. 이것은 의식 수준의 가변성을 말해 준다.

③ 의식 수준의 보편성

의식기가 있는 물질계 모든 존재는 의식 수준이 측정된다. 갓 태어난 아기들은 부모로부터 이어받은 유전자 DNA 속의 정보 수준에 따라 그 의식 수준이 결정된 상태에서 태어난다. 따라서 신생아의 경우에도 의식 수준 측정이 가능하다. 물체의 의식 수준 측정도 가능하며, 200을 기준으로 물체의 진위(眞僞)를 가릴 수가 있다. 이를 통하여 약의 효능, 유효기간, 가짜 물건 등을 가려낼 수가 있는 것이다. 엘로드 측정과 관련하여서는 측정자와 질문 내용 그리고 대상자의 의식 수준 지수가 200 이하이면 올바른 측정이 이루어지지 않는다. 이로 인하여 엘로드 측정의 오용을 방지하는 긍정적인 효과도 있는 것이다.

이와 같이 의식 지수가 사람(및 집단)과 관련하여 드러내는 영역은 아주 넓다. 데이비드 호킨스는 의식 수준 지수가 사회적·감정적·지적 태도, 직업 능력, 목표, 흥미, 윤리, 도덕, 행동양태, 범죄 가능성, 이해 능력, 건강, 수명, 성격, 책임감, 가족 지향성, 지위, 구매 관습 등과 같은 세속적 사안은 물론 행복하고 만족하며 긍정적인 삶을 유지하면서 사랑할 수 있는 능력을 나타낸다고 말하고 있다. 심지어는 의식 수준에 따라 오락과 읽을거리의 선택, TV 채널의 선별에서도 차이가 남을 알 수가 있다.

2) 정기와 혼기의 능력

사람의 의식 영역은 세 가지의 구역별 의식(혼 영역 의식+잠재의식+표면의식)을 가지고 있으며, 의식기는 두 개의 다른 성격의 기가 합쳐져서(혼기 + 정기) 이루어져 있다. 의식 영역과 의식기의 내용을 연결하여 살펴보면, 혼 의식 영역에는 혼기가, 잠재의식과 표면의식의 영역에는 정기가 있다. 그리고 마음과 정신은 우리의 잠재의식에 생체기 또는 영기가 작용할 때 일어나는 의식 작용임을 알 수가 있다. 그래서 마음과 정신은 항상 바쁘고 복잡하다. 한쪽은 영적 진실과 영적 각성을 추구하면서 생명의 영원성을 상징하는 영의 영향하에 있는 반면, 다른 한쪽은 물질적 욕구와 경험적 감각을 추구하면서 에고와 자아에 집착하는 몸의 영향하에 있는 것이다. 그 중심에는 정기와 혼기가 있으며 이 둘을 합쳐서 의식기라고 한다.

의식기인 정기와 혼기의 상호작용 비중이 85%가 된다는 사실에서 의식기의 중요성을 알 수 있다. 사람의 의식 수준도 이 영역을 중심으로 형성된다. '아스트럴체'는 정기의 영역에서 마음과 연결하고 '에테르체'는 혼기의 영역에서 정신과 연결한다. 따라서 평화로운 마음과 건강한 정신 상태를 유지하기 위해서는 의식기 영역에서 혼기와 정기의 균형 잡힌 비율(2:8) 유지가 필요하며, 이 균형 비율은 한 사람의 건강 상태를 영기진단할 때 유용한 참고지표가 된다. 앞부분에서 잠간 언급한 **정신기와 에테르체는 자기영기와 함께 우주기장의 정보망과 연결하는 채널링 과정에서 아주 중요한 역할**을 한다.

혼기는 사람에게 생명의 원천이므로 태어날 때 주어지는 것이다. 반면에 정기는 물질적 의식기 영역에 포함된 기 정보이다. 따라서 사람의 정기에는 생체기와 별도로 그 사람의 의식 내용(기 정보)을 담고 있어 인체에 활력을 넣어 주는 근본적 활동력(Essential Energy)이 된다. 몸에 정기가 없다는 의미는 그의 육체에 활력이 떠났다는 의미가 된다. 곡기(穀氣)를 끊은 사람보다 정신줄(정기)을 놓은 사람이 더 빨리 죽는다. 우리가 살아가는 데 있어 정기는 바로 우리의 생명 활력을 뜻하기 때문이다.

이 정기를, 태어날 때부터 가지고 있는 원정(元精)과 후천적으로 생긴 정액과 애액을 포함하는 탁정(濁精)으로 구분하기도 한다. 하지만 정기가 가지고 있는 의식 내용, 즉 기 정보의 내용에 따라 좋은 정기와 나쁜 정기로 구분하는 것이 좋다. 정기 중에는 진리 쪽에 있는 좋은 정기(眞精)과 그 반대쪽의 거짓 정기(假精)인 탁정이 존재하기 때문이다. 사기에 감염된 정기는 탁정(濁精)이 되며 이것은 마이너스(-)의 기 수준을 나타낸다.

기의 감응, 교류, 공명, 동조화는 물체 의식기 중 정기만 가능하다. 물질의 물체기나 사람의 생체기의 상호 교환은 불가능하다. 물체기나 생체기는 체(Body) 그 자체를 유지하기 위한 기이기 때문에 서로 감응 교류할 필요성이 없다. 몸이 건강한 사람의 몸 건강은 서로 나눌 수는 없지만 그가 가진 (따뜻한 마음속)

정기는 나눌 수 있다. 정기 간에는 서로 감응과 소통이 가능하기 때문이다.

물질기 중 정기만 소통할 수 있는 사람을 정기 능력자로 부를 수 있으며 이들은 영기 능력자와 구별하기도 한다. 기 측정 능력도 정기의 소통 능력에 해당되기 때문에 자기의 기 측정 능력을 타인을 통제하기 위한 목적으로 사용한다면 이 또한 기 능력의 잘못된 활용에 해당된다. 정기의 잘못된 소통 예이다. 기 능력은 어떤 경우에도 이기적인 목적이 아닌 이타적인 목적으로 사용하여야 한다. 정기의 소통 능력을 잘못된 방향으로 행사하는 것은 피해야 한다. 정기 소통을 통하여 자기가 가진 마이너스의 탁정을 다른 사람들에게 나누어 주는 행위는 피하여야 한다.

장기간의 태양 충기로 인하여 정기의 내용이 물질정기화되어 탁정으로 바뀐 사람들은 자기도 알지 못한 사이에 영기능력이 점차 떨어지고 있다는 사실을 발견할 수가 있다. 이는 탁기화된 정기 파동이 영기와는 동기감응하기가 어렵기 때문이다. 진정(眞精, 자기정기)만이 우리 마음속에 순수한 내부의도를 만들 수 있다. 즉, 진정과 신령의 합치(정신기)를 통하여 만들어진 순수한 마음속 의도를 이 정신기의 힘을 빌려 우주의식기장에 전달할 수가 있어야 한다. 이 순수한 의도의 기파동만이 채널링 과정을 통하여 우주기장의 영기파동과 공명할 수가 있는 것이다. 정기와 혼기의 능력이 작용하는 이 과정은 추상적 개념이 아니라 항상 경험하고 있는 실재 상황이기도 하다. 이 상호작용에 관하여 좀 더 자세히 알아보기로 한다.

3) 정기와 혼기의 상호작용

(1) 마음의 영역

의식기 수치가 100%(혹은 144규빗)이고 의식 수준이 높은 친구와 이야기를 하면 어쩐 일인지 마음이 편하고 의견 교환이 수월하게 이루진다. 이것은 두 사람의 의식기가 높은 수준에서 상호관계를 맺고 있기 때문이다. 대부분의 교회나 사찰 내부의 의식기 수준은 100%이다(물론 영기 수준도 높다). 종교 시설 안에 들어갈 때 마음이 편안한 것은 종교 시설 내의 의식기(정기), 영기와 나의 의식기(정기와 혼기), 영기가 상호 감응 공명하여 소통되어 나와 시설물 사이에 좋은 상호관계가 형성되기 때문이다. 타인의 의식기 또는 외부의 물질 의식기와의 관계에서도 이루어지는 정기, 혼기, 영기의 상호작용의 예이다.

한 사람을 기준으로 볼 때에는, 그 사람의 정기는 혼기의 영역과 상호작용을 하면서 서로 영향을 주고받는다. 정기와 혼기로 이루어진 이 의식 영역은 정신 영역이며 넓은 의미에서의 마음 영역이라고 보고 있다(정신과 대비되는 좁은 의미에서의 마음은 정기와 생체기가 주로 작용하는 영역이다). 따라서 혼기와 정기의 상호작용은 의식 영역 안에 있는 넓은 의미의 '마음'의 영역에서 이루어진다. 마음 영역에는 의식의 95%를 차지하고 있는 잠재의식이 숨어 있으며 드러나는 표면의식은 5%에 불과하다.

또한 마음속에서 선택이 이루어지고 생각과 의도의 생성까지 된다. 그 작용 과정에서는 뇌와 생체 세포 전체가 연결되어 있기 때문에 마음 자체를 정의하기가 어렵게 된다. 우리에게 마음이란 '알 수 없는 것'으로 다가오는 것이다. 더군다나 생각의 생성 과정에서 필연코 감정과 느낌이 개입하게 된다. 마음의 저 깊은 속에는 우리가 평소에는 알지 못하고 느끼지도 못하는 카르마가 무의식으로 잠재되어 있기도 하다. 이것 또한 마음의 구성 요소가 된다. 이런 점을 고려한다면 사람에게 마음이 무엇인지 알 수 있는 능력이 있는지도 의문이다. 이 마음의 영역에서 정기와 혼기가 상호작용을 하고 있다.

우선 우리가 알 수 있는 것은 사람의 마음의 영역에서 일어나고 있는 정기와 혼기의 기 작용이 모든 기 작용 중에서 차지하는 비중이 85%에 달하고 있기 때문에 마음이 의식 작용의 중심점이 되고 있다는 점이다. 마음의 중요성에 대해서 『화엄경』「제16품」에서 '일체유심조(一切唯心造)'라고 하여 '모든 것은 오직 마음에서 만들어진다'라고 표현하고 있음을 본다. 원효대사의 오도송(悟道頌)은 마음에서의 깨달음에 관하여 자세히 말하고 있다. 미국의 앤드류 워맥(Andrew Wommack) 목사는 그의 저서 영혼몸(Spirit, Soul, Body)에서 혼(즉, 마음)은 영과 몸의 중간 영역에서 몸과 영을 연결하는 중요한 기능을 하고 있다고 설명하고 있다.

이러한 마음의 기능은 단지 어떤 주제에 대해서 '생각'할 수 있을 뿐이며 그로 인하여 마음이 알고 있는 모든 것은 환상이며 허상이라고 규정하기도 한다. 이 경우에는 마음의 정의와 마음에서 일어나고 있는 정기와 혼기의 상호작용 현상을 설명하기가 더욱 어려워진다. 책을 읽는 눈이 책의 내용을 이해하는 것이 아니고, 귀가 음악을 알지 못하는 것과 같이 마음도 그러한 것이 아닌가? 마음과 정신의 영역, 즉 넓은 의미에서의 마음은 몸의 영역과 영혼의 영역을 좌우 양쪽에 둔 아주 넓은 중간 지대 영역이기 때문에 마음의 의미가 더더욱 어려운지도 모른다. 기의 입장에서 보면 생체기와 영의 영향을 받고 있는 정기와 혼기의 영역이 마음의 영역이다.

(2) 정신기의 존재와 그 역할

혼과 영은 신이 사람에게 특별히 주신 것이라는 의미에서 영기와 혼기를 합쳐서 신기(神氣)라고 불러 왔으며 이 신기와 정기가 합쳐져서 정신기가 된다. 정신은 의식 영역이 영기를 향하는 데서 발생하며, (좁은 의미에서의) 마음은 의식 영역이 생체기를 향할 때 생긴다. 마음은 육체를 향하나 정신은 영을 향한다. 우리가 몸과 마음의 건강을 말하듯이 정신과 영혼의 건강도 말한다. 각 건강 영역이 구분되어 있는 것처럼 보이지만 사실은 각 영역이 상호작용을 통하여 직접적 또는 간접적으로 서로 연결되어 있다.

마음과 영혼을 합쳐서, 혹은 진정과 신령으로 말하거나, 몸과 마음을 합쳐서, 혹은 '정신과 육체의 힘을 다하여'라고 말하는 경우의 의미는 비슷하다. 특히 정신기는 우주기와의 상호관계 작용에서, 내부 의도와 함께 핵심적인 역할을 한다. 백회가 열리고 영통을 하여, 우주의식기장의 정보망에 감응 공명하기 위해서는 올바른 내부 의도가 진정으로 이루어진 정신기의 에너지에 힘입어 사념의 기 파동(염파, 또는 에테르체)에 실려서 전달(채널링)되어야 하기 때문이다. 이러하지 못할 경우에는 천문이 열렸다 하더라도 그 효과는 오래가지 못한다는 사실을 관찰할 수가 있었다. 이것은 우리의 마음 영역에 있는 올바른 정신기가 우주기와의 채널링 과정에서도 아주 중요한 역할을 하고 있다는 점을 말하고 있다.

(3) 상호작용

사람의 혼기와 정기가 마음속에서 상호작용하는 (추상적인) 장소는 어디인가? 생각이 이루어지고 (자유의지에 따라) 선택이 이루어짐으로써 향후의 행위로 이어질 수 있는 '내부 의도'를 만드는 곳이 아닌가 생각해 본다. 여기에서는 의식기가 가지고 있는 생명력과 활력이 작용한다. 그 힘으로 영적인 측면과 육적인 측면을 모두 내부 의도 안에 담을 수 있게 된다. '영적 진실을 추구하고자 하는 의지와 영적 각성 수준' 등이 혼기에 긍정적인 영향을 주기도 한다. 반면에 (잘못된) 자아형성 과정에서 높게 쌓아올린 집착과 에고의 벽은 정기의 기에너지 및 기정보에 부정적인 영향을 주게 된다. 우리는 이 에고와 집착의 수준과 정기 수준의 측정도 가능하다. 동시에 영적 각성의 수준과 혼기의 수준 측정도 가능하다. 이 연관 관계를 통하여 의식기의 상호작용이 확인되는 것이다.

영혼과 몸의 영역으로부터 영향을 받는 혼기와 정기는 마음의 의식 영역에서 서로 '충돌'하는 상호작용이 일어나게 된다. 이러한 충돌과 이로 인한 갈등이 발생할 때 필요한 것은 우리의 선택이다. 우리의 가치관 등에 입각하여 선택된 생각과 의도가 결집되는 것이 결국 '나'를 결정하는 것이다. 이러한 과정에서 결정된 나를 '자아'라고 부른다. 이 자아의 길은 결국 우리의 선택에 의하여 두 가지 갈래로 이루어지며 하나는 '에고의 길'이고 또 다른 하나는 '영적 각성의 길'이다.

자아의 길이 '앎'과 '깨달음'을 위한 영적 각성의 길로 선택되었을 경우에도 이를 구체적으로 지각하는 과정에서는 에고와 집착으로 뭉쳐진 정기로부터 방해를 받기도 한다. 에고에 입각하여 형성된 생각들이 자기를 지켜 주고 이익을 챙겨 준다는 에고의 길에는 타인을 배려할 수 있는 공간은 없다. 따라서 에고는 '자기 방어적 생각들의 집합체'라고 정의되는 것이다. 이와 같이 선택 과정을 통하여 이루어지는 자아 형성은 주로 마음의 영역에 있는 의식기, 즉 혼기와 정기의 상호작용을 통하여 이루어지게 된다.

혼기와 정기의 균형 비율은 20:80으로 측정되고 있으며 각자의 혼기와 정기의 비율은 그 상호작용 능력과 크기에 의하여 결정된다. 자기의 본래 혼기 수준을 균형된 상태로 회복하는 길은 진실 각성에 장애 요소가 되는 집착과 에고를 제거하면 되며, 이것 또한 자기의 자유의지에 의한 선택에 의하여 가능하다. 자기의 노력으로 가능하다는 뜻이 됨과 동시에 모든 결과에 대한 책임도 결국 자기의 것이 된다는 뜻이 된다. 좋은 선택은 '어떤 것'에 대한 중요성을 제거하면서 집착을 버리고, 잘못 설정된 자아의 길에서 에고적 이기를 버리고 사랑과 배려의 이타(利他)를 넣어 주는 선택이다.

혼기와 정기의 잘못된 상호작용으로 그 비율 균형이 깨어지면 모든 일상 생활에서 이루어지는 선택의 방향도 바뀌게 된다. 즉, 그의 인생이 바뀌게 된다. 의식기 중에서 혼기가 차지하는 비율이 2%이고 정기의 비율이 98%로 측정된 사람의 경우가 있었다. 균형 비율 20:80에서 한참이나 벗어나 있다. 당시 이 사람은 사기 감염 수준이 높았으며 에고(이기심) 수준이 상당히 높게 측정되고 있었다. 그에게서 받는 첫인상은 항상 스트레스 속에서 생활하고 있는 사람으로 보인다. 반면에 혼기와 정기가 균형 비율을 유지하면서 정상적인 상호작용이 이루어지는 사람들의 경우에는 마음 영역의 건강 수준이 높고, 마음 안정기 수준이 높게 나타나서 마음이 평화로운 상태라는 것을 알 수가 있다.

혼기와 정기가 작용하는 영역은 마음의 영역이다. 앞에서 설명한 바와 같이 이 혼기와 정기는 각기 영기와 생체기의 영향을 받고 있기 때문에 마음은 영의 영역과 몸 영역의 건강 상태로부터 영향을 받는다. 이러하기 때문에 마음 영역에서의 혼기와 정기의 작용 비율이 전체 기 작용에서 차지하는 비율이 85%로 높게 나타나게 된다.

(4) 집단의식기의 상호작용

자유로운 개인이 만나서 모임이 되면 집단이 된다. 자유로운 개인은 기본적으로 자신의 주어진 능력과 개성을 가지고 자유의지에 따라 자신의 발전을 도모하고자 한다. 각자 가진 능력들이 합쳐져서 좋은 목표를 위하여 상호헌신하는 집단은 선(善)을 행하는 집단이라고 볼 수 있다. 이러한 정상적인 집단의 경우에는 각 참여자가 자신의 섹터에서 자신의 성품과 능력을 나타낼 수가 있으며, 모임이나 집단 전체의 의식기와 함께하여 개인과 집단의 목표를 일치시킨 가운데 균형 상태를 유지할 수가 있다. 그러나 일반적으로 우리가 접하는 사회적 집단은 모두가 이러하지는 못하다. 집단의식기의 정보와 개인의식기의 정보가 긍정적인 면에서 일치를 보지 못하는 '상호작용 관계'하에 있는 경우이다.

사람들의 집단에는 우리가 사회 또는 국가라고 부르는 큰 집단 속에서 함께 살면서 만나게 되는 작은 그룹 집단들이 있다. 큰 집단이나 작은 집단이나 모든 집단에는 그 집단 구성원이 모여서 만든 '집단 의식기'가 존재한다. 이와 함께 '집단 의식 수준'도 존재한다. 데이비드 호킨스는 전 인류 집단의 의식 수준의 변화 과정을 말하고 있으며, 종교 집단의 의식 수준에 관해서도 서술하고 있다. 집단 내의 개인 구성원과 집단 전체의 의식기 사이에도 상호작용 관계가 형성된다. 일반적으로 어떠한 집단이 형성되면 그 집단은 자체의 목표를 가지고 움직인다. 이익 추구를 목표로 하는 회사가 대표적인 사회적 집단이다. 집단은 그 자체의 집단적인 힘을 모으고 집중하여 그 목표를 달성해야 한다는 것을 집단 스스로 알고 있다. 이것은 사람의 문제가 아니고 집단 자체가 하나의 생존체(Entity)가 되어 그 생존을 위하여 그 힘, 즉 의식기를 키워야 하기 때문이다.

그런데 문제는 인류 전체의 의식 수준이 211인 것처럼 집단의 의식기 수준은 일반적으로 그 구성원 개개인의 의식기 수준보다 낮다는 점이다. 그러한 원리에 의하여 집단은 그 구성원, 또는 그 지지자로부터 기를 뺏어야만 생존이 가능하며, 이를 위하여 구성원이나 지지자들을 조정 통제할 수 있는 규칙과 룰(rule)을 만들어 낸다. 이러한 상호관계에서는 개인이 집단에 바친 에너지의 양에 비례하는 보상을 받음으로서 개인과 집단 간의 관계는 대치 관계에서 균형적 관계로 변한다. 그러하지 못할 경우에는 우리는 어떻게 대처해야 할 것인가? 극단적인 경우를 상정해 보자. 종교적인 사교(邪敎) 집단이나 폭력

배 집단처럼 그 집단의 목표가 정의롭지 못하고 진리와는 거리가 먼 경우이다. 정치 집단도 간혹 이러한 부류에 속한다고 보이는 경우가 있다. 이러한 집단은 좋은 기를 서로 교환하면서 균형적 상호관계를 유지하고자 하는 '교제집단'과는 다르다. 무조건적 복종과 충성과 의리를 요구한다. 이러한 종류의 집단이 접근하여 나의 주위를 배회하면서 참여와 지지를 위하여 온갖 회유를 한다면 내 양심과 영혼의 명령에 따라 그들과 맞서 싸울 것인가?

뒤로 물러서지 말고 맞서서 싸우되, 싸우는 방식은 완전히 달리하여야 한다. 내면적인 '선한 싸움'의 방식을 따라야 한다. 직접적인 맞대응 싸움은 헛수고가 되고 도리어 나의 에너지를 주는 꼴이 되어 버린다. 대응 원칙은 그들의 존재를 인정하면서도, 무시하면서 나의 삶 밖으로 놓아 버리는 것(Letting go)이다. 피하면서 그냥 떠나서 지나가게 하는 것이 선한 싸움에서 이기는 방법이 된다. 의식기 사이에서 상호작용이 일어나지 않도록 하는 것이다. 상황이 흘러가도록 그냥 두고 객석에서 관객은 될 수 있으되 무대 위의 연기자는 되지 않도록 노력하면서 묵묵히 나의 일만 하면 되는 것이다. 이러한 선한 싸움의 방식에는 어떠한 막가파도 당해 내지 못한다. 대응하지 않고 피하는 사람에게는 어떻게 해 볼 방법이 없을 것이기 때문이다.

4) 마음속의 스트레스

(1) 정기와 스트레스

마음속 갈등과 스트레스는 정기에 가장 많은 영향을 주는 요소이다. 이 스트레스의 원인은 대부분 정기의 발생 기제(Mechanism)인 감정과 느낌, 생각과 의도에 있기 때문이다. 또한 정기의 크기와 내용은 이 스트레스로 인하여 크게 변하기도 한다. 이 스트레스는 우리의 삶에 너무 깊게 들어와 있기 때문에 스트레스 없는 삶은 파도가 없는 바다에 비유할 정도이다. 우리 인생 속에 들어와 있는 스트레스에 대하여 그 원인을 밝혀 발생 원인을 어떻게 줄이고 파괴적인 스트레스에는 어떻게 도전하여 극복하느냐 하는 문제가 관건이 된다. 이 문제를 기의 입장에서 살펴보는 것도 의미가 있을 것이다. 마음속 불안과 스트레스는 신이 주시는 것이 아니고 사람의 어리석음과 불신이 만들어 낸 것이다.

먼저 정기와의 관계를 확인하기 위하여 스트레스 수준을 실제로 측정해 보면, 그 측정된 수치와 정기의 수치 변화 사이에는 확실한 상관관계가 있다는 것을 알 수가 있다. 스트레스로 인하여 정기는 약해지며 약해지는 선상의 어디에선가 정기의 내용도 변하고 있음을 알 수가 있다. 원인에 따라 정기의 내용이 진정(眞精)에서 탁기화한 가정(假精)으로 변하는 것이다. 진정은 긍정적인 에너지를 가진 양(+)의 정기이지만 가정 또는 탁정은 부정적인 에너지를 가진 음(-)의 정기이다. 이러한 정기의 내용에 따라 정기가 생체기에 미치는 영향도 크게 달라짐을 볼 수가 있다.

스트레스는 마음속에서 중요성을 부여하면서 집착하는 어떤 대상에 위험이 왔을 때 발생한다. 중요성을 부여하고 집착하는 것이 명예일 수도 있고 돈이 될 수도 있으며 일이 될 수도 있고 사람이 될 수도 있다. 그 대상에 대한 과거 및 미래의 기억 이미지가 현재의 상황과 대비해서 갭이 크면 스트레스가 크게 온다. 시한이 정해져 있는 중요한 일을 처리해야 하는데 (미래에 완성될 일에 대한 기억 이미지가 있는데) 현 상황이 여의치가 못할 때에 마음속 어디선가에는 불안과 스트레스가 자리를 잡기 시작하는 것이다.

마음속의 화병, 스트레스가 외부에 나타나는 증상은 아주 다양하다. 불안감은 우울증으로, 부끄러움과 대인공포증을 수반하는 두려움은 공포증이 되어 삶을 패닉 상태로 몰고 간다. 이러한 상황은 과도한 뇌 편도체 반응을 일으키기도 한다. 불안은 두려움의 대상이 모호할 때 생기는 것이고 공포는 두려움의 대상이 확실할 때 발생한다. 이러한 현상은 그 자체가 무의식에 대한 위기신호이다. 우울증은 명예, 인생 목표, 자존심과 재물이나 가족 등 사랑하는 사람을 잃을 때와 같이 집착하던 것을 상실할 때 주로 발생한다. 좌절과 공허감으로 자기의 삶이 비극적으로 끝날 것이라는 쓸데없는 상상을 하게 된다.

반복적인 불안 증상과 신체 반응이 이어지면 나타나는 것이 패닉(Panic)이라는 공황장애이다. 공황장애 현상은 스트레스로 인하여 심리적 방어기제가 모두 무너진 상태를 말한다. 더 진행되면 비현실감, 정신이완과 이인화(異人化) 현상이 일어나기도 한다. 신체 쪽의 반응은 신경계에 이상이 생김으로 인해 생기는데, 소화 불량, 손 떨림, 손발 마비 현상, 땀, 어지럼증, 가슴 통증으로 나타난다. 자율신경계와 면역계를 약화시켜서 병을 발생시키기도 한다. 스트레스의 이러한 증상과 부작용들은 삶을 불행 속으로 이끌어 간다.

스트레스가 정기와 생체기에 영향을 준다면 그 발생 원인은 정기 발생 구조 안에 있는 감정과 느낌, 생각과 의도 중에 있을 것이다. 즉, 의식 영역에서 일어나는 '부정적인 감정'과 '이기적 집착(에고)'에 원인이 있을 것이라고 생각한다. 먼저 이 두 부분에서의 발생 원인을 살펴보고 이에 대응하여 치유 회복하는 방안, 스트레스가 정기와 생체기 각각에 미치는 영향에 대하여 알아보도록 한다.

(2) 부정적인 감정

느낌과 감정은 의식 정기 발생의 시작점이지만 그 내용이 부정적인가 긍정적인가에 따라 정기의 내용도 달라진다. 의식 수준이 200 이하에 속하는 자부심, 욕망, 분노, 두려움, 슬픔, 무감정, 죄책감과 수치감은 부정적인 감정에 속하여 음(-)의 정기를 발산한다. 양(-)의 정기는 본래 있던 정기를 약하게 한다는 뜻이 있지만 양(+)의 정기가 소진되면 정기의 내용이 진정에서 가정, 탁정으로 바뀌게 된다. 탁정을 가진 사람의 정기와 생체기의 수준이 비록 높게 측정된다 할지라도 이 높은 수준의 정기와 생체기가 생체 건강 수준을 말하는 것이 아니다. 따라서 정기가 탁정인지 진정인지를 확인할 필요가 있다. 부정적인 감정이 만든 음(-)의 정기가 생체건강을 해치는 것이다. 또한 정기의 내용이 탁정으로 변하면 영기 운용에서는 장애 요소로 작용하게 된다.

자부심을 지키기 위해서는 많은 정기가 소모되는 것으로 알려져 있다. 자부심 중에는 자기의 노력이 포함된 자존(Self-respect)은 에고를 팽창시키지 않기 때문에 괜찮지만 교만, 오만(Arrogant)이나 자만(Conceit)은 허영을 동반하기 때문에 무시(無視)받는 상황에는 예민하게 반응하면서 쉽게 깨어진다. 영적인 자부심도 깨달음에 방해가 된다. 정상적인 욕망은 긍정적으로 작용하지만 탐욕은 정기의 소모 현상을 동반한다. 욕망은 자기에게 이기적이며 남에게는 탐욕스럽고 남을 통제하고자 하며 지나친 중요성과 집착에 의존하는 경향이 있다.

　생명과 물질, 자기의 정체성과 자아 상실에 대한 두려움도 스트레스 원인 현상이다. 죽음은 생명의 형태 변화일 뿐이고, 물질에 대한 소유 개념의 덧없음을 안다면 이러한 두려움은 스트레스 요인이 될 수가 없다. 상실로 인한 과도한 슬픔은 정기 소진은 물론 뇌신경전달물질, 세로토닌 분비를 저하시키고 면역을 약화시켜 육체 활력이 떨어지게 만든다. 육체의 동물적 반응 중의 하나인 분노의 표시, 굴욕과 당황의 느낌인 수치심을 가지는 것, 실의의 단계인 무감정한 느낌, 자기 심판의 의미가 있는 죄책감 등의 감정들은 모두 의식 수준 200 이하의 영역에 있는 부정적인 감정이며 스트레스와 부정적인 정기 발생의 원인이 된다.

(3) 이기적인 집착과 에고

　표면의식 영역에서 처음 발생한 느낌과 감정은 언어 기능이 매개되면서 생각으로 발전한다. 이 생각은 자유의지에 의한 선택과 결정을 거쳐서 행동의지가 내포된 내부 의도가 된다. 생각과 의도의 발생은 표면의식과 표면화된 정기의 발생을 뜻한다. 스트레스의 부정적인 요소들은 이 과정에서 개입한다. 일반적으로 스트레스의 발생 원인은 '이기적인 집착과 에고'에 의한 선택과 결정이라고 본다. 이기적인 집착과 에고는 자아 집착 또는 아집으로 나타난다. 예컨대 엘로드로 측정되는 어떤 사람의 자아 집착 수준은 그 사람의 이타적 타인 배려를 나타내는 사랑의 수준과는 반비례하여 나타나는 것을 알 수가 있다.

나이가 들면 그동안 쌓아온 경험과 지식을 바탕으로 만들어진 일정한 행동 패턴을 가지게 된다. 생각은 완고하기가 쉬워지고 고집도 생긴다. 이러한 성품에 이기와 에고가 결합되면 보기 싫은 아집으로 나타나면서 보이지 않게 주변의 저항에 직면하게 된다. 외부의 저항은 물론 내부의 양심 저항도 받게 되면서 스트레스가 무럭무럭 자라난다. 이렇게 만들어진 스트레스는 결국 몸의 정기와 활력을 소진케 한다. 나이가 들어 갈수록 자신을 버리고 아집을 버리는 연습을 해야 하는 이유이며, 이것은 건강을 지키기 위한 길이 되기도 한다.

자아는 영적 인식과 각성을 통하여 형성된 '올바른 자아'와 물질적 욕망과 집착을 통하여 형성된 '잘못된 자아'가 있다. 이타적인 자아와 이기적인 자아라고 할 수가 있겠다. 집착과 이기에 파묻힌 부정적인 자아가 자라나는 원인은 여러 곳에서 찾을 수가 있다. 태어나면서부터 뉴턴의 물리학적인 논리와 이성체계를 배우고, 보이지 않는 것은 믿지 않게 만드는 이성적 논리와 과학적 논리를 학습해 온 것도 그 원인들 중 하나가 된다. 자기의 이익을 지키면서 경쟁사회에서 살아남기 위해서는 에고라고 하는 울타리 장벽을 높게 설치하여 그 에고장벽 안에는 자기만 거주하면서 배타적이 되는 것도 부정적인 자아를 발생하는 첩경이 된다. 본래의 '나' 또는 '자아'라는 것은 이 세상 속에 살면서 이 세상을 바라보는 주체이지 자기의 욕망으로 만든 에고의 벽 안에 가두어진 객체가 아닌 것임에도 불구하고.

이러한 종류의 에고는 물질적 체(体)에 근원이 있으며, 선택을 통하여 생각과 의도를 결정하는 과정에서 많은 영향을 준다. 이를 통하여 에고가 정기의 크기와 내용에 영향을 미치는 것이다. 또한 에고 장벽의 뼈대 구조는 이미 내재된 정기(진정과 가정)가 만든다. 에고는 앞서 설명한 부정적인 감정을 만들어 내는 원자재가 되기도 하며, 느낌과 감정의 기폭제가 되기도 한다. 이 에고와 집착을 버리는 것과 자신을 버리는 것은 부정적인 정기를 긍정적인 정기로 바꾸고, 영적 영역에서 자기 자신의 진정한 자아를 찾는 지름길이 된다.

욕심과 욕망으로 만든 에고와 집착의 수준이 높을수록 송과체 잔존비율이 낮아지고, 따라서 자기영기 수준도 함께 낮아지게 된다. 태어날 때 받은 자기영기가 살아가면서 에고와 집착 때문에 하나도 남아 있지 않는 사람들(또는 자기영기 수준이 0이 되는 사람들)을 가끔 대할 때는 안타까운 생각이 많이 든다. 에고에 갇혀 있는 이기(利己)는 사랑과 배려의 이타(利他)의 반대쪽에 존재한다. 이 논리의 진실성은 간단히 확인된다. 사랑과 배려의 기 수준은 에고와 집착 수준에 반비례한다. 바꾸어 말하면 이타와 사랑 기 수치와 이기와 에고 집착 기 수치의 합계는 정확히 100%가 된다는 사실이다. 어떤 사람의 사랑의 기 수준이 80%이라면 그 사람이 가지고 있는 에고와 집착의 수준은 20%로 측정된다.

지나친 집착과 자기사랑은 자기애적 인격 장애를 불러와서 타인과의 관계에 문제를 일으킨다. 음(-)의 정기인 탁정이 마음속에 꽉 차서 부정적인 의식 영역에서 벗어나지를 못하는 상태가 된다. 이런 사람의 기 수준은 마이너스 방향으로 높게 측정된다. 어떤 사람의 경우를 보면 정기와 생체기의 수준은 항상 100%를 유지하고 있지만 그들의 기가 마이너스 영역에 속하여 있기 때문에 그 사람의 행태는 올바르지 못하고, 측정되는 생체 건강 지수 또한 엉망이라서 병세가 한눈에도 알아볼 수 있게 된다. 대개 나쁜 영과 그들의 영기에 사로잡혀 있는 경우에 이러한 현상이 나타난다.

외부 물체에서 잘못 충기한 정기는 음(-)의 정기인 탁정이고 이 경우 플러스와 마이너스 영역의 구분 없이 측정된 전체 정기 수준은 높게 나타난다. 이러한 나쁜 정기가 오히려 생체건강을 해치고 있었음에도 높게 측정되는 정기 수치만 믿고 그 내용을 모르고 있는 경우가 많이 있다. [따라서 기 수준의 측정 시에는 음(+)기인지 양(-)기인지를 확인함이 필요하다.] 아집과 이로 인하여 증가한 스트레스가 좋은 정기는 약화시키고 나쁜 정기를 강화하여 몸 건강도 해치는 결과를 초래한다. 스트레스와 에고의 관계에서 보면 이기적 행동과 아집이 스트레스 수치를 올리지만 반대로 스트레스가 있으면 이기적인 행동이 나타난다는 것이 실험으로 증명된 일도 있다.

(4) 스트레스에 대한 투쟁과 도전

부정적인 감정과 이기적 생각에 의하여 발생된 이상과 같은 스트레스가 의식 형성과 정기 발생 과정에서 부정적인 영향과 생체기와 생체건강에 해를 끼치고 있음을 살펴보았다. 우리의 마음은 마음속에서 일어난 스트레스에 대하여 두 가지의 반응을 한다. 첫 번째 반응은 대항하여 투쟁을 하거나 아예 회피하는 반응이다. 이러한 투쟁 회피 반응은 부정적인 음(-)의 정기를 강화하여 스트레스를 디스트레스(Distress)화한다. 두 번째 방법은 우리의 마음이 스트레스에 도전하여 개선하면서 회복함으로써 양(+)의 정기를 다시 찾아오는 것이다. 이 경우에는 스트레스를 유스트레스(Eustress)화하는 것이다.

디스트레스화 반응의 투쟁 방식에서는 극심한 스트레스에 대항하면서 물리적, 원시적 반응을 보인다. 물건을 깨거나 다른 사람을 신체적으로 괴롭히는 등의 타인 파괴적인 행동을 하는 것이다. 길거리에서 돈을 주고 접시를 깨는 것과 망치로 헌 자동차를 부수도록 하여 스트레스를 해소하는 것이 원시적 투쟁 방식의 예이다. 스트레스를 회피하는 방법에는 자기 신체에 해를 가하는 적극적인 회피와 자기의 정신을 파괴하는 방법의 소극적인 회피가 있다. 스트레스가 심할 경우 자기 몸을 학대하여 그 순간을 잊고자 하며 술이나 마약의 힘을 빌려 순간적으로 자기 정신을 마비하거나 파괴하여 스트레스를 잊는 방법이다.

이러한 투쟁과 회피적 반응은 일시적으로 스트레스가 진정되거나 없어진 것처럼 보이지만 결국에는 정기에 주는 부정적인 영향을 더욱 키우게 된다. 문제 해결은 되지 않은 상황에서 스트레스는 지속되고 기는 소진되고 있는 것이다. 대개의 사람들은 이러한 타인 파괴적 또는 자기 파괴적인 투쟁 회피방식으로 스트레스를 해결하고자 한다. 그러나 이러한 물리적 반응은 기의 측면에서 보면 올바른 방법이 되지 못한다. 스트레스는 해결되지 않으면서 마음은 더욱 이기적 에고의 길을 가게 된다. 정기는 음(-) 쪽으로 움직이면서 기존 정기를 약화시키고, 종국에는 전체 정기의 내용을 음(-)의 성질만 가진 탁정으로 변하게 만든다.

유스트레스화를 위한 도전과 회복을 향한 반응 방식은 스트레스를 연구하는 학계의 관심 분야이며, 이 반응 방식의 효과와 결과를 해석하여 스트레스 자체를 긍정적으로 해석하고 있기도 하다. 스트레스 긍정론은 마음속의 긍정적 부분이 활성화되어 선택 과정을 통하여 이 반응 방식이 의지로서 의도화됨을 말한다. 결국은 (선택을 통한) 마음먹기 나름이 된다. 이러한 긍정적 마음먹기의 길을 찾아 가 보기로 한다. 도전하기로 마음 결정이 이루어지면 스트레스라는 이 외부 자극은 생체 에너지가 만들어지는 자극 단계(Impetus Driving Force)의 모멘텀이 된다. 이러한 도전 반응은 우리 뇌 속에서 즉각적으로 아드레날린, 엔돌핀, 테스토스테론, 도파민 등을 분출시키면서 그 복합적인 작용으로 자신감과 동기와 의욕을 상승시킨다. 스트레스를 투쟁의 대상으로 볼 때는 공포심이 먼저 일어나지만 도전과 극복의 대상으로 보면 집중력과 자신감이 먼저 생긴다.

운동선수들이 출전하기 직전에 '나는 할 수 있다'는 말로써 경기에 자신감과 집중력을 키우는 광경을 간혹 보기도 한다.

사랑에 빠질 때와 골프 경기를 시작하기 전의 약간의 긴장과 스트레스에는 이러한 긍정적인 면이 있는 것이다. 필요한 것은 도전하고자 하는 의지와 용기이며, 이러한 의지와 용기 속에서는 마음속 무의식에 잠재된 좋은 기억과 긍정적인 에너지인 양(+) 정기가 작용하는 것이다. 그러한 작용을 허용하는 것은 결국 사람의 마음속 '선택'이다. 이 경우의 스트레스는 이미 스트레스가 아니고 기쁨과 즐거움, 성취감을 맞이하기 위한 긴장감인 것이다.

시험 치기 전날의 긴장은 공부에 도움이 된다. 임산부가 가지는 스트레스와 고통은 출산에 대한 희망의 표현일 수도 있다. 이 유스트레스화 방법은 새로운 의도의 생성에 있다. 이것에는 스트레스의 원인이 되는 현실을 개선하고자 하는 의도와 행동 의지가 담겨져 있어야 한다. 강한 의지가 있는 사람에게 가능한 방법이다. 형성된 의도에 따라 행위가 이루어지면 그 순간부터는 스트레스의 부정적인 기능은 힘을 발휘하지 못한다. 부지런한 사람은 스트레스 받으면서 고민할 시간은 없는 것이다. 어떤 일에 집중하고 있는 사람들에게는 스트레스가 스며들 틈새가 없다.

이제부터는 음(-)화한 정기를 양(+) 정기로 회복하는 '회복과 배려의 방식'을 적용할 수 있는 기회이다. 스트레스로 인한 심리적 문제를 다루는 치료의 단계이기도 하다. 스트레스의 원인이 되는 대상에 대한 '사랑과 배려'로 긍정적인 정기발산을 최대화하는 것이다. 어려운 일이지만 이것은 최선의 회복 방법이 된다. 이럴 때 생리 반응은 뇌하수체에서 옥시토신 호르몬이 분출되면서 사회성 지수도 올라가서 정상적인 생활 유지에 도움이 된다. 타인에 대한 배려는 자기 만족도를 올리면서 자기의 회복을 도와준다.

이기심과 욕심에 기초하여 발생하는 마음속의 스트레스는 결국 마음의 병과 몸의 병을 발생하게 한다. 욕심이 죄를 낳고 죄가 사망에 이르게 하는 과정에 이러한 스트레스가 작용한다. 이 스트레스는 우리의 의식기 영역에 있는 정기와 혼기의 잘못된 상호작용이 드러내는 하나의 형태이다. 이 마음의 병을 고치는 지름길은 '내려놓음'에 있으며 더 나아가서 '이타적인 사랑과 배려'에 있음을 우리는 알고 있다. 스트레스를 받지 않는 길을 알고 있으면서 실천을 못하고 있을 따름이다.

14. 혼기와 영기(생명기)의 상호작용

1) 연결되는 생명의 기

이상에서 살펴본 바와 같이 마음은 육체와 영혼을 연결하는 중간 영역에 있으며, 정기와 혼기로 구성된 의식기가 작용하고 있는 넓은 영역이다. 정기는 생체기와 함께 몸을 이루고 있으며 혼기는 영기와 함께 영혼을 이루고 있다. 이 네 가지의 기본 기들이 각 영역에서 작용하는 정상적인 비중은 마음(정기와 혼기)에서 85%, 몸(정기와 생체기)에서 3%, 영혼(영기와 혼기)에서 3%가 된다고 설명하였다. (나머지 9%는 우주의식기와의 작용 비중이다.) 사람의 체기와 정기가 작용하는 몸체(Body) 그 자체는 다른 물체와 다르지 않다. 그러나 이 물체의 속성 속에 움직임과 살아있음을 뜻하는 생(生), 또는 생명이 추가로 주어질 때

생물체가 되고 '살아 있는 사람'이 된다는 점도 앞장에서 이미 설명한 바 있다.

이 생명에는 육체에 주어지는 생명과 영혼에 주어지는 생명이 있다. 이 두 가지의 생명에는 각기 다른 기가 존재한다. 혼기와 영기이다. 육체에는 혼기가 주어져서 살아 있는 육체의 생명이 있게 되었고, 영혼에는 영기가 주어져서 살아 있는 영혼의 생명이 있게 되었다. 몸의 활동과 영혼의 활동은 이 두 가지 생명의 기가 작용하기 때문에 가능하다. 사람은 누구나 태어날 때는 완전 수준의 자기혼기와 자기영기를 가지고 태어난다. 살아가면서 몸 관리와 영혼 관리를 어떻게 하느냐에 따라서 혼기와 영기, 즉 생명의 기 수준도 수시로 변한다. 육체의 생명을 있게 해 주는 혼기는 정기와 작용하여 마음의 의식기를 구성하게 된다. 영혼의 생명이 있게 만들어 주는 (자기)영기는 살아 있는 동안 영적 생활을 할 수 있게 하고 (우주)영기와도 소통하는 주요 기능을 수행한다.

이와 같이 혼기와 영기가 생명의 축(軸)을 만든다. 혼기는 이 세상을 살아가면서 필요한 육체적 생명을 부여하고 있지만, 영기는 죽어서 저 세상에서 가질 수 있는 영원한 영적인 생명을 부여하고 있다. 사후의 영원한 생명에 관하여는 (성경적 해석에 의하면) 선악과를 따먹은 최초 인류가 생명나무의 과일까지 따먹는 것을 허용하지 않는 점에 있다. 영원한 생명을 지켜 주기 위하여 에덴 동산에서 쫓아내고 동산을 폐쇄하였다는 성경해석이다. 이렇게 함으로써 이승에서 지속되는 생명보다 저승에서 영원한 생명을 가질 수 있도록 한 것이라고 해석이 된다. 스베덴 보리가 죽음을 '위대한 선물'로 규정한 것은 생체의 죽음이 영원한 생명의 시작점이 되기 때문이다. 결국, 따먹지 않은 생명나무 열매 덕분에 육체에 갇힌 영원한 생명보다 자유로운 영혼으로 사후에 영원한 생명을 얻을 수 있게 되었다는 내용이다.

영기와 혼기는 상호작용하기보다 두 가지의 생명을 지키는 독립적 역할을 하고 있다고 보아야 할 것 같다. 독립적이지만 영기와 혼기가 함께하여 (현생의) 생명과 (후생의) 생명을 서로 연결하는 작용 관계가 있게 된다. 혼기는 이생에서의 한정된 생명을, 영기는 저세상에서의 영원한 생명을 지키기 위한 각자의 역할을 하지만 이들 생명기는 우주의식기장의 성령의 영기와 접촉할 경우에도 두 가지의 생명기가 상호 연결되어 협동하는 관계가 된다. 그 결과 우주의식기장의 우주영기와 사람의식기장의 자기영기가 연결 소통되는 채널링이 가능하게 된다. 이러한 사실은 자기영기가 아주 없거나 그 수준이 낮은 경우에는 영기치유의 대상이 되지 못하는 것으로 알 수가 있다.

2) 자기영기와 성령의 영기

(1) 자기영기

사람이 태어날 때는 모두에게 공평하게 영(혼)이 주어지며, 이 영의 기를 성령의 기와 구분하기 위하여 자기영기라고 부르기로 하였다. 자라면서 자아와 에고의 함정에 빠져 이를 거부하지 아니하는 한 이 자기영기를 일정 수준 유지할 수 있으며, 따라서 사람에 따라 자기 영기의 수준이 달라진다. 이 영기는 좋은 영향을 미치는 혼기와 함께 신기(神氣)를 무의식 영역에 부여하며, 정기(精氣)와 합쳐져서 무의식 영역의 정신(精神)이 형성된다.

영적인 에너지인 자기영기와 성령의 기는 주어지는 것을 받는 것이며 (노력 등의) 대가로 획득하는 것이 아니다. 그러나 태어날 때 주어진 자기영기는 자기의 노력으로 지킬 수는 있다. 순수한 '마음'을 지키고자 하는 자기 노력과 자기영기를 배척하고자 하는 부정적 에너지를 멀리하면 지킬 수 있다. 측정되는 자기영기 수치는 정신적인 바탕이 되며 마음의 순수성을 나타내는 측도가 된다. 측정 결과 자기영기 수준이 0인 경우에는 성령기를 받을 수 없을 뿐만 아니라 영기치유의 대상이 되지 못한다. 자기영기가 없는 사람에게는 영기치유가 허용되지 않는 이유도 치유 능력을 전달받을 그릇이 없어졌기 때문이며 동기감응이 되지 않기 때문이다.

물질정기만 추구하는 사람의 자기영기는 자연스럽게 소멸되는 현상을 보게 되며, 이로 인하여 그 사람의 영기능력도 없어진다. 영기능력이 소멸되면 영기치유 능력을 전달하는 능력, 즉 영기치유 능력도 없어지며 영기치유 대상도 되지 못한다. 자기영기가 없어지면 개천문이 되지 않고 따라서 우주기 정보망에도 접근이 안 된다. 자기영기가 없어지면 진리를 지향하는 정기(眞精)도 없어지기 때문에 그의 정기는 물질정기인 가정(假精)만 남아 소위 말하는 속된 사람이 된다.

중요한 점은, 자기영기를 거부하여 자기 몸에 영력(靈力)이 남아 있지 않은 사람은 어떠한 우주영기도 받을 수 없다는 점이다. 영적 능력이 있는 사람일지라도 사기(邪氣)가 있거나 빙의(憑依)가 되었을 경우에는 영기를 받을 수 없어 그 영적 능력을 유지할 수 없다. 자기영기가 없는 사람에게는 영기에 의한 치유 등의 영기치유 능력을 보낼 수도 없다. 자기영기가 없는 사람은 그 정신에 '신(神)'이 없기 때문에 신의 영역으로부터 나온 영기에 대하여는 자기도 모르게, '무의식적'으로 배척하게 된다. 이러한 모든 현상은 자기영기가 생명의 근원이 되기 때문이다. 이러한 점에서 타인에게 '기의 세계'에 대하여 말할 때에는 상당한 '영적 분별력'을 가지고 조심스러워야 한다. 자기 영기를 상실한 사람에게는 다시 자기의 자유의지로 이를 회복할 기회도 주어져 있다.

(2) 영기: 성령의 기

반면에 현존 유일신 영의 기, 즉 성령의 기는 모두에게 공평하게 주어지는 것이 아니고 본인의 노력이나 기대와는 무관하게 '성령의 주관적 임재'에 의하여 받는 '선물'이다. 그 때문에 성령의 기를 받는 것을 기독교에서는 '은혜'로 표현한다. 몸에 성령이 임재한 상태에서만 영안이 열린다. 영안이 열려서 성령의 기(능력)를 받고자 할 때는 먼저 우리 몸에서 통신기 역할을 하는 송과선(또는 송과체)이 소멸되지 않고 일정 부분 잔존하고 있어야 한다. 송과선의 잔존 비율은 사람마다 다르며 우리는 이를 측정할 수가 있다. 성령의 기는 우주에 존재하는 우주영기로서 바라는 자(기도하는 자)에게만 전달되는 것이다. 이 선물 또는 은혜는 받을 준비가 되어있는 사람들에게는 누구에게나 주어지는 보편성을 가지고 있다.

이 성령의 기(영기)를 받을 수 있는 그릇이 깨어지면 더 이상 받을 수가 없게 된다. 사기의 침범이 있거나 탁기가 강하여 영기능력을 자기의 명예나 이익 또는 남을 통제하는 수단으로 사용하는 경우 등이다. 영기능력을 체험하고 있는 사람은 항상 받은 영기 수준을 점검하여 변화가 측정되면 그 변화의 원인을 찾아 행위를 수정하여야 한다. 개천문을 통하여 영기를 받아 우주기 정보망에 접근할 수 있거나, 영기치유가 가능한 사람일지라도 지속적으로 물질기 측정이나 그 활용에만 집착한 사람의 영기능력이 점차 소멸한 사례들도 볼 수 있다. 영기능력 측정이 중요한 이유이다.

또한 영기 수준이 높은 사람 옆에 있는 사람의 정기 수준이 영향을 받거나 영기가 발산되는 특별한 집기판 가까이 있는 일반 집기판의 정기가 소멸하거나 감소하는 특이한 현상도 발견된다. 이것은 영기의 힘 수준이 다른 기에 비하여 그만큼 높고 강하다는 것을 말한다. 높은 영기 수준 앞에서는 나쁜 영기들은 큰 힘을 쓰지 못한다.

자기영기와 대비되는 이상에서 설명된 성령의 기는 우리의 영혼 영역에 존재하는 성령기이다. 그러나 이 성령기는 우주 영역에 존재하는 성령기와는 구별된다. 다 같은 유일신 영의 기이지만 전자는 우리의 영혼 영역에 있는 (자기)성령기이지만 후자는 우주 영역에 보편적으로 존재하는 (우주)성령기 또는 우주영기이다. 같은 유일신의 영의 기이지만 존재하는 곳이 다르기 때문에 그 (영기)능력에서 차이가 난다. 자기성령기는 진단 능력이 있고 우주성령기는 치유 능력이 있다.

(3) 성령과 성령기

성령과 성령기(영기)의 구분은 많은 학자들도 헷갈리는 부분이다. 스베덴보리는『삼일성』에서 이를 구분하고 있는바, 성령의 기는 성령(신령)의 발출(發出, Effluence)이라고 보고 있다. "성령은 Divine Truth(성령진리)로서 예수님의 신성에서 나오고, 이것이 예수님의 인성에 의하여 우리 물질계에 발출된다"라고 말하고 있다. 예수님이 성령을 물질계에 '내려 보내심'으로 물질화(氣化)한 성령의 기(영기, Divine Energy and Information)가 되는 것이다. 영기의 영어 표현을 스베덴보리는 'Sphere'라고 함으로써 이것이 물질계 공간에 존재한다는 것을 암시적으로 표현하고 있다.

그리고 영기의 보편성으로 인하여 모든 물질계에 영기가 존재할 수가 있음을 말한다. 우리의 영혼 영역에 임재하는 성령에서 자기의 성령기가 발출된다. 또한 우주영기의 보편성으로 인하여 우리는 영기가 서린 영산(靈山)이나 명산(名山)을 만날 수가 있고, 영기가 들어 있는 물건들을 우리 주변에 둘 수가 있게 되었다. 영기는 사람만의 독점물이 아닌 유일신이 가지신 확장된 선(善)이기 때문에 이 우주 공간 전체에 존재하는 보편성을 가진다. 이 우주영기의 특별한 능력에 대해서는 다음 장에서 자세히 기술하고자 한다.

3) 몸 영역과 영혼 영역의 상호작용

(1) 간접적인 관계

이상에서 영과 혼의 관계를 살펴보았지만, 영기와 혼기가 합쳐진 영혼이 생체기가 있는 몸과는 어떤 관계를 가지고 있는지가 궁금하다. 역사적으로 보면 몸과 영혼의 관계에 대한 철학적 논쟁이 많이 있어 왔다. 아리스토텔레스는 몸과 영혼이 일체가 되어 상호작용을 하다가 죽으면 몸은 사라지고 영혼은 영원히 남는다고 하였다. 그러나 데카르트와 플라톤은 몸과 영혼은 상호작용 없는 별개의 실체로서 영혼은 육체가 없어도 존재한다고 주장하였다. 이러한 주장들을 기의 입장에서 본다면 생체기와 영기와의 관계에 관한 논쟁이 된다. (엘로드의 진실성 수준을 통하여 확인한 바로는) 몸과 영혼, 또는 생체기와 영기는 직접적으로는 상호작용을 하지 않는다.

몸과 영혼 영역 사이에는 직접적인 소통 관계는 없어도 간접적인 관계를 가지고 있다. 마음의 영역을 통하여 이루어지는 작용 관계이다. 생체기는 정기와 상호작용을 하고 있고, 정기와 혼기의 의식기는 영기와 상호작용을 가지고 있기 때문에 간접적인 관계를 가진다. 이렇게 보면 몸과 영혼에 관한 데카르트와 플라톤의 주장이 더 설득력이 있게 된다. 뉴욕대학교 신경과학연구소의 조지프 르두 교수는 그의 저서 『시냅스와 자아(Synaptic Self)』에서 '뇌는 부서지기 쉬운 영혼의 거처'라고 표현하고 있다. 이것은 생체적 뇌의 기능을 확대하여 표현한 견해이지만 몸(혹은 뇌)과 영혼의 영역은 직접적인 작용 관계라기보다 깨어지기 쉬운 간접적인 관계에 있다는 것을 에둘러 표현한 것으로 보인다.

치유의 순서라는 관점에서 보면, 영혼의 치유를 통해서 마음의 치유, 마음의 치유를 통해서 몸의 치유를 하는 것이 올바른 방법이 된다는 것을 시사하고 있다. 더 적극적으로 해석한다면 영혼의 구원은 몸의 건강과는 직접적인 관계가 없다는 뜻도 된다. 몸 건강이 나빠져서 죽기 직전인 사람에게도 영혼구원의 기회는 열려 있다는 의미도 포함된다.

4) 사후 영혼의 세계

(1) 영과 혼이 떠나감

혼기(魂氣)에 의하여 주어진 육체의 생명에게는 그 '생명이 다하는 때'가 있다. 육체의 생명은 영원한 생명이 될 수가 없다. 왜냐하면 생명을 담고 있는 그릇인 우리의 육체가 병들면 그 조직과 기능의 작용이 멈추기 때문이다. 이럴 때 혼과 영은 육체(Body)를 떠난다. 우리는 이를 죽음이라고 부른다. 혼과 영에게 있는 (물질계에 속하는) 기(氣)도 없어지면서 순수한 영혼이 되어 영계(靈界)로 들어간다. 우리의 영혼은 이제 이 세상에서의 찰나(札刺)를 버리고 영원한 생명의 세계로 들어간다. 이러한 과정에서 이 사후(死後) 영혼에게는 무슨 일이 벌어지게 되는지를 살펴보기로 한다.

죽음을 맞는 순간부터 살아 있는 '사람'이 가지고 있던 모든 기는 없어지므로 죽은 사람에게서는 기 측정이 되지 않는다. 그러나 죽은 사람의 체(屍體)는 하나의 물체로서 체기와 정기를 가지고 있다. 우리나라에서는 체기와 정기를 가지고 있는 시체를 땅속에 묻는 장례 전통이 있어 왔다. 물체로서 사람의 시체는 그 구성 분자들이 완전히 분해되어 없어지기까지는 1백 ~2백 년이 소요된다고 알려져 있다. 그동안 시체는 체기와 정기를 가지고 다른 주변 대상들과 기의 상호작용을 가지게 된다. 우리 조상들은 이 시체에 있는 기의 작용들을 보고 죽은 조상의 시체에 신혼(身魂)이 있다고 보아 왔다. 이들의 좋은 기 작용을 도와주기 위하여 명당에 조상의 유택(幽宅)을 마련하고자 노력한다.

(2) 떠도는 혼기

그리고 육체를 떠난 혼이 영을 따라 영계에 들어가지 않고 물질계에 그냥 남아 있다면 그 혼에는 기가 그냥 남아 있어 혼령(魂靈)이 된다. 혼령이 되어 공간을 떠돌게 된다. 이 혼령을 우리는 귀신(鬼神)이라고 부른다. 귀신의 혼이 가지고 있는 기는 사기(邪氣)가 된다. 모든 귀신은 사기를 가지고 있기 때문에 착한 귀신이란 있을 수가 없다. 이 귀신들의 기는 날카로운 기 파동을 가지고 사람들을 해치는 도구로 변한다. 이를 통하여 모든 귀신 혼령은 사탄영의 하수인이 되게 된다. 이들이 가지고 있는 기는 정기와 혼기로서 의식기에 해당되기 때문에 이 귀신혼령을 의식(覺)이 있는 각혼(覺魂)이라고 불리기도 한다. 이 의식(意識)에 따라 감염이 되고 때로는 빙의가 될 수가 있다.

영을 따라 영계에 가지 못하고 물질계에 귀신의 형태로 남아 있게 되는 이유는 여러 가지가 있을 수가 있으나 이 물질계에 미련이 남아 있을 경우이거나 지옥에 대한 두려움 때문일 수도 있다. 그렇지만 그들이 중간 영계에서 지옥을 가든, 천국을 가든, 어디 쪽을 선택해서 가더라도 물질계에 남아 있는 혼령은 영계로 보내는 것이 좋다. 이를 위해서는 귀신 혼들이 가지고 있는 기들을 모두 영원히 소멸시켜서 물질계 요소들을 제거함으로써 순수 혼이 되어 영계에서 자기의 영을 찾아가도록 하면 된다. 어떤 사람의 몸에 귀신사기가 발견되어 퇴치할 경우, 사기 감염자의 몸에 있는 귀신 혼들을 퇴치하여 (다른 장소로 보내지 말고) 그들이 가지고 있는 나쁜 혼기(사기)를 이 물질계에서 영원히 소멸 퇴출시키면 기가 없어진 그 혼은 이 물질계를 떠나지 않을 수 없게 된다. 중간영계에서 자기의 영을 만난 혼은 이를 원망하지 않고 도리어 고마워할 것이다. 각 종교계에서는 (설득하고 달래는 방법 등의) 여러 가지 방법으로 이것(천도)을 시행하고 있다.

스스로 또는 강권에 의하여 기를 벗어 버리지 못한 혼령(귀신혼)들은 불행하게도 이 물질계 공간(九天)을 떠돌아다니게 된다. 육체의 죽음으로 몸을 떠난 혼(기)는 물체가 된 자기 몸 주변을 떠돈다. 아마도 동기 인력이 작용하는 것일 수도 있다. 그래서 병원이나 장례식장, 화장터 등에는 귀신 혼들이 많다. 시체가 땅에 묻힌 후에도 그 무덤 주변에 머무는 것들이 많다.

공동묘지에 귀신영이 많다는 말은 헛말이 아니다. 시체에 남아 있는 정기와 혼에 남아 있는 정기가 동기감응을 하기 때문에 시체 주변에 머무는 것이다.

그러나 묘지 유택의 주변에 이 동기감응을 방해할 정도의 다른 나쁜 기들이 있다면 그 귀신 혼은 묘지 주변에 머물 수가 없다. 유택을 떠난 귀신 혼은 살아 있는 사람들에게 들어와서 해코지를 하게 된다. 주변 환경이 좋은 명당자리 묘터를 찾는 이유가 바로 여기에도 있다. 유택의 명당화도 이러한 관점에서 그 필요성을 이해하는 것이 옳을 것이다. 조상묘지의 명당화를 통하여 병을 고칠 수 있는 것이 아니라, 조상귀신의 사기가 몸에 들어와서 내 몸의 면역력을 약화시켜서 병이 나게 만드는 것을 예방하는 환경개선 조치가 유택의 명당화이다.

(3) 영원한 생명

혼이 영과 만나는 영계는 중간영계이다. 최종 목적지에 가기 전에 잠간 머무는 곳이다. 머무르는 기간은 우리의 시간으로 49일 내외라고 알려져 있다. 스베덴 보리의 체험 기록『위대한 선물』과 불교의식인 49일 천도제는 모두 이 기간이 49일 내외임을 말하고 있다. 이 기간 동안에는 생전의 모든 때를 벗고 영과 혼을 정결하게 하는 동시에 영혼이 가는 두 개의 영원한 세계를 스스로 택하게 된다. 빛의 세계와 어둠의 세계이다.

영혼이 중간영계에 머무는 동안 천국영인(천사)들의 안내를 받아 스스로 깨닫게 된다. 영혼도 의식이 있는 하나의 의식체이기 때문에 깨달을 수가 있다. 살아 있을 동안에 알지 못하였던 '진리의 길'에 대해서도 배운다. 이를 받아들인 영혼들은 빛을 맞이하여 빛의 세계인 천국으로 간다. 빛을 보는 것이 너무 괴롭고 빛 가운데 있는 것이 너무 고통스러운 영혼들은 스스로 어둠의 세계로 간다고 한다. 결국 천국(극락)과 지옥은 스스로 선택하게 된다. 이 과정을 종교계에서는 '심판'이라고 부른다. 우리의 영혼은 천국과 지옥이 있는 영계에서 영원한 생명을 가지게 된다. 환희가 넘치는 천국 또는 괴로움과 고통이 있는 지옥에서 죽지 않는 영원한 생명을 가지게 된다. 모든 종교계에서 전하고 있는 영혼의 사후세계 진입 과정과 절차는 그 표현의 차이만 있을 뿐 큰 맥락에서는 큰 차이가 없다.

15. 우주의식기와 사람의식기(영기)의 상호작용

1) 자기영기와 우주영기의 상호작용 과정

억울하고 원통한 일이 있을 때 사람들은 왜 하늘을 원망하며, 바라는 바 소원이 있을 때는 왜 하늘을 향해 두 손을 벌려 들고서 빌까? 제갈공명은 하늘에 제사를 지냈다고 하며 우리 조상들이 천지신명께 빌 때는 땅을 향하지 않고 하늘을 향한 이유가 무엇일까? 인간들은 신이 땅속에 있지 않고 하늘에 있다고 상상을 한 것일까? 하늘의 다른 말인 이 우주 안이나 밖에 신이 있어, 신이 마련해 둔 그 무엇과 우리 인간사와 어떤 관계를 맺고 있다고, 알게 모르게 믿고 있는 것이 아닌가?

우리가 믿거나 믿고 있을지도 모르는, 우주와 인간 사이에서 벌어지고 있는 그 어떤 관계와 작용이 실재한다면 그것은 증명이 가능한 것인가? 우주와 인간은 창조된 형이하(形而下) 영역의 물질계에 속한다는 것은 분명하며, 따라서 이 문제는 창조된 우주 물질계 안에서 벌어지고 있는 물질 간의 상호관계와 작용에 관한 것이라는 것 또한 확실하다. 이것이 확실하다면 우리의 체험이나 과학적인 접근 방법을 통하여 증명이 가능한 영역이 아닌가?

영의 세계와 물질계 세계는 엄격히 구분되어 있어 상호 간섭이나 개입은 할 수가 없다. 사람이 영들의 세계에 올라가서 이래라 저래라 할 수 없으며 천국의 영도 이 세상의 일에 간섭할 수가 없다. 현존 유일신의 영도 우리 인간사에 직접적으로 개입하지 아니한다. 다만 영의 세계에 미처 가지 못하고 이 세상에 남아 떠도는 '귀신 혼'이 사람 일에 개입하여 해코지를 하는 경우가 있지만 이것은 그의 '혼'에 물질세계에 속하는 기(氣)가 아직 남아 있기 때문이다. 떠도는 귀신 혼과 귀신혼기는 영계의 존재가 아니다. 신(의 영)이 우리 인간과 상호 소통할 수 있는 것도 신의 영이 기(氣)로 변한 성령의 기가 있기 때문이다. 우주의식기 장(場)에 이 성령의 영기가 포함되어 있기 때문에 사람이 영의 세계 혹은 신의 세계와 간접적으로 소통이 가능하다.

몸과 영혼의 관계가 마음의 영역을 통한 간접적인 관계하에 있는 것과 같이, 신과 사람과의 관계도 성령의 기를 통하여 간접적으로 연결되어 있다. 이미 말한 바와 같이 생체기(몸)와 영혼기(영혼)의 간접적 관계는 철학적 논의의 대상이었다. 이와 같이 사람의 의식기와 우주의 의식기의 상호작용 관계는 신의 영이 우주영기(성령기 또는 영기)를 통하여 우리가 가진 자기 영기와 간접적으로 연결되기 때문에 신학계의 논의 대상이 된다. 이것은 우주의식기와 사람의식기 간의 여러 상호관계 중 우주영기와 자기영기의 상호작용관계이다.

우주의식기장(정보망의 가능태 공간)은 무한가능성의 바다이다. 우주기장에는 또한 성령의 기(氣)도 존재하고 있기 때문에 우주는 신과 인간을 연결하는 역할을 한다. 사람이 하늘의 뜻과 공명한다는 의미에는 이 우주의식기장과 사람의식기장이 상호작용하고 있다는 뜻이 내포되어 있다. 이 두 의식기장의 관계성에 따라 상호작용의 내용이 달라진다. 또한 두 의식기장의 관계성은 본인이 선택한다. 선택한 의도에 따라 그 상호작용의 내용이 달라진다.

이 상호작용은 깨달음, 각성의 길이라고 하는 무의식적인 상호작용과 마음속 의도의 길이라고 하는 의식적인 상호작용으로 나누어 볼 수가 있다. 의식적 또는 무의식적 방법으로 형성된 나의 의도가 바람(기도)이 되어 바람의 내용과 같은 가능태 공간 지점과 일치된 (우주)영기와 감응되고 일체화되어져서, 그 바람의 내용이 현실에서 실현되어 현재화(顯在化)되는 것이다. 이것은 영기와 영기의 상호작용 과정이다. 가능태(可能態)의 현재화(顯在化)는 기도의 이루어짐을 말한다.

신(神)과 나와의 관계는 이와 같은 방법으로 조금씩 알게 된다. 즉, 우주와 나와의 관계를 알고자 하는 것은 간접적으로 신의 존재를 알아가는 길이기도 하다. 우리는 두 의식기장의 상호관계에서 동시성, 동일성, 일치성, 비이원성을 (영감으로) 느낄 수가 있다면 정말 다행이다. 그 느낌으로 대우주인 '참나'와 소우주인 '나'가 하나가 됨이요, 신이 내 안에 계시고 내가 그 안에 있게 되는 실상(Reality)을 알고서 그것을 찾아갈 수 있는 계기가 생기는 것이다. 나의 실상을 찾아가는 길의 입구에 서 보는 것이다. 이것은 성령이 나의 영혼 안에 임재할 때 가능한 것이기도 하다. 내 영혼 안에서 성령기가 우주 가능태 공간과 감응이 이루어질 때 소우주 '나'와 대우주 '나'의 하나 됨이 가능해진다.

2) 우주 의식기장의 정보망: 무한 가능성의 바다

최초의 입자에는 무한한 에너지와 빅뱅 이후에 탄생할 우주에 대한 모든 정보(프로그램)가 포함된, 무한 가능성의 정보들이 압축되어 있었다고 현대 양자(입자)물리학에서 말하고 있다. 압축된 에너지(와 정보)의 대폭발 사건이 우주 탄생의 고고성(呱呱聲)인 빅뱅이었다. 남은 입자들에 의한 물질계의 탄생으로 은하계와 태양계, 지구, 생물체와 인류의 탄생에까지 이르게 된다. 우주 또한 물질계에 속한 것이며, 이 우주 속에는 최초의 입자에 들어 있던 모든 가능성을 내포한 무한의 정보가 그대로 들어 있게 된다.

물질로서의 우주는 정기와 체기로 구성되어 있고 여기에 우주영기가 존재한다. 혹자는 우주의 정기를 우리는 우주 의식기 또는 단순히 우주기라고 부르기도 한다. 우주의 무한한 에너지와 정보는 우주의 탄생 시에 이미 부여된 것이었고 물질계 최초 입자의 파동적 성질에 의하여 우주는 정보 저장 능력과 정보망(네트워크) 능력이 존재하게 되었다. 그 때문에 과학자들은 우주를 초양자장이라고 부른다. 정보와 에너지의 무한성은 우주의 근원이 신이라는 데 있다. 이 우주에는 신의 본성이 들어 있는 것이다. 이 무한 가능성의 바다를 러시아의 물리학자

바딤 젤란드는 우주의 가능태 공간이라고 부르고 있다.

이 무한의 개념 영역은 우리의 상상을 넘어선다. 물질계에서 발생한 모든 정보와 무한한 변화 가능성이 내포된 무한의 영역이다. 우주의 이러한 무한성 때문에 영계와 물질계의 중간에서 양쪽 세계를 연결하는 역할도 하고 있는 것으로 간주된다. 또한 우주의식기장의 무한 가능성 바다에는 성령기의 감응을 통하여 변화된 현실 세계를 만들어 가는 능력이 존재하기 때문이다.

우주의식기 영역에는, 선택과 의도에 따라 달라지는 사람의 식기 영역과는 달리, 있는 그대로 실존하는 무한가능성의 가능태 공간이 존재한다. 억울하고 원통한 일이 있을 때 사람들이 하늘을 원망하며, 바라는 바 소원이 있을 때는 하늘을 향해 비는 이유와 제갈공명이 하늘에 제사를 지냈고(소설이긴 하지만), 우리 조상들이 천지신명께 빌 때는 땅을 향하지 않고 하늘을 향한 이유가 바로 이 우주에는 실존하는 무한가능성의 가능태 공간이 존재하고 있기 때문이다. 이 가능태 공간과 영기가 존재하기 때문에 인간과 하늘, 사람의식기와 우주의식기 사이에 상호 소통이 가능한 것이다.

우주의 무한 가능성의 실상은 '나'에 대한 생각과 나의 정체성에 대한 '앎'도 바꾼다. 내가 있는 지구를 저 멀리 있는 어느 은하계의 별에서 본다고 가정하면, 나와 지구도 우주 속에 있어 나와 지구도 우주이며 이 우주가 나임을 알 것이다. 내가 우주가 되고 우주가 내가 되는 가능성이 이 우주 속에 실상(Reality)으로 들어 있는 것이다. 이 우주의 근원은 유일신에게 있고 우주의 무한 가능성은 그의 속성을 이어 받은 실상으로 존재하는 것이다. 따라서 내가 그의 안에 거하고, 그가 내 안에 거하는 상황은 나의 의식기와 우주 의식기가 온전하게 상호작용하는 가운데 일어날 수 있는 축복인 것이다.

3) 사람 의식기장: 의도가 발생하는 장

사람의식기의 발생과 내용에 관해서는 앞 장의 여러 부분에서 설명한 바 있다. 의식기장은 혼기와 정기가 상호작용하는 장이라는 것이 주요 내용이다. 이 의식기장은 영기와 생체기와도 상호작용하여 전체적인 사람의 의식기장을 형성한다. 이러한 전체 의식기장과 우주 의식기장의 관계를 보면 사람 의식기장의 중요한 맥락은 내부 의도의 형성과 정신기의 역할에 있다. 의식 영역 중 표면의식에서 형성되는 내부 의도는 입력되는 외부 정보에 반응하여 발생하는 느낌과 감정, 그리고 생각에 (행동)의지가 추가됨으로써 의식계 내부에서 '의도'로 나타난 것이다.

이 일련의 내부 의도 형성 과정은 마음에서 일어나는 정신작용이기 때문에 정기는 물론 영혼기(신기)의 기 에너지와 기 정보가 작용한다. 그 과정을 설명하는 것이 그리 간단하지 않기 때문에, 정기와 영혼기의 기 정보가 종합적으로 작용한 결과를 나타내 주는 의식 수준과 함께 설명하는 것이 좀 더 쉬운 방법이 될 수가 있겠다. 흔히 말하는 나쁜 사람과 좋은 사람의 구분은 그가 가진 의도에 있으며, 그 의도는 그가 가진 의식수준에 따라 결정되고, 현재의 의식 수준으로 장차 결정되는 의도의 방향을 가늠할 수가 있다는 점에 착안한 시도이다.

의식 수준 200 이하에서 나타나는 감정들, 예컨대 자부심, 분노, 욕망, 두려움, 슬픔, 증오와 무감정, 죄책감과 수치심 등은 생각을 거쳐 결국은 부정적인 내부의도를 만들어 낸다. 반면에 의식 수준 200 이상에서 나타나는 좋은 감정들, 예컨대 용기, 자발성, 수용성, 이성적, 사랑, 기쁨, 평화 등은 긍정적인 내부 의도를 생성한다. 부정적인 감정들에 의하여 형성된 부정적 의도(Negative Intention)의 기 수치는 마이너스이기 때문에 정기와 의식기를 약화시켜서 그 사람의 의식기장이 우주 의식기장에 접근하여 소통하는 것 자체가 어렵거나 접근 자체가 불가능하게 된다. 반면에 긍정적인 의도(Positive Intention)는 높은 정신적 힘을 가지게 되어 바라는 바 의도를 우주의식기장의 가능태 공간에 빠르게 감응시킬 수 있게 된다.

부정적인 의도는 집착과 에고에 의하여 보호를 받고 있는 물질적 생체기 영역에 기반을 둔 반면, 긍정적인 의도는 사랑과 배려를 통한 이타심과 영적 각성을 지향하는 정신(넓은 의미의 마음)의 영역에 기초를 두고 있다. 따라서 의식기를 구성하고 있는 정기와 혼기 중에 정기 영역에 있는 에스트랄체에 의도의 중심이 있으면 부정적인 의도가 형성이 되며, 반면에 혼기 영역의 에테르체를 지향하는 내부 의도는 밝고 긍정적인 의도가 되는 것이다.

이 두 영역 중 어느 쪽에 위치하느냐의 문제는 감정 형성과 생각의 구성과 의도의 결정 과정에 있는 대안들 중에서 자기의 자유의지에 따라 각자가 스스로 선택하게 된다. 자기의 욕심을 채울 이기적인 마음으로 돈을 벌고자 어떤 정보가 필요하다는 것이 나의 의도라면 부정적인 마이너스기가 형성되어 무한 가능성의 바다인 우주의식기 정보장에 접근이 제한된다. 이러한 이유 때문에 기 능력을 통해서 떼돈을 벌었다는 이야기는 한 번도 들어 본 적이 없다. 정보장 영역에서 우주 의식기와 사람 의식기의 상호작용이 일어나지 않는 것이다. 우주의 가능태 의식기장은 그대로 있지만 사람의 의식 의도에 문제가 있어 기의 감응이 일어나지 않는 것이다.

부정적 내부 의도의 형성에 제일 크게 기여하는 것은 잘못된 자아 형성과 이것을 지키고자 높게 쌓아올린 아집과 에고의 장벽이다. 집착과 에고에 관한 문제는 우주의식기와의 무의식적인 상호작용 과정에서 발견되는 장애 요소로 설명될 것이다. 그 외에 의도형성 과정에서 경계해야 할 것은 여러 가지 종류의 사기(邪氣)의 침범이다. 본인이 알지 못하는 사이에 감염된 사기가 일차적으로 앞서 말한 부정적 감정을 촉발시키고 스트레스를 유발한다. 의식하지 못하는 사이에, 이유도 모르는 마음 갈등과 근원을 알 수 없는 마음 혼란을 일으킴은 물론 정기를 탈취하고 정기를 감염시켜 탁기로 만들어 버린다.

사람의 의식기장에서 발생하는 정신기는 영혼기와 정기의 종합판이며 정신은 마음의 중심에 위치하고 있다. 우리는 생활에서는 정신력을 중시하여 정신에 있는 힘을 강조하여 왔다. 정신기는 의도의 의식기(의도기)에 있는 기 정보가 우주의식기장에 접근하고자 할 때 필요한 에너지를 공급하는 역할을 한다. (정기 중의) 진정과 (영혼기의) 신령으로 바라는 바(의도)를 고하도록(기도하도록) 가르치고 있는 (성경 말씀의) 내용은 우주의식기와 사람의식기의 상호작용 과정에서 있는 정신기의 역할을 말하고 있는 것으로 보여진다.

4) 우주와 사람 의식기장의 연결 구조: 채널링

(1) 채널링의 의미

앞의 장에서 우주와 사람의 의식기장 내용과 그 맥락에 관하여 대강 살펴보았다. 기의 작용 관계에서 두 의식기장의 상호작용력의 비중은 9%이지만 그 미치는 영향력은 전체적이다. 영향력이 큰 이 두 의식기장이 서로 작용하기 위해서는 두 개의 장을 서로 연결하는 (눈에 보이지 않는) 연결 구조가 존재하여야 한다(우주기 에너지장을 포함하면 실질적으로는 세 개의 장이 존재한다). 서로 연결되는 구조를 '길'이라고 해도 되고 '채널'이라고 해도 될 것 같다. '바라는 바' 우주기장의 '정보에 접근·감응'하여 이를 우리의 '생체 구조의 작용 과정'을 거쳐 '정보를 인식'하거나, '수신한 정보를 전달·송기'하는 전 과정의 작용을 우리는 '채널링'이라고 부르기로 한다.

채널링의 의미를 간단하게 말하였지만 그 과정은 그리 간단하지가 않다. 이것은 우리가 세상에서 배우거나 체험하거나 경험해 본 분야가 아니기 때문이다. 보이지 않고 만져지지 않는 분야이며 영적 영역과도 깊은 관계가 있기 때문에 언뜻 이해하기도 어렵다. 모르고 있던 사실에 대한 심리적인 거부감이 작동하기도 하다. 따라서 채널링 과정 자체도 복잡하기도 하지만, 이런 여러 가지 이유로 간단하게 접근하여 충분히 이해하기가 어려운 점이 많다는 것이다. 그러나 엘로드를 잡는 모든 사람들이 우리의 의식기장과 우주 의식기장이 상호작용하면서 연결되는 과정을 이해할 수 있다면 이 지식은 더 높은 차원의 기의 세계로 들어갈 수 있는 길잡이가 될 수 있을 것이다.

우선 우주 의식기장은 무한 가능성의 실상으로서 있는 그대로이며 변함이 없다는 점을 먼저 이해하여야 한다. 창세 이후부터 이 우주를 움직이고 있는 모든 에너지의 원천은 우주 에너지장으로 변함없는 실상으로 존재하고 있으며, 우주 의식기장의 정보장(Information Field)은 창세 이후의 모든 정보가 실시간으로 저장되어 있는 무한대의 정보 창고로 존재하는 실상이다. 그리고 우주 의식기장의 정보망(Information Network)은 물질세계와 우리의 실생활을 변화시킬 수 있는 무한한 가능성이 존재하는 가능태 공간(Variation Field)으로 그냥 존재하고 있다. 신의 뜻에 따라 창조된 물질세계의 일부로써 신의 섭리에 따라 '실상'으로 변함없이 존재하고 있는 것이다.

변함없는 실상으로서의 우주 에너지장(Photon Energy Field)
은 우리에게 우주체기의 영역으로 인식되고 있으며, 우주 정보
장(Information Field)과 우주 정보망(Information Network Field)
은 각각 우주정기와 우주영기와 연결되어 사람의 4대 기본기
와 작용하고 있음을 알 수가 있다. 아래의 채널링 개념도를 참
고하자. 괄호 속 숫자는 기의 상호작용 비율을 표시한 것이다.

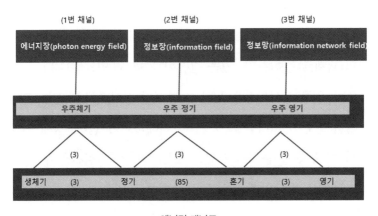

채널링 개념도

우리는 여기에서 아주 중요한 점 하나를 짚고 넘어가야 한
다. 우주기 정보장에는 왜 이 세상 물질세계의 모든 정보가 저
장되어 있고, 우주기 정보망에는 왜 이 세상 물질세계의 변화
를 실현시킬 수 있는 무한한 가능성이 내재되어 있는가 하는

의문이다. 이 의문에는 우주기 정보장은 모든 정보가 들어 있는 '생명책'으로써 최후의 심판 때 사용할 '전지(全智)'하신 하나님의 전용물이 아닌가 하는 의문 하나와 우주기 정보망의 무한실현 가능성은 '전능(全能)'하신 신의 영역이 아닌가 하는 두 번째 의문이 포함된다. '전지와 전능의 세계인 우주기 정보장과 정보망에 인간이 어떻게 감히 접근하여 채널링할 수 있는 것인가'라는 점도 동시에 설명되어야 한다.

우주 의식기장은 물질계에 속한 신의 창조물이라는 점에서 사람의 의식기장과 동일하다. 영계의 존재와는 달리 다 같이 형이하의 영역에 있으며 기를 가지고 있어 상호작용하는 '관계'를 가지고 있다. 이것은 (원하든 원하지 않든) 모든 사람은 우주의 정보장과 채널링되어 있어 자기가 가진 모든 정보를 자동 저장하고 있으며, 우주 정보망으로부터도 무의식중에 정보를 받고 있다는 말이 된다. 이때 받는 우주기 정보를 '영감(靈感)'이라고 부른다. 채널링 능력이 높은 사람과 기 인식의 능력이 뛰어난 사람은 자기가 원하는 정보를 수신할 수도 있다. 준비된 사람의 경우에는 우주영기(성령의 기 또는 영기)의 매개를 거쳐 우주 정보망 접근도 허용된다.

세 가지의 우주기 중 우주체기는 우주에너지의 근원이 되었고, 우주정기는 우주 정보장의 근원이고 우주영기는 우주 정보망의 근원이 되고 있다. 성령의 우주영기는 영계와 물질계를 이어 주는 매개체 역할을 하는 신의 선물이다. 특히 영기의 매개 역할은 신의 모습대로 창조하여 영혼을 부여하고 있는 인간에 대한 신의 사랑이며 그의 전능성을 이 물질계에서도 볼 수 있게 한다. 우주 정보망의 가능태 공간에 접근과 감응을 허용하고 그 능력을 보게 함으로써 신의 전능성을 증명하고 있는 것이다. 이러한 우주 의식기장은 무한 가능성의 실상으로서 항상 있는 그대로 존재하고 있다.

그러나 사람 의식기장과 상호작용하는 범위와 내용은 '참나'에 접근하고자 하는 사람의 전체 의식기의 수준 정도와 의식 수준 등에 따라 결정된다. 사람의 의식기장은 각 사람에게 주어진 자유의지에 따라 스스로 선택한 것이기 때문에 그 내용은 사람에 따라 다르다. 각자의 개성, 정체성과 자아는 스스로 형성하기 때문에 의식기장의 내용은 천차만별이 된다. 같은 의식기장을 가진 사람은 존재할 수가 없기 때문에 연결되는 채널링의 구조와 작용에도 수많은 변화가 만들어지는 것이다. 이로써 어느 철학자는 신에 접근하는 방법은 만 가지라고 말하고 있기도 하다.

바티칸의 시스티나 성당 천장화의 일부로서 신과 사람의 관계를 잘 표현하고 있는 미켈란젤로가 그린 「아담의 창조」를 살펴보면 생명을 주고 있는 신의 오른손 손가락 끝과 생명을 받고 있는 인간의 왼손 손가락 끝은 붙어 있지 않고 그 사이에 작은 공간이 있다. 이 공간에서 신과 사람과의 무수한 관계가 만들어지듯이 우주기장과 사람기장의 채널링 공간에서도 수많은 관계가 형성된다. 공간이기에 가능한 일이라고 보여진다. 사람의 신경세포와 신경세포 사이에도 시냅스라고 부르는 공간이 있어 대부분의 신경 작용이 이 공간에서 이루어지고 있다고 한다. 통신채널과 길이 있는 이 추상적 공간에는 우리가 기도라고 부르는, 바라는 바 의도가 전달되는 상방(上方)의 채널과 우리가 기도의 응답이라고 부르는, 우주기 정보를 받는 하방(下方)의 채널이 존재한다.

(2) 바라는 바 의도와 2개의 채널

바라는 바를 간구하는 행위를 기도라고 말하지만 기도 행위 이전에 먼저 생각과 의식이 발생하고 이에 따라 의도로 정리가 된다. 따라서 의도라 함은 행위의 방향이 들어 있는 생각과 의지라고 볼 수가 있다. 생각과 의식, 그리고 의도는 주로 뇌의 대뇌 기저핵과 해마에서 생성된다. 바라는 바의 의도는 두 가지로 대별된다. 첫째는 어떤 상황에 대한 정보를 알고자 하는 바람이요, 둘째는 어떤 상황을 원하는 방향으로 변화시키고자 하는 바람이다. 이와 같이 확연히 다른 두 개의 의도 방향은 그 목적하는 바도 다르다. 단순히 정보를 알고자 하는 바람의 의도는 소극적 목적이며 진단이 여기에 포함된다. 건강 상태의 진단과 명당화 지수를 파악하는 것 등이 여기에 해당된다. 상황의 변화를 바라는 의도는 좀 더 적극적인 목적으로 볼 수가 있다. 영기치유와 명당화의 시행 등이 여기에 해당된다.

우주 의식기장과 통신의 시작은 우리가 의도하는 바 방향에 따라 이 두 개의 채널 중 하나를 선택하여야 한다. 즉, 우리의 의식기가 가지고 있는 통신기에는 세 개의 다른 채널이 있으며 통신을 시작하기 전에 먼저 바라는 바 목적에 따라 채널을 선택하여야 한다. 이 채널 선택은 바라는 바의 마음의 내용에 따라 자동으로 선택되기 때문에 우리가 가지고 있는 이 통신기는 최첨단의 통신기로 볼 수가 있다. 대뇌 중심부 뇌간 영역에서 발생한 의도기의 파동은 두정엽 신피질의 백회에서 증폭이 되어 선택된 채널을 따라 우주 의식기장으로 전송이 이루어진다.

바라는 바, 통신의 내용은 의도기의 파동이지만 이 통신기 전원의 힘(Power)은 정신력이며 정신기이다. 정신기를 만들어 내는 발전기는 마음과 영혼 영역에 있다. 여기서 정기와 신기 (영기와 혼기)의 상호작용은 정신이 되어 그 힘이 의도기 파동을 우주의식기장으로 보내는 것이다. 우리가 엘로드를 잡고 기도를 시작할 때는 마음과 영혼을 다하여 정신을 집중해야 하는 이유가 여기에 있다. 의도기 파동의 발신 지점은 영혼기 영역이다. 따라서 과도한 에고로 마음에 때가 많이 낀 사람의 자기혼기 수준은 아주 낮기 때문에 엘로드가 순조롭게 작동되지 않는다. 자기영기 수준이 낮으면 우주(치유)영기와의 감응은 어렵다. 우주선의 발사장 지반이 단단하고 평평하여야만 순조로운 발사가 가능하듯이 태어날 때 주어진 자기영기와 혼기를 잘 지켜온 (순수한) 사람의 엘로드가 더욱 순조롭게 작동한다. 영혼기는 생명을 의미하는 기이다.

이러한 내부의 기 작용은 생체기능상으로는 백회 신피질의 공명파동을 통하여 외부로 나가는 것이다. 백회의 공명파동 기능을 회복하는 것을 우리는 흔히 '백회를 연다'라고 표현하기도 한다. 백회에서 공명파동화한 의도기 파동은 그 바라는 바 내용에 따라 제2번 채널을 따라 우주기 정보장 또는 제3번 채널을 따라 우주기 정보망을 향한다. 제2번 채널은 단순한 상황 정보를, 제3번 채널은 상황 변화를 위한 영기정보를 그 목적지로 한다. 과학적 의미로 해석하자면, 이때의 의도기 파동은 에테르체로 인식된다. 그리고 일부 과학자들(토션과 바딤 젤란드)은 목적지인 우주기 정보장을 토션장으로, 우주기 정보망을 가능태 공간으로 부르기도 한다.

(3) 천문의 존재와 채널링의 방해 요소

영적 능력을 가진 러시아의 물리학자 바딤 젤란드는 그의 많은 저서에서 채널링 과정에 있는 '문'의 존재에 대해서 언급하고 있다. 동양의 많은 사상가와 철학자들도 하늘에 있는 '천문'에 대해서 이미 많이 언급하고 있었기 때문에 이 시대의 우리도 그 존재를 어렴풋이 알고는 있다.

문(Gate)에 관한 설명을 단순화하기 위해서 우주선을 성층권 우주에 올려놓기 위한 로켓 발사 장면을 상상해 보기로 하자. 머리 부분의 우주선에는 탐사 목적과 목적지의 좌표 등이 있는 많은 프로그램과 필요한 장비들이 들어 있을 것이다. 이것은 우리의 의식기장에서 설계한 내부 의도이다. 정보 의도기에는 우리가 바라는 바 내용, 즉 목적지에 관한 정보들이 있을 것이다. 우주선을 싣고 갈 발사체의 강력한 힘은 정신기의 기에너지이다. 정과 신이 혼합되면서 나오는 강력한 추진력이다. 우리는 이것을 정신력이라고 한다.

무중력의 성층권을 만나기 전까지는 무거운 대기권을 무사히 지나야 한다. 의도의 의식기가 우주 의식기와 만나서 감응 공명을 시작하기 전에 의도가 들어 있는 (염력)기파는 중간에서 여러 가지 종류의 장애를 만나게 된다. 로켓이 대기권과 성층권의 경계선에서 만나는 장애 요소들과 같은 것이다. 발사된 로켓이 반드시 대기권을 지나 성층권 지점을 통과해야 하듯이, 백회를 떠난 우리의 의도기 파동은 이 천문 지점을 반드시 통과해야 한다. 천문에 도달하기까지에도 많은 장애 요소들이 있지만 천문 지점에서 만나는 다른 장애 요소들도 많이 있다.

제2번 채널을 선택한 의도기 파동이 어떤 상황의 상태를 알기 위하여(또는 진단하기 위하여) 채널링이 시작되었다고 가정을 하자. 이때에는 의도기를 보내는 사람의 의식 수준과 처한 상태에 따라 세 가지의 문을 만난다. 그 문의 이름을 편의상 통문(通門), 사기문(邪氣門), 탁기문(濁氣門)으로 부르기로 한다. 첫 번째의 통문은 그냥 통과하는 문이라는 의미이다. 밝고 긍정적이며 신의 섭리 안에 있는 의도(기도 내용)의 기가 마음과 영혼이 합쳐진 정신기에 힘입어 우주의식기장을 향할 때 만나는 문이다. 깨끗하고 흠 없는 평면유리와 같아 채널링에서 이 문은 어떠한 장애도 되지 않는다. 이 의도기 파동은 의도한 방향대로 좌표에 있는 대로 우주기 정보장에 도달한다.

두 번째의 사기문은 어둠의 영역에 있는 사탄, 마귀와 악령의 지시를 받고 있는 사기들이 대기하고 있는 문이다. 엘로드를 잡고 기도하는 자가 사기에 감염되었거나 진단 대상자나 주변 공간이 사기에 감염이 되어 있는 경우에 반드시 만나는 문이다. 이 문에서 대기하고 있는 사기는 해치고자 하는 자기들의 목적대로 의도기 채널을 엉뚱한 방향으로 돌려서 거짓의 사기정보를 수신하게 만든다. 유리문을 상상한다면 이것은 완전히 기울어진 유리문이다. 이 경사진 유리문을 통과하는 의도의 기 파동은 기울어진 각도(사기가 의도한 방향)를 따라 정확히 진행하여 사기가 의도한 정확한 지점의 정보장에 감응한다. 이렇게 받은 정보가 거짓의 사기정보인 것을 알아채지 못할 경우 많은 부작용을 경험하게 된다. 특히 건강진단이 사기정보의 경우에는 영기치유가 되지 않으면서 치유정보를 그럴듯하게 받기 때문에 낭패를 보는 경우가 있음을 알아야 한다.

제2번 채널에서 만날 수 있는 세 번째 종류의 문은 탁기의 문이다. 의도의 내용이 불순하거나 부정적인 요소, 이기적인 요소가 있을 경우 통과해야 하는 문이다. 가진 정기가 가정이나 탁정일 경우에 만나는 문이기도 하다. 이럴 경우에는 엘로드가 흔들리고 어렵게 반응한다. 마음을 정결한 상태로 만들어 다시 시도해야 한다. 이 문은 흐린 탁한 유리문이다. 이 흐린 문은 발사된 로켓이 흐린 날씨와 구름을 헤치고 올라가야 하는 것과 같이, 의도의 의식기가 통과하기에 힘든 장애 요소가 될 수도 있다. 흐린 문을 통과한 의도기 파동은 이미 힘(기에너지)이 많이 떨어진 상태이므로 우주의식기장에 도달하지 못하여 답을 얻지 못하는 경우가 많이 있다.

다른 사람이 보내는 부정적인 파동이 중간에 있는 경우도 이 탁기의 문을 통과한다. A 방향으로 향하던 나의 기 파동은 나의 의도를 조종하거나 통제하려고 하는 의도를 가진 간섭파동을 만나면 영향을 받아 B 또는 C 쪽으로 방향이 바뀐다. 바뀐 방향으로 나아간 나의 의도기 파동은 전혀 다른 지점(Point)의 우주의식기 정보장에 감응이 이루어져서 의도하지 않는 다른 해답(정보)을 받게 되는 것이다. 같은 질문을 다른 시간에 하면 각각 다른 내용의 답을 얻기 때문에 더 많은 혼란을 주기도 한다.

제3번 채널을 선택하여 어떤 상황을 바꾸고자 하는 의도의 기 파동은 영기의 문을 거친다. 우주영기가 감응되기를 기다리며 대기하고 있는 문이다. 이들 우주영기 또는 성령의 기의 능력은 우주기 정보망의 가능태 공간에서 의도의 내용에 일치하는 파동에 감응, 공명, 동조, 일치하여 그 파동을 영기에 실어 전달하는 것이다. 기도자도 이 영기 능력을 받아 대상자(또는 대상물)에 전달 송기하는 매개자의 역할을 하게 된다. 가능태 공간의 정확한 지점(Point)에 감응이 되어 '응답'을 받는 것이다. 우주기장의 '가능성'이 영기파동으로 현실에서 감응 공명하여 '물질 현재화'가 이루어진다.

영기치유의 경우에는 치유가 현실화되는 것이다. 제3번 채널이 작동되면 영기파동은 대상자에게 직접 송기되거나 치유 기도자의 오른손을 통하여 대상에 간접적으로 송기된다. 이와 동시에 대상이 변화되는 상황은 제2번 채널을 통하여 왼손에서 감지되어 진행 상황을 알 수 있게 된다. 믿기 어렵지만 현실에서 작동되고 있는 '사실들'이다. 제3번 채널의 영기 능력이 실현된 사례는 셀 수 없을 정도로 많다. 면역 강화를 기도하여 응답받아 암과 염증을 치유한 사례들, 날씨 변화의 사례들, 동식물 치료 사례들과 같은 상황의 변화 사례들이 여기에 속한다. 이 부분은 다음 장(章)에서 자세히 살펴본다.

(4) 채널링 과정에서의 생체 작용

먼저 상방(上方) 채널의 경우에는 뇌간 영역에서의 의식과 의도기가 발생하면서 채널링이 시작된다. 대뇌기저핵과 시상핵들이 판단을 하며 해마의 기억 기능이 도움을 준다. 발생한 의도기 파동은 감각 기관인 백회를 거쳐서 우주 의식기장으로 보내진다. 이 경우에도 형성된 의도의 내용이 온전하지 못할 경우에는 이 상방 채널이 어려우며, 백회도 깨끗하게 정화되어 열려 있어야 한다.

제2번 채널을 통하여 우주기 정보를 수신할 경우의 상방(下方) 채널에는 그 정보가 기공에서 편도체로 간다. 편도체의 주 기능은 위험에 대응한 신체 반응을 일으키게 하며, 그 신호를 다른 뇌 기능 부분에 전달하는 것이다. 편도체는 본래의 생체적 기능 이외에 우주기 정보를 처리하는 기능도 수행한다. 전달된 정보장의 정보는 기 순환계에 보내어진다. 이와 함께 뇌하수체와 시상하부에도 연락하여 내분비계 호르몬 생성 기능을 자극하게 되고, 시상하부에서는 자율신경계를 자극하게 된다. 이 자극들은 근육과 오장육부의 신경을 긴장하게 만들어 기 정보를 맞이할 준비를 마친다. 기 순환계에서는 손바닥과 손가락에 기공이 많아서 기 정보는 왼손의 손바닥과 손가락에 전달된다. 왼손에 보내어진 기 정보 파동은 오른손으로 보내어진 의식기 파동과 엘로드에 감응하여, 동기인력과 이기척력의 현상을 통하여 그 내용을 인식하게 된다.

제3번 채널을 통하여 영기정보를 받아 재송기하는 경우에는 제2번 채널의 경로와는 조금 다르다. 기공을 통하여 들어온 정보는 송과체로만 전달된다. 이때 송과체의 잔존 비율이 낮으면 송과체의 영기 정보 전달 기능에 문제가 생긴다. 송과체도 멜라토닌 생성 등의 기본 기능이 따로 있으나 영기 정보의 전달과 같은 영적 기능도 수행한다. 송과체의 영기 정보는 기 순환계를 통하여 이번에는 왼손이 아닌 오른손으로 간다. 오른손 손바닥과 손가락 기공을 통해 원격 송기가 이루어진다. 사찰의 석가모니 부처상 중에는 오른손 손바닥이 앞으로 향하는 석가모니 부처상이 많다.

(5) 채널링의 특징

발견되는 공통적인 사항은 모든 사람이 우주기와 연결될 수 있는 채널을 가지고 있다는 점이다. 그러나 사람에 따라서 소통 능력과 인식 능력에는 차이가 있다. 준비된 자의 의도된 요구 내용에도 차이가 있다. 의식 수준이 낮거나(예컨대, 200 이하) 이기적인 목적이 있는 경우와 사기와 탁기의 간섭이 있을 경우 등에는 올바른 채널링이 불가능하다. 제2번 채널링에는 엘로드가 필요하나 제3번 채널링에는 엘로드가 필요 없다. 제2번 채널링의 구성은 '백회-정보장-(우주정기)-기공-편도체-왼손'이지만 제3번 채널링은 '백회-정보망-(우주영기)-기공-송과체-오른손'으로 되어 있다. 성령기인 우주영기의 작용과 관련하여, 마음속에 마이너스의 성령기(악령기)와 사기가 있는 경우일지라도 2번 채널은 작동되지만 앞서 설명한 바와 같이 측정 오류가 발생한다. 치유 대상자의 마음에 성령기가 일정 수준 이하가 되면 영기치유가 되지 아니한다. 채널링 능력의 수준과 그 회복은 의식 수준과도 깊은 관계가 있다.

5) 무의식적 상호작용: 깨달음의 길

어느 날, 마음속에서 의도하지 않은 어떤 생각이나 느낌이 '문득', '갑자기', '불쑥' 내 머릿속을 스쳐지나갈 때가 있다. 내가 어릴 때 어느 한밤중에 옆에 같이 자고 있던 형님이 갑자기 깨어 일어나서 밖으로 뛰어 나갔다. 잠시 뒤 "불이야!" 하고 지른 형님의 고함소리에 온가족이 깨어 일어나서 붙기 시작한 불길을 잡은 적이 있다. 그 후 형님의 말은 평생 나의 뇌리를 떠나지 않고 있다. 형님의 당시 말은 '자다가 문득, 갑자기 집에 불이 났다는 느낌이 들어 깜짝 놀라서 자기도 모르게 밖으로 뛰어나가 확인했다'는 것이었다.

이러한 생각은 어떻게 해서 형님의 머릿속으로 불쑥 들어왔을까 하는 의문은 평생 계속되었다. 이 생각이 때맞추어 불쑥 일어나지 않았다면 우리 가족은 거지가 되었을 것이다. 우리

가족을 보호하고자 하는 '그 무엇'이 작용했을 것이라고 막연하게 추측만 할 뿐이었다. 며칠 전에는 문득 'A씨의 건강 문제'가 생각 없이 그냥 '문득'의 느낌으로 다가왔다. 영기 진단 측정 결과 그에게 건강 문제가 있다는 사실을 확인할 수가 있었다. 이것은 내가 의도하지 않았음에도 주어지는 영감이 아닌가? 아니면 나의 잠재의식 속에 있던 걱정이 표면에 불쑥 튀어 나온 것인가? 이 경우, '느낌의 형태로 표면의식화시키는 어떤 것이 있어 나도 모르는 사이에 작용한다'라고 생각할 수밖에 없다. 이와 유사한 경험들은 누구에게나 일어날 수가 있다.

단편적인 이러한 현상은, 우주의식기장과 사람의 의식기장이 '무의식적으로 상호작용'한 결과이며, 작용의 결과는 우리의 감각과 느낌의 세포파동으로 현실에서 현재화(顯在化)하여 나타나는 것이다. 이러한 느낌은 인식으로 우리를 '일깨우는' 것이며, 따라서 '깨우침', '깨달음', '각성'도 결국 우주와 사람 사이에 일어나고 있는 상호작용과 그 결과로 만들어지는 느낌의 일종으로 보인다. 언어 기능이 개입된 생각이 나타나기 전에 형성되는 것이 느낌이며 감정이기 때문에 깨달음이나 각성과정에는 우리의 생각은 필요 없는 것이 된다. 아무 생각 없이 '문득' 깨달음이 이루어질 수가 있는 것이다. 이 과정에서 생각은 도리어 방해 요소로 작용하게 된다.

나의 형님이 화재의 느낌이 들었을 때 취한 행동은 머리를 굴리고 생각을 해서 논리적으로 판단한 결과가 아니었다. 이와 유사하게 깨달음과 각성의 길에는 생각보다 느낌과 감각이 필요하며, 구체적인 내용보다 느낌이 주는 전체적인 맥락이 더 필요한 것이다. 깨달음과 각성이라는 용어가 부담스럽다면 '그냥 아는 것' 또는 '앎'이라는 표현을 사용해도 같은 의미를 가진다. 대개의 영적 각성의 과정에는 '보여 줌'으로써 '알게 하는' ―나의 의도나 생각이 전혀 개입하지 않는―수동적인 의미를 내포하고 있다. 여기에서 표현된 '보여 줌'은 느끼는 감각으로 해석한다.

생각이 필요 없다거나 생각의 개입이 없어야 한다거나 생각이 우주기와의 상호작용에서 일어나는 앎의 과정에서 방해 요소가 된다고 하는 이유는 우리의 인식 작용이 '생각하는 마음'을 만들어 내기 때문이다. 우리의 머리 안에서 만들어 내는 생각 속에는 필연코 욕망과 집착, 그리고 이기적인 에고가 스며들게 구조화되어 있음을 우리는 알고 있다. 삶의 과정에서 만들어지는 우리의 '자아'가 생각하는 마음속에 있다면 우리의 삶은 에고와 집착의 길 위에 있는 것이다.

이와는 조금 다르게 가슴에서 일어나는 영적 인식은 '아는 마음'을 만든다. 자아가 영적으로 아는 마음속에서 형성이 된다면 우리의 삶은 깨달음과 각성의 길 위에 있게 된다. 에고와 집착의 출발선은 육체의 영역에 있고, 각성의 길이 출발하는 지점은 영혼의 영역에 있다. 전자의 길은 주로 정기로 포장이 되어 있고 후자의 길은 영기로 포장이 되어 있다. 이렇게 쉽지 않은 구조를 가진 마음속에서 만들어지는 내부 의도(의 의식기)가 나의 의도적인 의식 작용이 없어도 우주의식기장에 자동적으로 연결되어 '무의식적인 상호작용'이 일어나고 있는 것이다.

그러나 희한하게도 진실을 향한 각성의 길은 집착과 에고라고 하는 장애 요소만 제거하면 무의식적인 상호작용에 의하여 그냥 나타난다는 점이다. 너무 단순한 말로서 쉽게 각성의 길에 관하여 단언하였지만, 집착과 에고가 들어 있는 생각을 버린다는 것은 결코 쉬운 일이 아니다. 따라서 '앎을 찾아 가는 길'이 차 없는 고속도로와 같이 쉬운 길이 아닌 것이다. 우선 생각이라는 것이 무엇인지 다시 생각해 보면, '나를 표현하고 문제를 해결하고 판단하며 기대와 희망에 관하여 언어를 매개로 하여 마음속에서 지어낸 것이 생각이 아닌가?' 이 생각 속에서 생존의 의미와 가치를 찾기도 한다. 로댕의 「생각하는 사람」 조각상에는 생각에 대한 이러한 의미가 내포되어 있을 것이라고 추측해 본다.

에고(Ego, 이기심)라는 것은, 생존을 위해 자기를 지키고자 하는 생각, 자기의 존재 의미와 가치에 대한 과도한 집착과 자부심, 그리고 이러한 생각들을 실현함으로써 자아와 정체성을 유지시켜 주는 것이라고 한다. 따라서 에고는 '자기방어적 생각들의 집합체'가 된다. 타인에 대한 사랑과 배려가 있는 이타심과는 정반대의 생각들이다. 이러한 자기 방어적 이기심의 발단은 잘못 형성된 자아이다. 잘못 형성된 자아를 지키고자 하는 것이 이기심이기도 하다. 에고와 집착의 벽이 높게 올라갈수록 부정적인 의도의 기가 많아지고 이 마이너스의 기는 전체 의식기 수준(또는 의식 수준)을 낮춘다. 높게 쌓아 놓은 벽을 허물거나 낮추는 것이 그리 쉽지 않아 보인다.

집착은 에고의 성질 중의 하나이다. 이기적 자아는 자연스럽게 재산, 명예 등을 자기와 동일시하여 중요성을 부여하고 또한 집착하게 한다. 자기를 지킨다는 것으로 합리화하지만 흑백논리와 자기애를 향한 경직된 판단을 벗어나지를 못한다. 어떤 환상에 대하여 과도하게 집착하는 집착 장애 상태가 되면 상실에 대한 두려움은 배가되며 이것이 더욱 진행되면 자기는 물론 타인에 대한 공격과 중요성에 대한 매달림이 있으며, 이것도 아니면 자기 죄책감으로 시달리게 된다. 문제는 에고의 길 위에서, 에고만 생각하는 마음으로 잘못 형성된 자아에 집착한 결과는 우주의 무한 가능성의 바다를 멀리한다는 것이다.

우주의식기장과의 무의식적인 상호작용은 에고와 집착이라는 장애에 걸려 일어나지 못하고 있는 것이다. 자기 집착의 생은 그리 행복하지도 못할 것이다.

행복은 집착의 대상이 되는 어떤 내용에 있지 않고 인생의 행로라는 큰 맥락 위에 있으며 '아는 마음'을 가질 때 얻어지는 것이다. 기쁨과 행복의 근원은 에고의 장벽 저 너머에 있다. 진실을 향한 각성의 길은 집착과 에고라는 장애 장벽만 넘어서면 그냥 나타난다고 한다. 그 길 위에 기쁨과 즐거움이 있는 것은, 그 길이 향하는 쪽에서는 자기(의 욕망)를 버림으로써 볼 수 있는 영적인 자기 내면이 있기 때문이다. 복잡한 생각은 그냥 주어지는 느낌과 인식으로 덮거나 대체하고, 생각과 말이 없더라도 그냥 느낌으로 아는 마음이 바로 각성의 길이 되는 것이다. 이런 과정에서 자연스럽게 느끼고 아는 깨달음의 길은 신앙생활이나 종교생활과는 비슷하지만 조금 다르다.

기의 상호작용이 일어나는 것은 창조된 물질계 우주에 내재하는 '질서'가 있기 때문이다. 신성한 진리(Spiritual Truth)는 평범한 곳에 존재한다는 말과 같이 기의 작용도 우리의 평범한 일상 속에 있다. 우리는 누구나 생활 속에서 '느낌으로 그 무엇에 대하여 아는' 능력을 가지고 있다. 이것은 장애 요소를 버림으로써 가능한 우주기와의 긍정적인 상호작용의 결과이다. 또한 그 결과는 우리 생활 안에서 현실화되고 있다. 우리의 의식 기장과 우주의 의식기장 사이에는 우리의 적극적인 의도와는 상관없이 무의식적으로 작용하는 공간이 있다. 무의식적으로 작용하여 우리를 '그냥' 깨닫게 만든다. 집착과 에고를 버리고 나아가는 깨달음의 길은 우리의 의식 작용을 크게 필요로 하지 않는다.

6) 의식적 상호작용: 의도의 길

사람의 의식과 우주의 의식 사이에 상호작용이 정말 가능하며, 이 채널이 진짜로 존재하여 작동하고 있는 것일까? 그리고 이것이 우리 생활에서는 어떤 의미를 가지고 있는 것인가? 이 문제에 대해서는 현대의 고등이론 물리학인 양자역학이 어느 정도 답을 하고 있다. 양자역학에서는 기존 물리학에서 철칙으로 믿어온 인과론의 붕괴를 말하고 있기 때문에 과학적 사고를 기반으로 하는 인식론의 해석까지도 바꿔 놓고 있다. 한 정된 내용의 인식에서 형이상학적 비선형의 분야까지 인식의 범위가 무한정 넓어지는 과학적 이론이 양자물리학 분야에서 나타난 것이다. 이로써 새롭게 나타난 양자물리학 이론은 우주기와 사람기의 의식적 상호작용을 설명하는 바탕이 되고 있는 것이다.

우리는 주변의 모든 물질들이 위치, 운동량, 각도, 운동 에너지 등의 비물질적 요소에 따라 항상 변하고 있다는 사실을 이미 알고 있다. 물의 위치가 변하면서 전기가 생산되고 우리 생체가 가진 운동 에너지로 몸을 움직이는 것과 같은 것이다. 양자 물리학은 이러한 요소들 이외에도 인간의 관찰행위, 즉 인간의 의식적 의도도 물질상태를 변하게 한다는 것을 유명한 하이젠베르크의 불확정성의 원리로 설명하고 있다. 사람이 발견하는 그 무엇은 그가 무엇을 찾으려고 하는 의도의 산물이라는 것이다. 물질의 근원을 입자로 보면 입자로 관찰되고, 파장으로 보면 파장만 보이므로 동시에 두 가지를 관찰할 수 없음을 발견한 것이다.

예를 들면 물질 원자가 반물질 원자와 충돌하면 두 개의 광자가 방출되면서 서로 다른 방향으로 날아간다. 방출되는 순간에는 광자에는 회전이 없지만 관찰자가 그중 한 광자를 관찰하면 그 광자는 바로 회전을 시작하고 다른 광자는 다른 방향으로 회전한다. 이 현상은 저절로 일어나지 않고 오로지 인간의 관찰의 결과인 것이다. 그렇다면 이것은 사람의 주관적 의식과 물질계 양자 사이에는 이들이 상호작용하도록 하는 어떤 힘이 작용하고 있다는 것을 의미한다.

이와 같은 방법으로 양자역학은, 우리가 흔히 기적이라고 불리는 사건의 발생과 기도가 실제로 이루어지는 것 등의 현상을 설명할 수 있는 근거를 제공해 주고 있다. 이 근거는 이러한 현상에 대한 종교적 해석과는 별도로 생각해 볼 필요가 있다. 선택이론과 불확정성의 이론은 선형적 물질계와 비선형적 영적인 세계의 접점을 설명하는 것이기도 하다. 신이 만든 질서와 그의 섭리 일부를 발견한 것으로 해석해도 될 것이다. 이미 설명한 대로, 이것은 분명 우리의 자유의지에 의하여 선택되고 결정된 의도의 의식기가 자기만의 우주의식기의 정보장에 전달되어 저장되고, 바라는 바 의도의 내용(정보)은 정보망으로서 모든 가능성을 내포하고 있는 자기의 가능태 공간에서 공명, 동조되어 현실세계에 전달됨으로서 '물질 현재화'하는 구조를 말하는 것이다.

영적 스승 데이비드 호킨스는 이에 관하여 다음과 같이 어렵고 길게 설명하고 있다. "무한한 수의 복잡한, 상호작용하는 요소들이 하나의 장을 이루는데, 이 장은 무한한 수의 알아볼 수 없는 방식으로 무한한 수의 가능한 반응들을 배태하고, 이 모든 반응은 그 자체가 무한한 수의 가능성에 지배된다. 그래서 우리는 지각될 수 있는 것이나 혹은 보이지 않는 어떤 것의 가설적 '원인'이 전 시대에 걸친 그 집단적 전체 속의 온 우주임을 알 수 있다. 그래서 '원인'은, 빛의 속도보다 더 빠르게, 무한한 차원들 속에서 지속적으로 확대되는 모든 창조(Creation) 전체에서 발생하는 것이다. 그리하여 인간정신이 어떤 것의 '원인'을 실재로 식별할 수 있다고 믿는 것은 정말이지 엄청난 망상이자 오만함이다. 존재하는 전부와 전 가능성의 무한한 맥락은 명백히 신이다".[11]

(1) 우주의 정기 영역과 영기 영역

기의 세계에 입문하면 제일 처음 배우는 것이 엘로드를 작동시키는 법이다. 내가 원하는 숫자만큼 엘로드가 벌어졌다가, 부르는 숫자만큼 엘로드 간격이 좁아졌다가 마지막에는 원했던 숫자에서 엘로드가 다시 붙는 현상을 경험하게 된다. 동기인력(同氣引力)의 현상을 처음 보는 것은 경이롭기까지 하다. 그다음에는 어떤 물체나 사람에 대하여 원격으로 기 수치를 측정하고 송기까지 가능한 단계에 온다. 일정 기간이 지난 후에는 어떤 사람은 영기치유와 예지를 할 수 있는 반면에 그

---

11 데이비드 호킨스 저, 백영미 역, 『호모 스피리투스』, 판미동, 2009.

러한 능력이 없는 사람이 있다는 사실을 알게 된다.

이것은 우주 의식기장에는 정보의 저장 공간인 우주기 정보장이 있고, 이와는 별도로 가능태 공간인 우주기 정보망이 있기 때문이다. 정보장은 우주 정기의 영역이며 정보망은 우주의 영기 영역에 해당한다. 물질계 우주도 정기와 체기 그리고 영기의 영역이 구분되어 있고 각 영역에 포함되고 있는 우주기의 내용이 각기 다르다. 이러한 우주의식기의 구조는 있는 그대로 존재하는 것이며, 우주의식기의 의식으로 누구에게는 정기 영역을 또 다른 누구에게는 영기 영역을 개방하는 것이 아니다. 있는 그대로 있어 누구나 접근이 가능하나 접근 가능성 여부는 순전히 접근하고자 하는 사람에 달려 있다.

우주기 정보장에만 접근이 가능한 사람을 편의상 정기 능력자, 정보장과 정보망에 함께 접근할 수 있는 사람을 영기 능력자라고 불러도 될 것 같다. 정기 능력자는 우주기 정보장에만 접근이 가능하여 가능태 공간의 가상태를 물질계에 현실화할 수 있는 능력이 없다. 우리 몸을 치유할 수 있는 '영기의 치유 능력'을 전달할 수도 없는 것이다. 각 사람의 의도의 방향과 목적지가 각각 다른 것이다. 옳고 그름이 있는 것이 아니고 차이만 있을 뿐이다.

우주의식기장에 있는 영기의 능력은 현존 유일신-영이 가진 능력의 기이다. 따라서 우주의 정보 네트워크인 정보망, 가능태 공간에 있는 무한한 가능성은 신의 능력에 속하는 영역인 것이다. 존재하는 전부와 가능성의 무한한 맥락은 명백히 신이다 이라고 말하는 호킨스의 말은 바로 이 부분을 표현한 것이라고 믿는다.

(2) 우주의 개인 의식기장의 위치와 현실의 의식 수준 비교

모든 사람은 각자의 독립된 우주의식기장을 가지고 있다. 이 우주의식기장은 각 사람의 의식 수준이 다르듯이 그 위치 수준이 각기 다르다. 특정 시점에 어떤 사람의 정체성은 에너지장(Energy Field) 형태로 존재하는 그 사람의 우주의식기장이 현재화(懸在化)하여 물질화된 것이라고 본다. 그렇다면 시점에 따라 변화되는 그 사람의 정체성에 해당하는 우주의식기장의 내용과 위치도 시간의 경과와 함께 달라질 것이다. 특정 사람이 가지는 독립된 우주의식기장(가능태 공간)의 구성을 보면, 우주의식기장에는 특정 지점(Point)들과 이 점들이 모여서 형성된 부분들(Sector), 그리고 이 부분들이 모여서 만들어 진 장(場, Field)이 있으며, 이 장(場)이 바로 그 사람의 우주의식기의 장이 된다. 이 장(場)은 현재의 그를 나타내고 있기도 하다.

이 포인트, 섹터, 필드는 우리의 신경망과 신경 시냅스의 모

습과 유사한 가능태(Space of Variations) 구조로 되어 있어 방향
이 바뀔 수 있는 무수한 선택점이 있게 된다. 여기에 시간의
개념을 도입하면 본인의 연속된 선택 과정을 통하여 형성되는
항상 변하는 길(Track)이 형성되며 이것은 우리의 인생길이 되
는 것이다. 조금 더 장기간의 과정을 거치면서 이 트랙은 물결
파도와 같은 흐름을 가질 것이다. 이 흐름을 바딤 젤란드는 서
핑(Surfing)이라고 부르고 있다. 굳이 우리말로 쉽게 번역하자
면 '인생행로'라고 할 수가 있겠다. 인생이라고 부르는 물결 흐
름을 송두리째 바꾸어 그 행로를 바꾸는 것, 예컨대 국도를
타다가 고속도로로 바꿔서 달리는 것과 같은 것을 그는 트랜
서핑(Transurfing)이라고 부르고 있다. 시간의 개념을 대입하여
본 우주의식기 정보망의 가능태의 구조는 포인트, 섹터, 필드,
트랙, 서핑으로 단계적으로 되어 있다.

　의식 수준 수치는 사람마다 다르며, 같은 사람의 의식 수준
도 시간의 흐름에 따라 달라진다. 이와 같은 의식 수준의 차
이는 우주의 의식기장의 위치로도 나타난다. 우리가 생활하면
서 하루에도 수백 번 하는 선택에 따라 흐름의 방향이 달라지
고 그 위치도 이에 따라 결정될 것이다. 착하고 선하며 진리에
가까운 선택은 트랙의 위치를 위쪽으로 상승시켜 준다. 따라
서 이 트랙과 서핑의 위치를 어떠한 지수로 알 수가 있다면,

의식 수준과의 관계를 알 수도 있을 것이다. 즉, 어떤 인생행로의 우주의식기장의 위치 수준(Surfing Level)을 알 수가 있다면 이 위치 수준 지수가 필연코 그 사람의 의식 수준과 관계가 있음을 증명할 수가 있는 것이다. 이 관계가 증명된다면 어떤 사람이 걷고 있는 인생행로의 속 내용이 어렴풋이 드러나는 것이 된다.

이를 위하여 주변 사람들 중에 몇 사람을 샘플링하여 각 사람의 우주의식기장의 위치와 의식 수준을 측정한 결과는 다음과 같이 나타나고 있었다. 호킨스의 의식 수준은 200을 기준점으로 하여 1,000을 최고점으로 상정하였으나, 아마도 이 세상에서 처음 시도하는 우주의식기장의 위치 수준은 100을 기준으로 하여 그 상하 수준을 알 수 있도록 상정하였다. 그리고 상정한 대로 지수 측정 결과가 확인되었다.

구분	사례자 1	사례자 2	사례자 3	사례자 4	사례자 5	사례자 6	사례자 7
위치 수준	112	92	82	62	52	42	32
의식 수준	431	402	233	211	143	113	42

우주의식기장 위치 수준과 현실의 의식 수준의 관계성

사례자 1번은 태어나기 전의 태중(胎中) 생명체 지수인바 이 수치들은 사람은 태어나기 전에도 위치 수준과 의식 수준이 존재하고 있음을 알 수 있다(산모와 태아가 모두 건강한 상태일 때, 아기가 태어난 순간의 의식 수준은 산모와 동일하다―이것은 태아 교육의 중요성을 말해 준다). 사례자 2번은 아직 세상 때가 덜 묻은 11세 소년이다. 또한 사례자 4번과 5번은 동일한 사람이 위치 변화를 한 결과 달라지는 모습을 보여 주고 있는 것이다. 전체적으로 보면, 우주의식기 위치 수준과 의식 수준 지수가 완전히 동일한 방향으로 움직이고 있음을 확인할 수가 있다. 의식 수준이 높아질수록 우주의식기장의 위치 수준이 올라간다는 사실을 알 수가 있다.

의식수준별로 나타나는 감정과 행태

지수	감정	행태	비고
20	수치심	가장 부정적이고 파괴적 감정, 자기혐오, 자살생각, 신을 인류의 적이자 파괴자로 인식하여 증오의 대상으로 봄	
30	죄책감	죄의식, 세상은 죄, 고통, 재앙만 있는 곳, 지옥으로 보내는 신	
50	무감정	세상 사는 것은 무의미, 비참, 절망, 신은 존재하지 않고 생명도 죽으면 끝	
75	슬픔	세상은 슬픈 곳, 활력을 찾을 수 없음, 신이 희망 없는 세상을 창조	
100	두려움	세상은 무서운 곳, 걱정과 두려움으로 파괴적 성향, 응징을 위한 신	
125	욕망	불만족한 세상을 탓하며 결핍, 갈망, 욕망 속 생활, 주지 않는 신	
150	분노	분노 에너지 상승, 세상은 투쟁과 경쟁의 장, 처벌자로 비춰지는 신	
175	자부심	지위, 명예, 허영으로 팽창된 에고, 세상 경멸, 오만으로 인한 파괴적 감정 존재, 지적 오만으로 무신론자 또는 광신자가 됨	
200	**용기**	세상은 도전, 성장, 기회의 장소, 에너지와 열린 기회를 주는 신	기준 수준
250	중립	삶을 긍정적인 방향에서 경험 시작, 집착에서 자유로워짐, 신은 자유를 선사하는 존재로 인정	
310	자발성	긍정적 자기의도가 강해지면서 화합, 공감을 통하여 미래 희망적이 됨, 파괴적 사회 현상을 힘의 균형 과정으로 인식, 신은 긍정적, 희망적인 존재로 친구적 호의를 가지고 봄	
350	수용	진실 발견의 내부 힘을 느낌, 장단점을 수용하고 행복의 원인은 자신임을 알고 새로운 삶의 경험을 창조, 신은 수용적이고 자비로운 존재	390 열정
400	이성	이성, 논리, 지력으로 자기애적 에고와 감정적 왜곡을 극복하기 위한 노력 추구, 의미, 가치, 중요성에 대한 해석 능력과 현실 검증력 가짐, 신은 영적인 탐구 노력에 긍정적인 태도를 가진 존재	
500	사랑	내면의 자유와 용서, 배려, 측은, 연민 등의 사랑의 감정, 위로부터 오는 사랑을 느낌으로써 신은 완전하고 아름다운 존재	
540	기쁨	신의 무조건인 사랑 발견으로 내면의 기쁨, 고요가 충만, 내면의 기쁨은 생기와 치유의 에너지를 가짐, 현존 신과 연결고리를 가짐	
560	황홀	내면 고요와 의식 변형으로 황홀감 경험, 대우주 소우주의 공명, 동조	
570	성스러움	연민 사랑과 의식 변형이 드러남에 따라, 빛 비춤의 성스러움이 나타남, 큰 나(I)와 작은 나(i)가 일체되고 에고가 사라짐	575 순응
600	지복	은혜(grace)로써 느끼는 최고의 행복인 지복(Bliss)을 느낌, 존재 자체로서 남에게 알려짐	
700	깨달음	존재의 근원인 신을 경험, 신과 세계를 하나로 느낌, i=I의 완전 단계	

* 모든 지수에서 드러나는 감정과 행태는 긍정과 부정의 양쪽 방향으로 나아간다. (출처: 『의식 혁명』, D. Hawkins)

KI, THE WAVE OF ENERGY AND INFORMATION

나타나는 기氣의 능력能力과 영기치유

16. 기 능력의 원천과 그 종류
17. 영기의 변화케 하는 능력
18. 영기의 치유 능력
19. 육체의 병에 대한 치유 기도
20. 병 고침의 실천

이 장을 시작하기 전 먼저 드리는 말씀

기의 능력은 이 물질계의 모든 세상 구조와 모든 상황, 상태인 만사에서 이미 펼쳐져 있습니다. 이 세상만사는 상호작용하는 기의 능력이 드러낸 결과물입니다. 그중에서 영기의 변화케 하는 능력, 특히 치유케 하는 능력은 우리들에게 아주 특별하게 다가옵니다.

이 글을 읽고 계시는 분들에게 몇 마디 부탁의 말씀을 드리고자 합니다. 먼저, 모든 기의 능력은 다른 차원에서 일어나는 신비한 것이 아니라는 점입니다. 기라고 불리는 에너지와 정보는 물질계에 존재하는 것이며 기의 능력은 현실에서 작용하고 있기 때문입니다. 따라서 기 능력에 관한 내용은 우리 자신에 관한 아주 현실적인 이야기가 됩니다.

둘째로, 자기의 의도와 연결하여 기 능력이 실현되는 것은 이를 보고자 하는 사람 모두에게 그 문이 열려 있다는 점입니다. 이 문을 쉽게 열기 위해서는 앞에서 기술한 기의 본질 문제에 관하여 어느 정도 이해를 하는 것이 필요합니다. 또한 (엘로드를 이용한) 측정 능력이 필수적인바, 일정 기간의 훈련 기간을 가짐으로서 측정 능력 면에서 자신감을 가지는 것도 크게 도움이 될 것입니다.

양해를 구하고자 하는 점은, 이 글 내용 중에는 완전 또는 완성이라는 말을 간혹 사용하고 있지만 상대적인 완전 및 완성으로 이해해 주시기를 바란다는 점입니다. 완전한 완성은 너무나도 요원한 곳에 있다는 것을 뼈저리게 느끼고 있습니다. 다만 그 길 위에서 최선을 다하면서 노력할 뿐입니다.

모든 기의 능력들이 바라는 바에 따라 현재화(懸在化)되는 것을 볼 수 있게 되기를 바랍니다. 감사합니다.

16. 기 능력의 원천과 그 종류

1) 기 능력의 원천

(1) 기의 작용 과정

기의 본질에서 기의 성질이 나타나며, 상호작용하는 기의 성질에서 그 능력들이 나타난다는 사실과 나타나는 기의 능력을 통하여 우리는 기를 인식한다는 것을 앞장에서 살펴보았다. 이 모든 것은 일체적 과정이며, 시간의 경과와 함께 일어나는 이 물질계의 진화적 창조과정으로 이해하고 있다. 이것은 변화이며, 변화의 과정이 일어나고 있는 것은 기가 가지고 있는 여러 가지의 능력 때문인 것으로 이해하게 된다.

기 능력의 문제는 알고 보면 우리가 생활 속에서 항상 만나고 있는 극히 현실적인 주제이다. 이 말이 생소하게 들리는 것은,

기의 작용에 대해서 잘 모르고 있기 때문이며, 생활 속에서 만나는 모든 것이 기 작용에서 나타난 현상이라 것을 알아차리지 못하고 있기 때문이다. 기가 서로 작용할 때는 이들 사이에 어떤 '관계'가 이미 발생하게 된다. 즉, 관계가 있을 때는 반드시 '기의 상호작용'이 있게 된다. 기의 상호작용 과정에서 우리가 인식할 수 있는 기의 능력이 드러난다.

어떤 관계성 아래서 기가 상호작용할 때는 반드시 어떤 현상이 나타나며, 나타나게 하는 것은 기의 능력 때문이다. 그리고 기의 상호작용은 기가 가진 파동들이 상호 감응, 공명하는 과정이므로 기 능력의 원천은 기의 파동에 있다. 예를 들자면, 각 사람은 각기 다른 파동의 의식기를 가지고 있으며 다른 기 파동이 서로 감응, 공명함으로써 특정한 관계가 만들어진다. 그 결과 좋은 관계, 나쁜 관계 등의 현상, 즉 기의 능력이 현상으로 나타나는 것이다. 다른 사람들과의 관계와 주변의 모든 환경 요소들과의 관계를 포함한다.

이와 같은 기의 능력은, 상호작용하는 모든 종류의 기들 사이에 항상 나타난다. 단순하게는 물체들이 가지고 있는 정기와 정기 사이에서 나타나며, 특히 사람 의식기와 우주 의식기 사이에는 복잡하고 다양한 현상들이 기의 능력으로 나타난다. 이러한 작용 원리를 충분히 이해하고 있을 때, 기의 능력이 드러내고 있는 현상을 바로 이해할 수가 있을 것이다.

기 능력의 원천은 우주를 포함한 모든 물질계에 존재하는 의식기가 가지고 있는 입자의 파동이다. 이 세상에 존재하는 모든 종류의 기는 파동 형태의 기 에너지와 기 정보를 가지고 있다. 더 멀리 있는 본질적 원천은 이러한 입자 기 파동을 창세 과정에서 만드신 현존의 유일신이 될 것이다.

입자 기 파동의 작용과 능력을 가까이서 보면 다음과 같은 특별한 능력과 성질이 있음을 알 수 있다. 그 첫째는 물질(체)의 종류와 형태를 결정하고 현실화하는 물질 형성에 관한 특징적 능력이며, 두 번째로는 기 상호간에 에너지와 정보를 소통 전달할 수 있는 능력이며, 세 번째로는 우주 의식기(정보장)가 가진 특별한 능력이며, 마지막으로는 신이 현실에 보내 주시는 성령(영)기의 특별한 능력이다. 이 모든 능력은 관계와 작용 과정에서 일어난다.

일상생활 중에서는 이러한 기 능력은 큰 의미가 없어 보인다. 항상 발생하고 있고 이것을 의식하지 않고도 살아갈 수가 있기 때문이다. 그리고 이에 관하여 교육받았거나 이에 관한 책을 찾아보기도 어렵기 때문이다. 즉, 기의 작용과 그 능력에 관하여 알아차릴 수 있는 지식의 토대가 별로 없는 것이다. 그러나 특별한 상황에서는 우리의 의도가 현실화되거나 변화된 상황과 상태를 직접 체험할 때가 있다. 이러한 경우에는 변화케 만든 기 능력들이 우리에게는 특별한 의미를 가지게 되고 이에 대해서 궁금해지기 시작한다. 호기심도 생긴다. 기 능력들이 우리에게 의미성을 가진다는 것은 다양한 기 능력을 우리의 생활에 적용하여 유용하게 활용할 수가 있다는 뜻이 되기도 하다. 이렇게 되어 단순한 호기심을 넘어서 그 내용을 알아볼 마음도 생기게 된다.

(2) 관계성

기의 상호작용 관계를 통하여 물질계가 변화하면서 창조 후 진화가 계속되고 있으며 이러한 '관계와 상호작용'은 모든 곳에 존재한다. 모든 것이 피할 수 없는 상호관계(Co-relation)하에 있다. 속세를 피해 산속에 들어가서 산다고 해도 세상과의 관계는 결코 끊을 수는 없다. 맺고 있는 관계의 내용만 달라질 뿐이다. 이 세상의 모든 것은 이러한 '관계가 있음(Relationship)'의 상태에 있다.

어떤 국가가 고립주의 정책을 채택하였다 하더라도 그 국가는 이 글로벌 사회에서 결코 고립되어 존재할 수는 없다. 다만 그 관계를 형성하는 방법이 직접적인가 간접적인가의 차이가 있고 관계의 내용만 달라질 뿐이다. 우리는 살아가면서 만나는 어떠한 것과도 나쁜 관계를 피하고 좋은 관계를 이루기를 바랄 뿐이다. 그렇다면 먼저 모든 것과의 관계성과 (기의) 상호 작용에서 좋은 관계를 맺는 방법을 찾는 것도 좋을 것이다. 관계성의 사전적 의미는 어떤 사물들이 '관련을 맺고 관련 있는 성질을 서로 나누는 것'이라고 한다. 관련 있는 성질을 서로 나누는 것이라는 이 해석은 기가 서로 공명하는 작용관계를 다른 말로 표현한 것이라고 보여진다.

서양에서 발전되어 온 여러 사상이나 철학에서는 신과의 궁극적 관계를 중시하는 반면, 동양 사상들은 인간을 중심으로 하는 인간 관계론에서 먼저 시작한다. 사람(人) 두 명(二)의 관계를 사랑과 덕의 의미를 가진 인(仁)으로 표현한 것이 그 일례이다. 동양의 관계론에서 보면 인간 자체가 인간관계이다. 그러나 인간은 인간관계뿐만 아니라 이 세상 모든 창조물과 상호작용하며 그들과 수많은 실질적인 관계를 가지면서 살아가고 있는 존재이다. 그리고 우리는 신과도 간접적인 관계하에 있다. 이와 같은 관계와 상호작용은 모든 곳에 존재한다. 산천초목이 서로 기 작용을 하고 있으며, 중력의 균형 작용을 통하여 우주 은하계와 태양계의 질서가 유지되고 있으며, 우리는 대중과의 상호관계를 PR(Public Relation)이라고 표현하기도 한다. 인간은 이러한 관계성하에서 살아가고 있다.

우리는 집을 하나 지을 때도 주변 환경과 사람들의 관계성을 고려하며, 책을 하나 고를 때도 책 내용(의 기 수준)과 나의 관심도를 고려한다. 당연한 일들이다. 그러나 이 당연한 결론을 넘어서 집터와 건축물 그리고 읽고자 하는 책에도 기(氣)가 있어 내가 가진 기와 상호작용하고 있다는 사실을 안다면 더 좋고 긍정적인 상호작용을 지향할 수도 있을 것이다. 이사 가기 전에 좋은 집인지 여부를 먼저 알 수 있고, 좋은 내용이 들어 있는 책을 쉽게 구입할 수 있을 것이다. 즉, 더 좋은 관계의 형성이 가능한 것이다. 내가 발산하고 있는 기(氣) 때문에 남들이 불편해하지 않고 스트레스를 받지 않고 도리어 평온함을 얻을 수가 있다면 나로 인하여 '좋은 관계'가 만들어지는 것이다. 반대의 경우도 있을 수도 있을 것이다. 선택은 나의 몫이다. 좋은 관계나 나쁜 관계나 모두 기의 상호작용에서 이루어지며, 기의 능력이 나타난 결과이다.

기의 능력으로 변화되는 내용은 만들어진 관계의 종류에 따라 다르다. 사람의 의도가 개입되어 있는 관계인지 사람의 의도가 전연 들어가지 않은 자연 상태의 관계인지에 따라 변화의 내용이 다르고 그 작용 메커니즘도 다르다.

자연계 물질세계는 사람의 의도와는 무관하게 주어진 질서(신의 섭리)에 따라 스스로 진화, 발전하면서 변화한다. 물질세계의 변화를 연구하는 학문을 화학이라고 하고 그 변화 작용을 화학적 작용이라고 한다. 단순한 모양(구성)의 물질이 합쳐지면 다른 모양으로 '변한다'. 최초 생명체인 원핵세포가 합쳐져서 진핵세포가 되면서 생명체의 진화 발달이 시작된 것과 같다. 성질이 다른 물질들이 상호작용하면서 합쳐지면 새로운 다른 물질이 생긴다. 서로 다른 원소가 합쳐지면서 새로운 물질이 만들어지는 것과 같다. 이와 같은 변화의 과정을 거쳐서 창조 시 단순했던 최초 입자가 지금의 복잡다기한 세상이 된 것이다. 이것은 파동의 성질을 가진 입자의 기 에너지와 기 정보가 작용하여 나타낸 기 능력의 모습이다. 따라서 모든 '변함'은 기의 작용으로 일어나는 기의 능력인 것이다.

신은 우주 물질계를 창조하였고 생명체를 창조하였고, 인간을 창조하였다. 이 세 가지의 창조로써 이 세상에 정기와 체기, 그리고 생기(자기혼기)와 영기를 불어넣어 준 것이며, 이 기들의 작용과 능력으로 '변하게 함'으로서 창조 후의 진화를 허용한 것이다. 정기와 정기의 상호작용, 정기와 체기의 상호작용, 정기와 혼기의 상호작용, 영기와 혼기의 상호작용 그리고 사람의 의식기와 우주의 의식기와의 상호작용에 관해서는 제4장에 자세하게 설명되어 있다.

사람의 의식기는 우주의식기장과 연결되어 있다. 그 때문에 사람들이 가지고 있는 구체적 의도(기)는 그 연결 능력에 따라 어떤 상태와 상황을 알 수 있고, 의도한 방향대로 상황과 상태를 변화케 하는 능력도 가지고 있다. 이와 같이 사람의 의도가 들어간 기 능력의 변화 작용과 그 내용은 자연계가 스스로 변화하는 것과는 확연히 다르다. 우리가 이러한 사실을 알고 있든 알지 못하고 있든 이러한 의도기에 따라서 변화케 하는 우주기의 능력은 항상 작동이 되고 있다. 우리 모두는 의도한 대로, 바라는 대로, 의도하고 바라는 바(기도)가 이루어지기를 원한다. 문제는 몸과 마음 그리고 영혼의 영역에서 항상 준비된 상태를 유지하고자 하는 우리의 노력인 것이다. 이 또한 우리 자신의 선택 문제이다.

우리는 창조 이후에 일어난 생물계와 무생물계의 진화적 변화 과정에 대해서는 학습을 통하여 많이 알고 있는 편이다. 또한 여러 학문 분야에서 기 능력이 나타내고 있는 현상을 분야화해서 다루고 있음을 알고 있다. 현대 물리학에서 입자 에너지와 정보의 존재를 확인해 주고 이를 바탕으로 다른 분야에서의 응용과 적용도 활발히 이루어지고 있는 것이다. 인체의 기 흐름과 작용에 관한 연구와 응용도 활발히 진행되고 있는 것으로 알려지고 있다.

그러나 정기, 체기는 물론 혼기와 영기를 가진 인간의 종합

의식기의 작용과 능력에 관한 정보들은 우리 사회에서는 일반화된 지식으로 대접받지 못하고 있는 편이다. 예상 밖으로, 알려진 지식과 정보도 흔치가 않다. 학교나 사회에서도 알려 주지 않는다. 사람의 종합의식기와 우주의식기가 상호작용하여 나타나는 우주정기의 정보 능력과 우주영기의 변화 능력에 관해서는 '4차원의 세계' 또는 '초능력의 세계'라고 하면서 신비화해 버리고 만다. 우주의식기장도 물질세계에 속한다는 사실을 상기하면, 우주기와 사람의 기가 상호작용하여 나타나는 기의 능력 현상은 더 이상 4차원의 세계나 초능력의 세계가 아니고 그냥 실상으로 존재하고 있는 것이며 우리와 항상 함께하고 있는 것이다. 우리가 그것에 대해서 배우지 못하였고 알지 못한다고 해서 그 세계가 우리와 멀리 떨어져서 별도로 존재하는 신비의 세계는 아닌 것이다.

이러한 기 능력의 원천은 어떤 관계성하에서 일어나고 있는 기의 상호작용과 기의 작용이 일어나게 만드는 기의 본질적 성질들에게 있다는 점을 설명하였다. 그리고 기의 모든 본질은 창세와 함께 이 물질계에 항상 존재해 온 것이다. 이제 제한적이나마 접근 가능한 지식에 자기의 경험과 체험을 첨가하여 기 능력의 원천을 파악할 수밖에 없다. 체험하여 아는 지식이 더 많은 도움을 주기도 한다. 이하에서는 우리에게 나타나고 있는 기 능력의 종류에 대하여 먼저 살펴보기로 한다.

2) 기 능력의 종류

상호작용하는 여러 가지 기의 성질로 인하여 그 능력들이 나타나지만 그 종류는 기를 구성하고 있는 내용인 기 에너지와 기 정보에 따라 구분된다. 즉, 기의 내용에 따라 기 능력이 다르게 나타난다. 기는 종합적으로 상호작용하고 그 결과가 총합적으로 나타나지만 우리는 기의 내용에 따라 각기 다르게 나타나는 능력들을 구분해서 살펴볼 필요가 있다.

기 에너지(Ki-energy)는 모든 물질들의 움직임이 가능하도록 운동력(Movement Power)을 제공한다. 기 정보(Ki-information)은 그 움직임에 관한 정보를 제공한다. 기 에너지와 기 정보가 합쳐진 기는 (이미 우리가 알고 있듯이) 상호감응과 공명 등의 작용을 통해서 물질계를 변화시킨다. 이에 따라서 기 능력의 종류는 ① 운동 에너지를 제공하는 능력, ② 상황과 상태를 알려주는 능력, ③ 상황과 상태를 변화케 하는 능력으로 구분할 수가 있게 된다.

이 세 가지 종류의 기 능력은 물체와 생물체, 생물체 중에서도 식물과 동물에 따라서 작용하는 내용과 범위가 각기 달라진다. 동물 중에서도 사람에 이르러서는 영혼기와 정신기의 작용으로 우주의식기의 3대 기에 감응하여 작용할 수 있는 고차원의 수준에 이르게 된다. 따라서 사람의식기장의 모든 기와 우주의식기장의 모든 기가 작용하는 과정에서 나타나는 기 능력의 종류를 중심으로 살펴봄으로써 전체에 대한 이해를 높이도록 해 보자.

우리에게 우주의식기장이 중요하게 다가오는 것은, 우주기장의 에너지장(Photon Energy Field)의 우주체기는 우주만물에 있는 모든 힘의 근원인 원력(元力)이 되며, 우주기장의 정보장(Information Field)의 우주정기는 정보장에 저장된 이 세상 모든 정보의 내용이 되며, 우주기장의 정보망(Information Network Field)의 우주영기는 모든 가능성 정보를 물질계에 전달하는 전달 매개체가 되기 때문이다. 이것은 우리와 연결될 수 있는 3개의 채널을 형성한다.

우주의식기의 세 가지 작용 능력을 다시 정리해 보자면 다음과 같다. ① 우주체기의 원천에너지 공급 능력은 우리 생명영역에 힘을 제공한다. ② 우주정기의 정보 제공 능력은 우리의 지혜 영역에 정보를 제공한다. ③ 우주영기의 변화케 하는 능력은 정체성 영역에 변화를 제공한다.

기 능력의 종류를 논함에 있어 우주의식기를 중심으로 살펴보는 또 다른 이유는 우주의식기에 대응하는 사람의 의도(기)가 작용하는 경우와 의도기가 작용하지 않는 경우에 나타나는 기의 능력들이 각각 달라지기 때문이다. 나의 의식과 관계없이(무의식, 무의도적으로, 자동으로) 나타나는 기 능력의 종류가 있는 반면에, 나의 의식과 의도에 의해서만 나타나는 기 능력의 종류가 따로 있다는 점이다.

(1) 기의 에너지 공급 능력

물질을 구성하는 최소 단위 입자는 입자의 형태이면서 파동의 성질을 가지고 있다. 파장과 진폭으로 생겨나는 파동은 앞으로 직진하게 된다. 직진운동력을 가지게 된다. 움직이는 힘인 에너지를 가지게 된다. 이것은 최초의 원자 안에 있는 전자의 움직임이나 잔잔한 호수에서 일어나는 조용한 물결파동에서나 그 원리는 동일하다.

우리 눈으로는 그 움직임을 볼 수는 없지만 이와 같이 생명이 없는 물체들도 그 내부에서는 무수한 파동운동이 발생하고 있다. 살아 있는 생물체를 구성하고 있는 입자(세포)들이 움직이는 것은 물론 (생)물체(Body) 자체가 움직일 수 있고, 또한 의도에 따른 움직임인 동작(Action)을 할 수가 있다. 이 모든 것은 기 자체가 파동이기 때문에 생기는 기의 에너지 공급 능력 때문이다. 이로 인하여 창조된 모든 물질은 움직인다.

우주체기의 원천에너지 공급 능력이 없다면 이 우주는 어떤 움직임도 없는 죽은 우주가 되었을 것이다. 우주의 광양자(Photon)가 우주에너지장을 구성하여 우주체기가 된다. 우주체기인 광양자 에너지가 어떻게 이 물질계 특히 생물체인 식물과 동물의 생명에 에너지를 공급하고 있을까? 식물학, 동물학, 의학계 등에서 이미 이 질문에 대한 대답을 내어 놓고 있다.

식물에서는 엽록체의 광합성반응으로 에너지가 생성된다는 사실과 동물들의 생명 유지에 필요한 에너지는 생명체에 있는 당화계와 미도콘드리아계 조직에서 발생되고 있다는 사실들이 밝혀지고 있다. 이 모든 생명 에너지의 생산 과정에는 우주 광양자 포톤이 필요하다는 사실도 과학계에서 확인되고 증명되고 있다. 이것은 생명 유지를 위한 원천 에너지는 우주체기에서 온다는 점을 말하고 있는 것이다. 동식물에게 있는 생명기는 혼기이지만 생명을 유지하기 위한 원천적 에너지 기는 우주체기가 된다.

식사를 잘 못 하는 환자와 몸이 쇠약한 사람에게는 포도당 주사를 놓아 준다. 주사를 통해서 들어온 포도당과 설탕과 같은 단당류 탄수화물 음식을 먹을 때 소화 과정 없이 몸에 바로 흡수되는 포도당은 분해되면서 바로 에너지화된다. 운동선수들도 에너지 보충을 위해 설탕물을 마신다. 곡물류 등의 이당류나 다당류 탄수화물 음식은 소화 과정을 거쳐서 탄수화물이 당화된다. 분해된 포도당은 ATP 형태로 저장되었다가 사용된다.

이와 같이 우리는 음식물의 탄수화물에서 포도당을, 포도당의 분해 과정을 통해서 에너지를 얻는다. 이러한 에너지를 '당화계 에너지'라고 한다. 곡물 등에 있는 녹말과 탄수화물은 식물의 엽록체에서 일어나는 광합성 반응에서 포도당(글루코스)이 합성되어 녹말로 저장되어 있는 것이다. 식물의 광합성 반응은 태양광과 태양광 에너지의 원천인 광양자 포톤의 역할이 없으면 불가능하다.

사람들의 생체 에너지원은 당화계 이외에도 하나가 더 있다. '미도콘드리아계 에너지'이다. 세포 내의 원형질인 세포핵, 리보솜, 소포체, 골지체, 중심체와 세포막은 움직이는 생명 활동을 한다. 운동 에너지를 가지고 있다. 그 세포 내의 운동 에너지는 주로 세포질 속의 미도콘드리아에서 생산을 담당하고 이를 배분하는 대사 활동도 한다. '미도콘드리아계 에너지'가 생산되는 과정에서는 우주 광양자 포톤이 역할을 한다. 세포 내의 수용체인 단백질(이온채널)이 작용하면서 화학작용에 의하여 생체 에너지인 ATP(Adenosin Tri-Postate; 아데노신 3인산) 분자가 생성되고 이 ATP의 분해 과정에서 운동 에너지, 즉 생명 동력이 발생하는 것이다. 그런데 ATP가 합성되는 과정에서 광양자 포톤이 작용하게 된다. 이러한 에너지 생성 과정은 빌헬름 라이히 박사(1897~1957년)가 1939년에 밝힌 바 있다.

어떤 사람의 생체 에너지 지수를 측정해 보고, 에너지 원천을 당화계와 미도콘드리아계로 구분해서 측정해보는 것도 건강 관리에 큰 도움이 된다. 그 결과 당화계 에너지 지수가 낮은 사람에게는 충분한 영양을 보충할 것을 권유한다. 제일 이상적인 지수는 전체 에너지 지수가 100%이면서 당화계와 미도콘드리아계가 각 50%씩 균형을 이루고 있을 때이다. 당화계 에너지는 우리의 (음식물 섭취를 위한) 의도에 의하여 생기는 것이지만 미도콘드리아계 에너지는 일정 조건하에서 우리의 의도와 관계없이 생성된다.

많은 사람들을 측정 진단해 본 경험을 종합한다면, 미도콘드리아계 에너지를 전연 생성하지 못하는 사람에게는 '어둠의 세력 요소들' 특히 몸에는 많은 사기와 부정적인 기들이 있는 경우이었다. 이 사람은 우주의 어떠한 기와도 채널링이 될 수 없을 정도로 정신기와 영혼기가 약한 상태였다. 체험적으로 보면, 악수 등을 통하여 몸에 사기가 들어오면 거의 동시에 온몸에 힘이 빠지는 것을 느낄 때가 있는데 미도콘드리아계 에너지 공급이 끊어졌기 때문이다.

그리고 몸의 모든 영역에서 병요소들이 많거나 전체적인 균형이 깨어져 있을 경우에는 에너지 수준이 낮게 측정이 된다는 점이다. 에너지 수준과 그 구성을 안다는 것은 전체 몸 건강 수준을 안다는 말과 같다. 완전 치유된 사람들에게서 균형 상태의 100% 에너지 지수가 측정된다.

미도콘드리아계의 에너지의 중요성은 (인도의 구루 등과 같이) 음식 섭취를 적게 하면서 수양 생활을 하고 있는 빼빼 말라 있는 사람들이 오래 버티는 것을 보면 알 수 있다. 그들에게는 당화계 에너지는 적어도 충분한 미도콘드리아계 에너지가 생성되고 있어 몸을 지탱하고 있는 것이다. 오래된 병 때문에 음식을 잘 먹지 못하는 환자가 정신력으로 버티고 있다가 이 정신줄을 놓는 순간에 이 세상을 하직하는 사례들에서도 이 미도콘드리아계 에너지의 역할을 엿볼 수가 있다.

우주체기로서 우리와 연결되는 우주기 에너지는 우리 생체와 생명유지 에너지의 중요한 원천이 되고 있다. 이것은 '기의 에너지 공급 능력'에 해당된다. 체기, 정기, 혼기와 영기의 4대 기를 포함하는 모든 기는 각기 기 에너지가 있어서 그 에너지 능력이 나타나는 것이며, 또한 모든 기들에는 함께 다니는 기 정보가 있다.

(2) 기의 정보 저장과 정보 제공 능력

포물선 형태의 파동을 가진 기 에너지와는 달리 기 정보는 나선형의 스핀파동 형태로 모든 물질 내에 저장된다. 직진하는 포물선 파동의 성질로 인하여 기 에너지에는 움직이는 힘이 있지만 스핀파동 형태의 기 정보는 움직일 수 있는 운동력은 없기 때문에 저장되어 있으면서 기 에너지와 함께 움직이게 된다. 저장된 기 정보의 이동과 전달이 필요할 때에는 기 에너지의 운동력을 빌린다. 기 에너지에 실려서 기 정보가 전달이 된다.

이와 같은 원리로 한 물체에 있는 정기는 체기와 함께 이동하여 다른 물체와 감응한다. 한 물체의 속성에 해당되는 기 정보가 기 에너지의 힘을 빌려 다른 물체의 정기(기 정보)를 만나서 주어진 정보 기 내용대로 감응하면서 변화를 발생시킨다. 이 과정을 통하여 물이 높은 열을 만나서 수증기로 변하게 되며 집터나 유택의 명당화가 이루어진다. 저장된 상황이나 상태에 관한 정보가 전달되어 변화케 하는 것이다.

이것은 기 능력 중에 있는 정보 저장 능력과 정보 제공 능력에 해당된다. 변화는 기 정보의 저장, 전달과 감응을 전제로 가능하다. 물이 열기나 냉기를 만나서 수증기나 얼음으로 변하는 과정에 나의 생각이나 의도가 개입될 수가 없다. 나의 의지와 관계없이 이러한 자연의 법칙에 따라 변하게 된다.

과거에 이미 발생하였거나 현재에 진행 중인 어떤 상황이나 상태에 관한 어떤 정보, 시간과 공간을 초월한 모든 정보가 어디에 저장되어 있다면? 그 저장된 정보를 (내 의도대로) 끄집어내어 알 수가 있다면? 그것이 가능하다면 이것은 분명 기의 정보 저장 능력이나 기의 정보 제공 능력에 해당될 것이다. 그렇다면 이러한 기 능력은 귀신 들린 자들이 과거와 현재의 일을 알아맞히고 미래에 일어날 일들을 말하는 능력과는 무엇이 다른가? 우리는 이 문제들에 대한 해답을 우주의식기장에서 찾는다.

앞에서 사람의 의식기장과 우주의식기장이 연결 소통할 수 있는 세 가지 채널에 관하여 말한 바 있다. 다음은 세 가지의 채널 중에 제2번 채널에 관한 이야기이다. 제2번 채널이 열려 있는 사람은 우주의식기장의 정보장에 접근이 가능하다. 이 정보장은 정보의 저장 창고이다. 이 정보장은 우주정기의 영역에 해당된다. 창세 이후 이 물질계에서 발생한 모든 정보가 스핀파동의 형태로 고스란히 저장되어 있다(성경에서 표현하고 있는 생명책은 이것을 말하고 있는 것으로 추정한다). 내가 태중에 있을 때의 건강 상태와 지금 생각하고 있는 내용이 스핀 형태의 기 정보로 이 정보장에 모두 저장되어 있다.

이 우주의식기장 정보장에 채널링이 가능하다는 것이 얼마나 놀라운 일인가? 그리고 바라는 바 어떤 진실한 정보를 이 정보장 채널링을 통하여 수신할 수 있는 가능성은 누구에게나 있다. 누구에게나 열려 있는 문이기 때문에 시도를 하는 사람들이 많아질수록 이 세상은 거짓보다는 진실이 더 많아질 것이다. 이를 통하여 더욱 밝은 세상이 될 것이다. 첫 번째 관문은 이러한 가능성이 있다는 사실을 확실히 알고, 시도하고자 하는 의도(마음)를 가지는 것이다. 그다음에는 어떻게 하면 되는지를 아는 것이다. 이 방법을 알면 가족 중에 누가 어떤 병이 있는지, 그 병이 어떤 상태인지에 대한 정보도 알 수 있지 않겠는가? 더 나아가서 모든 사람들의 건강 상태도 진단할 수도 있지 않은가?

그 방법은 아주 간단하다. 수신되는 정보를 가시적으로 인지할 수 있는 도구(Instrument)인 엘로드(L-Rod)를 구해서 시도를 한다. 시도를 하는 과정에서 그 작동 원리를 알고, 측정오류가 나오는 이유를 알고 이를 해결해 나가면서 배우는 것이다. 구하고자 하는 정보는 '예', '아니오'와 수치로 확인된다. 정보 수신 도구는 엘로드 이외에도 여러 가지가 있지만 엘로드만큼 효율적인 도구는 보지 못했다. 이 작동 원리와 측정 오류의 유형과 정확한 측정을 위한 전제 조건 등에 관해서는 제1장에서 자세히 다루었다.

엘로드의 작동 원리와 오류의 원인을 잘 모르면 잘못 수신된 오류 정보를 진실이라고 착각하게 되고 잘못된 결과로 인하여 당황하게 된다. 더 나아가서 기의 작용과 능력에 대하여 의심이 생기기도 한다. 자주 접하게 되는 오류는 잠재의식 속 선입감의 기파동이 왼손으로 전달되어 이 정보가 측정되는 경우이며, 측정자와 측정 대상이 나쁜 (영)기에 감염이 되어 사기 정보를 수신하는 경우이다. 그리고 측정자의 의식이 부정 영역에 있어서 의식 수준이 200 이하일 때와 정신기 수준이 낮을 경우에는 측정 자체가 어렵다는 사실도 알고 있어야 한다.

이상과 같이 준비된 사람의 자기 의도에 따라 수신할 수 있는 경우를 통해서 기, 특히 우주정기의 정보 저장과 정보 제공 능력을 확연히 알 수 있다. 그러나 형성된 의도가 없이도 정보장에 저장되었던 정보가 전달되거나 수신될 수가 있다. 고민하던 일의 해결책이 어느 날 갑자기 떠오른 경우와 예술적인 영감(靈感)이 갑자기 떠오르는 경우와 의식기가 서로 연결되는 다른 사람에게 무의식적으로 어떤 생각을 전할 수 있는 텔레파시 등의 경우이다.

모든 물질에 있는 모든 종류의 기에는 특정의 정보가 저장되어 있어서 그 정보의 내용대로 작용한다. 그 정보의 내용대로 상호작용하여 물질의 변화를 가져오게 한다. 작용의 결과 나타나는 기 능력이 우리에게 인식된다. 이러한 일반적인 기의 정보 저장과 정보 제공 능력에 관하여 앞으로 더 깊은 연구가 필요한 것 같다. 사랑의 기와 같은 비물체적 물질이 가지는 정보의 내용은 정말 흥미롭다.

(3) 기의 변화케 하는 능력

나에게는 **가족을 사랑하는 마음**이 있다. 나도 가족들로부터 사랑을 받고 싶다. 처자식을 포함하는 모든 가족 구성원들도 각자가 서로 **사랑하는 마음**이 있으면 좋겠다. 이로써 사랑이 넘치는 평화로운 가족이 되었으면 좋겠다는 생각으로 모든 가족들에게 **사랑의 기를 송기**하는 상황을 상상해 보자. 상상이 아니라 실제로 종종 사랑의 기 송기를 실천하고 있다. 그리고 내 기억으로는 지난 몇 년간 우리 가정에서 어떠한 불화도 없었다. 이러한 상황을 기의 (작용) 원리로 해석해 보기로 하자.

첫째로, 사랑이라는 추상명사는 비물체인 물질이다. 체 (Body)가 없기 때문에 정기만 존재하는 물질이다. 어떤 물체에 있는 성질을 나타내지만 기가 있는 하나의 물질로 분류한다. 성질을 나타내는 추상명사를 물질 개념으로 보는 것은 영기치 유 과정에서 아주 중요하게 적용된다. 예컨대 잠재성, 불활성, 불균형성 등이다. 사랑이라는 속성이 내 마음 (영역)과 만나서 나에게 사랑하는 마음이 생기는 것이다. 사랑의 (정)기가 가지 고 있는 기 에너지와 기 정보가 내 마음 영역에 전달되어 마음 영역의 다른 기들과 상호작용한 결과 **사랑할 수 있는 마음을 가진 사람으로 변하게 만든 것이다.** 이와 같은 좋은 상태가 되 는 과정에서는 내 의지가 크게 작용하지 않는 기 작용과 그 능 력이 존재한다. (당연한 일을 기의 작용 원리로 표현을 하고자 하면 설 명이 이렇게 길어지게 된다.)

둘째로, 가족 구성원 모두에게 **사랑의 기를 송기**하는 문제이 다. 내가 송기를 부탁하고자 하는 의지, 의도가 있어야 한다. 유념해야 할 사항은 이때 송기되는 사랑의 기는 내 마음속에 서 작용하고 있는 사랑의 기가 아니라는 점이다. 나의 사랑하는 마음이 가족들의 마음과 상호작용하여 영향을 줄 수는 있지만 그 긍정적인 영향 자체는 내가 가진 사랑의 기는 아니다. 사랑의 기를 송기한다 함은 내가 가진 사랑의 기를 상대방에게 나누어 주는 것이 아니다.

각 사람에게 송기되는 사랑의 기는 각 사람의 우주의식기장 정보망에 있는 각 사람의 가능태 공간에 존재하는 자신들의 사랑의 기이다. 즉, 각 사람에게서 실현되기를 기다리고 있는 가능태 공간 중에 있는 그 사람의 사랑의 기가 현실에서 이루어진 것이다. 사랑의 기 송기를 (부탁)하고자 하는 나의 바라는 바의 의도가 있어 이 송기 과정이 이루어졌으며, 송기의 매개자는 성령기(우주영기)가 된다. 각 사람의 마음의 영역에서 현재 (顯在)화된 사랑의 기는 그 사람이 남을 사랑하고, 남에게 사랑받을 수 있는 **사랑이 가득한 마음을 가진 사람으로 변화시킨다.** 이 부분은 나의 의도가 있어 작용되는 영기의 변화케 하는 능력이다.

한 물질 속에 있는 기 능력의 종류를 에너지 공급 능력, 정보 저장과 정보 제공 능력으로 구분해서 각 능력의 내용을 살펴보았지만, 실제 상황에서는 그 개별 능력들이 별개로 존재하지는 않는다. 앞서의 기술 내용은 한 물질 속에 있는 기 정보가 기 에너지에 실려서 다른 물질의 기 영역에 전달되는 과정을 세분해서 설명한 것에 불과하다. 다른 물질의 기들과 만난 전달된 기들은 서로 감응, 공명하여 동조 일체화되는 과정을 거친다. 이 과정을 우리는 기의 소통성 또는 기의 상호작용성 으로 표현하고 있다. 이 상호작용의 결과는 변화된 상태이다. 기의 소통성 때문에 상황과 상태를 변화케 하는 능력이 발생 한 것이다.

진화(進化)는 전진적(前進的)인 변화를 말하며 창조 이후에 일 어나는 변화의 한 형태이다. 이 우주 물질계에서는 먼저 무생 물계의 창조 후 진화가 있었고 그다음에는 생물계의 창조 후 진화가 있어 왔으며, 마지막으로 인간의 창조 후에도 진화가 계속되고 있다. 이러한 진화적 변화는 인간을 포함한 모든 물 질계에서 설정된 상황과 관계성하에서, 상호작용하는 기의 변 화케 하는 능력이 드러난 것이다. 기의 '변화케 하는 능력'의 결 과를 우리는 접하고 있는 것이다. 사랑(미움)의 기가 사람의 마 음 영역에서 상호작용한 결과 사랑(미워)하는 마음이 있는 사람 으로 변화되게 하였다.

한 사람이 가진 높은 수준의 좋은 기는 그 주변 사람을 좋은 방향으로 '변화'하게 만든다. 이 변화케 하는 그 사람의 좋은 기 능력은 그 사람을 세상의 소금과 빛이 되게 만든다. 이러한 기의 변화케 하는 능력으로 지금의 이 세상이 변화되고 있는 것이다. 더 나아가서 기의 능력에는 병이 들어 몸이 '아픈 상황'을 '아프지 않는 상황'으로 '변화케 하는 능력'도 포함된다. 이것을 우리는 치유영기의 능력이라고 부른다.

하나는 이 땅 물질세계에 존재하는 기의 변화케 하는 능력이며, 다른 하나는 우주의식기장 가능태 공간에 존재하는 '변화 가능성'을 이 땅 물질세계에 전하는 우주영기(성령기, 영기)의 변화케 하는 능력이다. 기의 능력에는 미워하는 마음을 사랑하는 마음으로 변화케 하는 위대한 능력이 있다. 반대로 나쁜 기의 경우에는 사랑의 마음을 미움을 가진 마음으로 바꾸는 능력 또한 있다. 물질계 이 세상에 존재하는 기들 중에서 우주영기의 변화케 하는 능력과 그중 치유 능력은 아주 특별하기 때문에 이에 대해서 가능한 한 깊게 기술해 보고자 한다.

17. 영기의 변화케 하는 능력

1) 영기 감응의 조건

성령기, 또는 우주영기가 가지고 있는 현실을 변화케 하는 능력의 존재는 사실이며, 그것은 바로 우리 생활, 우리 인생살이에 깊숙이 들어와서 작용하고 있다. 그래서 우리 조상들은 이것을 표현함에 있어 천운(天運)이라고 말하며 운명은 하늘에 맡긴다는 생각을 한 것 같다. 이 말은 우주 정보망 가능태 공간에 존재하는 변화의 가능성들이 현실에서 실현된다는 사실을 은연중에 표현하고 있는 것으로 본다.

우리의 운명을 단순히 천운에 맡기지 말고 우리의 의도와 의지를 가능태 공간에 감응·공명시킬 수 있다면, 그리고 영기의 도움이 있다면, 우리의 바라는 바가 현실화될 수도 있지 않겠는가? 우리는 이것을 기도라고 일컫고 가능태의 현재화(懸在化)를 기도에 대한 응답이라고 말한다.

바라는 바 우리의 의도(기)는 매개자인 우주영기에 도달하여 감응하게 되며, 이것을 우리는 하늘의 문을 연다는 의미의 개천문(開天門) 또는 영기와 통하게 된다는 뜻의 영통(靈通)이라고 부르기도 한다. 러시아의 물리학자이며 영적 지도자인 바딤 젤란드 박사는 그의 많은 저서를 통하여 천문의 존재에 대해서 말하고 있음을 본다.

우주영기에 바라는 바 의도기가 감응되어 영통이 이루어지면, 정보망의 가능태 공간에 존재하는 바라는 바의 상태의 기 파동이 영기에 동기화되어 이 영기의 기파동이 물질계 기 파동과의 상호작용 과정을 거쳐서 현실에서 변화가 이루어지게 된다. 의식과 생각으로 나타나는 우리의 내부 의도가 현실화되는 과정은 우리의 의식 사념의 기 파동이 정확한 우주 정보망 가능태 공간에 채널링이 되면, 감응·공명하여 물질 현재화가 이루어지는 것이다.

문제는 이러한 과정이 이루어지기 위해서는 사전에 반드시 준비해서 갖추어야하는 몇 가지 사항이 있다는 점이다. 이것은 영기감응을 위한 조건들이다.

첫 번째 조건은 높은 수준의 영혼기와 정신기가 있어야 한다. 자기영기는 사람에게 생명력이 되고 신의 영역과 연결되는 접점이 된다. 혼기는 마음 영역의 일부분이 되어 사람의 정신을 구성하고 '내부 의도'를 만드는 데 기여한다. 이 영혼기가 더욱 중요한 것은 내부 의도로 형성된 사람의 의식기를 우주의 의식기와 연결하여 상호 연결하기 위한 출발점이 된다는 점이다.

우주와 사람 의식기 간의 상호작용은 채널링이란 과정을 거치며 일정한 요건하에 이 채널링의 전원이 켜진다. 영혼기와 정신기의 역할은 이 과정에서 이루어진다. 영혼기와 정기가 합쳐진 정신기는 영혼 영역에서 출발한 의도기가 우주영기와 감응하기까지, 즉 개천문의 순간까지 의도기에 힘을 제공한다. 기도 시간에는 기도의 내용에 정신을 집중해야 하는 이유이다.

두 번째 조건은 생체 영역에서 영적 기능을 하고 있는 백회와 기공의 열림과 일정 수준 이상의 송과체의 잔존 비율이다. 이 조건들에 관해서는 제4장에서 자세히 다루었다.

그러나 문제는 이 우주 공간 중에 있는 영기는 성령의 영기인 밝고 좋은 기뿐만 아니라 사탄의 영기와 귀신혼기와 같은 어둠의 영역에 속하는 기들도 존재한다는 점이다. 이들의 해치는 능력과 작용 메커니즘에 대해서는 제3장을 참고하면 된다. 여기에서 표현되는 (우주)영기는 어둠 영역의 나쁜 영기는 제외하는 것으로 한다.

2) 영기 능력의 특별성

우주영기 또는 성령의 기는 이 우주 공간 어디서나 존재하여 앞에서 말한 대로 준비된 사람 누구나 접근할 수 있는 보편성을 가지고 있다. 그러나 변화케 하는 영기 능력의 내용 면에서는 다른 일반 기들의 능력과는 아주 다른 몇 가지 특징이 있다. 이 영기 능력의 특별성은 영기가 현존 유일신의 영에서 발원된 기이기 때문에 당연히 나타나는 특별성이다. 그 첫 번째 특별성은 사람의 의도기에만 응답한다는 점이며 두 번째는 밝고 긍정적인 영역에서만 작용한다는 점이다. 세 번째의 특별성은 변화케 하는 영기 능력의 무한성이다.

(1) 영기 능력은 사람의 의도기에만 응답하여 나타난다

표현할 수 있는 언어가 있어 생각을 할 수 있고, 예측과 판단의 뇌 기능을 가진 고차의식 동물인 사람에게는 다른 동물에는 없는 영혼(기)가 있어 영적인 존재가 된다. 신에게서 발출된 성령기 역시 영적인 존재이다. 이로서 우주 공간의 영적인 존재인 영기와 감응이 가능한 존재는 영혼기와 정신기가 있는 사람이 된다. 바라는 바(의도)를 '상황이나 상태를 변화케 할 수 있는 능력'이 있는 영기에 전달할 수 있는 존재는 사람이 유일하다. 그래서 신에게 기도하는 동물이 있다는 이야기를 어느 누구도 들어 본 적이 없을 것이다.

앞부분에서 기술한 몇 가지의 영기감응 조건을 갖춘, 준비된 사람들은 개천문(또는 영통)이 되어 영기에 자기의 의도(기)를 전달할 수가 있다. 선택과 결정에 의한 우리의 내부 의도는 주어진 자유의지에 의하여 내가 스스로 선택한 나의 의도가 된다. 전달되는 의도는 절대로 남의 의도가 될 수 없다. 사람에게 자유의지를 허용한 자체가 '자유의지에 의한 나의 선택'을 전제로 한 것이다. [만약 조직의 의지(목표)에 따라 선택한 결정이 있다면 자기의지에 의한 선택이 될 수 없다.]

사람에게 영혼과 함께 자유의지를 허용한 것은 하나의 선물로 생각해도 된다. 이것에는 영계와 물질계를 확실히 구분하고

자 하는 신의 의지가 담겨 있다고 본다. 영계와 물질계를 확실히 구분하여 상호 간섭하지 않기를 바라는 신이 이 약속을 지키기 위하여 사람에게는 자유의지를 주었고, 우리가 바라는 바를 기도로써 구하지 않으면 인간의 일에 간섭하지 않는 것이 아닌가 생각한다. 이로써 영기의 능력과 인간의 자유의지가 연결된다.

운명이란 것도 따지고 보면 자기의 자유의지로 선택한 것의 결과이다. 정해진 팔자라고 믿고 선택하면 그것이 운명이 되고, 삶이라는 강에서 자기가 직접 노를 잡으면 운명이라는 배는 자기가 통제할 수가 있는 것이다. 누구나 살아가면서 거의 매일 수많은 선택지 중에 하나를 택하고 결정해야 한다. 선택된 것 중 말이나 행동으로 연결될 수 있는 결정을 의도라고 한다. 자기가 바라는 바의 구체적인 의도(희망사항, 소망하는 바)가 있을 때 이것을 신께 고하여 응답을 받고자 하는 것이 기도이다. 우리는 지금, 기도가 이루어지고 있는 과정을 영기의 (변화케 하는, 치유하는) 능력의 실현 과정으로 설명하고 있다.

(2) 영기능력은 밝고 긍정적인 영역에서만 작용한다

영기감응이 가능한 사람일지라도 그가 기도하는, 바라는 바의도의 내용은 반드시 긍정 영역에 있어야 한다. 긍정적인 내용을 가진 의도(기)만이 영기에 감응될 수가 있기 때문이다. 부정 영역에 있는 의도기 파동은 영기파동과는 완전히 다르기 때문에 동기감응이 될 수가 없다. 이를 위해서 선택과 의도의 형성 과정에서 필요한 것이 영적 분별력이기도 하다.

모든 사람들은 죄성(罪性)의 영향하에 있을 수 있기 때문에, 영기감응 기도의 경우에는 그 기도의 내용이 밝고 긍정적인 영역에 있는지 여부에 대한 '영적 분별력'이 특별히 필요하다. 바라는 바의 의도의 내용이 신의 섭리(사랑과 지혜)에 어긋나지 않도록 결정하기 위해서도 영적 분별력이 필요하다. 그의 뜻에 맞지 아니한 내용의 의도기는 당연히 그로부터 발출된 영기와는 감응이 되지 않는다. 그리고 어둠의 영들과 그들의 영기에 감염된 사람들이 가지는 어떤 의도도 밝고 선한 영역에 있지 않을 것이다.

바라는 바(기도)의 의도와 행위의 동기는 사랑에 있어야 하고 그 사랑은 지혜에 바탕을 두고 실천하여야 한다. 이를 위해서는 먼저 자기 욕심이 있는 이기적 마음과 헛된 자부심은 버려야 한다. 단순히 자기의 재산을 불려달라고 빌거나 다른 사람의 병을 치유하여 자기의 이름 명성을 나타내고자 하는 마음으로 형성된 의도기를 우주영기에 보내도 그런 부탁의 기도는 잘 들어 주지 않는다. 순수한 이타적 사랑이 있어야 하고 이타적 사랑임을 빙자한 영적 자부심을 가져서는 안 된다.

영기치유의 치유 결과는 치유의 주체가 치유영기이기 때문에 치유영기의 것이며 (이를 부탁하는) 사람의 것이 아니다. 치유영기(성령기)는 현존 유일신 영의 기이기 때문에 신에게 있어야 할 영광을 치유를 부탁하는 사람이 가로채서는 안 된다. 따라서 자기 이름이 앞서는 영적인 자부심을 버려야 한다. 만약 그러하지 못하면 그의 치유영기 (전달) 능력은 오래가지 못할 것이다. 영기능력은 밝고 긍정적인 신의 뜻(섭리) 안에서만 작용한다.

영기능력은 헛된 자부심과 이기심은 물론 분노, 육체적 욕망, 마음의 두려움, 슬픔, 증오, 죄책감과 수치심 등의 모든 부정적인 영역에서 만들어진 의도의 기에는 완전히 작용하지 않는다. 대개 이런 경우에는 엘로드의 작동이 되지 않기 때문에 상황에 대한 진단 정보를 수신할 수도 없다. 그 때문에 처음부터 우주기 정보망 네트워크에는 접근이 허용되지 않는다. 즉 개천문이나 영통의 상태가 이루어지지 않는다. 일시적으로 개천문이 되었더라도 영혼과 마음이 부정적인 영역에 있다면 열렸던 문이 곧 닫혀 버린다.

(3) 영기능력은 한계가 없이 작용한다

우주정기의 능력을 '상황(상태)**진단**능력'이라고 한다면 우주영기(성령기 또는 영기)의 능력은 '상황(상태)**변화**능력'이다. 이것은 변화와 관련되는 기 능력이다. 성령기가 변화케 하는 대상이나 변화의 범위에는 제한이 없다. 영기능력은 한계가 없이 작용한다. 이것은 우주기 정보망 네트워크 안에서 생성될 수 있는 변화 가능성은 무제한이기 때문이다. 우주기 정보망은 무한가능성의 가능태 공간이다.

우리가 형성하여 전달하고자 하는 모든 의도의 내용, 바라는 바 어떤 상황이나 상태에 관한 정보가 이미 그 가능태 공간에 존재하고 있는 뜻이다. 영기감응이 이루어지면 그 정보가 영기와 일체화되어 현실에 전달되면서 영기작용으로 변화케 되는 것이다. 응답은 기도의 순간에 이루어진다고 말하는 (성급한) 사람들은 이러한 영기 작용 과정을 어렴풋이 알고 있는 사람이 아닌가 생각한다. 변화케 하고자 하는 대상이나 변화의 내용에는 제한이 없지만 그것은 앞서 말한 신의 의지와 부합하여야 한다는 점에서는 변함이 없다. 그리고 모든 물질 입자가 가지고 있는 '불활성'의 차이 때문에 그것이 이루어지는 시점과 기도의 시점과는 차이가 있게 된다. 이것 때문에 변화를 기다리는 인내가 필요할 때도 있다.

① 영기의 예지 능력에 대하여

영기능력에는 치유 능력과 투시 능력 그리고 예지 능력이 있다고 보는 사람들도 있다. 치유 능력은 영기의 변화케 하는 능력의 다른 표현이다. 다음 장에서는 특히 영기의 병 치유 능력에 관해서 자세히 다룬다. 그러나 과거와 현재의 어떤 상황이나 상태를 이미지로 볼 수 있는 능력인 투시 능력이라는 것은 기본적으로 정보장 정보의 수신 능력에 해당된다. 제2번 채널링 능력이 아주 발달된 사람들이 가질 수 있는 능력이다.

변화된 미래의 상황을 알려 줄 수 있다는 영기의 예지 능력은 (생각해 보면) 치유 능력과는 다른 능력이다. 그래서 이 능력은 영기 능력 작용의 무한성이라는 그 특별성에 근거를 두고자 한다. 영기에 감응된 의도기의 내용이 장래의 상황이나 상태에 관한 것이면, 무한 가능성의 정보 바다에서 이 미래 정보와 일체화된 영기의 작용이 똑같은 원리로 이루어질 수가 있는 것이다. 이것은 분명히 영기 능력이 작용되는 대상이나 범위의 무한성에 해당된다.

고대인들 중에는 높은 예지 능력을 가지고 있었던 사람들이 있었다는 문헌 기록이 많다. 오늘날에는 이 예지 능력이 점술가의 전유물처럼 생각하지만 영기의 능력에는 해당되지 않는다. 현대인들에게도 잠재된 기억 정보가 시간과 결합되어 나타나는 '예측', '예감', '직관', '예견' 등의 능력이 있다. 그러나 이것도 영기의 예지 능력과는 다르다. 그러나 '영감(靈感)'은 의도의 개입 없이 이루어지는 영적 정보의 수신 능력이며, 이것은 예지 능력의 희미한 흔적이라고 보여진다.

닥쳐오는 상황이 불안해서, 또는 장래운명을 알기 위하여, 아니면 그냥 궁금해서 변화된 미래의 상황이나 상태를 알고자 한다. 그래서 돈을 주고 예지 능력자(점술가, 예언가 등)를 찾아가서 알아보지만 항상 맞는 점괘가 나오는 것도 아니다. 이를 통해서 미래의 정보를 알고서 이를 바탕으로 생활하는 사람들 모두가 행복한 삶을 누리는 것도 아니다. 성령기의 예지 능력도 있지만 어둠의 영역에 속하는 영의 기들도 다른 형태의 예지 능력이 있다. 이를 분별하여야 하고 모든 예지에는 그 한계가 있다는 점도 유념하여야 한다.

성령기의 예지 정보의 정확성은 100%가 될 수가 없다. 그 이유는 예지 시점의 정보에 기초를 둔 미래의 정보는 그 실현 시점까지 사람의 자유의지가 개입하여 작용하기 때문이다. 신(神)도 개입, 간섭하지 않는 인간의 자유의지를 영기가 개입하여 만든 미래의 정보란 있을 수 없기 때문이다. 인간의 자유의지를 고려한 예지 정보란 것도 있을 수가 없다. 더군다나 노스트라다무스의 예언서와 다른 예언서들에서 볼 수 있는 바와 같이 예언 내용의 표현 방법이나 해석에 따라 예언(예지 정보) 내용이 달라질 수도 있다. 영기 예지의 이러한 성질을 이해한다면 사람의 사망 시점이나 운명에 대한 예지 정보 수신과 공표는 절대로 삼가야 한다. 영기 예지 정보 수신 자체를 하지 않는 것이 제일 좋다. 잘못된 미래 정보는 다른 사람의 의사결정에 크게 영향을 미친다. 우리는 어느 누구도 다른 사람의 운명에 개입할 권리는 없다. 영기 능력 전달자는 예언자나 점쟁이가 될 수 없다.

그러나 부정 영역에서 강력한 힘을 가진 귀신 혼 및 그 혼기와 일체화된 사람들, 또는 귀신 혼들과 기 소통이 가능한 사람들(접신된 사람들)이 말하는 미래 정보(점괘)는 성령기의 예지 능력과는 완전히 다르다. 귀신 혼은 의식이 있으며 혼령이기 때문에 시공을 넘나들 수가 있다. 이 능력을 통해서 접한 어떤 미래 정보를 접신된 점술가나 무당에게 기 소통의 방법으로 전달한다. 이들이 전하는 예지 정보의 정확도는 상당히 높다. 그 이유는 이들이 가지고 있는 강력한 전파 능력 때문이다.

접신된 사람들이 가지고 있는 나쁜 영(기)는 미래를 묻고 있는 사람들에게 곧바로 전파되어 그 사람들을 자기들의 통제 하에 둘 수가 있다. 이 경우에는 인간에게 주어진 자유의지는 말살된다. 예지된 사실에 대하여 인간의 자유의지에 의한 간섭이 적어지면 그 예지의 정확도는 높아진다. 귀신 예지의 함정이 여기에 있는 것이다. 자기 운명의 결정자는 자유의지가 있는 본인이 되어야 한다. 어둠의 세력이 개입하여 의지를 통제할 수 있는 여지가 주어지면 귀신 예지의 내용대로 가게 된다. 그 결과 그들이 말한 예지의 정확도가 높아진다. 이러한 귀신 예지의 함정에 빠지는 오류는 범하지 말아야 한다. 그 결과가 좋은 사람은 우리 주변에서 찾아보기 어렵다.

18. 영기의 치유 능력

성령기의 '변화케 하는 능력'은 비정상 상태를 정상 상태로 변화케 하는 고침과 치유의 능력이다. 영기 능력의 특징으로서 치유의 대상과 한계의 무한성에 관하여도 설명되었다. 따라서 영기 능력을 설명할 때의 치유의 개념은 단순히 우리 몸의 (질병) 치유에 국한되지 않는다. 이 물질계 만물이 치유의 대상이 된다. 하늘에 빌어 바람을 불게 한다든가 비를 멈추게 한다는 것은 자연의 상태 치유의 예이며 기도로써 암을 고쳤다는 것은 몸의 질병치유의 예에 해당된다. 영기 능력 중에서 어떤 상황을 변화케 하는 이러한 영기 능력이 치유 능력이다.

물질의 상태에 변화를 가져다주는 영기 능력을 직접 경험하였다는 많은 사례를 들을 수 있지만, 이에는 일반인들이 이해하지 못할 부분도 분명히 있다. 대체로 이 영기의 상태 변화 능력은 『삼국지』에서 제갈공명이나 할 수 있는 소설 같은 이야기로 치부되기도 한다. 그러나 영기의 상태 변화 능력은 분명히 존재한다. 집기판을 이용한 물리적인 방법의 명당화 대신에 원격 기도로써 명당화를 실현할 수 있는 것은 영기의 상태 변화 능력이 분명히 작용하고 있다는 것을 증명하고 있는 것이다. 이 상태 변화 능력도 넓은 의미에서는 영기의 병 고침 능력에 해당된다.

보이지 않는 영기치유 능력을 믿는다는 것은 쉽지 않은 일이다. 영기치유라는 것은 비과학적이라고 생각하고 이성적 판단으로는 받아들일 수 없다고 배척할 수도 있다. 이를 극복하는 믿음을 가지는 것은 정말 쉽지가 않을 것이다. 따라서 영기능력에 대한 확실한 믿음은 가지되 이러한 불신이나 시험을 극복하고 회피하는 지혜를 가지는 것도 중요하다. 확신과 믿음이 없는 기도로 치유를 간구하면 그 기도(바람)의 간절함 정도가 떨어지는 것은 당연한 것이 아닌가. 믿음과 확신이 있는 기도는 치유의 시작이자 끝이다.

이하에서는 사람이 가지고 있는 여러 가지 **질병에 대한 영기치유 능력, 즉 병 고침 능력**을 중심으로 그 실천적인 방법을 좀 더 자세하게 기술하고자 한다. 기타의 상태나 상황의 변화를 위한 치유 기도 시에도 다음의 내용을 원용(援用)하여 적용할 수가 있다.

1) 치유영기의 병 고침 능력과 치유 기도자의 자세

치유영기의 병 고침 능력은 사람의 몸과 마음 그리고 영혼 영역에 있는 병의 원인과 증세를 치유하고 치료하는 능력이다. 각각의 병 영역과 병 부위에 전달되어 작용하여 비정상 상태를 정상 상태로 변화케 하는 고침의 능력이 성령기에는 있다. 병 고침의 주체는 기도하는 사람이 아니고 치유의 성령기가 된다. 치유 기도자는 단순히 바라는 바 의도를 전달하고 치유를 부탁하는 입장이 된다. 절대로 기도자가 치유자가 될 수가 없다. 치유 기도자의 입장에서 벗어나서는 안 된다. 치유 기도자는 앞장에서 기술한 준비된 자이어야 한다. 영혼기와 정신기 그리고 백회, 기공과 송과체의 생체적, 영적 기능 면에서 완전한 준비 상태가 되어 있어야 한다.

그리고 치유 기도자가 가지는 대상자에 대한 '사랑과 측은지심'은 영기치유의 기본이자 출발점이 된다. 어린아이와 같은 본질적 순수성과 신뢰, 믿음은 누구에게나 있다. 외형이나 행동이 혐오스럽게 보이는 사람들에게도 순수성이 있다. 치유 기도자의 '사랑과 연민'으로만 이 순수성을 찾아낼 수가 있다. 타인을 용서하면 자기 자신도 용서할 수가 있듯이 사랑과 연민으로 타인을 바라볼 때 자기를 돌아볼 수 있는 능력도 생기게 된다. 타인의 부탁, 강권이나 만들어진 불가피한 상황 등 보다는 자신의 본질 속에 있는 사랑과 연민으로 치유 기도가 시작되어야 한다.

이러한 마음으로 병을 인지할 때 간절한 기도가 나올 수 있게 된다. 타인에 대한 사랑은 그 자체가 위대한 치유자이다. 사랑의 대상은 대상자의 소유물이나 행위가 아니고 대상자의 변화된 모습과 찾아낸 순진무구한 본성이며 이러한 것에 대한 무조건적인 사랑이 되어야 한다. 건강의 세 영역은 몸과 마음과 영혼이라고 말하였는바, 완전한 건강은 몸과 마음의 건강을 넘어 사랑으로 채워져 있는 영혼의 건강에서 시작한다고 봐야 한다. 쉬운 일이 아니다. 몸에 대한 치유 기도를 시작하기 전에 잠간 이 문제를 생각할 시간을 가지는 것이 좋다.

이렇게 하여 '동기가 부여된, 준비된 치유 기도자'일지라도 성령기의 병치유 능력을 구하는 과정에서 지켜야 할 기본 원칙들이 몇 가지 있다. 모든 치유 기도자는 이 원칙들을 항상 염두에 두면서 차근차근 과정을 진행하는 것이 좋다. '몸 치유 기도에서 필요한 5가지의 기본 원칙'들은 **환경정화 원칙, 치병구본(治病求本)의 원칙, 구체성 원칙, 성령주관 원칙, 감사의 원칙** 등이다.

(1) 환경정화 원칙

몸 부위에 대한 치유 기도를 시작하기 전에 몸의 건강과 관련되는 모든 환경적 요소들을 정화하고 정결케 하는 것이다. 이 문제가 해결되지 않으면 몸 치유는 어렵다. 우리 몸 영역에 있는 주변 환경은 영혼 영역과 마음 영역과 생활 환경(과 습관) 등이다. 환경 정비가 필요한 사람은 치유 대상자뿐만 아니라 치유 기도자도 해당된다.

영혼 영역의 정화는 어둠의 영들과 그들의 나쁜 영기들을 몸과 마음과 영혼 영역에서 완전 퇴치하고, 손상·손실된 기 능력을 회복하고 어둠의 세력 요소들에 대한 방어와 예방조치를 하는 것이다. 이에 관해서는 제3장에서 자세히 다루었다고 생각한다. 퇴치와 회복치유가 끝나면 최고의 정화 수준이 형성된다. 퇴치와 회복, 방어와 예방을 위한 기도를 한 후 정화된 영혼 영역을 확인함으로써 영혼 환경의 정비는 끝난다.

마음 영역을 치유하여 정결하게 하는 문제는 쉽지 않은 과제이다. 그러나 영혼 영역이 정화된 상태가 되면 마음 영역도 안정된 상태로 향하게 된다. 이 두 영역은 서로 연결되어 작용하기 때문이다. 마음 건강 상태를 측정하여 이를 확인하면 된다. 마음의 정결화와 안정화를 위한 중보 치유 기도는 포괄적인 내용이 된다. 마음 영역이 아주 넓기 때문이다. 대상자의 마음 영역에 최고 수준의 의식기와 정신기와 최고 수준의 마음 안정기와 긍정적인 의도기와 최고 수준의 사랑기를 채워 충기되기를 바란다는 기도 내용이면 이를 이루어 주신다.

몸 건강과 관련한 또 하나의 환경 문제는 식생활·공간생활·사회생활, 즉 먹고 마시는 음식과 숨 쉬는 공기와 몸을 움직이게 하는 운동과 교제 활동 등에 있다. 즉, 생활의 건전화이다. 서점에 있는 모든 건강 관련 서적에서 강조하고 있는 내용들이다. 강한 의지가 없이는 건강 생활의 습관을 만드는 것이 쉽지 않다는 것을 우리는 경험으로 알고 있다. 부지런함과 기도의 생활화는 건강한 생활 습관을 유지하는 데 도움이 된다.

(2) 치병구본(治病求本)의 원칙

치유 기도자가 어떤 부위의 병을 대할 때, 그 병 증세를 보면서 생각은 병의 근본 원인에 가 있어야 한다는 원칙이다. 갑자기 눈이 잘 안 보이게 된 30대 임산부의 눈 증세를 보고, 급성 당뇨병을 생각하고, 그 원인 부위인 부신, 췌장, 간을 치유한 순간 시력이 돌아왔으며, 왼쪽 가슴근육에 통증을 호소하는 50대 남자의 증상을 보고 심장과 위장과 식도에 이상을 측정 확인한 후 치유하여 통증을 멈추게 한 경우이다. 병 원인 치유 이후에 증상 부위인 눈과 가슴근육에 대한 치유 기도도 별도로 하였다. 만약 안과나 통증 클리닉에서 증상 치료만 했다면 병이 재발되어 어려운 상태가 되었을 것이다. 치병구병의 원칙이 적용된 실제 사례들이다.

몸의 모든 영역과 부위들은 서로 연결되어 작용한다. 치병구본이 필요한 이유이다. 암의 원천은 암 유전자에 있다. 암 유전자의 제거치유로 평생 암의 공포로부터 해방된다. 치병구본의 예이다. 만약 치유기도의 과정에서 몸의 모든 영역과 부위가 서로 연결, 결합되어 작용하고 있다는 점을 염두에 두고 치병구본의 원칙을 적용한다면 어떤 병이라도 그 뿌리를 뽑아낼 수도 있을 것이다. 병의 재발이 없는 완전치유가 가능할 것이다.

(3) 구체성의 원칙

치유 기도자는 사람 몸의 조직과 구조, 기능에 대하여 많은 공부를 하여 잘 알고 있어야 한다. 아는 만큼 치유 기도의 대상 부위와 범위를 구체화할 수 있기 때문이다. 따라서 병 부위에 대한 최소한의 의학적 지식이 필요하다. 전체 몸에는 여러 영역들이 있다. 그 영역 안에는 여러 가지의 기관과 부위들이 있고 그 아래 세부위(細部位)가 있다. 병이 발생한 곳이 구체적으로 어느 영역, 어떤 기관, 부위, 세부위이며 병 상태 수준이 구체적으로 어떤 수치에 있는지를 확인 진단하여 이를 바탕으로 치유 기도를 하여야 한다는 것이 구체성의 원칙이다.

치유 기도자가 몸의 조직과 기능들에 대하여 아는 만큼 구체적인 내용으로 바라는 바 의도기를 생성할 수가 있게 된다. 뇌와 생체 구조와 기능에 관한 많은 지식이 필요한 이유이다. 기도 대상이 지정되는 대로, 즉 치유 기도자가 바라는 만큼 치유가 이루어지게 된다. 바라는 바의 범위를 아주 구체화할 때 정확한 치유가 이루어진다. 생체 해부도의 자세한 부분까지 머리에 입력이 되어 있으면 치유 기도에 큰 도움이 된다.

(4) 성령 주관의 진단 치유 원칙

치유 기도자가 스스로 치유의 주체가 되어 치유 과정을 주관하는 경우에는 영기치유가 될 수가 없다. 기 치유(치료)라는 이름으로 하는 운기(運氣) 등의 행위도 엄밀한 의미에서는 기

치유가 될 수가 없다. 병 부위를 구체화하되 그 진단과 치유를 성령과 성령의 치유영기에게 완전히 맡기어서 치유를 주관하도록 해야 한다. 치유의 주체가 성령이 된다는 사실과 연결하여 치유 기도자에게 필요한 것은 겸손이며 내맡김의 자세이다.

(5) 감사의 원칙

치유 기도에는 반드시 응답이 있다. 치유 결과를 엘로드로 확인하면 된다. 그러나 치유된 결과를 대상자에게 알리는 것은 조금 자제하는 것이 좋다. 치유된 결과를 대상자에게 보여주어 스스로 알게 될 때까지는 인내하는 것이 좋다. 이것은 치유 결과에 대한 감사의 대상이 치유 기도자가 아닌 참나가 되시는 현존의 유일신(인 성령)이기 때문이다. 감사의 뜻을 말로 하더라도 감사의 대상이 치유 기도자가 아님을 알려 주어야 한다.

나의 장모님을 포함한 모든 가족들은 치유 기도자인 나에게 감사하다는 말은 하지 않는다. 신께 먼저 감사한다. 마음으로 하든 말로 하든 이 감사는 기도가 되어 치유 주관자 성령에게 전달된다. 어떠한 형식이든 감사의 기도는 필요하다. 기뻐하실 치유 주관자의 모습을 상상해 보라.

2) 치유영기의 병 고침 원리

(1) 병에 대한 자세와 이해

영혼과 마음 그리고 몸으로 구성된 사람의 건강은 이 세 가지의 각 영역에서 서로 구분되는 건강 상태가 있다. 제일 관심 있는 분야가 몸 건강이지만 몸 건강은 마음의 건강과 연결되어 있으며, 마음의 건강은 영혼의 건강과 연결되어 있어 이 세 가지 영역의 건강을 함께 보면서 전체 건강 상태를 종합적으로 판단하고 치유하여야 한다.

건강의 세 영역에서 비정상 상태인 것을 발견할 때 병이 있다고 한다. 병 증상이 없다고 병의 원인이 없는 것은 아니다. 드러나지 않는 병까지 포함하면 이 세상에서 병이 없는 사람은 아무도 없다. 누구에게나 있는 병이라면, 병이라는 현상에 대하여 조금 긍정적이며 적극적인 자세로 바꾸어 보는 것도 좋을 것 같다. 병에 대한 긍정적인 자세로 병을 이겨낸 사람들을 우리 주변에서 많이 찾아볼 수 있다. 병과 건강에 대한 인식을 바꾸고 치유 치료의 방법을 강구한다면 드러난 병은 도리어 생명의 은인이 될 수가 있는 것이다.

어떤 농부가 우물에 빠진 노새 구하기를 포기하고 도리어 그 우물을 메우기 위하여 흙을 부어 넣었는데, 우물에 빠진 노새는 흙을 털고 밟고 일어서 흙이 우물에 가득 차자 밖으로 나와서 생명을 구했다는 이야기가 있다. 이 이야기 속에는 우물 밖에서 던져지는 흙을 고난으로 보지 않고 털고 일어선 결과, 생명을 구할 수 있었다는 가르침이 있는 것이다. 석탄과 다이아몬드는 그 원재료는 같으나 가해진 압력이 다르다. 이와 같이 고통의 크기가 클수록 이를 극복하면 더 좋은 결과가 온다. 큰 병을 이기고 난 후의 새로운 생활은 이전 생활과는 다를 수밖에 없다. 위기는 위험과 동시에 기회를 제공하기에 위기를 대하는 우리의 태도에 따라 닥친 고난과 고통은 우리의 성장을 돕기 위한 것이 될 수가 있으며, 고마운 적이 될 수도 있는 것이다. 나쁜 상황을 포함한 모든 것이 합력하여 선을 이룰 수가 있는 것이다.

일반적으로 더 높은 곳으로 갈 때마다 더 많은 장애와 시련과 적[사기(邪氣) 포함]이 생긴다. 병과의 전투에서 적들을 기쁘게 할 것인가? 이겨내고 내가 웃어야 한다. 장애물은 도약을 위한 디딤돌이지 걸림돌이 아니다. 걸려서 넘어져서 패배자가 될 것인가? 종려나무는 그 유연함으로 뿌리가 강해진다. 유연함으로, 적극적인 사고방식으로 병을 이해하고 이를 이겨낸다는 마음의 내공이 필요한 것이다. 이것은 믿음의 문제이며 영기치유의 전제가 되는 마음가짐이 된다.

우리에게 고통과 시련을 주는 병은 생명을 살릴 기회도 줄 수도 있는 것이다. 우리 마음속의 무의식에 들어 있는 것(기억)들은 우리 생체 건강에 영향을 미친다. 병에 대한 인식도 그와 같다. 따라서 고통과 통증을 주는 병에 대한 자세를 적극적 자세로 바꾸어 이 병이 나에게 전하려는 메시지가 무엇인지를 생각하는 열린 마음을 가질 필요가 있다고 생각된다. 병마와 싸우고 있는 사람에게는 참으로 어려운 일이긴 하다.

병에 대한 이러한 긍정적인 자세는 병을 이기기 위한 기본적인 마음 자세이다. 그렇다고 해서 병이 있는 사람이나 치유 기도자는 신이 병을 주시는 것으로 오해하면 안 된다. 병의 원인은 신에게 있지 않고 다른 데 있으며, 모든 사람들이 건강하시기를 바라시는 분이 신이시다. 병으로 인하여 신을 원망하기보다는 치유를 바라는 기도가 필요한 이유이다.

(2) 치유영기의 병 고침 원리

① 병과의 전쟁

어둠의 영들과 그들의 나쁜 영기들을 퇴치 소멸하는 치유 기도의 과정을 영혼 영역에서의 '영적 전쟁'으로 표현한 바가 있다. 이와 같이 병의 증세와 병의 원인들에 대응하는 과정도 몸 영역에서의 '병과의 전쟁'으로 표현해도 된다. 전쟁과 전투 상황을 상상하고, 전체 전투 상황판을 점검하면서 병과의 전쟁을 진행한다고 생각하는 것이다. 이 경우 전체 전투 상황판은 몸 전체의 건강 상황을 알려 주는 지표로 표시될 것이다.

② 치유와 치료

적군 병원체들 중에는, 최전선에서 표면에 드러나 있는 전투 병사로서 '표면병요소'들이 있다. 이 전투 병사들이 죽으면 보충되는 병력들로서는 지하 동굴이나 벙커에 숨어 대기하는 '고질병요소'들이 있다. 표면에 드러나는 병증상이 다 사라졌다가 일정 기간이 지나면 병이 재발하는 것은 이 고질병요소들이 다시 전투병으로 나타나기 때문이다. 표면병요소들을 제거하여 병의 증상을 없애는 것을 '치료(Treatment)'한다고 하고 이는 병원 의사들이나 약사들이 주로 하고 있는 일이다. 고질병요소들을 찾아내어서 제거하는 것을 우리는 '치유(Healing)'라고 표현한다. 영기의 병 고침 능력이 필요한 분야는 주로 이 치유가 필요한 고질병들이다.

③ 면역체계

적군들에 대항하여 싸우는 아군의 병력은 면역체계 안에 있다. 우리 몸의 면역체계는 1차, 2차, 3차의 면역기관과 수많은 면역체들로 구성되어 있다. 1차 면역기관에 있는 병사들은 향토 예비군, 2차 면역기관에서 백혈구를 구성하는 면역체들은 일반 군대, 3차 면역기관에서 작용하는 림프구는 특수 부대 소속이 된다. 특수 부대원 중에 적군의 암세포에 대응하여 싸우는 NK세포 면역체는 공수특전단의 전투원으로 비유할 수 있다. 아군의 병력체계도 만만치는 않다. 각각의 임무를 달리하는 면역체(항체)들이 병원체(항원)를 만나 전투가 발생하는 상황을 의사들은 항원항체 반응이 있다고 말한다. 이 전투가 벌어질 때 염증세포가 발생하고 이로 인하여 통증 등의 병 증세를 느끼게 된다. 우리 몸의 면역체계를 구성하고 있는 것은 면역기관, 면역세포와 면역체이다.

아군의 전투 전략은 전장 터(면역 반응 부위)에 나타나서 싸우는 적군의 보병 병력만을 상대하여 각 전투에서 이긴다는 작전 개념이다. 전투에 투입되는 병력을 계속 죽인다면 숨어 있는 잠재 고질병요소들은 결국 다 소탕할 수가 있다는 작전으로 전투에 임한다. 후방에 동굴이나 벙커 속에 숨어 있는 놈들을 공격할 수 있는 포병이나 미사일 전력은 없거나 아주 약하다. 더욱 문제되는 점은 전투 중에는 아군 면역체도 죽는다는 것이다. 아군의 병력 손실, 즉 면역력이 약해진다는 점이다. 이 경우에는 아군의 신병(새로운 면역세포)을 빨리 양성하여야 한다. 잘못되면 병이 승리하는 고통의 세월을 맞이하게 된다.

④ 영기치유의 원리

몸의 어떤 부위에 병(원인)이 발생하면 정상세포 파동이 날카로운 비정상파동으로 변한다. 이 비정상파동을 정상파동으로 변환시키는 것은 병의 치유(치료)를 의미한다. 이 치유 과정을 치유영기 파동이 정확히 수행한다. 환자의 병 부위 세포파동에 전달 송기된 치유영기 파동은 병세포 파동과 정확하게 일치하는 역파동이 되어 비정상파동을 상쇄하면서 병 세포를 제거한다. 그 자리에 새로운 건강한 세포가 생겨서 병이 완치된다. 치유영기의 치유 능력은 면역체계가 미치지 못하는 부분까지도 포함된다. 이 과정을 간단한 그림으로 그려 보면 다음 페이지 그림과 같다. 성령기의 치유 원리이다.

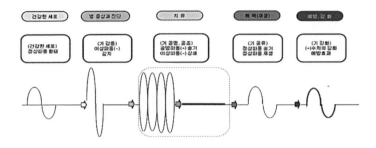

* 병 치유 과정 : 치유영기의 파동을 받음과 공명, 회복 강화

모든 기는 파동의 형태로 존재하지만 사기파동이나 병 세포 파동은 정상기파동이 아닌 진폭이 좁고 파장 큰, 날카로운 모습을 보인다. 이러한 비정상적인 기 파동을 정상 기 파동으로 변환시키는 능력이 치유영기의 치유 능력이 된다. 이 치유영기의 능력을 구하는 기도가 치유 기도이다. 영기의 파동으로 상쇄되어 소멸된 기 파동 대신에 새로운 세포에서의 정상 기 파동이 생기는 과정을 몸의 회복 기간으로 본다. 회복 기간은 정상세포의 회복과 새로운 세포의 재생에 걸리는 시간이다. 이 기간 동안에는 세포 회복에 필요한 영양분을 충분히 공급하는 기간이며 회복 기간 중에는 과도한 운동도 삼가는 것이 좋다.

이러한 병 세포(특히 염증세포)의 파동을 상쇄하여 병을 치유하는 원리가 병원 등에서 통증의 일시 치료의 방법으로 활동되고 있다. 통증 클리닉에서는 힘줄과 근육 부위의 통증 치료를 위하여 '파동 파쇄기'를 사용한다. 그리고 시중(市中)에는 통증 치료용으로 '파워봉'이라는 기 파동 주입기가 나와 있다. 모두 일시적인 통증 치료에 효과가 있다. 그러나 치유영기와는 달리 비정상적인 기파동의 완전한 제거는 하지 못하기 때문에 2~7일이 지나면 통증이 재발한다.

19. 육체의 병에 대한 치유 기도

1) 육체에 있는 병들

기에 관한 전반적 지식을 바탕으로, 성령기의 치유 능력이 작용할 수 있는 여러 가지 여건과 성령기가 작용하는 원리를 이해한다면 치유를 바라는 기도는 쉽게 된다. 어느 부위에 어떤 병요소들이 있는지를 측정 진단한 후 '성령이 주관하시어 성령의 치유영기가 치유 주체가 되어서 그 병 부위에 있는 모든 병요소를 소멸 제거해 달라'는 의도를 치유영기에게 전달하면 된다. 이 원리를 완전히 이해하고 실천적 치유 경험을 쌓아온 치유 기도자의 기도는 자연스럽게 이루어진다. 어떤 형식이나 표현 방법에 구애받지 아니하고 마음속 말로 전하는 간절함이 있으면 된다. 만약 남이 사용하고 있는 정형화된 기도문을 읽는다면 그것은 자기의 의도가 담기지 않은 주문(呪文)으로 변질될 수가 있다.

'준비된 사람'이 올바른 '치유 기도자의 자세'로써 치유대상자와 치유 대상이 되는 병을 대할 때 지켜야 하는 기본 원칙들 중, 영혼 영역과 마음 영역의 치유에 해당하는 치유 환경의 정화 원칙을 먼저 지켜야 한다. 사기가 들어 있는 몸에는 치유영기의 감응이 되지 않기 때문이다. 치유는 치유 능력이 있는 성령이 주체가 되어 전 과정을 주관하도록 하며 치유 기도자는 이를 부탁하는 입장에 서 있어야 한다. 치유의 성령 주관 원칙이다.

그리고 치유 기도자가 치유를 구하는 자의 입장에서 지켜야 할 실천적 원칙은 치병구본의 원칙과 구체성의 원칙이며 감사의 원칙이다. 몸의 모든 영역과 기관, 부위와 세 부위들은 단독으로 작용하지 않고 전체가 일체가 되어 상호작용하기 때문에 드러나는 증상 뒤에는 그 증상의 원인이 반드시 있다. 그 때문에 병 증상의 근본 원인을 찾아서(求本) 치유(治病)를 해야 한다. 이러한 치병구본의 원칙을 지키기 위해서는 병의 발병 과정과 병의 형태와 발병 장소에 대한 일반적인 지식과 판단하고 분별할 수 있는 지혜가 있어야 한다.

구체성의 원칙은 치유 기도의 내용은 구체적이어야 한다는 원칙이다. 때문에 치유 기도자는 모든 병요소(병원체 등) 형태와 병 증세, 발병 과정은 물론 병 부위에 관한 구체적인 정보를 미리 알아야 한다. 이러한 구체적인 지식은 의학에 관한 기초적인 지식과 함께 엘로드로 측정 진단되는 정보를 포함한다. 이 과정에서 엘로드 측정 오류가 발생하지 않도록 항상 긴장된 상태에서 측정된 정보의 진실성을 확인하여야 한다.

모든 측정 지수 정보가 진실일 때 '완전 진단' 상태가 된다. 이 측정된 지수가 바탕이 되어 말로 연결되면, 이것은 자연스럽게 치유 기도의 내용이 된다. 치유영기에 감응이 가능한(개천문) 준비된 사람들이 영기치유 기도를 어렵게 생각하는 이유는 구체적인 기도 내용을 모르기 때문이다. 이 구체성의 원칙은 치유 기도의 내용을 풍성하게 만들어 주는 원칙이기도 하다.

이하에서는 사람의 육체에 있는 모든 병의 정체, 즉 병이 발생하는 장소의 구분(몸의 조직과 구조)과 병요소들의 구분(병원체 등)과 병이 생기는 발병 과정과 그 형태 등에 관하여 기록한다. 이 기술 내용들은 구체성의 원칙을 지키는 데 필요한 정보들이 된다.

(1) 몸(육체)의 조직과 구조

몸 전체를 4개의 영역으로 구분한다. 4개의 몸 영역은 기반 2계, 기초 8계, 뇌와 생체 영역으로 본다(몸의 영역 구분은 의학계에 적용하고 있는 구분은 아니다. 나의 치유 경험에서 나온 것이며 적용의 유효성과 효용성은 입증되고 있다). 몸의 각 영역 아래에는 기관(器官)과 부위(部位), 그리고 세부위(細部位)로 구분하여 치유와 치료에 임한다. 몸 전체의 조직 구조를 이해하는 것은 치유 기도의 대상이 되는 병 발생 장소에 대한 이해이다. 4개의 몸 영역에 대한 설명은 다음과 같다.

① 기반 2계 영역

집 지을 때 터를 다지고 준비하는 기반시설에 비유되는 몸 영역이다. 이에 해당하는 몸 영역 부위는 '골수와 세포'로 판단하였다. '골수' 기관은 치료의 대상이 될 수 없는 전형적인 치유 대상 기관이며 골(骨) 부위의 기관이기도 하다. 병원에서 치유가 어려운 반면에 골수 기능의 영향은 몸 전반에 걸친다는 점에서 골수병에 대한 두려움이 있다. 그 기능의 중요성은 적골수에서 만드는 적혈구이다. 골수에서 혈액을 만든다. 출산대에 누워서 수술을 기다리던 둘째 딸에게 적혈구 개수가 모자란다는 피검사 결과를 본 의사가 수술을 이틀이나 연기하게 하였다. 이틀 동안 남의 피를 수혈 받아서 적혈구를 보충한 후 출산 수술이 시작되었다. 적혈구를 생성하는 적골수 부위를 치유할 수 있는 처방이 없는 것이다. 적혈구에 생기는 이상은 백혈병(혈액암)의 원인이 된다.

골수의 황골수 부위에서는 세포 재생에 필요한 성체줄기세포가 생산된다. 골수에서 세포의 기본 재료가 생산되는 것이다. 정말 중요한 기관이다. 모든 장기 등을 만드는 세포의 기본 재료가 되는 성체줄기세포를 만든다. 암 치유가 된 사람에게 필요한 세포 재생을 도와주기 위한 골수의 치유는 건강회복을 위하여 필요하다. 그뿐만 아니라 골수의 황골수 부위에서는 B세포 림프구 면역체도 만든다. 이 기능에 문제가 생기면 불량품 B세포인 형질세포가 생성되며 이것이 자가면역질환의 원인이 되기도 한다. 알러지와 아토피가 심한 아이의 황골수 치유는 아토피 치유에 큰 도움이 되었다. 이와 같이 골수는 세포 건강과 혈액과 면역체 건강을 위한 기본적인 역할을 수행한다. 그리고 그 치유의 효과는 몸 전반에 미치기 때문에 기반 영역의 자격이 있는 것이다. 그리고 이미 기술한 바와 같이 영기의 치유 능력 범위에는 한계가 없다.

기반 영역에서의 두 번째 기관 부위는 '세포'이다. 우리의 몸은 대강 60조~100조 개의 세포로 이루어져 있다. 모든 세포는 난자와 정자라는 2개의 세포가 결합된 수정란에서 증식된 것이다. 세포의 모습은 아주 단순하다. 작고 검은 원을 중심으로 또 다른 큰 원이 그려진 모습이며, 원 중심의 작은 원을 세포핵이라고 하고 바깥쪽의 큰 원을 세포질이라고 한다. 눈에 보이는 세포의 구조는 이렇게 단순하지만 눈에 보이지 않는 그 기조와 기능은 정말 대단하여 우주(의식기장)의 구조와 비견된다. 세포핵은 유전자 정보와 경험 정보들이 들어 있는 정보 저장소이기 때문에 우주의 정보장과 정보망과 유사하며, 세포질은 세포가 활동하는 데 필요한 에너지를 생산해 내는 슈퍼화학공장이기 때문에 우주의 기 에너지장과 유사하다. 또한 세포막은 외부정보와 소통 교류하는 채널로서 우주기 감응채널과 유사하다.

골수 치유를 통하여 건강한 집(몸)을 짓기 위한 기반시설로서 전기배선과 수도배관, 통신선이 깔리면 그다음은 좋은 흙으로 그 위를 덮고 땅을 다지는 일이다. 다지는 흙은 우리 몸의 세포와 같아서 이 세포가 기반이 되어 우리 몸 모든 영역, 부위들이 만들어진다. 세포 부위의 치유는 팽팽 건강한 세포를 목표로, 세포의 모든 세부위 조직과 기능 영역에 있는 병요소들을 제거치유하는 것이다. 몸의 여러 부위의 세포들 중에서 항상 문제가 발견되는 세포는 면역세포와 신경세포이다.

세포 기관 영역 중에서 염색체, DNA와 유전자에 대한 치유는 세포 전체의 치유와는 별도로 해야 한다. 특히 질병유전자의 제거치유와 정상유전자의 치유는 기반 영역 중에서도 기반이 되는 영역에 대한 치유이다. 가능하다면 이 부위들까지도 치유 대상으로 하는 것이 좋다. 이것은 선천성과 유전성 질병의 근본 치유에 도전하는 것이 된다. 50여 종류의 질병유전자에 대한 제거치유는 성령기의 특별한 치유 능력만으로 가능하다.

② 기초 8계 영역

면역계, 혈계, 기계, 림프계, 신경계, 자율신경계, 내분비계와 뇌의 시상하부 영역을 포함하여 설정하였다. 모든 계 영역이 몸 전체 건강과 관련이 있어 기초 영역이 된다. 다져진 토대 위에 집을 지을 때 울타리와 벽, 수도관, 공기정화시설, 하수관, 통신설비, 각종 가구와 중앙통제시설 등을 만들고, 수리하는 것과 같다. 가옥의 이러한 시설을 기초시설이라고 부르는 것에 비유할 수가 있다.

'면역계'의 기관 부위는 1차, 2차, 3차의 면역기관과 면역체와 면역세포로 구성된다. 면역체로서는 대식세포와 비만세포, 호중구, 호산구, 호염구의 과립구와 T세포와 B세포의 림프구, 기타의 흉선외분화 T세포, 형질세포, 단핵구, NK세포 등의 비과립구세포들이 있다. 면역계 질환 중에서 자가면역질환은 면역체들의 기능 불균형에서 발생하는 어려운 병이다. 이 면역체계는 몸에 있는 모든 항원을 대상으로 싸우는 시스템이기 때문에 영기치유 과정에서 가장 유념하여야 하는 기관 부위가 된다.

'혈계'의 기관 부위는 혈관 부위에 혈맥, 혈관의 세부위, 혈액 부위에서는 적혈구, 백혈구, 혈장이 있으며 혈 순환 부위도 별도의 진단 대상 부위이다. 혈계, 기계, 림프계의 3순환계는 몸 전체의 대사 활동에 중요한 영역 기관이 되어 이 3순환계의 병은 소위 성인병의 원인이 된다.

'기계'의 기관 부위에는 기맥, 기공, 기관의 세부위가 있으며 기액 부위는 기(알)와 기액의 세부위가 있다. 이들이 흐르는 기 순환 부위가 별도로 있다. 기 순환계를 통하여 흐르는 정기와 생체기는 몸 건강 유지를 위한 핵심 요소로 작용한다.

'림프계'의 기관 부위는 림프관 부위에 림프맥, 림프절, 림프관의 세부위가 있으며, 림프액 부위에는 림프구와 림프액의 세부위가 있다. 여기에도 림프순환 부위가 별도로 있다. 림프계에는 면역체 림프구가 활동하는 림프절이 있는데 이는 퇴적 불순물을 내보내는 하수구 역할을 하는 기관들이다.

'신경계'는 신경세포, 신경시냅스와 신경회로의 세부위로 구성된다.

'자율신경계'는 교감신경계과 부교감신경계 부위로 나누어진다.

'내분비계'는 뇌하수체, 송과체, 갑상선, 흉선, 부신, 신장, 심장, 생식기, 췌장과 위장의 내분비 기능 영역이 포함된다.

마지막으로 특별히 뇌 영역 중의 판단명령 영역에서 중추적 역할을 하는 '시상하부'를 포함시켰다. 시상하부는 몸 전체의 면역계와 자율신경계의 작용을 통제하는 뇌의 중심 기관이다. 내분비계의 송과체와 뇌하수체와 연결되어 작용하는 뇌의 중추 기관의 역할을 하면서 몸 전체에 미치는 영향이 크기 때문에 기초 영역 기관으로 관리하는 것이 좋겠다는 생각이다.

③ 뇌 영역

인식, 기억, 연결전달, 판단명령, 통제조절 영역과 전운동 영역, 1차운동 영역이 포함되며, 그 기관 및 부위의 구성은 다음과 같다. 진단에 임할 때 이 리스트를 참고하면 편리하다. 각 부위의 기능에 관하여는 뇌 관련 의학서적을 참고하면 된다.

▶ 뇌 영역의 기관과 부위들

- 인식 영역
■ 시각 인식: 외측슬상체, 시상침, 1차 시각, 2차 시각
측두극, 하측두엽, 후두정엽
■ 청각 인식: 내측슬상체, 1차청각, 2차청각
청각연합 1차, 2차 3차 청각
■ 체감각 인식: 시상배쪽 후외측핵, 1차체감각, 2차
후두정엽, 체감각 연합, 상측연변회

- 기억 영역
해마방회, 해마, 유두체, 시상전핵, 페레츠회로, 상측유두체,
수질판내핵

- 연결전달 영역(지향운동)
뇌섬, 전장, 편도체, 후대상회, 전대상회, 전전두신피질, 전두
엽(안와, 배외측, 전두시각피질, 내측, 전운동영역, 1차운동영역), 시상
핵 1~12번, 상구, 하구, 중뇌수도관

- 판단명령 영역(자율운동)

시상하부, 시교차상핵, 송과체, 고삐핵, 대뇌각간, 뇌하수체, 시상상부

- 통제조절 영역(리듬운동)

중격핵, 대뇌기저핵, 중격의지핵, 배쪽창백, 배쪽피개, 선조체, 창백내절, 창백외절, 시상밑핵, 흑질치밀부, 흑질그물부, 대뇌각교뇌핵, 뇌교그물체

- 전운동 영역(거시운동)

소뇌, 소뇌핵, 소뇌피질, 조건자극(교뇌, 과립세포, 평형섬유) 무조건자극(올리브핵, 등상섬유), 척수

- 1차운동 영역(미세운동)

시상핵 11번, 12번, 적핵, 안면신경핵

④ **생체 영역**

생체 영역의 기관, 부위는 다음의 리스트와 같이 더욱 복잡하다. 생체 영역에 포함되는 영역 기관은 두부, 경부, 호흡기, 심장, 소화기계, 비뇨기계, 생식기계, 골 영역 기관, 힘줄과 근

육 영역 기관, 피부 영역 기관, 기타 영역으로 나누어서 이들을 진단과 치유 대상으로 하면 편리하다.

▶ 생체 영역의 기관과 부위들

- 두부
  - 눈: 근육(거근, 직근, 시근, 기타근, 안윤근), 안구, 막(맥락막-공막, 망막), 눈동자(모양체-진대, 홍체, 동공, 각막, 결막), 체(수양액, 수정체, 유리체), 시세포(원추세포, 막대세포), 황반, 맹점, 시신경, 눈물(샘, 점, 주머니, 소관), 기름샘
  - 코: 전두동, 사골동, 상악동, 비강갑개, 기타
  - 귀: 고막, 난원창, 정원창, 와우, 와우신경, 청신경, 추골, 침골-등골, 세반고리반, 진정, 진정신경, 이관
  - 구강: 치아, 치경, 치주, 잇몸

- 경부: 편도(구개편도, 인두편도), 인두(인두실, 인두강), 후두(후두개, 후두강), 갑상선, 발성기관(성대, 진성대, 가성대, 후두렁, 후두개추벽, 소기실상, 연골소구 기타)

- 호흡기: 기도, 기관지(기관세지), 폐포, 폐근육, 횡격막

- 심장

■ 혈관: 대동맥, 대정맥, 관상동맥, 폐동맥, 폐정맥

■ 판막: 폐판막, 대동맥 판막, 대정맥 판막, 이첨(승모)판

■ 심근: 심방근, 심실근, 1동방결절, 2심방중격근, 3방실결절, 4방실속, 5우다리, 6좌다리, 7심실중격근, 8푸르키네섬유

- 소화기: 침샘, 식도, 위장, 십이지장, 소장, 대장, 맹장, 직장, 항문, 간, 담낭(담관), 비장, 췌장

- 비뇨기: 신장, 방광, 전립선, 요관, 요도

- 생식기

■ 남성 생식기: (외)세정관, 정소, 부정소 (내)정관, 정낭, 전립선, 쿠퍼선, 음경

■ 여성 생식기: 난소, 나팔관, 자궁, 외생식기

- 뼈(골): 골관절(척추, 팔다리 골관절), 기타골

- 힘줄과 근육

- 피부: 연조직, 표피층(모공, 기공, 땀구멍, 기타), 진피층(모낭, 땀샘, 유두, 기타), 피하층(피지선, 기타)

- 기타 부위: 흉선, 부신

(2) 병의 형태

앞에 설명한 우리 몸의 조직에는 치유 대상이 되는 '병요소'들이 존재한다. 어떤 병요소들이 어떤 형태로 어느 기관 부위에 있는지를 파악하는 것은 진단에 해당이 된다. 즉, 진단의 대상은 일차적으로 발병 부위가 되며, 그다음의 진단 대상은 병요소들의 구분(병원체 등)과 병이 생기는 발병 과정과 병의 형태가 된다. 여러 가지 유입 경로로 몸속에 유입된 병원체는 먼저 항원항체면역반응을 일으키면서 병 증상이 나타나는 '표면병'의 원인이 된다. 나머지의 유입 병원체들은 단계적으로 몸 안에서 잠재되어 불활성화되면서 '고질병'의 원인이 된다. 따라서 모든 병요소들은 몸 안에서의 일정한 발병 과정을 거쳐서 표면병(요소)과 고질병(요소)의 형태로 남게 된다. 이러한 과정을 추적해 보기로 한다.

① **병요소의 형태**

병의 원인이 되는 병요소들, 특히 병원체의 유형은 수없이 많으나 크게 나누어 보면 세균(박테리아, 스피로헤타, 리케차…), 바이러스, 진균(곰팡이), 원생동물(기생충)과 프라이온 등이다. 이들을 병요소 분류에서 (표면)항원이라고 한다. 이러한 병원체(항원)가 이에 대항하는 항체와 반응하는, 항원항체반응 과정에서 (표면)염증병원체가 발생한다. 항체와 반응하여 염증병원체를 만들어 내는 병요소에는 이물질, 노폐물과 독성물 등과 같은 불순물 병요소들도 있다.

이러한 분류에서 보면 우리 몸속에 있는 모든 병요소들은 ① **항원병요소**, ② **염증병요소**, 그리고 ③ **불순물병요소**로 구분된다. 이 중에서 표면에 드러난 병요소들이 모든 표면병의 원인이 된다(표면항원병, 표면염증병, 표면불순물병). 그리고 항원병요소들과 불순물병요소들은 동시에 고질병의 원인 요소가 된다. 이로써 표면병요소들은 영기치료의 대상이며 고질병 원인요소들은 영기치유의 대상이 된다. 고질병은 그 원인병요소에 따라 **일반 고질병**과 **특수 고질병**으로 구분된다.

② 일반 고질병의 형태

영기치유의 주 대상이 되는 고질병요소들의 존재 형태는 아주 다양하다. 숨어 있는 형태가 다양하여 고치기가 어렵기 때문에 이들을 고질병(痼疾病)이라고 부른다. 이 일반 고질병에는 이상고질병과 내재고질병이 있다.

▶ 이상고질병: 일차적으로는 유입된 항원이나 불순물병요소들은 표면병으로 나타나기를 기다리며 숨어 있게 된다. 이 상태에서의 고질병요소들은 적극적인 병 증세를 표면에 드러내지는 않고 단순히 몸의 이상을 느낄 정도의 작용만 하게 된다. 따라서 이놈들이 가지고 있는 병을 '이상고질병'으로 부르기로 한다.

이 이상고질병요소들이 숨어 있는 양태는 두 가지이다. **잠재성** 형태와 **섬유성** 형태이다. 적군이 숨어 있는 상태로 비유하자면 잠재성 이상고질병요소들은 동굴 속에 숨어 있는 상태이며, 섬유성 이상고질병요소들은 벙커 속에 숨어 있는 상태로 이해하면 된다. 섬유성 이상고질병요소들은 몸 밖으로 배출되지 못한 염증 찌꺼기 세포들이 콜라겐이라는 물질에 싸여 있는 상태의 집합된 형태(덩어리)로 존재하고 있다. 이 덩어리가 커지면 혹으로 만져지기도 한다. 섬유종(纖維腫)으로 발전하기도 한다. 이상 고질병을 치유하기 위해서는 이들에게 있는 잠재성과 섬유성을 제거하여 표면병으로 드러나게 하여야 한다.

▶ 내재고질병: 고질병요소들 중에는 이상증세도 나타내지 않는 것들도 있다. 이 병요소들 중에는 병요소들을 더욱 깊숙이 숨길 수 있는 내재된 병요소들이 있기 때문이다. 이러한 고질병을 '내재고질병'으로 부르기로 한다. 병요소들에 깊숙이 내재되게 만드는 내재병요소들은 **선천성** 또는 **후천성**의 **불활성**과 **잠재성**이다. 이 내재고질병을 치유한다는 의미는 이 선천성, 후천성과 불활성, 잠재성을 제거하여 이상고질병요소로 활성화시켜 표면에 드러나게 하는 것이 된다. 표면에 드러난 이상고질병의 잠재성과 섬유성은 별도로 제거치유 기도를 한다.

③ 특수 고질병의 형태

특수 고질병들은 영기치유 대상 병들 중에서 제일 까다로운 병의 형태이다. 이 병들이 가지고 있는 병요소들은 자가면역질환 발병원인요소(SID-Source of Auto Immune Disease)들과 불균형성병요소(Ub-Unbalance Disease) 등이다. 그리고 SID 병요소가 기능불균형상태의 면역체와 만날 때 자동으로 발병하는 자가면역질환(AID)도 특수 고질병으로 본다.

▶ SID: 자가면역질환 발병 원인 요소들은 자가면역질환(AID)이 없는 사람에게도 있다. 이 SID 병요소가 있으면 그 기관 부위의 기능이 떨어지고 그 부위 면역력이 현저히 떨어진다. 이 SID병요소들도 일반 고질병 형태에서와 같이 SID성 내재고질병요소 → SID성 이상고질병요소 → SID성 표면병요소의 형태로 존재하기 때문에 이 치유 과정을 거쳐서 각 고질병들에 있는 SID성 병요소들을 완전히 제거치유하여야 한다.

▶ AID: 몸의 각 기관 부위에 있던 SID 병요소들이 기능 불균형병요소가 있는 면역체와 만나면 자동으로 만들어지는 병이 자가면역질환(AID)이다. 현재 발견된 자가면역질환(부위)은 100여 가지가 된다고 보고되고 있다. 현대 의학으로 고칠 수 없는 불치병으로 간주되고 있는 무서운 병이다. AID가 진단되면 SID의 치유와 함께 면역체 기능의 치유도하여야 하며, 병 발생 부위에 대한 일반병의 치유는 별도로 하여야 한다.

▶ Ub. 불균형성병: 일반 병요소가 완전히 제거치유가 되었
더라도 몸 발병 기관의 조직과 기능이 균형을 찾지 못하면
병의 완치 상태가 되지 못한다. 기계의 수리 과정에서 나
사를 조이는 과정이 있어야 기계의 성능이 제대로 발휘되
는 것에 비유된다. SID 병요소의 치유와 같은 치유 과정이
필요하다.

④ 모든 병 형태의 종합

사람의 몸에 있는 병요소들과 이들이 만들어 내는 병의 형
태들은 이상의 설명과 같이 조금 복잡하다. 그러나 영기치유
의 대상으로 해야 할 사항은 두 가지가 더 남아 있다.

▶ 집단고질성병: 첫째는 어떤 몸 영역에서 모든 기관, 부위,
세부위의 모든 단위에서 병요소가 집단으로 발견되는 집
단고질성병[완전감염 전단위(全單位) 병]의 경우이다. 이 경우
의 병은 **집단고질성 AID병, SID병과 Ub병 기관, 부위, 세
부위의 병**이 되며, 일반병요소가 전단위에 감염이 된 경우
의 병을 **집단고질성의 종합이상병 기관, 부위, 세부위의
병**이 된다. 완전감염 집단고질성 병은 별도의 치유 기도
대상이 된다.

▶ 특고질성병: 둘째는 어떤 특정 기관, 부위, 세부위에 있는 전체 고질병요소 중에 특정 고질병요소의 비율이 60%가 넘는 병 기관, 부위, 세부위가 있을 경우의 특고질성 병들이다. 이 전단위병과 특고질성병들은 모두 집단성이 있기 때문에 이 부위들의 치유를 통하여 이 집단성을 제거하여야 전반적인 치유가 가능하게 된다.

몸의 4대 영역에 있는 이 모든 병 형태들을 종합하여 정리해 보면 다음과 같다.

형태별 병(요소)

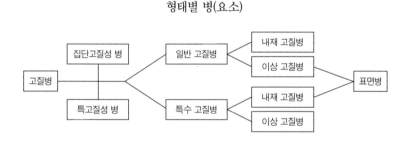

이상의 기술에서는 치유 기도의 대상이 되는 병의 정체와 병이 발생할 수 있는 몸 전체의 조직과 병의 형태에 대하여 설명하였다.

(3) 병의 진단

상태에 대한 진단이 없는 치유 기도는 있을 수가 없다. 상기한 영기치유의 5대 원칙, 특히 치병구병 원칙과 구체성의 원칙을 염두에 두면서 병 부위 진단을 한다. 일반적으로는 통증이 발생한 부위를 중심으로 그 원인 부위를 찾아서 진단하게 된다. 그러나 병의 원인체를 가지고 있지 아니한 사람은 없을 것이기 때문에 몸의 모든 부위에 있는 병요소를 대상으로 종합 진단하여야 할 경우가 많다.

건강진단 지수지표는 모든 병요소가 포함된 '정밀완치율'로 한다. 이 지표는 부위에서 모든 병요소의 제거치유가 완전히 이루어진 상태를 100%로 하여 설정된 지표이다. 100%의 정밀완치율 상태를 치유 목표로 한다. 이 정밀완치율을 염두에 두고 1차 진단은 몸 전체의 건강 수준과 각 영역별 건강 수준을 측정 진단한다. 이 경우 진단 대상은 다음과 같이 분류하여 단계적으로 측정 진단하면 편리하다.

① 통증 지수

② **몸 전 영역의 (전단위 기준) 종합완치율**(고질병완치율과 표면

병완치율)

③ ○○ 영역의 (전단위 기준) 종합완치율(고질병완치율/표면병완치율)

④ ○○ 영역의 (기관단위 기준) 종합완치율(고질병완치율/표면병완치율)

⑤ ○○ 영역의 (부위단위 기준) 종합완치율(고질병완치율/표면병완치율)

④ ○○ 영역의 (세부위단위 기준) 종합완치율(고질병완치율/표면병완치율)

이상의 병진단은 모든 몸 영역을 대상으로 한 (고질병요소와 표면병요소들을 포함하는) 종합완치율을 기준으로 진단하는 것이다.

그러나 치병구본의 원칙과 구체성의 원칙을 적용하여 좀 더 심화된 진단이 필요한 경우가 있다. 이것은 어떤 특정 영역에서의 모든 기관, 부위, 세부위와 결합 작용하고 있는 '기반2계, 기초8계, 뇌 모든 영역과 생체 모든 영역'을 환경 영역으로 설정하여 이 결합 영역을 진단 대상으로 하는 진단 방법이다. 이해하기가 어려울지 모르겠으나 병의 원인 뿌리를 뽑아내어 재발을 막기 위한 치유기도를 위해서 필요한 진단이다.

병원체

병원체는 병을 일으키는 미생물을 총칭하는 말이다. 고혈압, 당뇨, 암 등과 같은 비감염성 질병을 제외한 모든 병은 감염성이며. 감염성 질병은 어떤 미생물에 감염됨으로써 병이 생긴 것이다. 이 병원체에는 세균, 바이러스, 곰팡이, 프라이온, 원생동물 등이 있다. 세균은 단백질의 원핵세포이며 모양에 따라 구균, 간균, 나선균으로 나누어진다. 파상풍, 식중독, 결핵, 매독, 폐렴 등의 원인체가 이 세균이다.

바이러스는 세포 구조가 아니며 핵산과 단백질 껍질 구조를 가지고 있는 흔한 병원체이다. 감기, 독감, 홍역, 에이즈, 사마귀 등의 원인체이다. 진균 또는 사상균이라고도 불리는 곰팡이는 세포벽이 있는 진핵세포에 해당되어 세균과는 구분이 된다. 무좀, 만성 폐질환, 뇌막염, 피부염 등을 일으킨다. 프라이온은 단백질성 감염입자이며 신경계에 침입해서 신경계를 퇴행화시킨다. 우리가 널리 알고 있는 광우병과 야콥병 등의 원인체가 된다. 말라리아, 이질, 아메바성 수면병을 일으키는 원생동물은 단세포의 진핵생물이다. 주로 열대지방의 동식물에 기생한다. 이들 감염성, 또는 전염성 병원체는 몸의 면역체 기능이 약화되었거나 병원체의 독성이 아주 강하거나 대량으로 침투되었을 때 병의 증세를 일으킨다.

음식물에 들어 있는 독성 물질과 공기 속의 초미세먼지 등과 같이 병원체를 우리 몸에 실어다 주는 운반체는 불순물에 해당된다. 병원체와 이 불순물까지도 완전히 제거하는 것이 병원체(항원) 치유의 최종 목표가 된다. 병원체와 불순물, 그리고 다음 단계인 염증과 불순물, 오염물 등이 완전히 제거된다.

면역체계는 우리 몸의 방어와 공격기제(基劑)

면역학에 관한 여러 책들을 읽어 보면 면역과 질병의 관계를 어느 정도 파악할 수가 있다. 그러나 면역과 질병과의 관계에 개입하여 병을 예방하고 병을 낫게 할 수 있는 인간 능력의 한계를 느끼는 순간에, 우리의 면역체계(면역조직과 면역기능)를 (바라는 바에 따라) 보강해 줄 수 있는 치유영기의 능력이 존재하고 있다는 사실과 이 능력을 전달할 수 있는 능력 주심에 감사하지 않을 수가 없다.

강화된 면역체계는 우리 몸의 방어기제(防禦基劑)이며 동시에 공격 무기도 된다. 몸에 침입한 병원체를 방어하며, 염증을 공격하여 병의 증세를 치료한다. 모유와 분유를 10개월가량 먹던 갓난아기가 이유식을 시작하면 처음에는 내뱉으면서 먹기를 거부한다. 모유와 분유만 먹던 아기에게 이유식은 처음에는 이물질로 인식되기 때문이다. 이와 같이 우리 몸에 어떤 병원체나 이물질이 들어오거나 독소나 노폐물이 발생하면 우리 몸 자체에서 이들을 거부하고 방어하는 시스템이 자동으로 작동한다.

들어온 이물질과 생성된 노폐물이나 독성을 합쳐서 '불순물'이라고 본다면, '병원체와 불순물(이를 항원이라고 한다)'을 상대하여 방어하는 전쟁을 수행하고 있는 것이 우리 몸의 면역체계이다. 항원에 대항하여 싸우는 용사의 이름을 항체라고 부른다. 최선의 방어는 공격이기 때문에 이 방어기제 항체는 공격 무기도 된다. 방어함으로써 병을 예방하고, 공격함으로써 병을 치유하고 치료하는 것이다. 이러한 방어 공격 기능을 수행하는 인체 조직과 기능 시스템을 면역체계라고 부른다.

생체의 모든 조직과 기능이 그러하듯이 우리 몸의 면역체계도 우리 몸 다른 조직의 기능들과 긴밀하게 상호작용하는 정밀한 시스템으로 형성되어 있다. 우리의 몸은 외부자극에 대하여 즉각적으로 (방어적인) 면역반응을 한다. 따라서 면역조직은 세포 단위에서 시작해서 몸 전체에 퍼져 있으면서 상호작용으로 각기 기능을 수행하고 있다. 혈액의 백혈구, 림프계의 림프절, 내분비계의 가슴샘(흉선)이 면역 기능을 수행하는 주요 기관이며, 특히 자율신경계는 면역체계의 항상성 유지에 아주 중요한 역할을 한다. 각 면역 조직과 기능은 다양하게 분화되어 있으면서 균형을 이루면서 하나의 체계를 이루고 있는 것이다.

면역체계에서 우리가 살펴볼 수 있는 것은 면역 조직과 기능 그리고 그 균형 유지 측면이다. 면역기능의 불균형은 면역과민반응을 일으켜서 자가면역질환의 원인이 된다. 자가면역질환에는 크론병, 궤양성 대장염, 아토피, 류머티스 관절염, 홍반성 루푸스병, 자가면역성 갑상선염, 소아 당뇨병, 경화증과 교원병 등이 있다. 자가면역질환 경력이 있는 사람에게 갑자기 면역수치를 높이면 자가면역질환이 재발된다. 초과해서

강화된 면역세포가 항체에서 항원으로 변하여 몸을 공격하는 적군으로 바뀌기 때문이다. 자가면역질환이 있는 사람에게는 서서히, 적정하게 면역기능을 올리되 면역기능의 불균형도 동시에 치유해 가면서 해야 하는 어려움이 있다.

면역조직과 기능 그리고 그 균형성 측면, 이 세 가지 영역에서 작용하는 치유영기의 능력은 병을 치유하고 병의 증상을 치료한다. 영기에 의한 병의 치유 과정은 사실상 면역에서 시작해서 면역으로 치유하고, 면역으로 강화, 예방함으로서 끝이 난다. 이 과정에서 치유뿐만 아니라 면역치료도 중요한 요소가 된다.

우리 몸의 면역조직과 기관은 군대 조직과 같이 잘 조직되어 있다. 면역조직에서 1차 면역기관은 일하면서 싸우는 예비군 부대이다. 피부와 눈, 코, 입, 귀 그리고 장에 있는 면역기관이다. 피부는 피지선 분비물로써 1차 저항선을

만들어 지키며, 눈·코·입·귀는 점액과 섬모로써, 내부 장에는 정상세균총이 있어 침입한 병원체에 1차적으로 대항한다.

2차 면역기관은 일반 부대로서 백혈구 내의 과립구, 단핵구, 대식세포, 기타 형질세포와 비만세포 등이다. 이들은 주로 세균류에 대항하여 싸우는 용사들이다. 3차 면역기관은 군대의 특수부대에 해당하는 림프구이며 주로 바이러스와 싸운다. 이 림프구는 1차 림프기관인 골수와 가슴샘(흉선)에서 만들어져서 말초혈관, 림프절, 비장 등으로 이동해서 바이러스와 암세포 등을 공격한다. 림프구 중 B림프구는 면역 글로불린이라는 항체를 생성하여 독소와 바이러스를 중화는 기술이 있어 이를 즉시형 면역 또는 액성면역이라고 한다. 림프구 중 T림프구가 중요한바, 이들은 림프절로 이동하여 림프절로 모이는 병원체와 불순물을 먹어치운다. 이 T림프구 면역을 지연형 면역 또는 세포성 면역이라고 부른다.

특수 부대 중에서 특전사에 해당하는 NK세포는 공격 대상 세포에 구멍을 내고 세포질을 해체해 버리는 기술이 있다. 우리 몸에는 1억 개 정도의 NK세포가 있는 것으로 알려지고 있다. 정상인에게도 하루에 5,000개 정도의 암세포가 발생하는데 이 NK세포의 활약으로 암세포들이 더 이상 발전하지 못한다고 한다.

침입하는 병원체 적군이 너무 강하여 1차 저항선이 무너지고 2차와 3차 부대에서도 막아내지 못하면 이들 항원 병원체는 잠재성으로 변하여 고질병의 원인이 된다. 면역반응으로 발생한 염증(시체)이 쌓이면 발열, 통증, 구토 등의 병 증세가 나타나게 된다. 우리는 일차적으로 침입한 병원체와 나타난 염증 증세를 항균제와 소염제로 해결한다. 그러나 우리는 병원이나 약국에서 해결하지 못하는 경우에는 어떻게 해 볼 도리가 없다. 이런 경우를 당하면 사람들은 기도를 한다. 종교가 없는 사람들도 기도하는 마음을 가진다. 그렇다. 기도이다. 영기치유 기도이다. '영기의 치유 능력을 전달할 수 있는 사람'의 중보기도가 필요한 경우가 있다.

몸속에 침입한 병원체나 발생한 염증이나 불순물은 우리의 생체 조직과는 다른 세포파동을 가지고 있기 때문에 각각의 파동과 정확하게 일치하는 파동을 역파동으로 쏘아 주면 이러한 이상 파동은 단번에 소멸하게 된다. 이러한 이론은 의학계에서도 알고 있지만 정확히 일치하는 파동을 현재의 의료 과학계 능력으로는 만들 수가 없는 것이 문제이다. 우주의식기장 정보망의 가능태 공간에서 이 파동을 받아 전달해 주는 치유영기의 능력은 영기치유 기도에 대한 응답이다. 이것을 앞의 군대 조직으로 비유하자면 치유영기의 미사일 부대라고 할 수가 있다. 정확한 좌표가 입력된 스마트한 미사일폭탄이 아픈 부위의 병원체와 염증을 정확하게 공격할 수가 있는 것이다. 이것이 치유영기의 능력이다.

영기치유에서 면역기도의 비중은 절대적이다. 면역체계가 완전하고 면역이 강화되어 있는 사람은 자체적으로 병을 방지하고 예방할 수가 있다. 이와 같이 병의 치유와는 별도로 생체기능을 자체적으로 보호하기 위해서는 평소에 자기 면역을 강화하는 노력이 필요하다.

(4) 치유 기도

① 몸 치유 기도의 사전 단계로서의 통증 관리

▶ 병 증상과 통증: 영기치유라는 관점에서 본다면 병과 그
에 수반하는 통증의 의미도 다르게 보여질 수가 있다. 통
증이 마냥 나쁜 것만이 아니라는 생각을 하게 된다. 몸에
발열 증상이나 염증 상처가 나타나거나 몸 어느 부위에
통증이 심하게 느껴질 때, 우리는 이를 병의 증상이라고
인식하고 이를 신호 삼아 병원이나 약국에 간다. 병으로
인한 고통은 우리 심신 건강을 약화시키고 나아가서 생명
을 위험에 빠뜨리기도 한다. 그러나 이와 같이 보이고 느
껴지는 병 증상은 보이지 않는 병의 원인으로부터 우리의
건강과 생명을 보호하려는 생체적 능력이다. 이런 점에서
본다면 나타난 통증 등의 병 증상은 고마운 것으로 바뀌
게 된다. 통증이 없었다면 병이 발생했다는 것을 어떻게
알 수가 있겠는가? 이 통증 신호를 받은 후 영기치유를 시
작한다면 제일 먼저 이 통증을 없애서 환자를 편하게 해
주어야 한다. 집 안에 가스가 샌다는 사실을 알고 난 후에
는 경보기에서 나오는 시끄러운 소리는 멈추게 하는 것과

같은 이치다.

▶ 통증 치료의 여러 방법들: 말기 암 환자가 겪는 통증은 옆에서 지켜보는 사람들에게도 무척 큰 고통을 준다. 내 지인의 이야기이다. 얼핏 영기의 치유 능력으로 이 통증 고통을 없애 줄 수는 없을까 하고 생각은 했지만 그 방법을 알 수가 없었다. 물어볼 사람도 없었다. 답답했다. 통증의 강도가 너무 심하여 이제는 진통제도 소용이 없다고 했다. 골프장에 가서도 온통 이 생각뿐이었다. 그래서 통증에 관한 서적을 이리저리 뒤지다가 통증은 그 발생 부위의 비정상 파동이 신경계를 통하여 뇌에 전달되어 (대뇌 신피질 영역의) 뇌신경계에서 통증이 인식되도록 한다는 점을 알게 되었다.

그렇다면 뇌 신경계에서 통증인식명령을 멈추게 하는 신경전달 기능을 차단하거나 통증 발생 부위에 있는 통증전달 신경을 차단하면 되겠구나 하는 생각을 하게 되었다. 급한 마음에 먼저 통증 지수를 측정하고, 통증제어 뇌신경 부분의 파동지수도 측정하여 이에 맞춘 파동수를 만들어 마시게 하였다. 기적 같은 상황은 5분 뒤에 일어났다. 통증이 확실히 완화되고 있었기 때문이다. 그 이후 지인은 세상을 하직할 때까지 고통 없이 지낼 수 있게 되었다.

뇌신경의 통증명령기능과 통증 발생 부위 신경의 통증신호 전달기능을 차단하고 더 나아가서 성상신경절을 차단하여 통증 차단의 효과를 높이게 된 것이다. 대면하여 파동수를 만들어 주고 아프다고 연락이 오면 기도를 통해 전달받은 치유영기를 원격으로 송기해 주는 방법도 사용하였다. 기로써 통증을 관리하는 방법 중의 하나를 알아낸 것이다. 2016년 3월 중순경에 있었던 실제 이야기이다. 이하에서는 지금까지 체험으로 알게 된 통증 관리를 위한 영기치료 기도 방법을 기록한다. 대상이 되는 통증에는 벌레에 물린 가려움부터 질병으로 인한 모든 통증이 포함된다.

- 통증관리 1단계: 우리 몸의 생체 기능은 신기하여 몸이 아프면 자체적으로 진통 물질을 생산하여 통증을 제어하고 있다. 엔돌핀, 엔도 모르핀, 엔케팔린과 다이노르핀 등의 펩티드계 물질이 여기에 해당한다. 따라서 우리가 통증을 느낀다면 자체 생산하는 이러한 진통 물질로써는 감당할 수 없다는 의미가 된다. 이럴 때 의사들의 처방은 진통제이다. 대부분의 진통제는 모르핀계 약제이다. 통증 환자에게 진통제를 투여할 때 몸속에 있는 엔도 모르핀 수치가 높게 올라

가는 것을 엘로드로 측정한 적도 있다. 약한 통증의 경우에는 이 진통물질의 생성기능을 올려달라는 영기기도를 하면 각 물질의 수치가 높아지면서 통증이 가라앉는다. 이것은 '통증관리 1단계'의 영기치료 기도이다.

- 통증 관리 2단계: 이 단계는 앞에서 소개한 실제 이야기처럼 통증 신경을 차단하는 방법이다. ① 뇌신경의 통증 명령기능 차단, ② 통증 부위 염증세포에서 생성되는 통증발생 물질들과 ③ 통증신경신호를 증폭시켜서 뇌에 전달하는 P물질(Prostaglandins)을 차단하는 통증 생성과 전달기능 차단과 ④ 성상신경절의 기능 차단이다. 차단의 실행에 따라 통증신경차단 지수는 차츰 올라가고 있음을 확인할 수 있으며, 이 지수가 올라갈수록 진통 효과가 높아지고 진통 지속 시간이 길어지는 것도 알 수 있었다. 이러한 '통증 관리 2단계'도 아주 높은 통증 강도에는 속수무책이 된다. 일시적인 진통 효과만 발생한다.

- 통증 관리 3단계: 통증을 유발하고 있는 신경들의 기능을 아예 소멸해버리는 방법이다. 신경 기능을 소멸하고 나아가서는 신경 조직의 활동을 정지시키는 것이다. 치주염의 극

심한 치통은 경험해 보지 않은 사람은 잘 모른다. 이러한 통증 발생 시에 이 3단계의 방법은 유효하다. 치과에서 신경 치료를 하는 것과 같은 효과이다. 효과도 빨리 나타난다. 그러나 신경 그 자체는 살아 있기 때문에 일정 시간이 지나면 신경세포의 시냅스 기능이 되살아나게 되어 있다. 신경기능이 되살아나면 통증은 다시 시작되고 같은 내용의 치료기도도 계속되어야 한다. 진통의 지속성이 없기 때문에 통증이 완전히 관리된 것이 아니다.

- 통증 관리 4단계: 통증 발생의 원인인 염증세포의 파동을 완화하거나 제거하는 것이다. 통증을 일으키지 않는 일반 염증의 기 파동 수치는 122 내외이다. 그러나 이 파동수치가 더 이상 올라가면 올라가는 만큼 통증이 유발된다. 이 4단계의 기도는 염증세포의 이상 파동을 일반 수준으로 완화하거나 기 파동을 아예 제거하는 반대 기파동의 치유영기를 받아 전달 송기하는 방법이며 그 효과는 즉시 나타난다. 영기 기도가 가능한 사람에게는 아주 간편한 방법이다. 이 역시 시간이 지나면 통증파동이 되살아나서 영기 기도를 다시 해야 한다. 임상적으로는 통증 부위에 따뜻한 물수건을 올려놓는 등의 온열 치료가 여기에 해당된다. 따뜻한

열은 염증세포의 파동을 완화하는 효과가 있다. 통증 클리닉에서 통증 치료를 위해 사용하는 파동파쇄기는 이 원리를 이용한 치료 도구이다. 그러나 이것은 일종의 햇빛정책으로 그 효과가 오래가지 않는다. 통증을 발생시키는 염증들이 살아 있는 한 궁극적인 해결책이 되지 못한다.

- 통증 관리 5단계: 이상의 4단계까지의 과정은 원인 치유가 아닌 증상 치료에 해당이 된다고 볼 수 있다. 통증 증상의 원인은 염증세포에 있다. 통증 원인의 제거는 염증세포의 제거에 있는 것이다. 원인과 결과라는 측면에서 이 염증을 보면 이것은 분명히 통증의 원인이 된다. 그러나 이 염증은 발병의 원인체인 세균, 바이러스 등의 병원체 때문에 생겨난 것이다. 따라서 이 병원체의 입장에서 보면 이 염증세포들은 원인이 아니라 결과에 해당된다. 이 말은 염증 제거가 통증 관리 측면에서 보면 치유의 개념에 포함이 되지만 병원체의 제거 측면에서 보면 치료의 개념에 해당이 되는 것이다. 사기 감염자에게도 여기까지의 통증 치료는 허용이 되고 있다.

통증 관리 5단계에서 이루어지는 염증세포의 제거에는 면역기라는 무기를 사용할 수가 있다. 약화된 면역을 강화하는 기도로써 염증세포가 힘을 못 쓰고 소멸되게 만드는 것이다. 효과가 서서히 나오는 대신에 부작용은 없다. 안전하기 때문에 어지간한 영기치유 능력자는 누구나 시행할 수 있는 방법이다. 통증을 일으키는 표면에 드러나 염증세포의 제거 이후에 이미 발생하여 남아 있는 통증발생물질과 P물질의 제거치유 기도로써 통증은 완전히 멈춘다. 그러나 표면염증의 원인체인 표면항원과 표면 오염병요소 등의 제거도 이어서 필요한바, 이 단계부터는 통증관리 측면이 아니고 질병치유(치료) 단계에 진입하는 것으로 본다.

② 병 치유 기도의 방법과 절차

몸의 어떤 특정 영역의 기관, 부위에 병이 있다는 진단 정보가 있다면 병 치유 기도의 방법과 절차는 다음과 같다. 이 치유 기도의 내용은 이상에서 설명한 병 기관과 병 형태들에 관한 정보를 종합하여 형성된 치유 기도자의 바라는 바 의도를 치유영기에 전달하는 내용이 된다.

이 치유기도의 내용은 이상에서 설명한 모든 내용을 종합하여 압축한 것이기 때문에 다소 복잡하게 보인다. 이 내용을 기준으로 이해의 범위 안에서 자연스러운 자기의 의도를 표현하면 된다. 그리고 심화된 병 진단이 가능하면 이 기본 내용에 진단된 내용을 추가해도 좋다. 또 다른 기도의 방법이 될 수가 있다.

▶ ○○ 영역에 있는 **AID, SID, Ub병과 종합이상병** 등의 **모든 집단고질성 병 기관, 부위, 세부위 '단위'들** 중의 **특고질성 병 기관, 부위, 세부위들의 조직과 기능 영역에** 있는 모든 **내재고질성 병요소**들과 **이상고질성 병요소**들은 ○○ 의 몸에서 완전히 떠나기를 바란다는 기도.

▶ 이로써, **남아 있는** 모든 **내재고질병요소**들과 **이상고질병 요소**들과 드러나는 모든 **표면병요소**들과 발생하는 모든 **치유불순물병요소**들과 **순환계에 유입되는** 모든 **치유불순 물병요소**들은 ○○의 몸에서 완전히 떠나기를 바란다는 기도.

▶ 또한, ○○○ 영역들의 **'나머지 기타' 모든 기관, 부위, 세 부위 단위들** 중의 모든 **특고질성병 부위와 세부위**에 있는 모든 **내재고질성, 이상고질성** 병요소들은 ○○의 몸에서 완전히 떠나기를 바란다는 기도.

▶ 이로써, '**남아 있는**' 모든 **내재고질병요소**들과 **이상고질병 요소**들과 드러나는 모든 **표면병요소**들과 발생하는 모든 **치유불순물병요소**들과 **순환계에 유입되는** 모든 **치유불순 물병요소**들은 ○○의 몸에서 완전히 떠나기를 바란다는 기도.

▶ 마지막으로, 3순환계에 남아 있는 표면병요소들과 치유 불순물의 제거치유, 치료가 필요하다.

③ 간절함이 요구되는 치유회복의 기도

진단부터 시작되는 영기치유의 전 과정은 기도의 과정이다. 사랑과 측은지심이 동기가 되었기 때문에 그 기도는 간절함이 있는 기도가 된다. 병요소들의 제거를 통한 병 고침의 치유가 끝나면 두 개의 과정이 더 남아 있다. 병 부위의 조직과 기능의 작용이 정상적으로 이루어지도록 하는 회복기도가 필요하고 치유회복된 병 부위를 강화하는 기도도 필요하다. 닦고 조이고 기름 치는 기계 수리의 과정과 비유한다면, 병요소의 제거치유는 기계 수리 과정에서 때를 닦아내는 과정이다. 회복과 강화치유는 조이고 기름 치는 과정에 대비된다.

눈에 있는 모든 병요소들을 완전 제거하여 깨끗하게 되었다

하더라도 이것이 시력을 완전 회복되는 것을 보장하지는 않는다. 눈의 모든 조직, 특히 기능 측면에서의 작용 능력이 완전하게 회복되지 않았기 때문이다. 면역체의 기능 회복도 같다. 해당 부위의 모든 조직과 기능 영역에 있는 모든 형태의 불균형 성병요소를 다시 제거하고 작용의 완전한 온전성과 균형성 회복을 위한 회복치유 기도를 다시 하는 것이 좋다.

마지막으로 병 부위 작용에 필요한 모든 기를 충기한다. 사람에 따라서는, 치유가 완성된 상태에서도 기력이 떨어지거나 머리가 떵하게 아픈 사람들이 있다. 하루 이틀이면 이러한 증상은 없어지지만 기초기의 보강과 3순환계의 치유(치료)를 통하여 이 문제는 해결할 수 있다.

치유된 결과는 진단 차원에서 다시 확인을 한다. 치유 완성이 확인되었더라도 치유 선언을 해서는 안 된다. 불활성 때문에 치유 완성이 실현되기까지는 어느 정도의 시간, 즉 타임 래그(Time Lag)가 필요할 뿐만 아니라, 인내하면서 기다림으로써 대상자가 치유 결과를 보고 알게 되는 것이 더욱 중요하기 때문이다. 치유의 경우에는 불활성이 작용하기 때문에 타임 래그가 생기기도 하지만 치유의 응답은 하나님의 카이로스(영원한 현재, 적당한 기회, 성경상의 때, 시점, 시각, 영적의미의 시간)에 맡긴다는 자세가 필요하다.

치유 사실을 엘로드 측정을 통하여 객관적으로 확인하는 것은 영기 치유자의 몫이지만 치유된 사실을 주관적으로 경험하는 것은 치유 대상자의 몫이다. 이렇게 객관적인 사실 확인과 주관적인 경험을 통하여 치유가 완성이 되면 감사의 기도가 저절로 나오게 된다. 감사의 원칙을 지키면서 치유 결과에 대한 모든 영광은 신께 있음을 선언한다. 이것은 우리의 영혼과 마음, 그리고 몸의 치유에 임하는 영기치유 기도자의 마음가짐이며 태도이다.

20. 병 고침의 실천

- 병 고침(Healing)의 영기 능력을 본다 -

영기의 변화케 하는 능력과 영기의 치유 능력에 대하여 아무리 깊은 이해가 있어도 이를 실천하지 않으면 아무 소용이 없다. 병 고침의 실천 사례들로 가시에 찔리거나 벌레에 물리거나 감기 몸살인 경우와 같이 우리 주변에서 흔히 접하는 병들과 노년기에 흔한 병들 그리고 암 치유 사례 등을 통하여 병 고침의 영기 능력을 보고자 한다.

1) 가시에 찔리고 벌레에 물린 통증 부위 치유

여행 중 독성이 강한 선인장 가시에 찔려서 갑자기 발생한 심한 통증으로 고생한 적이 있으며, 독하기로 유명한 아프리카와 홍콩의 모기와 벌레들에 물려서 고생한 경험이 많았다. 약이나 바르면서 아파도 참으면서 그냥 넘어갈 것인가 아니면 내가 적극적으로 대응할 것인가 잠간 고민하던 순간, 가시에 찔리고 벌레에 물린 내 몸 부위를 치료하지 못한다면 어찌 내 몸 전체 내부의 복잡한 병을 치유할 수가 있을 것이며 남을 위한 병 치유 기도를 할 수 있겠는가 하는 생각에 이르게 되었다.

알고 보면 쉽고도 간단한 문제이다. 가시와 벌레에 있는 독성이 피부에 들어오는 것을 의학적 관점에서 보면 표면항원병이나 표면오염병요소가 들어와서 빠른 속도로 면역 반응을 하면서 표면염증화되는 것이다. 찔리고 물린 피부 부위에 있는 모든 표면병요소에 영기의 치유 능력이 감응하여 제거해 달라는 치유 기도로써 통증 발생 원인체는 모두 제거된다. 조금 남아 있는 통증 제거를 위해서는 이 부위의 염증 세포들이 만들어 낸 '통증발생물질'과 'P물질'[12] 잔여분을 제거하면 진통효과가

---

12 참고로 'P물질'이라 함은 발생한 통증 신호를 증폭시켜서 뇌의 인식 기관에 전달하는 프로스타글란딘(Prostaglandines)이라는 신경전달물질을 말한다.

즉시 나타난다.

내 피부에 유입된 벌레 독성물질(표면 오염병요소)를 완전 녹여서 제거하여 주실 것과 이로 인한 통증을 제거하여 달라는 나의 고함(申)에 대하여 치유되었음을 보여 주신(示) 신(神)은 장차 암 치유 기도에도 응답을 주실 것이다. 벌레 물린 부위를 치유할 수 있는 치유영기의 능력은 기타의 모든 병 부위도 치유할 수 있을 것이다.

2) 감기 몸살과 그 후유증

2019년 5월 중순, L씨의 늦둥이 딸이 유아원에서 감기 바이러스에 감염되어 집에 돌아왔다. 며칠 후 온 가족이 감기에 걸렸다. 흔히 있어 온 상황이라 큰 신경을 쓰지 않고 있는 사이에 가족 전체가 감기몸살에다가 후유증세까지 앓게 되었다. 아기 엄마는 한 달이 지난 후에는 냄새와 맛을 모르게 되는 후각과 미각 상실 상태라는 것을 알게 되었다. 병의 내용 및 진단과 치유 기도의 과정은 다음과 같다.

코와 **입**을 통해서 **감기 바이러스**가 몸에 들어오면 1차 면역 기관의 기능이 활동을 개시한다. 이로써 제일 먼저 콧물과 기침의 **감기 증상**이 나타난다. 감기가 단순히 증세 상태에서 끝이 나면 좋지만 대개는 감기 바이러스가 타 기관으로 감염이 확대된다. 이로 인하여 여러 가지 감기 후유증을 동시에 앓게 된다. 우선 코와 입에서 제일 가까운 **편도와 인후** 부위에 감염이 이루어져서 목구멍이 아프다. 이 감기 바이러스가 혈액순환계에 침투해서 몸 전신의 **근육과 피부** 부위에 감염이 이루어져서 염증 면역 반응이 일어나면 몸(근육)과 전신의 살(피부)이 아프다. 여기까지의 증상을 보고 우리는 **감기 몸살**에 걸렸다고 한다.

다음 단계로 진행되어 호흡기 감염이 일어나면 **기관지염, 폐**렴으로 발전한다. **후각 기관**과 **미각 기관**에 감염되면 그 기능이 약해져서 입맛이 없고 음식이 싫어지다가 심하면 후각과 미각을 상실하기도 한다. 단순한 감기(증상)는 일주일 정도면 자기면역력으로 자연적으로 치유된다. 바이러스의 힘을 약화시키기 위해서 몸에서 열이 나기도 한다. 발열 현상도 자연치유의 과정이므로 해열제는 도움이 되지 못한다. 그러나 면역계 기능이 약화된 상태에서 오래 방치하면 이상의 감기 후유증으로 고생하게 된다.

(1) 코와 구강 부위 진단과 치유 기도

코와 구강 부위의 완전 치유율 측정으로 전체적인 감염 정도를 파악한다. 그리고 코와 구강 부위 전체의 세포와 기초 7계 영역을 치유한다. 양쪽 부위의 완전치유율이 조금 상승한 것을 확인하고 일반 치유 기도를 한다. 코와 구강 부위에 기존의 다른 병이 없다면 표면병(항원과 염증) 중심으로 치유 기도를 해도 된다.

(2) 편도와 인후, 근육과 피부 부위 진단과 치유

이것도 코와 구강 부위 진단과 치유 기도 방법과 동일하다.

(3) 기관지와 폐 부위의 이상이 발견 시

진단 결과에 따라 호흡기계 전체 치유 기도를 하여 깨끗하게 해 두면 좋다.

(4) 후각과 미각의 회복

냄새를 맡지 못하는 것은 후각 기능을 담당하고 있는 **후각 신경**과 **코 점막세포** 조직과 기능 영역에 심한 감염이 있기 때문이다. 맛을 모르는 것은 미각 기능을 담당하고 있는 **혀의 미각 신경**과 **침샘과 침**, 그리고 안면 신경 중에 있는 **고삭 신경**

에 심한 감염이 있기 때문이다. 후각과 미각 기능을 완전 상실한 L씨 부인의 경우에는 이상의 6개 모든 부위가 '내재 고질병 요소 비율이 60% 이상이 되는 특고질병 부위'로 진단되어 그냥 방치되었다면 맛과 냄새를 모르면서 살아가야 할 뻔했다.

진단 과정에서 남아 있는 자가면역질환 발병원인요소(sid)가 일으킨 '쇼그린 증상'의 일부라는 사실도 밝혀졌다. 치유 기도 절차에 따랐으며, 그 결과 각 부위 완전 치유를 이루어 주신 이틀 후 후각과 미각 기능이 완전히 회복되었다. 그때부터 짜고 매운 음식 때문에 커져만 가던 가족들의 불만도 사라지게 되어 부엌에 들어가는 것이 두렵지 않게 되었다. 일반적으로 감기 후 며칠간은 미각과 후각 기능이 약화되어 입맛이 없고 음식이 싫어지는 현상이 있지만 심한 경우가 아니면 그냥 두어도 자연 회복된다. 감기 후 담배 맛이 떨어지는 현상도 이것 때문일 것이다.

3) 자가면역질환과 아토피, 알러지병

나의 두 딸과 손자 손녀들이 나에게서 (유전적으로) 물려받은 자가면역질환 원인 요소를 가지고 있다는 사실을 발견한 것은 큰 충격이었다.

나이 40대인 두 딸이 그동안 루푸스와 심장병 등의 많은 병으로 고생한 이유와 어린 손자들이 아토피와 피부 알러지로 고생한 이유 중에 큰 부분이 나로 인한 것이었다. 늦게나마 이 사실을 알게 된 것과 그 원인 치유 기도에 응답을 받은 것은 나에게는 크나큰 은혜로 다가온다.

일반적인 '병과의 전투'에서는 외부에서 침투한 병원체에 면역체가 대응하는 것이지만 자가면역질환(Autoimmune Disease)은 이와는 완전히 다른 형태의 병이다. 이것은 우군의 조직 내에 침투한 고정간첩(자가면역질환 발병원인요소, sid 혹은 source of AID)이 우군(면역체)과 접선하여 우군을 변절 반란군(면역항원)으로 만든다. 이 반란군이 우군 조직 내에서 반란(병)을 일으키는 무서운 병이다. 면역 항체를 항원으로 변환시켜서 특정 부위에 특별한 병들을 만들어 낸다. 암이 요란한 직접 킬러라면 이 AID는 조용한 간접 킬러로서, 감염자들은 평생의 불치 고질병을 안고 고통 가운데 살아가게 된다.

특정한 자가면역질환 발병원인요소(sid)가 일정 조건하에서 특정 면역체와 만나면 자동적으로 면역계 질환을 일으키기 때문에 '자가'면역질환(AID)이라고 부른다. 이것은 같은 면역계 질환이지만 '후천성 면역결핍증후군'이라고 불리는 AIDs(Acquired Immune Defficiency Syndrome)와는 다른 병이다. 그 발병원인요소인 병요소들은 먼지, 꽃가루 등에 있는 화학 물질들이며 그 종류는 수십 가지에 이르며, 이 병요소들에 자동으로 반응하는 면역체들도 sid의 종류에 따라 각기 다르다. 자동으로 반응하는 각기 다른 요소들에 대한 진단이 어렵고, 특히 sid 병요소들이 선천성(또는 유전성)이기 때문에 치료와 치유가 더욱 어렵다. 의료계에서는 대증요법으로 일시 치료를 할 수 있으나 근본 원인을 제거하는 치유에는 거의 손을 대지 못하고 있는 실정이다. 첫째 딸의 루푸스에 대한 전문 의사들의 최종적 처방은 불치병이니까 평생 관리나 잘 하면서 살아가라는 것이었다.

부위별로 나타나는 증상 기준으로 분류된 자가면역질환의 종류는 현재 100가지가 넘는다. 이 질환의 특징이 몸 전체 중에서 어느 부위에서 언제 발병할지를 잘 모른다는 것이다. 그 대표적인 것이 류머티스 관절염, 강직성 척추염, 궤양성 대장염, 루푸스, 결절성 다발동맥염, 건선, 피부 알레르기, 아토피, 백반증, 섬유근육통, 원형탈모, 기립성 빈맥 증후군, 췌장염, 교원병, 뇌염, 간염, 갑상선 기능 항진증 등이다.

자가면역질환 발병원인요소(sid)가 면역체를 만나서 자가면역질환(AID)을 일으키는 생체 작용은 그 sid나 면역체의 종류만큼이나 다양하고 복잡하다. 자가면역질환형 피부 알러지 발생 과정을 예를 들어 보자. 피부 알러지를 일으킬 수 있는 특정 sid를 가지고 태어난 아기의 면역체 중 일부(B세포, 형질세포, 대식세포 등)에서 기능 불균형 등의 이상이 발생하면 발생되는 면역글로불린 항체 수치가 올라간다. 이로 인하여 정상면역체 일부(비만세포, 호산구, 호염구 등)가 항체로써의 기능을 잃고 (적군인) 항원으로 변한다. 항원이 되어 도리어 정상 면역체를 공격하게 되며, 이때 알러지 발생물질인 히스타민, 류코트리엔, 사이토카인 등의 물질이 생성되어 피부 알레르기 현상이 나타난다. 이러한 병 발생 과정에서 뇌하수체에서 ACTH와 부신의 Cotisol, DHEA이라는 내분비 물질의 생성량에서 균형이 깨어지면서 알레르기 발생을 촉진하게 된다.

아토피(알레르기)를 포함하는 모든 자가면역질환의 치유 기도 절차는 다음과 같다.

① 생체 부위들 중에서 SID병요소가 있는 모든 부위와 AID 발생 기관, 부위를 진단한다. 진단된 AID 기관 부위에 있는 특 고질성 SID병요소들과 남은 기타 모든 형태의 SID

병요소들과 순환계에 유입되는 치유불순물 병요소들의
제거치유 기도를 한다.

② 그다음에는 면역체를 포함하는 면역계의 치유이다. 면역계
의 치유는 모든 면역체들의 조직과 기능에 있는 불균형성
을 제거하는 치유도 포함되어 있어야 한다. 면역체 기능의
불균형 치유로써 면역체가 자동(Auto)으로 sid병요소에 반
응하는 것을 막는다.

③ 추가로, 혈계의 혈장 부위를 완전 치유함으로써 혈장 부
위에 남아 있는 sid병요소들을 제거한다. 간 부위도 치유
대상으로 하여 간의 해독 기능이 정상으로 작용하도록 하
여 혈장 부위에 남아 있는 sid병요소 등의 독성물질이 간
에서 걸러지도록 한다. 그리고 뇌하수체와 부신을 치유하
여 알러지 등의 AID 발생 촉진 호르몬 물질이 생성되지
않도록 한다. 골수(황골수)도 치유하여 변형된 B세포(형질세
포)가 생성되지 않도록 조치하면 더욱 좋다.

④ 몸 전체에 있는 자가면역질환 병 부위의 건강 지수를 확
인 측정하여 치유가 완성되었음을 확인한다. 그다음에는

나머지 몸 전체의 건강을 종합 진단하고 종합 치유하기 위한 치유 기도를 하는 것이 순서이다.

4) 성인병

어릴 때부터 축농증을 앓아 온 중년 L씨에게 있어온 심한 당뇨와 고혈압 때문에 평소에 가족들의 걱정이 많았다. 최근에는 심장근육의 경색증상으로 가슴근육에서 통증까지 발생하고 있다. 추적 진단 결과, 축농증 부위인 코의 전두동, 사골동, 상악동, 비강갑계 등에서 발생한 농(염증 세포)이 혈관을 타고 돌면서 혈압, 혈당, 혈전, 혈중 중성지방 지수를 높이고 있다는 사실이 발견되었다. 이로써 전형적인 성인병 증세와 함께 심장과 간, 췌장과 부신 등의 기관 기능이 상당히 약화되어 있었다. 열심히 살아온 그가 중년에 들어서자 그동안 쌓아온 병요소들 때문에 갖가지 성인병 증상이 찾아온 것이다.

주로 50대 이상의 중장년층에서 증상이 나타나는 만성퇴행성 질환을 성인병으로 부른다. 고혈압, 당뇨병, 동맥경화 등의 심혈관성 질환과 같이 주로 순환기계에서 발병하며, 중풍이라고 부르는 뇌혈관성 질환 등을 포함하여 성인병이라고 부른다. 이에 대응한 치유 기도 절차는 먼저 혈당을 높혀서 당뇨 증세

(합병증과 후유증)를 일으키는 부위들의 치유를 하여 혈당 수치를 정상 수치로 만들어 놓는 것이 중요하다. 그다음에는 순환계 특히 혈액 순환계 전반을 치유하여 혈압, 혈전, 중성지방 등의 수치를 정상 수준으로 만들어야 한다. 마지막으로 이 성인병의 주요 원인인 순환계의 발병 원인 부위를 찾아서 근본 치유를 하면 된다. (치유 순서는 병 증상의 완급 판단에 따라 달리할 수 있다.)

(1) 혈당(당뇨)

에너지로 변환되지 못한 (포도)당 성분 찌꺼기들은 오염병요소가 되어 혈관 속을 떠돌아다니다가 생체 특정 부위에 병 증세를 일으킨다. 이 당뇨병 (합병)증세가 심하면 실명까지 가는 무서운 결과를 가져온다. 이 증상이 나타나면 섭취하는 당분을 줄이면서 혈당 관리를 해야 하는 것은 당연하다. 당뇨증세와 관련하여 영기치유의 기도 대상이 되는 부위는 간과 췌장과 부신이 된다.

간의 전체적인 조직과 기능 영역의 치유로 간의 중간대사 기능과 해독 기능을 정상화하여 간에서 당뇨 불순물의 처리를 정상적으로 할 수 있도록 한다. 췌장, 특히 췌장의 내분비 기관인 링게르한스샘을 집중적으로 치유하여 췌장의 내분비 기능을 정상적으로 회복시켜야 한다. 췌장의 기능이 정상화되면 혈당을 낮추는 인슐린 수치가 높아지고 혈당을 올리는 글루코겐의 생성 지수가 낮아지게 된다. 부신의 조직과 기능 치유 기도로 특히 부신 수질의 기능이 정상적으로 회복되면 혈당을 올리는 카테콜아민 호르몬의 지수도 정상 수치(12)로 회복된다. 이 세 기관을 치유하고 난 후 혈당 수치를 재 보면 정상적으로 내려가 있음을 확인할 수가 있다.

(2) 순환계(혈액 순환계)

혈액순환계, 기순환계, 림프순환계의 3순환계 중에서 주로 혈액순환계가 문제가 된다. 이 혈액순환계 질병은 심장 혈관과 뇌혈관 질환과 직접적인 관계가 있기 때문이다. 심동맥류와 뇌동맥류 질환의 원인이며, 나타나는 증상은 높은 혈압 지수, 높은 혈전(콜레스테롤) 지수, 높은 중성지방 지수와 심부전 지수 등이다. 혈순환계의 병은 심정지의 원인이 되는 심근경색과 중풍의 원인이 되는 뇌혈관경색을 일으킨다.

일차적으로 뇌와 생체 전 영역에 퍼져 있는 모든 혈관과 혈관의 혈맥 부위, 그리고 혈장과 혈액순환 부위에 있는 모든 종류의 병요소들을 제거하는 치유 기도가 필요하다. 그다음에는 좀 더 세부적으로 심장의 각 혈관, 특히 심장근육 건강과 직결되는 관상동맥의 완전 치유가 필요하다. 관상동맥 병으로 약해진 심실근과 모든 심장근육(특히 심실중격근)과 심장 판막 부위를 진단 치유하여야 한다. 심장부위 치유가 완성되면 뇌혈관 부위(특히 혈맥)를 정밀 진단하여 완전 치유 상태가 되도록 치유 기도를 진행한다.

(3) 원인 부위 진단 및 치유

이상의 성인병 부위와 그 증상들이 치유 치료가 되었더라도 원인 부위가 따로 있다면 재발의 가능성이 있다. 따라서 혈액순환계의 모든 세부위에 지속적으로 병 원인체를 공급하고 있는 부위를 찾아내야 한다. 중년 L씨의 축농증은 과거 몇십 년간 그의 혈액순환계에 염증 찌꺼기 오염병요소를 제공하여 오늘날 심각한 성인병을 일으킨 것이다. 이와 같이 다른 고질병 부위들도 찾아서 성인병의 원인 부위를 치유하여야 재발을 방지할 수가 있다.

5) 노화(Aging) 문제

노화(Aging) 문제를 어떻게 다룰 것인가 하는 문제는 모든 사람들의 관심사이다. 노화에는 생체적 노화와 병적인 노화가 있다. 생체 기관이 자연적으로 또는 병으로 인하여 퇴화하여 노화 현상이 드러나고 있는 사람을 노인이라고 부른다. 나이가 많은 건강한 사람은 노인이 아니다. 사람은 어차피 죽는다. 그나마 노화 과정을 거쳐서 죽는 것은 행운이다. 이러한 행운을 주고 있는 노화는 푸르른 나뭇잎이 낙엽으로 변하는 과정과 같다. 각자가 노력하면 건강한 모습의 단풍과 아름다운 색깔의 단풍과 같이 아름다운 노화를 만들 수 있을 것이다.

자연적인 몸의 노화는 세포의 노화와 세포 자체의 건강 문제와 직접적인 관련이 있기 때문에 먼저 세포 부위에 관심을 기울이게 된다. 세포의 노화를 더디게 하여 가능하면 오랫동안 세포 팽팽 상태를 유지하는 것이 생체 노화에 대응하는 방법으로 알려져 있다. 따라서 노화 문제를 다루기 위해서는 먼저 ① 세포 건강 문제를 해결해야 한다. 그다음에는 여러 가지 형태로 나타나는 ② 노화 현상을 방지하고 억제하여야 한다. 그리고 나타나는 여러 가지의 ③ 노인성 질병의 치유와 치료에 임해야 한다.

(1) 세포 건강의 유지

① 노화 원인 지수와 세포 건강

노화에 따른 질병도 여러 가지가 되지만 노화의 원인도 여러 가지가 있다. 다 알 수 없는 그 원인들의 종합 지수를 100이라고 설정하여 어느 특정인이 특정 시점에서 가지고 있는 노화의 모든 원인들을 지수로 알 수가 있다면 노화의 진행 상태를 어느 정도 가늠할 수가 있을 것이다. 이렇게 설정된 노화 원인 지수를 실제 측정한 결과 70대 중반에 이른 사람들은 45% 내외로, 30~40대 중년의 경우에는 대략 25% 내외로 나타나고 있었다. 많지 않은 치유 사례이지만 세포치유와 세포 내 염색체(DNA) 치유를 완성하고 난 이후에 측정된 이 사람들의 노화 원인 지수가 확연히 떨어져 있었다. 그렇다면 노화의 원인 대부분은 세포에 있다는 해석이 된다. 염색체와 DNA의 손상 정도, 질병 유전자가 노화 진행에 크게 영향을 미치고 있다고 봐야 한다.

▶ 활성산소와 세포 에너지

원인이 되는 세포 부위 질병치유는 몸 전체 치유를 위한 기반(환경) 치유에 해당된다. 세포 내 염색체와 DNA 부위의 건강 여부가 또한 노화 문제와 깊은 관련이 있다. 세포를 중심으로 세포 질환 문제와 함께 유전성 질병에 대한 대처 방법을 알아본다. 우리 몸은 약 60조~100조 개의 세포로 이루어져 있다고 한다. 따라서 우리 몸을 이루고 있는 모든 세포는 우리 몸에서 기반시설이 된다. 세포 하나하나 전부를 건강하여 만들어 팽팽해진다면 몸 전체 건강을 위한 기반 영역을 튼튼히 다지는 것과 같다.

- 활성산소 문제: 세포 팽팽의 핵심은 세포의 재생력과 세포
내 질병의 제거에 있다. 또한 정상적인 몸 세포의 숫자를 유
지하기 위하여 세포의 소멸을 막고 재생력을 유지하여야 한
다. 이를 위해서는 각 세포에는 세포 에너지가 충만하여야
한다. 세포의 에너지는 주로 미토콘드리아가 산소의 도움을
받아 만들어 내지만 아이러니컬하게도 세포의 소멸, 즉 노
화는 이 산소에 의하여 세포분자들이 산화함으로써 발생한
다(활성산소의 문제). 이러한 생체 작용 구조로 인하여 사람의
생명에는 한계가 있는 것이다.

- 골수의 성체줄기세포 생산 능력 회복: 생체 모든 세포들은
부위에 따라 각기 다른 수명을 가지고 있어 수명이 다하면
소멸한다. 소멸과 동시에 새로운 세포가 재생해야만 생명을
유지할 수가 있으므로 세포의 재생력은 노화 문제의 중심
이 될 수 있다. 그러나 세포 재생을 위한 세포 원자재 생산
은 골수에서만 할 수가 있다. 따라서 골수는 우리 몸 체계
에서 세포 위에 있는 기반 영역이 된다. 골수 부위의 모든
조직과 기능 영역에 있는 모든 병요소들이 먼저 치유되면

골수 기능이 정상화되어 성체줄기세포의 공급이 원활해지기 때문에 곧바로 세포의 재생력이 회복되는 것으로 측정되었다. 골수의 다른 중요한 기능으로서 신장으로부터 원자재를 받아서 적혈구를 생산하여 혈계에 공급하는 기능과 면역체 B세포를 만드는 기능 때문에, 골수 부위의 완전한 치유는 혈계와 면역계 치유를 동반한다. 세포 재생 유전자의 건강한 (발현) 수준도 세포 재생력에 영향을 미친다. 이 부분은 유전자 치유에서 다루기로 한다.

▶ 세포치유

- 세포치유: 그다음에는 세포 내에 있는 질병 요인들에 대한 제거치유를 해야 한다. 일반적인 병 치유 기도 절차와 방법을 따르면 된다, 중요한 것은 세포들 중에는 내재 고질병요소가 기준(60%) 이상인 특고질병요소가 있는 세포가 존재할 수 있다는 점이다. 이를 진단해 보면 대개 면역세포들과 신경세포들이다. 이를 포함한 **세포 내 모든 질병요소들의 제거치유**가 완성되면 마지막으로 정상세포들의 건강 회복을 도와주어야 한다. 세포 건강 회복을 위해서는 넘치지 않는 범위 내에서 충분한 단백질과 수분과 어느 정도의 당분

이 필요하게 된다. 늙으면 단 것이 땡기는 이유이다. 늙은
사람들은 세포 팽팽을 위해 고기를 많이 먹고 물도 많이 마
셔야 한다.

- 염색체(DNA) 치유: 세포 전체의 조직과 기능 영역에 있는
질병치유 기도 방법은 일반 병의 치유 기도 방법과 같다. 세
포치유 다음에는 세포 내 염색체(DNA) 치유 절차가 필요하
다. 그 치유 기도 절차와 방법은 다음과 같다.

■ 손상된 염색체(DNA)의 회복 복구 치유 기도를 한다. 구체
적으로는 손상된 염색체(DNA)에 있는 결손성, 중복성, 역위
성, 삽입성, 전위성 등의 돌연변이 요소들의 제거를 위한 치
유 기도가 된다.

■ 결손된 염색체(DNA)의 회복치유 기도를 한다. 구체적으로
는 절편되었거나 손실된 염색체(DNA)의 회복 복구 치유 기
도가 된다.

■ 텔로미어와 텔로미라제 수준을 최고 수준으로, 최소의 자
유라디칼 수준이 되도록 회복치유 기도를 한다. 텔로미어
와 텔로미라제 수준이 높을수록 염색체와 세포 수명이 길
어지며, 자유라디칼 수준이 낮을수록 산화되어 손상되는

염색체(DNA)를 막을 수가 있다. 즉, 노화의 원인을 제거하는 것이다.

■ 마지막으로 염색체(DNA)에 있는 일반 병요소들에 대한 치유 기도를 함으로써 세포 건강 수준을 최고 수준으로 올릴 수가 있다.

▶ 유전자 치유와 유전성 질환 문제의 해결

세포 내 유전자는 세포치유와 노화 치유의 마지막 대상 부위이다. 유전자의 치유는 두 방면에서 한다. 첫째는 질병유전자의 제거이며, 둘째로는 정상유전자의 치유이다.

- 질병유전자의 제거치유: 전체 유전자 중에서 질병유전자가 차지하는 평균 비율은 3.3% 정도이며 질병유전자의 종류(유전 질환의 종류)는 대략 50여 개로 알려져 있다. 그중에서 대표 주자는 암 유전자이다. 암 유전자 이외에도 알츠하이머 유전자(아포지 단백질), 선천성 조로증을 일으키는 라민(Lamin) 유전자 등이 있다. 질병유전자에는 선천성은 물론 후천성도 있다. 질병유전자 제거치유 기도의 절차와 방법은 다음과 같다. 우선 내재 고질성이므로 ① **유전자에 내재된 불활성과 잠재성을 먼저 제거(치유 기도를)함으로써 모든 질**

병유전자를 표면활성화해야 한다. ② 그다음에 **표면에 드러나서 활성화된 모든 질병유전자를 완전 제거하는 치유 기도를 한다.** 치유 기도를 끝내고 질병유전자 지수가 제로 수준인지를 확인하고, 암 유전자도 완전히 제거되었는지를 확인한다.

- 정상유전자의 질병치유: 질병유전자가 아닌 정상유전자들에도 병요소가 있으며, 손상된 유전자가 있다. 손상된 부위를 복구 치유하고 감염되어 있는 병요소들을 제거하는 치유 기도를 먼저 한다. 질병치유가 되고 손상이 복구된 정상유전자의 활동 지수인 유전자 발현 비율을 높이는 기도는 별도로 필요하다. 모든 유전자가 100% 활동하지 않는다. 성인 보통의 발현 수준은 약 10%이다. 치유 기도 후의 유전자 발현 수준의 측정치가 대강 15% 이상 수준으로 상승된 것을 관찰할 수가 있었다.

- 장수의 조건: 노화의 과정을 세포 단위로 단순화해서 보면, '질병유전자의 활성화 → 정상유전자 발현 수준의 저하 → 염색체(DNA) 손상 → 세포화 과정 수준의 저하 → 노화 진행'으로 이어진다. 이 중에서 세포화 과정 수준을 결정하는

요인은 유전자에 있으며, 그 유전자들은 유전자 발현 수준을 결정하는 메틸화 유전자, 염증 발생과 관련되는 염증화 유전자, 당의 화학적 반응과 관련 있는 당화 유전자, 자유라디칼로부터 DNA를 보호하는 산화 유전자와 DNA 복구 능력과 관련 있는 DNA 복구 유전자이다. 정상유전자의 치유를 통하여 이 세포화 과정에 있는 5개의 유전자들이 건강을 회복하면 전체 세포의 건강 수준이 높아진다.

이와 같이 정상 세포들의 팽팽 건강을 위해서는 유전자와 염색체(DNA)의 치유와 함께 세포 내에 있는 질병요소들의 제거 치유가 이루어져야 한다. 똑같은 조건의 건강 수준을 가진 두 노인이 있다고 가정할 때, 질병유전자가 제거되고 정상유전자가 완전 치유된 노인이 더 오래 살 수 있는 것은 당연하다. 질병유전자와 정상유전자의 건강 회복은 장수의 조건이 된다.

(2) 노화 현상의 억제와 예방

① 노화 현상에 대한 접근 방식

언제 죽을지, 그 때는 모르겠지만 그때까지는 아프지 않고 건강하게 살 수 있으면 좋겠다는 생각을 해 본다. 그러나 나이 70~80대에 이르면 희망과는 달리 온몸이 여기저기 아프기 시작하고 늙어가는 (노화) 현상을 느낀다. 나타나는 이런 불편한 증상들을 없애고 더 나아가서 노화의 원인들을 찾아서 최대한 제거하는 것이 노화 문제를 다루는 방법이 될 것이다. 이 노화 현상 문제의 해결을 치유영기에게 부탁해 보기로 하자. 모든 세포에는 수명이 있어 육체적 생명은 유한하다. 때문에 노화의 문제에 대한 접근 방식은 살아 있는 동안 노화현상으로 나타나는 질병들의 해결이라는 관점에서 접근하는 것이 옳을 것이다.

② 나타나는 노화 현상들에 대한 대응

▶ 육체가 늙어가는 것을 느낌

→ 노화 시계(텔로미어)와 텔로머라제 효소 기능의 약화를 막음

태어날 때 가지고 있는 세포는 평생 그대로 가지고 살지는 못한다. 없어진 세포를 대신해서 새로운 세포가 재생되는 과정에서 세포갈이를 계속한다. 세포 분열을 계속하는 동안 우리의 세포 염색체 끝에 있는 텔로미어라는 부분이 점점 짧아지게 되며 텔로미어가 상실된 세포는 죽게 된다. 이러한 사실로 인하여 각 세포의 텔로미어 길이를 노화 시계라고 부르고 있다. 그런데 이 텔로미어 길이를 유지시켜 주는 단백질 효소인

텔로머라제가 동시에 생성되기 때문에 이 효소가 우리 몸의 노화 시계의 속도를 늦추는 자동 장치가 된다. 각자의 텔로미어 길이와 텔로머라제 효소의 생성 기능 지수를 측정하여 노화의 정도를 알 수가 있으며 이 부분은 염색체(DNA)의 치유 과정에서 어느 정도 해결이 된다.

▶ 힘이 떨어짐

→ 세포 에너지 생산 체계 개선(해당계와 미도콘드리아계의 조화)

세포 에너지 생산에는 두 가지 방법이 있다. 태아에서 어른으로 성숙될 때까지는 당을 녹여서 에너지를 만드는 해당(解糖)의 방법에 주로 의존하지만 (비만이 아닌) 정상적 몸 상태로 성숙된 어른들의 경우에는 이 해당계와 미도콘드리아계가 합쳐져서 조화롭게 에너지를 몸 각위 조직에 만들어 낸다. 당을 줄이고 소식(小食)을 하게 되면 미도콘드리아계의 세포에너지 생산을 더욱 촉진하게 되어 나이가 들어도 팽팽한 세포를 유지할 수가 있게 된다. 미도콘드리아계 에너지 생성 과정은 앞에 기술되어 있다. 미도콘드리아계 에너지는 우주기 에너지 포톤의 힘을 빌려서 만들어지기 때문에 사기에 감염되어 영혼기(특히 자기영기)가 없어지거나 약해지면 미도콘드리아계 에너지의 생성은 불가능하다.

▶ 뼈 약화 및 근육량 감소

→ 수분 섭취와 운동

일반인들의 체중 중의 45%는 근육의 무게이다. 그리고 몸속 수분의 약 35%는 근육에 있다. 수분 섭취가 적으면 몸과 피부가 건조해지면서 근육이 약해진다. 뼈와 근육, 힘줄 건강에 필요한 영양분과 수분의 섭취를 젊었을 때보다 더 많이 해야 하며 규칙적인 운동도 필수이다. 그 이전에 이 부위들에 대한 질병요소의 제거치유(기도)가 선행되어야 한다.

▶ 질 좋은 잠의 부족

→ 내분비계 치유와 안티에이징 호르몬 촉진

질 좋은 잠은 노화를 방지하지만, 밤에 자주 깨어나서 수면이 얕아진다면 이것은 노화의 증거가 되기도 한다. 성장호르몬(뇌하수체)과 멜라토닌(송과체)와 같은 안티에이징 호르몬은 잠잘 때 활성화된다. 성장호르몬은 수면 중 신진대사를 촉진하고 멜라토닌은 심부 체온을 내려서 졸음이 오게 하며 질 좋은 수면을 가능케 한다. 수면 중에 이 두 호르몬은 분비가 촉진되어 활성산소와 같은 노화 원인 물질을 제거하기도 한다. 또한 수면 중에 부신의 코르티솔 호르몬이 분비되어 잠자는 도중에 항염 작용을 하고 지방 연소 기능도 하여 노화 억제를 한다.

수면 시간 부족이나 밤과 낮의 뒤바뀜 생활로 인해 이러한 내분비계 물질이 작용을 제대로 하지 못하면 생체적 노화는 물론 병이 유발되어 병적인 노화도 일어난다.

그리고 자율신경계의 균형이 깨져서 잠이 부족하면 멜라토닌과 세로토닌과 같은 수면호르몬이 부족해진다. 전체 수면시간이 같더라도 밤과 낮이 역전되면 성장호르몬의 분비량이 반으로 줄어든다. 잠을 충분히 잘 때 혈관 벽에서 생성되는 프로스타글란딘D2가 분비되어 동맥경화를 예방하기도 한다. 잠을 잘 자는 생활 습관은 이와 같이 노화를 예방하고 방지하는 좋은 방법이다.

수면 문제는 기초 8계의 내분비계와 자율신경계의 치유로 어느 정도 해결되지만 수면기를 받아서 전달 송기하는 방법으로 수면을 도와줄 수가 있다. 수면을 촉진하는 호르몬과 신경전달물질은 멜라토닌, 세로토닌, 아세틸콜린, 도파민, 등이기 때문에 이러한 호르몬과 물질의 생성 기능을 강화하는 기도를 하면 많은 도움이 된다. 이러한 호르몬과 물질들의 기 작용의 합한 기를 '수면기'라고 칭하여 이 수면기를 송기한다는 송기기도가 효과가 있다.

▶ 몸이 차가움

→ 저체온증의 치유

나이 들어서 몸이 차면(심부 체온) 마신 물이 혈액과 세포로 가지 못하고 세포 밖의 조직액으로 남아 있게 된다. 말초혈관에 모인 면역체의 기능도 지장을 받아 면역기능도 저하된다. 노폐물과 함께 있기 때문에 심하면 이로 인하여 부종이 발생하여 몸이 붓게 된다. 체온이 낮아지는 원인은 주로 부교감신경 반사를 촉진하는 현대인의 생활 습관이다. 심부 체온을 올리기 위해서는 생활 습관을 바꾸는 방법 외에는 없는 것으로 알려져 있다. 그러나 기초 8계 영역의 3 순환계와 자율신경계의 치유로 저체온증이 치유된다. 특히 림프계의 치유로 림프계의 '조직액 배출 기능'을 정상화하여 몸속 체온을 올릴 수 있게 되고 자율신경계의 부교감신경계의 과도한 항진을 막을 수 있어 저체온증을 막을 수 있게 해 준다.

(3) 흔한 노인병 증상들과 치유

① 눈이 침침해지고 귀가 어두워진다

눈이 뻑뻑하다면 눈 구조 전체를 잡아 주고 있는 근육들 중 거근, 시근, 기타근 부위에 있는 고질병요소들과 눈물샘과 기름샘에서의 이상 때문이며, 눈이 침침하다면 눈동자 부위의 각막, 홍채, 수정체, 맥락막과 망막에 있는 여러 병요소들 때문이며, 눈이 잘 안 보이면 황반, 맹점, 시신경 등에서 문제가 있다고 본다. 각 부위를 정밀 진단하여 절차에 따라 치유 기도를 한다. 청력에 문제가 있다고 생각하면 제일 먼저 해당 귀의 고막부터 진단 치유하고 나머지 부위(진정, 달팽이관, 세반고리반 등)를 진단 치유한다.

② 허리가 쑤시고 팔다리가 아프다

통증이 있는 근육 힘줄 부위(주로 허리근육 부위)를 먼저 치유하고 나머지 내외의 모든 힘줄과 근육 부위를 세분하여 진단하고 치유 기도를 한다.

특히 팔다리 근육과 함께 골 부위가 문제가 되며, 골 부위들 중에서 팔다리 관절 부위와 척추(경추, 흉추, 요추, 선추, 미추) 부위와 고관절 부위는 그 구조가 비슷하기 때문에 아픈 부위를 정확히 진단하여 같은 방법으로 치유한다. 골반과 둔골 부위에 이상이 발견되는 경우도 흔하다. 평생 쉬지 않고 사용한 뼈와 근육이 아프다고 호소하는 것이므로 쌓여 있는 모든 때를 정성을 다하여 하나하나 벗겨내는 방법으로 치유하여 편하게 생활할 수 있도록 해 주어야 한다. 골격과 근육은 우리 몸에서 기본적인 버팀 구조물이다.

③ 인지·기억·판단 능력이 감퇴되었다

나이가 들면 시각, 청각, 후각, 미각 등의 감각 기능이 약해지면서 자연히 인지 능력이 떨어지게 된다. 즉, 외부에서 입력되는 정보가 부실하고 입력 정보의 양도 적어진다. 그 때문에 정확한 외부 정보가 뇌의 다른 부위에 전달되어 처리되지 못한다. 동시에 약화된 기억 능력과 판단 명령 능력이 사람을 아둔해 보이게 만든다. 이런 원인이 있으므로 나이 든 사람들의 반응이 느리다고, 행동이 아둔하다고 탓하면 안 된다.

모두가 뇌 영역에서 발생한 문제들 때문이다. 뇌를 생각하면 뇌혈관과 뇌신경 건강을 제일 먼저 떠올려야 한다. 범위를 넓혀서 뇌 영역 전반에서 작용하고 있는 기초7계인 면역계, 혈계, 기계, 림프계, 신경계, 자율신경계, 내분비계를 진단하고 완전 치유한다. 이 단계에서 뇌혈관 문제와 뇌신경 문제는 해결된다. 부위별 치유를 위한 기초적인 환경 정비가 이루어진다. 이 환경 정비만 잘 되어도 뇌 질환의 큰 줄기는 잡을 수가 있다.

구체적 부위에 들어가서는, 인지 영역은 주로 슬상체에 문제가 생기기 때문에 이 부위를 진단·치유한다. 기억 영역은 주로 단기 기억 관련 기관 부위인 해마와 유두체를, 연결 전달 영역은 모든 부위를 진단하고 치유하여야 한다. 판단과 명령을 관장하는 시상하부, 송과선, 뇌하수체는 아주 중요하다.

리듬 운동을 담당하는 뇌의 통제 조절 영역 각 부위에서 기능 불균형이 발생하면 늙음과 동시에 닥쳐오는 치매와 파킨슨병이 발생한다. 이 영역에서의 중요 기관 부위는 대뇌기저핵, 중격의지핵, 선조체, 흑질치밀부와 대뇌각교뇌핵이다. 모두 파킨슨과 알츠하이머성 치매와 관련이 있는 부위이다. 모든 부위의 조직과 기능 영역에 쌓여 있는 때를 완전히 벗겨내는 치유와 기능의 불균형도 치유를 통하여 기능도 바로잡아 주어야 한다. 치유 전후의 도파민과 아세틸콜린 지수를 비교하여 치유 후에는 정상 균형수치가 회복되었는지를 확인해 볼 필요가 있다. 몸의 리듬 운동 수준 지수가 3,000 이하이면 파킨슨병으로, 2,000 이하이면 알츠하이머병으로 진단한다는 것도 염두에 두고 이 리듬 운동 지수의 변화도 측정해 보는 것이 좋다.

④ 마음의 병에 관심을 두어야 한다

늙어지면 대부분의 경우 마음이 약해지고 젊은 사람들의 눈치를 보게 된다. 변하는 세상의 추세를 따라잡기가 힘들다 못해 포기한다. 평생 엮어서 만든 내 속의 이야기를 하면 고루한 생각으로 비춰진다. 정체성이 흔들리게 된다. 마음에 상처 받는 일이 하루에도 몇 번씩 발생한다. 이것은 마음속의 스트레스로 변하여 몸 영역과 영혼 영역의 건강도 해친다. 모든 것을 내려놓는 자세와 평생 내가 하고 싶었지만 하지 못했던 일을 찾아 집중하면서 주변을 살펴서 배려하는 마음을 가져 보는 것과 세상일 못지않게 영적 생활을 시작해 보는 것이 도움이 된다. 이 글 중에서 마음 건강과 영혼 건강에 관한 부분이 참고가 된다.

6) 암 치유

나의 암 치유 이야기

71세가 되던 정월 초, 나에게 위암이 발견되었다. 며칠간 소화가 되지 않고 통증이 있어 치유 기도를 해도, 약을 먹어도 소용이 없었다. 진단 결과 혈중 암 기준으로 위암 2기의 초기 암이었다. 발생 부위가 위장 하부와 십이지장 상부에 걸쳐져 있었다. 다행인 것은 비전이성의 융기암으로 크게 위험한 것은 아니었다. 그러나 당혹감과 불안감은 컸다. 암에 대한 일반 상식만 가지고 있던 나로서는 우선 몸 **전체의 면역력을 최대로 강화**하고, 위장과 십이지장 부위에는 **NK세포 면역체를 대폭 강화**하는 치유 기도를 하였다. 그 결과 암 세포가 없어진 것으로 측정이 되었기 때문에 일주일 동안 유동식을 하면서 위장의 상처 부위를 다스렸다. 결과는 좋았다.

그러나 그해 10월 중순에 위암이 다시 재발했다. 똑같은 부위와 같은 수준의 암 수치가 진단되었다. '왜 재발했을까?' 고민 중 세포 내 암 유전자가 생각이 났다. 그리고 세포와 유전자에 대한 공부와 정보를 수집하였다. 이를 계기로 **모든 질병유전자의 제거**도 치유영기의 무한하신 치유 능력 중에 있다는 것을 확신하면서 내 몸 전체에 있는 세포 내 암 유전자와 모든 질병유전자의 제거치유 기도를 하였고, 제거되었음이 확인되었다. 그다음에 1월에 하였던 NK세포 강화와 암 세포 제거를 위한 치유 기도를 다시 하였다. 이제 나는 암으로부터 해방되었다.

* 나의 부친은 71세 연세에 위암으로 고생하다가 돌아가셨다. 정말 우연인 것은 부친께서도 71세 정월에 위암 발견을 하셨고, 그해 가을에 돌아가셨다. 우연이 아니면, 나의 위장 세포에 있는 암 유전자의 활동이 부자(父子)가 같은 나이에서 최대한 발현되도록 프로그래밍이 되어 있었단 말인가?

주변 사람들의 암 치유 이야기

① 해외에서 선교활동을 하던 고등학교 동기 K가 말기의 전신암 판정을 받고 귀국해서 병원에 입원해 있었다. 진단 결과 췌장에서 시작한 암이 혈액을 타고 위장, 간, 대장, 신장 등으로 전이되어 있었다. 췌장 부위만 4기의 말기 암이었고 다른 부위는 2~3기의 진행 암이었다. 지금은 모든 암세포가 죽은 완치상태에서 회복이 진행되고 있다.

② 우연히 알게 된 네덜란드인 K 부인이 간암에서 시작한 전신암에 걸려서 본국의 병원에서 죽을 날만 기다리며, 마음만 다스리고 있다고 한다. 이 소식은 홍콩에 거주하는 그의 딸이 울면서 전해 주었다. 온 가족이 매달려서 기도 중이라고 한다. 참 아까운 생명이다.

나에게 적용했던 치유 기도 방법대로 원격치유 기도를 하고 절대로 항암치료와 방사선치료를 하지 말아 달라고 부탁을 했다. 본인은 멀리 있는 한국에서 자기를 위한 치유 기도를 하고 있는 사실을 전연 모르고 있었다.

그 후 두어 달 지난 어느 날 연락이 왔다. 건강을 되찾았고 정상 생활을 하고 있다는 반가운 소식이었다. 그런데 이상한 것은 간에 대한 엑스 레이 촬영 결과 시커먼 암 부위가 더 커졌는데도 몸은 건강해졌다는 것이다. 이것은 죽은 암세포 시체 찌꺼기가 아직 배출되지 못하여 촬영 이미지로 잡힌 것이었다. 살아남은 정상 간세포가 활동을 열심히 하고 있다는 사실을 의사가 잘 설명해 주면 좋겠다.

마음의 벽을 넘지 못한 안타까운 생명들

① 서울대학병원에서 전신암 치료 중이던 Y씨는 이제 호스피스 요양병원으로 옮겨 달라는 권유를 받고 자기 집에서 그날을 기다리며 괴로운 날을 보내고 있었다. 우연한 기회에 그의 집으로 위문 갈 기회가 있었다. 2016년 4월 초순이었다. 육체적 고통 속에 있는 그에게 먼저 영혼 평안과 마음 안정을 위하여 기도를 하고 한 달 이상의 기간 동안 암세포 제거치유 기도와 몸 전체 건강회복 기도를 진행하였다(나중에 평생 거부하던 신의 존재를 알게 된다). 몸과 마음과 영혼의 평안이 회복되고 있다는 것을 가족들이 알 수 있었다.

그러나 5월 말경, 주변 사람들의 강압적 권유와 자기의 선택으로 신촌 세브란스병원에서 암 치료를 위한 면역 강화 주사를 비싼 돈을 주고 맞고 다음 날 집으로 돌아 왔다. 기적 같다는 이 주사로 살 수 있겠다는 희망을 가지고 집으로 돌아온 지 10일 후인 6월 6일 현충일 새벽에 암 때문이 아니라 심장 쇼크로 돌아갔다는 안타까운 연락을 받았다. 너무 강화된 면역으로 발생한 혈전이 심장 대정맥을 막아 버린 결과였다.

② 중년의 L씨는 실직 후의 극심한 스트레스와 가정적 문제로 인하여 위장에서 시작한 암이 혈액을 타고 전신에 전이된 상태에서 위장절제 수술을 받았다. 위장절제 수술 후에 시작한 치유 기도 결과 암세포가 완전 제거되었다는 측정 결과를 본인에게 전해 주었으나 분당 서울대병원에서 권유하고 있던 항암 및 방사선 치유를 계속하였다.
정상세포를 죽이고 있는 항암 조치들로 인하여 몸이 갑자기 쇠약해지면서 심한 우울증 증세까지 발생하여 갑자기 세상을 떠났다. 조금 더 살 수 있는 생명이었는데 안타깝다.

암 환자에게는 불안감을 극복하는 마음 관리가 꼭 필요하다는 걸 알 수 있는 사례들이다. 이 마음의 벽을 넘지 못하고 맞이하는 그들의 죽음을 그냥 그들이 선택한 운명이라고 말하기에는 너무나 안타깝고 미안한 마음이 앞선다.

발생한 암세포들이 제일 무서워하는 것은 암세포 발생 원인 체인 암 유전자를 제거하는 것과 NK세포 면역체를 강화하는 것이 될 것이다. 암 유전자는 초기 인류 시대부터 모든 사람들에게 유전되어 오는 고약한 질병유전자이다. 보통 사람들 경우 이 암 유전자에서 하루 평균 5,000개 이상의 암세포가 생겨나며, 이것이 암 증세로 나타나지 않는 것은 모두 NK세포에 의해서 죽임을 당하기 때문이다. 이런 원리로 보면 치유영기의 능력에 의한 암 치유 방법은 아주 간단하다. 먼저 암 유전자를 비롯한 모든 질병 유전자들에 대한 제거치유 기도를 하고, 암 발생 부위와 몸 전체에서 NK세포 면역체를 최대 수준으로 올리는 강화치유 기도를 하면 대개의 경우 모든 암세포가 소멸된다. 남아 있는 암세포가 측정되면 별도로 제거치유기도를 해야 한다. 그러나 암 환자의 치유 기도는 여기서 끝내면 안 된다.

암 발생 부위에 남아 있는 모든 병요소들에 대한 치유와 치료 기도를 하고 나서 몸 전체에 대한 진단과 치유를 시행하여 스스로 생체 기능을 회복할 수 있도록 도와주어야 한다. 실패한 사례에서 보듯이 이 모든 과정에서 환자의 마음 건강 관리에 각별히 신경 써야 한다. 마음과 영혼 영역의 건강에 대해서는 이 글의 앞부분에서 기술한 바 있다. 몸 전체에 대한 종합적인 진단과 치유 방법에 대해서도 이미 설명하였다.

8) 응급상황 대처(심정지와 의식불명 등)

생명이 위급한 응급상황이 발생할 때는 시간은 놓치지 않고 현장에서의 응급 대응 요령을 따르면서 병원 응급실에 시간 내에 도착하여 응급 처치를 받아야 한다. 주로 심장 정지 상태나 뇌혈관에 이상이 있을 때이다. 병원에서의 응급처치가 성공하면 정상적인 치유 기도를 절차에 따라 하면 된다. 그동안의 한계시간 중에 있는 치유 기도자는 당황하지 말고 마음을 안정시키면서 정신을 집중하여 다음의 방법으로 대처하면 도움이 될 수 있다. 가슴 통증이나 어지럼 증세 등의 사전 증상이 나타날 때도 같은 응급조치가 필요하다.

- 문제되고 있는 부위를 몇 초 안에 찾아낸다.
- 심장 부위인 경우에는 심장 대동맥, 대정맥, 관상동맥, 심장근육, 심장판막 부위인지 여부를 재빨리 확인하고 병요소 제거치유 기도를 한다.
- 뇌혈관 부위로 확인되면 뇌혈맥 부위와 뇌혈관 부위에 대한 제거치유 기도를 한다.
- 의식의 회복을 위한 기 송기를 하고, 뇌 신경계 회복 기도를 한다.

가까운 사이인 L씨와 함께 있는 자리에서 갑자기 왼쪽 가슴근육이 찢어지게 아프다는 호소가 있었다. 응급기도 절차에 따라 그 원인이 심장과 위장에 있다는 진단을 하였고, 1차적으로 심장과 위장, 그리고 왼쪽 가슴근육 부위의 표면 증상 부위의 치료 기도를 하여 응급 상태에서 벗어나게 한 후, 3개 부위를 순서대로 정밀 진단 치유 기도를 함으로써 위험상황에서 벗어날 수가 있었다. 심정지의 사전 위험 신호인 가슴 통증을 통하여 위험 상황을 미리 알게 해 준 것이다.

구체적인 응급 기도는 'OOO의 뇌 영역(또는 심장 영역, 기타 부위들) 중의 표면 증상 부위에 있는 모든 표면 병요소들(표면항원, 염증, 오염병요소와 불균형 병요소)들과 발생하는 치유불순물 병요소들을 제거치료'를 바란다는 내용이 된다.

그다음에는 '최고 수준의 영혼기, 의식기와 기초기와 최고 수준의 면역기와 체력기를 몸과 마음과 영혼 영역에 송기하여 완전 충기'를 바란다는 기도로서 의식회복을 도와준다.

마지막으로 구체적인 병 부위를 정밀 진단하여 정상적인 치유 기도 절차를 따라 진행한다.

영기치유 시 꼭 지켜야 할 사항

1. 치유 과정 중에 치유 기도자와 치유 대상자가 사기 등의 어둠의 세력 요소들에게 감염되었는지를 체크하여 **사기정보를 차단**하여야 한다.

2. 치유 시작과 완료 후와 치유 과정 중에 치유 대상자에게 **기초기**(정기와 생체기), **체력기와 면역기를 자주 충기하여 탈진 현상을 방지**한다.

3. 치유 시 발생하여 **순환계에 유입되는 치유 불순물**은, 즉시 용해 소멸, **제거 배출 치유 기도**를 함께하여 순환계에 발생하는 부작용을 예방한다.

4. 외형상 완치된 것으로 측정 진단되었어도 완전 치유의 선언은 조심하여야 하며 **치유 결과에 대해서는** 항상 **겸손한 마음**으로 확인, 재확인하는 자세로 임하여야 한다.

글을 마치며

　신의 축복을 받으면서 살아가고 있을 나의 후손들이 이 글을 접할 수 있기를 바란다. 한국에 살았던 어느 선조 할아버지가 2020년대에 가졌던 생각과 경험들을 이해하여 주기를 바라면서 이제 글을 마치고자 한다. 일흔이 넘은 나이에 이런 기회를 가질 수 있는 것 자체가 나에게는 하나의 큰 복이다. 잔치가 끝난 집을 정리하고 식사 후에 설거지를 하고 있다는 생각이 문득 들기도 한다. 그래서 인생살이라고 하는 매일매일 연속된 생활을 합산하여 정리해 보는 것도 의미가 있겠다는 생각도 든다. 기의 관점에서 생활(Life)을 재해석해 보고, 일상생활에서 만나는 기에 대해서도 한 번 더 생각해 본다.

　2018년 여름 어느 날에 나에게 꿈 영상을 통해서 '성령 주관

진단 치유 원칙'을 일깨워 주신 것은 나에게 큰 감동이었다. 이 것은 나에게 주신 선물이었으며 크신 은혜로 나에게 다가왔다. 한 살 된 나의 손자 하늘이의 선천성 병을 치유하기 위하여 기도 중이었다. 왼쪽 부위 발끝에서 두뇌에 이르기까지 모든 부위에 있는 병요소들을 하나하나 찾아내어 제거치유 기도를 하고 있었다. 끝이 없어 보이는 기도의 과정이었다. 거의 매일 밤을 새우는 눈물의 기도 과정이었다. 한 달이 넘은 어느 날, 병의 진단과 치유를 성령(예수님의 영)이 맡겠다는 메시지를 (꿈의 형태로) 보여 주셨다. 지친 나를 대궐 같은 집의 대청마루에서 함께 식사를 하게 하시고 잠도 자도록 하시었다. 지친 나를 쉬게 하시었다.

눈을 떠 보니 성령께서 어린아이를 눕히시고 몸의 여러 군데에 검은 작은 물체를 올린 상태에서 기도를 하고 계시는 모습을 보게 하셨다. 성령께서 성령의 치유영기를 병 부위에 직접 감응케 하신 모습이다. 그리고 기도를 하시는 모습이었다. 그 광경은 충격 그 자체였다. 그 이후부터 기도의 방법을 병 영역, 부위를 나누어서 각 부위에서의 병 진단과 치유를 성령께 부탁하는 방법으로 바꾸었다. 그 다음 단계에서는 병 부위 합동 진단과 합동 치유를 위한 기도에도 응답하여 주시었다. 머지 않아 모든 병이 완치되었다. 나 자신의 병 진단(측정) 능력과 그 불완전한 진단을 근거로 치유 기도를 계속했다면 나의 손자 하늘이의 선천성 병은 영원히 고치지 못하였을 것이다. 성령 주관의 진단과 치유 원칙은 그 이후 모든 치유 과정에서 지켜 지고 있다. 치유 기도자인 내가 앞장서지 않는다. **당연히 이 모든 영광은 하나님에게만 있다.**

　신은 나에게 발생한 암 치유 해법도 주셨다. 앞으로 빛의 영 역에 있는 많은 아픈 사람들의 간절한 기도에 응답하실 때 사 용하실 **드러나지 않는 도구**가 될 수도 있을 것 같다. 나의 가 정에 평화를 주셨고 가족들의 건강도 허락하시었다. 감사한 마음으로 나의 사명을 다하면서 남은 길을 조용히 걸어가고자 한다.

2019년 10월

박진규

KI, THE WAVE OF
ENERGY AND INFORMATION

부록

1. 몇 가지 질문과 답변

1. 읽고 나니 기의 내용이 복잡하고 이해하기가 어렵습니다. 차라리 설명 내용을 잊어버리고 모르는 상태에서 편하게 살고 싶습니다.

설명하는 기술이 모자라고, 표현하는 방법을 잘 몰라서 복잡하게 설명한 점이 분명히 있습니다. 만약에 심중에 이 내용들이 받아들여지지 않고 거부 반응이 생긴다면 이 또한 어쩔 수가 없을 것입니다. 그러나 우리 몸의 여러 장기들의 모양이나 그 기능을 내가 모른다고 해서 장기의 활동이 멈추지 않고, 사회 돌아가는 모습 전부를 내가 모른다고 해서 이 사회의 움직임이 멈추지는 않습니다. 이와 같이 존재하는 기 에너지와 기 정보를 우리가 바로 알아차리지 못한다고 해서 기가 존재하지 않는 것은 아닙니다. 그리고 그 내용을 다 알지 못해도 우리의 삶은 계속되고 생활은 이어집니다. 기에 대한 지식을 전연 알지 못하거나 기에 대한 지식에 대하여 거부감이 생기더라도 불안해할 필요도 없습니다. 그렇더라도 작용하는 기는 존재하고 그 작용하는 내용에 따라 우리에게 인식이 되니까요.

그러나 내용을 알고 나면 유익한 점이 한두 가지가 아닙니다. 이 책 앞부분에서는 밝은 기와 어두운 기에 대한 일반적인 지식을 제공하고 있지만, 뒷부분에서는 그 기들이 가지는 능력과 상호작용하는 과정과 그 결과, 모든 기들의 능력(특히 영기 능력)에 대하여, 그리고 우리 생활 속에서 어떻게 활용할 수 있는지에 대하여 설명하고 있습니다. 매사 그러하겠지만, 어설프게 알면 식자우환(識字憂患)이 되지만 제대로 알고 나면 그 지식은 우리에게 풍성한 열매를 줄 수도 있습니다. 영적 생활에 대한 성찰도 가능하며 몸의 치유 영역에 관해서도 알 수가 있습니다. 물론 눈에 보이지 않는 영적 전쟁에서의 승리를 맛볼수도 있습니다. 모든 내용을 알고서 더욱 편한 삶을 누릴 수있기를 기원합니다.

나는 데이비드 호킨스 박사의 생각들을 아주 좋아합니다. 그는 그의 마지막 저서 『놓아버림(Letting Go)』에서 완전성으로 나아가는 핵심적 요소는 우리의 결점이라고 보고 있으며, 이것은 오히려 완전성의 일부라고 보고 있습니다. 그의 표현을 소개하자면 이렇습니다. "반쯤 핀 꽃은 불완전하기 때문에 (그대로) 보호해야 하는 것이 아니다. 꽃이 피는 과정은 우주의 법칙에 따라 정확하고도 완벽하게 진행된다. 마찬가지로 지구상의 각 개인은 그와 같은 완벽성을 펼치고 있고, 기르고 있고, 배우고 있고, 삶에 반영하고 있다. 그런 점진적인 과정이 우주의 법칙에 따라 정밀하게 펼쳐진다고 할 수 있다". 따라서 기의 모든 작용이 이미 우리 개인의 삶에 반영되어 정확하고도 완벽하게 현재화(懸在化)되고 있으므로 매사 크게 걱정할 필요가 없는 것입니다. 그리고 운명은 사전에 정해지는 것이 아니고 우리의 선택 과정을 통해서 계속 변하는 '트랜서핑'입니다.

2. 사회는 기(氣)라고 하는 용어 자체에 거부감이 있는 것 같습니다. 왠지 모르게 다른 차원의 이야기인 것 같고, 미신적인 요소가 있는 것 같아 기를 언급하는 것 자체가 꺼림칙합니다.

살아오면서 한 번도 들어 보지 못한 내용이나 공부한 적이 없는 사안을 접하면 처음에는 거부감이나 불신감이 앞섭니다.

그리고 그것이 그동안 학습되거나 경험한 내용들과 다른 내용이라고 생각하면 일단 거부감과 불신이 앞섭니다. 무지(無知)와 잘못된 배움으로 형성된 어떤 패러다임을 깨고 처음 들어 보는, 새로운 것을 받아들이는 것 자체가 우리 모두에게 결코 쉽지 않은 것입니다. 그러나 여기서는 기(氣)라고 표현하고 있지만, 그것은 물질 입자가 가지고 있는 근원적 에너지와 정보를 말하는 것입니다. 그것은 그대로 존재하는 것이기 때문에 '기'라고 말하는 용어 때문에 본래부터 있는 그것에 대한 거부감이나 그 내용에 대한 불신감은 필요가 없는 것입니다. 알고 보면 그것은 물질계에 존재하는 우리 모두의 것이기도 합니다. 따라서 4차원의 다른 세상의 이야기도 아닙니다.

기(氣)라는 용어는 중국과 한국 등 한자권에서 오래전부터 사용되어 왔으며 900년 전 남송의 철학자 주자(朱子)가 강조하여 사용한 용어입니다. 같은 내용을 인도에서는 프라나라고 불렀고, 서양에서는 생명 에너지(Energy for Life)라고 부르고 있습니다. 지그문드 프로이트와 칼 융은 이것을 리비도(Libido)라고 칭했고, 헬리 벅슨이라는 학자는 엘란 바이탈(Elan Vital)이라고 명명하였습니다. 이에 대한 속성과 내용은 파동이며, 에너지와 정보를 내포하고 있다고 현대 양자물리학에서 설명하고 있습니다. 기(氣)라고 하는 표현이 거북하게 느껴지면 물질계 파동이라고 해도 되고 물질계의 에너지와 정보라고 해도 상관이 없습니다.

기(氣)라고 하는 용어에 거부감이 생기는 또 다른 이유는 기의 양면성 중에 있는 어두운 영역의 기와 그 능력을 사용하는 사람들 때문이기도 합니다. 특히 영기(靈氣)의 양면성, 즉 사탄의 영기와 귀신의 혼기 등의 어둡고 나쁜 기들을 밝고 좋은 영(기)들과 혼동하기 때문에 기에 대한 오해와 거부감이 생기는 경우가 아주 많습니다. 어두운 영역의 영들과 그 영기에 대해서 말할 때는 '신내림', '신기가 있다', '신(또는 천신)을 모시는 사람', '신점(神占)' 등으로 표현하고 있음을 봅니다. 이 표현들은 모두 귀신 혼과의 감응하는 내용들과 귀신 혼령들에 접한 무당을 말하는 것이며, 귀신의 혼기 능력이나 귀신 혼기가 알려 주는 정보를 말하는 것들입니다.

이러한 어두운 영역에 있는 기에 대해서 너무 자주 들어 왔기 때문에 기(氣)라고 하는 표현에 어둡고 부정적이며 미신적인 느낌이 있다고 생각하게 되는 것입니다. 반면에 밝은 영과 그 영기와 관련된 표현은 성령의 충만, 성령을 받는다, 영기가 서린 영산(靈山), 영기(성령기)의 치유 능력 등입니다. 우리는 이 밝은 영역의 기에 대해서 관심을 가지고 어두운 성격의 기에 대해서는 등을 돌립니다.

3. 기의 세계는 내가 가지고 있는 종교(교리 등)와 배치되는 것 같고 주변 사람들도 그렇게 말하고 있어 곤혹스럽습니다.

기(氣)에 관한 공부를 시작하면서 제일 먼저 던진 질문은, 공부하고자 하는 기의 내용이 내가 믿고 있는 종교적 교리와 신앙심에 배치되는지 여부에 관한 것이었습니다. 그러나 기의 본질에 대하여 알아 가면서 기는 물질계에 속하는 파동 형태의 에너지와 정보가 그 속성이라는 점을 이해하고 나서는 종교적 신앙 문제에 대한 해답을 찾았습니다. 형이상(形而上)의 영적 영역을 다루는 종교 세계와 형이하(形而下)의 물질계 영역에 속하는 기의 세계는 서로 다른 세계이며 충돌의 여지가 처음부터 없었다는 것입니다.

중세 유럽(종교계)에서는 엘로드로 우주기 정보장의 정보를 받을 수 있는 사람들을 마녀로 취급하여 처형했다고 합니다. 우주의식기장의 정보장에 대한 지식이 없었고 이것이 신의 영역이 아닌 물질계 영역에서 우리에게 허용된 기 정보 수신 능력이라는 사실을 몰랐기 때문입니다. 오늘날에도 같은 생각을 가지고 있는 종교계 지도자가 많이 있을 것입니다. 인간에게 주어진 선물인 영기의 치유 능력과 전달 능력 또한 이해하기를 거부하는 사람들이 많습니다. 신비의 세계에서 볼 수 있는 초자연적인 현상 정도로 보는 경우도 있습니다. 자신들에게도 허용된 물질계에 속한 기의 능력이라는 사실을 외면하고 있기 때문입니다.

더군다나 기의 능력을 신비화하여 사이비 종교화하는 사람들과 돈벌이 수단으로 삼는 사람들까지 나타나고 있습니다. 이들을 멀리하고자 하는 사람들 입장에서는 기(氣)라고 하는 단어 자체가 기피의 대상이 됩니다. 또한 (사기 등) 어둠의 영역에 속하는 영들의 기가 기존 종교계에 깊이 침투함에 따라 기존 종교를 세속화·무속화시키고 있는 사실을 걱정하는 사람들도 기(氣)라는 단어 자체에 거부감이 있을 것입니다. 제대로 알고 나면 이러한 잘못된 현상과 현실은 기피하거나 거부의 대상이 아니라 바로 잡아야 할 대상이 됩니다.

밝은 영역에 속하는 기 능력을 제대로 이해한다면, 그리고 이러한 기 능력을 체험할 수가 있다면, 이것은 참나이시며 현존(現存)이신 유일신의 존재에 대한 확신과 그 능력의 무한함을 믿게 되는 계기가 될 수도 있습니다. 그 때문에 이러한 체험은 어떤 종교를 믿더라도 그들의 신앙심을 키우는 데 도움이 된다는 사실을 알게 됩니다. 더 나아가서 영적 전쟁에서 승리할 수 있는 길도 찾을 수 있게 됩니다.

4. 모든 기가 상호 균형적으로 작용하고 있다고 했는데 현실은 그렇지 못한 것 같습니다. 전체적으로 보면 이 세상에는 좋은 기보다 나쁜 기가 더 많은 것 같습니다.

아주 현실적인 질문입니다. 이 세상의 창조 자체가 절대적 균형의 파괴로써 이루어졌다고 합니다. (균형의) 파괴는 새로운 창조의 시발점이 되는 것입니다. 사실은 불균형이라는 개념이 없다면 균형이란 개념도 없을 것입니다. 어둠과 악이 없다면 빛과 선함의 의미를 찾기가 어려울 것입니다.

그러나 다행인 것은 이 물질계에서 작용하고 있는 모든 기들의 작용 방향은 정해진 균형 상태를 지향하고 있다는 것입니다. 몸에 병이 나도 자연 치유가 가능한 이유입니다. 불안한 정치적, 사회적 현상도 그 이면에서는 균형과 안정을 찾고자 하는 요소들이 항상 작용하고 있습니다. 모든 기들의 상호작용은 이와 같은 불균형 가운데 새로운 균형을 지향하면서 작용을 하고 있습니다. 결국에는 빛이 어둠을 이기고, 선이 악을 이기는 원리와 같습니다.

외형상 보면, 이 세상은 어둠의 세력들에 의하여 완전히 점령된 것처럼 보입니다. 실제로 측정해 보면 사기감염이 없는 사람은 찾아보기가 어려울 정도로 어둠의 세력들이 기승을 부리고 있습니다. 이 세상에는 좋은 기보다 나쁜 기가 더 많은 것처럼 보이는 것입니다. 그러나 소수의 사람일지라도 그들이 가진 좋은 기의 힘(Power)이 다수의 사람들이 가지고 있는 나쁜 기들의 힘에 대적할 수 있을 정도로 강하여 전체적으로는 기의 균형 상태를 이룰 수가 있는 것입니다.

데이비드 호킨스 박사가 측정한 바에 따르면 의식 수준이 높아질수록 대적하여 상대할 수 있는 사람의 숫자가 몇십만 명에서 몇천만 명으로 늘어난다고 합니다. 실제로, 능력 있는 한 사람이 수많은 사람들과 공간에 있는 어둠의 영들과 그들의 나쁜 기들을 퇴치할 수가 있음을 볼 때, 호킨스 박사의 주장을 일단 수긍할 수밖에 없습니다.

문제는 나 자신이 어둠의 영역, 마이너스 기 영역에 속하지 않고 밝고 좋은 기 영역에 속할 수 있도록 몸과 마음과 영혼 영역을 잘 관리하는 것입니다.

5. 사후 영혼에 관한 문제와 우주의식기장 가능태의 현재화 (懸在化) 문제는 그대로 믿고 받아들이기가 참 어렵습니다.

이것은 죽어서는 천국, 극락세계에 가고 싶고, 살아생전에는 원하는 바를 기도하면 이루어지기를 바라는, 우리가 종교를 가지는 궁극적인 목적과 관련이 있습니다. 죽어서 몸을 떠난 영혼이 영원한 생명이 있는 영계에 가기까지의 과정에 관한 설명이며, 영기의 변화케 하는 능력이 나타나기까지(즉, 기도가 현실에서 이루어지기까지)의 과정을 말하고 있는 것입니다.

우리는 죽어 본 경험이 없고 우주기 정보망의 가능태 공간에 가 본 적이 없기 때문에 그 과정에 관한 이 설명은 아마도 믿을 수가 없을 것입니다. 또 이것을 과학적인 방법으로 검증할 수가 없기 때문에 완전히 믿기는 아무래도 꺼림칙합니다. 우리는 경험과 학습으로 배운 것과 눈으로 확인이 가능한 것만 믿도록 훈련되어 왔습니다. 그러나 보이지 않고 증명할 수가 없다고 해서 있는 것이 없어질 수가 없고 검증되지 않았다고 해서 이를 거짓으로 단정할 수는 없을 것입니다. 우리는 바로 눈앞의 눈썹도 직접 볼 수가 없고 과학적인 지식도 그 한계가 있으며 모든 과학 원리도 항상 변하고 있음을 잘 알고 있기 때문입니다.

이 두 문제에 관한 나의 기록은 이에 관한 영적 서적과 종교 서적을 많이 참고한 것입니다. 특히 가능태 공간에 관한 기록은 러시아의 물리학자이며 영적 지도자인 바딤 젤란드 박사의 트랜서핑 논리를 많이 참고한 것입니다. 또한 엘로드 측정으로 이 기록의 진실성도 확인이 되었습니다. 우리가 학교나 사회에서 배워 보지 못한 사실들이지만, 이것은 분명 기가 존재하는 이 물질계에서 일어나고 있는 현상들 중의 일부분입니다. 그래서 이 두 가지 명제들은 기의 세계를 설명할 때 빼놓을 수 없는 항목이라고 생각한 것입니다.

이 부분을 충분히 이해한다면 기 능력이 실현되는 것도 쉽게 볼 수가 있습니다. 사후 영혼의 과정을 이해함으로써 이 지식을 통하여 사기퇴치와 영적 전쟁에서 도움을 받을 수가 있습니다. 가능태와 영기의 역할을 이해함으로써 우리의 기도 내용이 더욱 심화될 수도 있을 것입니다. 이에 관한 지식은 우리의 생활을 더욱 풍성하게 해 줄 것입니다. 생전이나 사후에 가질 우리의 생활 모두가 신의 섭리(뜻)에 따라 움직이며, 그 신은 우리의 자유의지를 존중하고 있다는 사실도 알 수가 있기 때문입니다.

이에 관한 지식은 죽음을 '위대한 선물'이라고 본 스베덴보리와 같이, 사후의 영원한 생명에 대한 희망을 가질 수 있도록 도와주고 있습니다. 『리얼리티 트랜서핑』의 저자 바딤 젤란드가 말하는 가능태 공간의 현재(懸在)화 과정, 즉 기도의 실현 과정을 이해하고 실천함으로써 생전의 건강하고 행복한 삶에 대한 희망을 가질 수도 있습니다. 그러나 이 모든 것은 각자의 자유의지에 따른 선택의 문제입니다.

6. 영기치유의 주관자는 치유영기가 된다는 점은 이해가 됩니다. 그럼에도 불구하고 영기치유와 치료를 쉽게 생각하여, 무조건 시도할 수 없는 것 아닙니까?

사실, 영기의 치유 능력을 전달하는 것 자체는 상당히 까다롭고 쉽지도 않습니다. 영기능력을 전달할 수 있는 사람의 자격요건도 까다롭습니다. 영기치유의 방법과 절차를 잘못 적용하면 상당히 큰 어려움에 부닥치기도 합니다. 주어지지 않은 능력은 흉내를 낼 수도 없습니다. 흉내를 낼 수가 없는 것은 이 능력이 단순한 기술 영역의 능력이 아니기 때문입니다. 그렇기 때문에 영기치유의 방법에 대해서 구체적으로 알려 주는 사람이나 서적도 찾아보기가 힘듭니다.

영기치유의 방법과 절차도 무한한 가능성 속에서 각자가 선택한 모든 것이 정답이 될 수 있습니다. 따라서 이 문제에 대해서 이야기한다 함은, 자기가 선택하여 체험한 것을 말한다는 뜻이 되는 것입니다. 이러하기 때문에 그 내용을 공개하는 것 자체가 조심스러운 점이 많습니다.

(사실은, 기에 관한 기본적인 사항들과 영기치유의 체험을 정리한 이 기록은 본래 나 자신과 나의 사랑하는 딸들과 그 후손들에게 남기기 위하여 시작되었습니다.)

영기치유 능력의 전달 과정도 쉽지 않습니다. 이 부분은 지혜와 영적 분별력이 필요하기 때문이며 치유 과정에서 많은 지식과 판단이 필요하기 때문입니다. 옳은 판단하에서 이루어지지 않으면 치유 과정에는 많은 오류가 발생하게 되며, 이러한 오류는 환자나 일반인들에게 치유 능력에 대한 불신을 심어 주는 원인과 계기가 됩니다. 기본적으로 영기치유는 대상자에 대한 사랑과 측은지심으로 시작되어야 하며, 지식과 지혜로써 정확하게 판단하여야 하며, 최고 수준의 측정 능력으로 진단과 치유를 하여야 합니다.

이 모든 과정은 기도의 과정입니다. 이타적 행위로서의 영기치유는 우선 '특정 대상자'에 대한 측은지심과 사랑으로 시작됩니다. 길거리에서 우연히 만나는 불특정 다수인을 대상으로 하지는 못합니다. 대상자가 마음으로 특정되면 상담 대화 또는 관찰의 기회를 가질 필요도 있습니다. 이는 치유 부위와 치유 과정을 결정하기 위한 정보와 요구되는 지식의 범위를 정하기 위하여 필요할 뿐만 아니라 대상자의 진단 치유 환경을 측정하고 필요할 경우 이를 정화하기 위함이기도 합니다. 이 준비 과정에서 절대적으로 필요한 것은 판단을 위한 지혜와 영적 분별력입니다. 병원과 의사의 진단과 판단은 지식과 지혜를 보완하기 위해서 필요할 때도 있습니다.

영기치유 과정에서는 상대방의 말을 귀나 머리로 듣지 않고 마음과 온몸으로 듣고, 온몸의 세포 속에 내재된 무의식의 기억세포와 받은 영감으로 한 번 걸러서 판단하고 표현하여야 합니다. 섣부른 정서 판단은 첫 단계부터 오류를 일으킬 수 있기 때문입니다. 사기나 탁기에 오염되었거나 영기에 대한 심한 거부의식이 있는 경우 또는 치유 기도자의 왜곡된 의식기가 작용하는 때에는 처음부터 잘못된 판단과 오류로서 시작이 된 경우를 경험했기 때문이다.

7. <u>가능태의 현재화, 즉 현실의 '나'와 우주의식기장 속의 '나'가 연결되어 형성되는 우리의 인생살이에 대하여 좀 더 자세한 설명이 필요합니다.</u>

스위스의 유명한 정신과 의사인 칼 융은 생각과 물질 현실에서 발견되는 이해할 수 없는 우연적인 상호관계를 '동시성 현상'으로 정의한 바 있습니다. 이것은 현실의 '나'와 우주기장 속에 존재하는 '나'의 연결이 '동시적'으로 이루어지는 '구조'로 되어 있음을 암시하는 것입니다. 즉, ① 우주기장 안의 독립된 자기 영역과 우리의 인생살이가 ② 현실세계에서 몸과 마음, 영혼의 영역에서 일어나고 있는 우리의 인생살이에 동시적으로 연결되어 함께 움직이고 있다는 것입니다. 우리는 이미 의식 수준과 서핑 레벨이 동시적으로 함께 움직이는 현상을 그 지수 변화로 증명한 바 있습니다.

현실의 '나'와 우주기장 속의 '나'의 연결 구조에서, 이 두 요소가 동시적으로 연결되어 함께 움직이고 있다는 것은, 대우주의 참나(I)와 소우주인 나(i)의 동일성을 말하는 것은 아닙니다. 동시적인 연결 구조가 강하면 참나로 향해가는 '앎과 깨달음의 길'을 찾기가 쉬워지기 때문에 나의 완전성이 강화되고 보완되는 효과가 있기는 합니다. 대우주의 기 수준은 항상 완전 수준(100%)을 유지하고 있기 때문에 그 동일성은 나의 종합적인 기 수준으로 가까이 가고 있는 상황을 가늠해 볼 수가 있는 것입니다.

나의 종합기는 몸과 마음, 그리고 영혼에 존재하는 전체기 수준이며 이를 측정하여 내가 대우주에 가까이 가고 있는 수준(동일성 수준)을 짐작할 수가 있습니다. 이 글을 읽고 있는 분들은 생체기와 정기, 그리고 혼의 기와 영의 기가 합쳐서 나타나는 종합기 수준을 측정하여 대우주와 자기의 동일성(I=i) 수준을 직접 확인해 볼 수가 있습니다. 동시성이 있으며, 동일성을 추구하는 연결 구조를 채널링이라고 하며, 이것이 어떻게 작동하며, 어떠한 경우에 작동이 잘못되는지에 대해서 이미 기술한 바가 있습니다. 이 채널링 또한 우리 인생의 살이(트랙과 서핑)와 관련이 깊습니다.

연결 채널링과 기도

신령과 진정이 합쳐진 강력한 바람(소망)의 에너지는 선택과 결정, 운동(행위)의 의식기 에너지로 변환되어 우리의 '내부의도'가 됩니다. 이 내부 의도는 외부 의도와 상호 소통하면서 영향을 주고받습니다. 영인 천사의 메시지와 우주 의식기장의 나의 영역에 있는 '가능태 공간' 정보도 외부 의도의 일종입니다. 이 하늘의 외부 의도와 나의 내부 의도는 항시 동시적으로 소통이 되어 현실에서 '동시성 현상'으로 나타나고 있는 것입니다. 이 동시성은 '즉시'라는 개념보다 조금 더 넓은 시간대를 가집니다. 소망이 선택 결정의 과정을 거쳐서 만들어진 내부 의도(바라는 바)를 바딤 젤란드는 '사념의 에너지'로 표현함으로써 그것이 기 에너지 파동이라는 것을 말하고 있습니다.

어쨌든 내부 의도는 외부 의도인 우주의식기장에 전달되고 소통이 될 때 소망의 내용이 영기의 작용을 통하여 현실에서 현재화되는 '응답'을 받을 수가 있습니다. 전달, 소통의 과정을 채널링(Channeling)이라고 하지만 이것은 바로 '기도'를 말하고 있는 것이다. 이 기도는 영기 채널링은 물론 우주의 일반 의식 기장과의 채널링까지 포함하는 용어가 됩니다. 따라서 우주 메커니즘을 이해한다면 이 세상 모든 사람은 우주의 신비한 비밀 장치와 항상 접속하면서 살아가고 있는 것입니다. 이 사실을 본인이 알고 있는지 또는 모르고 있는지는 중요한 것은 아닙니다. 이러한 의미에서 보면 영기치유의 모든 과정은 '기도의 과정'이며, 지수 측정을 위하여 엘로드를 잡는 순간은 기도가 시작되는 순간입니다. 엘로드를 잡는 행위는 그냥 하는 '장난'이 아니며 '기도의 행위'입니다. 이러한 기도는 조용한 곳에서 하는 것이 좋습니다.

정과 신(영)이 합쳐진 정신 사념의 에너지 파동(念波)은 마음 영역의 끝에 있는 자기영기의 영역을 거쳐서 전달됩니다. 그러면서 마음 영역의 다른 끝 부분에 있는 표면의식의 도움을 받습니다. 표면의식은 생체 부분인 뇌의 의식 작용으로 생성됩니다. 뇌의 변연계에서 내부 의도가 생성되지만 채널링과 연관이 있는 의식 분야는 대뇌피질의 '백회'와 변연계 내부의 '송과체'가 됩니다. 백회는 우주정보기와 영기가 통과하는 우리 몸 부분이며, 송과체는 우리 몸 중에서 영적인 의미가 아주 깊은 뇌

조직으로서, 대뇌 전두엽 피질 부분인 백회를 통하여 들어온 정보 중 영기 정보만을 수신하여 몸과 마음에 전달하는 역할을 합니다. 백회를 통과한 나의 내부 의도 파동이 성령기 파동과 연결되어 감응, 공명, 동조되는 소통이 이루지면 '영기의 능력'을 전달할 수가 있게 됩니다. 이러한 상태를 '영통'이 되었다라고 말하는 사람들도 있습니다.

소망과 기도의 내용이 담겨져 있는 내부 의도 사념의 기 파동은, 공기가 소리 파동의 전달 매개체가 되듯이, 자기영기에서 발산되는 에테르체(Etheric Body)가 매개체가 되어 전달통로의 '길'이 만들어집니다. 에테르체는 이와 같은 과정에서 '물질계를 현재화하기 위한 매개체'로 알려져 있는 오라(Aura)입니다.

오라 에테르체는 사람마다 다른 색깔을 지니고 있습니다. 이 색깔을 경험적으로 알고 현실에 적용한 것이 우리나라의 사상체질론(四象體質論)이라고 보여집니다. 인디고는 인도에서 나는 보라색(또는 남색)의 식물 이름인바, '인디고 어린이들'이란 오라 에테르체의 색깔이 보라색으로서 그 강도(強度)가 남다른 아이들이라고 보여지고 있습니다. 우리 선조들은 이미 사상체질론(四象體質論)으로서 에테르체의 색깔과 건강과의 연관 관계를 밝혀내어 이를 생활에 적용하고 있습니다. 즉, 우리의 건강 상태도 전달 통로 '길', 또는 채널링 길의 크기와 형태 방향 그리고 심지어는 색깔에 따라 영향을 받고 있다고 보는 것입니다. 세상 모든 것이 상호 연결되어 합을 이루고 이 또한 상호작용을 통하여 이루어진 모양을 '세상'이라는 이름으로 우리 눈에 보여 주고 있는 것입니다.

마음의 영역에서 형성된 사념의 에너지 기 파동은 우리의 내부 의도의 기 파동이며, 이 내부 의도는 바라는 것만으로는 만들어지지 않고 반드시 선택이라는 결정이 필요합니다. 그리고 선택의 방향이 긍정적인 방향인가 부정적인 방향인가에 따라 채널링의 방향이 정반대로 향하기 때문에 우리는 일상생활에서 매사 긍정적인 태도가 필요합니다. 대체로 의식 수준이 200이 넘는 사람은 긍정적인 태도를 가진 사람이라고 판단합니다.

내부 의도의 선택 방향 또는 채널링의 방향이 결정되었다 하더라도 채널링의 매개변수가 변하면 파동의 진행에 혼란이 일어나게 되어 다른 삶으로 변합니다. 에테르체가 매개체가 되어 만들어진 전달 통로의 길이 왜곡되는 것입니다. 바른 정기와 자기영기 안에서 에테르체가 깔아 놓은 좋은 길 한가운데 사기나 탁기, 혹은 나도 모르고 있던 잠재의식 속의 '나쁜 사념의 기'가 불쑥 나타나서 길을 막고, 선하지 못한 길, 어두운 길, 잘못된 악령의 길로 유도하기 시작하는 것을 방치하면 그들이 원하는 우주기 정보장의 가능태 공간으로 접속이 이루어져서 현실화되는 것입니다. 따라서 살면서 우리 마음속에 이러한 나쁜 쪽의 기 에너지가 자리 잡지 못하도록 마음 관리를 항상 게을리하지 말아야 할 것 같습니다. 이 부분에서 영적인 분별력을 가지고 항상 깨어 있으라는 가르침이 적용되는 것입니다.

자기영기 수준이 높을 때 우주기 소통 능력이 커지는 것은 소통할 수 있는 길의 폭이 넓어졌기 때문일 것입니다. 최근에 언론에서 간혹 언급되고 있는, 우주 영기와의 소통 능력이 뛰어난 '인디고 아이들'과 '크리스탈 아이들'은 이 길의 폭이 아주 넓은 아이들일 것이라고 추측됩니다. (현재까지 수백만이 탄생했다고 하는 인디고 아이들의 출현 시점을 1978년으로 보면 현재 30~40대의 청장년들 중에 상당수가 인디고 아이들일 것입니다. 인류 전체의 평균 의식 수준이 종전에는 200 이하의 부정적인 장에 머물러 있었으나 2000년대에 들어서 207까지 측정되고 있다는 보고가 있습니다. 이러한 좋은 현상은 이 '아이들'의 출현과 연관성이 있을 것으로 추측하는 사람들도 있습니다.)

전달 통로 이 길은 자신의 선택과 결정으로 이루어진 '자신의 길'이 될 것과 즐거운 소풍 길과 같은 '행복의 길'이 되어야 할 것입니다. 행복은 길 위에 있고 목표에 있지 않습니다. 목표는 달성 이후에 기쁨을 줄 뿐입니다. 작은 나(i)와 큰 나(I)가 연결되고 대우주와 소우주가 일치되게 하여 만든 나 자신만의 '기도의 길'에서는 '믿음으로 미리 알고 있는 응답'이 존재하기 때문에 행복할 것이며, 그 이후 응답의 순간을 확인하는 기쁨 또한 클 것입니다. '나'는 무한한 우주 속의 작은 우주로서 동시에 존재함을 느낍니다. 생각건대, 이러한 경지는 의식 수준이 일정 수준을 넘는 사람들이 은혜(Grace)로써 가질 수 있는 느낌일 것입니다.

우리는 현실에서 실재로 '보여 주는 것'을 보기만 하면 되며, 내가 먼저 나섬으로써 신에게로 돌아갈 영광을 가로채지는 말아야 합니다. 이것은 중요한 이야기이지만 인간으로서 가장 실수하기 쉬운 부분이기도 합니다. 인내가 필요한 '동시성' 개념은 비단 치유의 영역만이 아니고 모든 기도의 영역, 즉 나와 우주의식기와의 공감 소통 과정에 다 같이 적용됩니다. 크게 보면 기다려야 하는 응답의 시간은 하나님의 시간(카이로스)에 맡겨져 있다고 보아도 됩니다. 그러나 확실한 것은, 모든 진실한 기도는 기도의 내용이 물질 세계에 현재화(懸在化)되면서 반드시 이루어진다는 사실입니다. 심지어는 날씨의 변화까지도 현재화(懸在化)됩니다. 바라는 바 내 의도 슬라이드를 분명히 하고 우주 가능태 공간과 공명 일체화가 되면서 그 흐름의 일부가 되면, 성령기의 도움으로 현실에서 반드시 이루어집니다.

영기치유 기도의 경우에는 기도 응답의 시간의 문제만 있지만, 사건이나 상황의 변화를 위한 기도의 경우에는 시간뿐만 아니라 실현의 방법 문제도 있습니다. 이 기도를 이루어 실현하는 방법은 기도하는 사람이 선택할 수가 없으며 오직 신만이 선택할 수 있습니다. 우리가 알지 못하는 방법으로 (은밀하게) 이루어 주시는 경우가 많기 때문입니다. 수많은 사례가 있지만, 최근 전해들은 실화가 하나 있습니다. 미국에 사는 어떤 사람이 병이 들었으나 치료에는 너무 많은 돈이 들어서 포기하고 마지막으로 아프리카 어느 나라에 여행을 다녀오기로 하였다 합니다. 여행 중 어느 골목에서 구걸하는 소년을 만나서 도와주면서 대화를 하게 되었는데 대화 중 그 소년이 아저씨의 병을 낫게 해 달라고 기도하겠다고 말했다고 합니다. 이 광경이 동영상으로 찍혀서 SNS에 오르게 되었고, 이 동영상을 본 많은 사람들이 감동을 받아 치료비를 보내주어서 그 소년의 기도가 이루어졌다고 합니다.

기도의 응답이 영기의 치유 능력을 직접 보내어 치유하는 방법이 아니라 간접적인 방법으로 이루어진 것입니다. 바라는 바가 많은 누구나의 인생살이. 그 바라는 바가 바로 기도라고 부르는 채널링이며 우리는 의식하든 의식하지 아니하든 항상 기도와 기원을 하면서 살고 있습니다. 그 형식은 중요하지 않고 기도라는 용어를 어렵게 생각할 필요도 없습니다. 어차피 우리 인생 자체가 채널링과 기도를 통하여 우주의식기장의 나의 트랙과 연결되어 있는 것입니다.

일상생활에서 부(富)에 대한 개념을 어떻게 세우고 살 것인가 하는 문제는 자본주의 사회에 사는 우리로서는 지대한 관심사가 됩니다. 돈을 소중하게 생각하고 노후생활을 편하게 보낼 수 있는 정도의 돈을 모아야 한다는 생각은 누구나 가집니다. 이제 부(富)를 바라는 기도에 관하여 잠간 생각해 보기로 합시다. 기도하기 전에 이 문제에 대하여 먼저 질문을 해봅시다. 에고를 키우면서, 즉 남을 배려하지 아니하고 돈에만 집착하면서 오직 돈 모으는 것만이 인생의 유일한 목표로 삼으면서 사는 것이 과연 옳은 일인가 하는 문제입니다.

생각할 수 있는 첫 번째 관점은 부 자체는 선과 악의 기준이 되지 못한다는 점입니다. 선한 사람이 부자일 수도 있고 가난할 수도 있으며 악한 사람도 부자가 많습니다. 이렇게 본다면 부와 재물은 살아가면서 부수적으로 얻어지는 것이며, 돈 그 자체를 목표나 수단으로 삼을 필요가 없다는 뜻도 됩니다. 자기에게 주어진 '사명'을 다하는 과정에서 부수적으로 얻어지는 것이 재물과 돈입니다.

재물은 필요하지만 물질계에 속하는 것이며, 이것으로 인하여 영혼에 상처를 주어서는 안 되는 것으로 보여집니다. 살아가면서 부수적으로 얻어지는 부는 어떻게 보면 신의 선물(은혜)로 생각하는 것이 좋을 것입니다. 이러한 관점에서 보면 부한 자에게 필요한 것은 겸손이 될 것이며 부자의 겸손은 그에게는 영광으로 되돌아가는 것입니다. 열심히 살아서 부자가 되는 일은 좋은 일이며, 그 부자가 '자신을 버리는' 겸손을 유지하면서 '사랑과 지혜'를 기준으로 재물을 사용한다면 더 좋은 일이 되는 것입니다.

네덜란드의 속담 중에는 돈에 대한 가치 판단에 관하여 우리가 참고할 수 있는 다음과 같은 말이 있습니다. "돈으로 집을 살 수 있어도, 가정은 살 수가 없다. 돈으로 시계를 살 수는 있어도 시간은 살 수가 없다. 돈으로 침대를 살 수는 있어도 잠은 살 수는 없다. 돈으로 책은 살 수는 있어도 지식은 살 수가 없다. 돈으로 의사는 살 수는 있어도 건강은 살 수가 없다. 돈으로 직위는 살 수가 있어도 존경은 살 수가 없다. 돈으로 피는 살 수가 있어도 생명은 살 수가 없다. 돈으로 관계를 살 수가 있어도 사랑은 살 수가 없다".

스스로 선택하는 자기의 인생살이

마지막으로 강조해야 할 중요한 포인트는 모든 사람은 자기의 인생행로는 결국 자기가 선택한다는 점입니다. 성령기의 도움으로 몸이 치유되는 것은 자기의 생체가 이를 받아들여 공명함으로서 스스로 변화한 것이며, 마음과 영혼의 치유도 이와 같습니다. 치유영기는 이러한 자기 선택을 도와줄 뿐입니다. 도움을 받아 스스로 치유결과를 선택함으로서 우주기장의 자기의 위치가 변화되는 것입니다. 신이 애당초 모든 사람에게 골고루 '자유의지'를 선물로 준 까닭이 여기에 있습니다. 자기의 선택은 신이 선물로 주신 자유의지를 행사할 권리를 행사하는 것입니다.

바딤 젤란드에 의하면 한 부분(Part)이 변화되고, 전체의 의식 기장(Field)이 변화되면서 그 위치(Level)가 올라가게 되고 올라간 위치에서 진행함으로써 길(Track)과 행로(Surfing)가 만들어지면서 현실에서의 인생행로가 만들어집니다. 따라서 어떤 사람도 다른 사람의 인생행로에 직접 접근하여 그 위치와 방향을 바꿀 수는 없는 것이며, 현재의 위치는 그 사람이 선택 결정한 결과물입니다. 영기 치유자일지라도 다른 사람의 인생살이에는 간섭하지 못합니다. 자기의 인생은 자기 것이고 남들이 선택해 준 것이 절대로 아니며, 따라서 자기의 인생길에서 일어나는 모든 일에 대해서는 자기가 책임을 져야 하는 것입니다. 모든 것이 내 탓이요, 이 세상 속에 살고 있는 '나'는 높은 수준의 현실 의식 수준과 우주 의식기 수준을 지키면서 몸과 마음 그리고 영혼 간에 균형을 갖춘 건강 상태를 유지하면서 사랑과 지혜의 섭리 가운데 기쁨이 있는 인생 목표를 향하여 행복의 길을 선택해서 갈 수 있도록 기도하는 새롭게 재해석된 인생행로 위에 서 있기를 바랄 뿐입니다.

2. 참고 문헌

· A. J. 크로닌 저, 정성국 역, 『성채』, 홍신문화사, 1993
  (A. J Cronin, *The Citadel*, 1937)

· Charles Stanley·Charles F., 『*How to Listen to God*』, Thomas Nelson, 1985

· J, 키스 머니건 저, 신현승 역, 『두 낫싱(Do Nothing)』, 세종서적, 2014
  (Keith Murnighan, *Do Nothing*, 2012)

· Mitch Albom, 『*The five people you meet in heaven*』, Hachette Books, 2003

· R. H. J. 저, 서재경 역, 『It works』, 매경출판사, 1926(원본), 2005(번역)

· 고든 맥도날드 저, 홍희옥 역, 『내면세계의 질서와 영적 성장』, IVP, 1990
  (Gordon MacDonald, *Ordering Your Private World*, 1984)

· 곤도 마코토 저, 이근아 역, 『의사에게 살해당하지 않는 47가지 방법』, 더 난출판사, 2013
  (Makoto Gondo, *ISHA NI KOROSARENAI 47 NO KOKOROE*, 2012)

· 권영서 저, 『떠나는 마귀 돕는 천사』, 진리의빛, 2014

· 네고로 히데유키 저, 이연희 역, 『호르몬 밸런스』, 스토리, 2016
  (Hideyuki Negoro, *HORUMON WO IKASEBA, ISSHO ROUKASHINAI*, 2014)

· 닉 페이지 저, 오주영 역, 『가장 길었던 한 주』, 포이에마, 2011
  (Nick Page, *The Longest Week*, 2009)

· 다니엘 G. 에이멘 저, 안한숙 역, 『그것은 뇌다』, 브레인월드, 2015
  (Daniel G. Amen, *CHANGE YOUR BRAIN, CHANGE YOUR LIFE*, 2000)

· 다니엘 G. 에이멘 저, 윤미나 역, 『뇌는 늙지 않는다』, 브레인월드, 2015
  (Daniel G. Amen, *USE YOUR BRAIN TO CHANGE YOUR AGE*, 2012)

· 데니얼 데닛 저, 이한음 역, 동녘사이언스, 『자유는 진화한다』, 2009
  (Daniel Dennett, *Freedom Evolves*, 2003)

· 데이비드 웨이드 저, 김영태 역, 『대칭성 질서의 원리』, 시스테마, 2010
  (David Wade, *Symmetry; The Ordering Principle*, 2006)

· 데이비드 호킨스 저, 문진희 역, 『나의 눈』, 판미동, 2014
  (David R. Hawkins, *THE EYE OF THE I : From Which Nothing is Hidden*, 2001)

· 데이비드 호킨스 저, 문진희·김명권 역, 『의식 수준을 넘어서』, 판미동, 2009
  (David R. Hawkins, *TRANSCENDING THE LEVEL OF CONSCIOUS-NESS* 2006)

· 데이비드 호킨스 저, 박윤정 역,『치유와 회복』, 판미동, 2016

  (David R. Hawkins, *HEALING AND RECOVERY*, 2009)

· 데이비드 호킨스 저, 박찬준 역,『놓아버림』, 판미동, 2013

  (David R. Hawkins, *LETTING GO : The Pathway of Surrender*, 2012)

· 데이비드 호킨스 저, 백영미 역,『내 안의 참나를 만나다』, 판미동, 2008

  (David R. Hawkins, *DISCOVERY OF THE PRESENCE OF GOD : 2006*)

· 데이비드 호킨스 저, 백영미 역,『의식 혁명』, 판미동, 2011

  (David R. Hawkins, *POWER VS. FORCE* : 1995)

· 데이비드 호킨스 저, 백영미 역,『호모 스피리투스』, 판미동, 2009

  (David R. Hawkins, *I : REALITY AND SUBJECTIVITY*, 2003)

· 리펑 저, 오수현 역,『세포가 팽팽해지면 병은 저절로 낫습니다』, 리펑, 위
  즈덤하우스, 2014

  (Li Feng, *Kindly Treat the Cells; The Art of Getting Well*, 2011)

· 릭 워렌 저, 양승헌 역,『목적이 이끄는 삶』, 디모데, 2004

  (Rick Warren, *The Pupose Driven*, 2003)

· 린 마굴리스·도리언 세이건 저, 홍욱희 역,『마이크로 코스모스』, 김영사,
  2011

  (Lynn Magulis and Dorion Sagan, *MICROCOSMOS*)

· 마일즈 먼로 저, 채대광 역,『하나님을 움직이는 기도』, 좋은 씨앗, 2006

· 메어리 K. 백스터·T.L. 로웨이 저, 홍성철 역,『천국과 지옥의 영적 전쟁』,
  은혜출판사, 2015
  (Mary K. Baxter and T.L. Lowery, *A Divine Revelation of Spiritual War*, 2006)

· 바딤 젤란드 저, 박인수 역,『리얼리티 트랜서핑』(1~3권), 정신세계사, 2009
  (Badihm Zeland, *Realty Transurfing* 1·2·3, 2004)

· 바딤 젤란드 저, 박인수 역,『트랜서핑의 비밀』, 정신세계사, 2010
  (Badihm Zeland, *TRANSURFING*, 2008)

· 박문호 저,『뇌, 생각의 출현』, 휴머니스트, 2008

· 박상우 저,『비밀 문장』, 문학과지성, 2016

· 박정현 저,『림프의 기적』, 라의눈, 2016

· 베른트 하인리히 저, 김명남 역,『생명에서 생명으로』, 궁리, 2015
  (Bernd Heinrich, *Life Everlasting*, 2012)

· 빈센트 G. 지암파파·프레드릭 F. 부첼·오한 케라토프랙 저, 박혜순 역,
  『유전자 변신』, 신아사, 2009
  (Vincent C. Gianpapa, *The Gene Makeover*, 2007)

· 스티븐 와인버그 저, 신상진 역,『최초의 3분』, 양문, 2005
  (Steven Weinberg, *The first three minutes*, 1994)

· 아보 도루 저, 주현욱 역,『면역학 강의』, 물고기숲, 2017
  (Toru ABO, *MENEKIKAKUKOGI*, 2010)

· 아쿠타 사토시 저, 김세원 역,『뇌와 마음을 지배하는 물질』, 하서, 2012
(Satoshi Ikuta, *NO TO KOKORO WOSHIHAISURUBUSSHIJITSU*, 2011)

· 안토니오 다마지오 저, 임지원 역,『스피노자의 뇌』, 사이언스북, 2007
(Antonio Damasio, *LOOKING FOR SPINOZA ; Joy, Sorrow And The Feeling Brain*, *2003)*

· 알렉산더 로이드 저, 벤 존슨·이문영 역,『힐링 코드』, 시공사, 2011
(Alexander Loyd, Ben Johnson, *THE HEALING CODE*, 2010)

· 앤드루 H. 놀 저, 김명주 역,『생명 최초의 30억 년』, 뿌리와 이파리, 2007
(Andrew H, Knoll, *The First Three Billion Years of Evolution on Earth* 2003)

· 앤드류 워맥 저, 서승훈 역,『영 혼 몸』, 믿음의말씀사, 2012
(Andrew Wommack, *Spirit, Soul, Body*, 2010)

· 앤드류 워맥 저, 서승훈 역,『하나님은 당신이 건강하기 원하십니다』, 믿음의 말씀사, 2012
(Andrew Wommack, *GOD WANTS YOU WELL : What the Bible Really Says About Walking In Divine Health*, 2010)

· 양규대 저,『천국의 결혼』, 좋은땅, 2016

· 에마누엘 스베덴보리 저, 김은경 역,『천국과 지옥』, 다지리, 2003
(Emanuel Swedenborg, *Heaven and Hell*)

· 에마누엘 스베덴보리 저, 스베덴보리연구회 역,『스베덴보리의 위대한 선물』, 다산초당, 2009

· 유광호 저,『4차원의 세계』, 행복우물, 2010

· 유광호 저,『혼의 과학』, 네오딕, 2014

· 유범희 저,『다시 프로이트, 내 마음의 상처를 읽다』, 더숲, 2016

· 유병팔 저,『125세 건강 장수법』, 에디터, 2017

· 이영근 저,『스베덴보리의 삼일성』예수인, 2014

· 조엘 오스틴 저, 정성묵 역,『긍정의 힘』, 두란노서원, 2005
  (Joel Osteen, *Your Best Life Now*, 2004)

· 조엘 오스틴 저, 정성묵 역,『최고의 삶』, 긍정의힘, 2010
  (Joel Osteen, *It's Your Time*, 2009)

· 조지프 르두 저, 강봉균 역,『시냅스와 자아』, 동녘사이언스, 2005
  (Joseph LeDoux, *SYNEPTIC SELF*, 2002)

· 존 파이퍼 저, 전의우 역,『예수님의 지상명령』, 생명의 말씀사, 2007

· 존 폴킹혼 저, 신익상 역,『과학으로 신학하기』, 모시는사람들, 2015
  (John Polkinghorne, *Theology in the Context of Science*, 2009)

· 줄리언 제인스 저, 김득룡·박주용 역,『의식의 기원』, 연암서가, 2017
  (Julian Jaynes, *The Origin of Consciousness* 1976)

· 지금 이 순간을 살아라, 에크하르트 톨레, 노혜숙, 유영일 옮김, 2001
  (Eckhart Tolle, *The Power of Now*, 1997)

· 카를로 로벨리 저, 김현주 역,『모든 순간의 물리학』, 쌤앤파커스, 2016
  (Carlo Rovelli, *Seven Brief Lessons on Physics*, 2014)

· 켈리 맥고니걸 저, 신예경 역,『스트레스의 힘』, 21세기북스, 2015
  (Kelly Mcgonigal, *THE UPSIDE OF STRESS*, 2015)

· 클린턴 아놀드 저, 한화룡 역,『영적 전쟁의 정석』, 대서, 2016
  (Clinton E. Arnold, *3 Crucial Questions about Spiritual Warfare*, 1997)

· 폴 데이비스 저, 류시화 역,『현대물리학이 발견한 창조주』, 정신세계사,
  2016
  (Paul Davis, *God and the New Physics*, 1983)

· 피터 러셀 저, 김유미 역,『과학에서 신으로』, 해나무, 2007
  (Peter Russell, *From Science to God*, 2002)

· 한용길 저,『광야를 지나서』, 샘솟는기쁨, 2016

_ 이 기록에서 나타나는 **기초기 수준은 99.9%, 영기 수준은 99.9%, 진실성 수준은 100%, 내용 설명의 완성도는 99.6%, 의식 수준은 837**입니다.